新编21世纪中国语言文学系列教材

中文学科论文写作

第三版

卢卓群　普丽华　著

Thesis Writing in Chinese Disciplines

中国人民大学出版社
·北京·

内容简介

学生完成一篇专业科研论文通常需要过“三关”，即选题关、研究关、表达关，这也是完成一篇论文的三个阶段。“选题”是起点，“研究”是内容，“表达”是形式，三者缺一不可。

本书阐述了语言学与文学的研究方法，写论文时如何选题、收集资料、展开研究、规划章节结构，以及具体的行文规范，并精选优秀本科生论文作为示例，细致点评论文的得失与可借鉴之处。

第三版除了在内容上作了一定更新、增删，还新增了难度逐级增加、操作性强的练习题，引导学生掌握论文写作各个环节所需的知识和技能，掌握常用的研究方法。

作者简介

卢卓群　湖北大学文学院教授，教育部人文社会科学重点研究基地语言与语言教育研究中心兼职研究员，中南民族大学文学与新闻传播学院兼职教授。中国语言学会会员，湖北省语言学会学术委员会委员。研究方向为现代汉语语法语汇、汉语成语、语言教育和辞书编纂。出版著作有《语法语汇问题论集》《汉语小论文写作初步》《汉语研习与论文写作》等，参编著作多部，发表论文200余篇。曾获教育部教学成果二等奖、湖北省高校教学成果二等奖。

普丽华　华中师范大学文学院、新闻学院硕士生导师，教授。国际汉语应用写作学会常务理事，中国写作学会会员，湖北省写作学会常务理事，湖北省作家协会会员。主要从事写作学研究、现当代诗歌研究、文化传播研究。出版专著《写作心理拾趣》《现代诗歌艺术论》《诗歌文体论稿》等，主编教材《现代写作概论》《实用写作》等，发表学术论文50余篇，创作发表中、短篇小说及散文等30余篇，参编著作、出版图书数十部。

序 言

翻阅了《中文学科论文写作》，有很多感想。归纳起来说，有两大方面：

一个大方面，是关于这部书本身的。这是一部写作学教材，以下三点给了我突出的印象。

第一，这部教材有明确的针对性。首先，针对的是论文的写作，希望能对学习者提高论文写作能力提供切实的帮助；其次，针对的是中文学科的学习者，希望能对中文系和相关系科的本科生、研究生以及其他人士提供切实的帮助。不同的学科具有不同的特点，但是，学问是相通的，怎样做学问和怎样写论文，其他专业的学习者也可以从这部教材中得到启示。

第二，这部教材有合理的结构布局。所谓中文学科，即汉语言文学学科，包括语言学科和文学学科。本教材在简括介绍中文学科论文特点的基础上，分两大块作了多角度的深入阐发，在结构布局上形成了一个二分法系统。一般地讲，语言学科的研究主要是揭示语言事实的客观规律，而文学学科的研究则更重视分析文学作品的人物形象和艺术特色。语言学科内部、文学学科内部，都有许多分支学科。二分法的结构布局，能凸显语言学科和文学学科各自的特点。

第三，这部教材注重动态的写作实践的指导。具体点说，不是静态地讲述主题、题材、结构、语言等方面的知识与要求，而是强调“过三关”。一为选题关。常言道：题目选对了，文章就成功了一半。如果说，这样从肯定方面作出判断，显得稍微过分，那么，从否定方面提出判断，认为题目若选得不对，文章就一定写不好，这无疑是完全正确的。二为研究关。题目选定之后，必须对有关问题进行深入的研究。文章是否有新意、有深度、有说服力，都取决于能否过好这一关。三为表达关。有了研究成果，必须用文字形式表达出来。通过词语表达出来的概念是否准确，通过小句表达出来的判断是否严谨，通过小句关联表达出来的推理是否缜密，整篇文章是否明晰晓畅，都取决于能否过好这一关。当然，这三关不是孤立的、顿变性的三个阶段，而是相互联系相互渗透的三个步骤。简要地说：一开始选题，实际上也就开始了研究工作，而一开始研究问题，实际上就开始了如何表达的思考；反转过来讲，在表达阶段，文章写着写着往往会觉得某些或某个论断需要修改，有时还会觉得题目需要改动，这又是表达对研究和选题产生逆向影响了。

另一个大方面，是由这部书所引发的。我以为，跟论文写作有关系的问题很多，以下两点需要加以强调。

第一，写文章，要贴近读者意向。读者欢迎那些看得懂、信得过、觉得新的文章。“文章写就供人读，何事苦营八阵图?”这是著名语言学家吕叔湘先生的诗句。无论是哪种风格、哪个流派的文章，都要以读者能看得懂作为基本要求。有的文章，不仅一般读者不知所云，就连同行专家也越看越糊涂。吕先生的诗句，显然是有感而发的。“事实胜于雄辩。”这是一句格言。不管讨论什么问题，都需要多摆事实，进行令人信服的求证，努力增强文章的可信度。要是所发表的文章里没有多少事实，凭三两个例子就作出了一串串的理论发挥，读者便不知道结论是否准确，往往半信半疑。“学贵心悟，守旧无功。”这是宋人张载《经学理窟》中的一句话。心有所悟，才能别出心裁，才能有所创新。前人的成果，不管是古代的还是境外的，都只代表过去，代表已然，不应亦步亦趋地一味跟着走。当然，文章具体怎么写，应该因人而异，因题而异，因实际需求而异，没有固定的模式。

第二，写文章，要讲究学风文品。首先，必须分清人己成果。学术研究，不能不阅读已有文献，不能不涉及他人说法。但是，在所写的文章中，应该把自己的研究成果和别人的研究成果区分清楚，并且向读者作明确的交代。任何时候都要“清澈见底”，而无“梁上君子”“瓜田纳履”之类嫌疑。其次，必须矫正不良态度。学术研究，不可能没有见解的分歧，不可能避免不同看法的论辩。但是，论辩必须讲究态度，在对待与己相左的意见上，必须摒除学术因素之外任何过激的言辞。对于不良态度，不管出于什么原因，都要努力矫正。再次，必须善于律己待人。学术研究，不能不面对这样那样的成果，在成果的掂量上，应该摆对立足点，严格地要求自己，正确地对待别人。对己，切忌“自夸自销”；对人，切忌“居高临下”。说理、友善和平等，这是人际学术关系的一种定位。好的学者，总能摒弃出格言行，形成良好修养，借以引领自己向学风和文品的高尚境界升华。

卢卓群教授和普丽华教授既有研究水平，又有多年教学经验，在学科论文写作方面也有不少成果。他们重视创造性思维的训练和创新能力的培养，花了数年时间撰写出了《中文学科论文写作》这部很有特色的教材，相信定能获得读者的好评。

邢福义

2007 年 9 月 10 日

第三版修订说明

《中文学科论文写作》出版后，受到了广大师生的一致好评。中国人民大学出版社的编辑通过市场调查了解到，许多开设相关课程的院校选用本书作为教材，还有一些院校虽然没有开设课程，但文学院或中文系老师向学生推荐了这本书，作为论文写作的入门读物。第二版出版后，我们从不同渠道获得了读者对这本教材的意见和建议，再次认真地做了修订，使之更有针对性、更具适用性，以报答广大读者对本书的厚爱。

本书的绪论和上编由卢卓群负责修订，韦奇林协助修订和增补；下编和外编由普丽华负责修订。恳请广大读者继续提出宝贵意见。谢谢！

作者

目录

绪　论

第一节　什么是中文学科论文写作 …… 001
第二节　为什么要学习中文学科论文写作 …… 007
第三节　怎样才能写出一篇中文学科论文 …… 009
第四节　本书构想和编写说明 …… 019

上编

语言学科论文写作

第一章　语言学科论文写作概述

第一节　语言学学科对象和研究范围 …… 025
第二节　语言研究的分析方法例说 …… 030
第三节　语言学科论文特点与写作要求 …… 054

第二章　语言学科论文的选题

第一节　选题与学科教材的学习 …… 058
第二节　阅读选题的两种训练 …… 063
第三节　在生活的海洋中选题 …… 066
第四节　选题技巧与选题规划 …… 068

第三章　语言学科论文的研究

第一节　关于资料的收集整理和运用 …… 074

第二节 创造性思维和创见的产生 …… 079
第三节 运用分析方法值得注意的问题 …… 081
第四节 研究成果的再整理和提升 …… 083

第四章 语言学科论文的表达

第一节 表达问题贯穿研究工作的全过程 …… 086
第二节 和表达相关问题的处理 …… 089
第三节 文章写作修改的三个阶段 …… 093
第四节 语言学学术论文表达举例 …… 096

语言学科论文示例与点评

文选 1 《孟子》中“为”字使用情况的调查报告 …… 113
文选 2 《水浒全传》的动量结构 …… 124
文选 3 现代汉语“V 得了 P1（，）V 不了 P2”句式研究 …… 132

下编

文学学科论文写作

第五章 文学学科论文写作概述

第一节 文学学科的研究方向和研究范围 …… 145
第二节 文学学科的研究方法和批评模式 …… 149
第三节 文学学科论文的特征、类型及写作者素养 …… 154

第六章 文学学科论文的选题

第一节 阅读体验与问题导向 …… 161
第二节 了解研究现状和决定研究方位的策略 …… 165
第三节 选题范围的伸缩与选题角度的确立 …… 170
第四节 题目的推敲与选题的论证 …… 174

第七章 文学学科论文的研究

第一节 资料信息的收集与占有 …… 181
第二节 资料的研读与整理 …… 190
第三节 材料的分析与论点的形成 …… 195
第四节 研究方法的运用和提示 …… 199

第八章 文学学科论文的表达

第一节 总体结构框架敲定需注意的问题 …… 205
第二节 论文写作的结构形式与文本规范 …… 209
第三节 分析论证的方法和要求 …… 213
第四节 语言的表述和材料的引用 …… 217

文学学科论文示例与点评

文选 1 浅谈刘勰鉴赏论的“知音难”问题 …… 223
文选 2 论装置艺术的空间“叙事”特征 …… 230
文选 3 试论家族传统对谢朓人生及诗歌创作之影响 …… 241
文选 4 普通人的悲剧
——也谈《雷雨》中周萍的人物心理 …… 250
文选 5 文学伦理学视域下的《了不起的盖茨比》 …… 258

外编

论文的指导

第九章 论文的指导、评阅与答辩

第一节 论文的指导 …… 271
第二节 论文的评阅 …… 276
第三节 论文的答辩 …… 279

参考文献 …… 287

后 记 …… 289

绪 论

同学们进入高等学府学习，是人生的一大转折。“从此开始了高层次的专业训练，开始了高层人才的自我塑造。”邢福义先生在这里所说的“高层次的专业训练”，无疑包括了创造性思维和创新能力的培育。如何培育？如何训练？邢先生说：“学会做研究工作，既是大学生创新能力凸显的重要途径，又是一个学者成型和成器的必要条件。……因此，一方面固然应该要求他们学好课程，打好专业基础，另一方面又要尽快地引导他们通过研究来带动学习，把思想触角伸向新的角度、新的侧面甚至新的境域，让他们不辜负青春年华，激发他们早点闪发才智的光芒。”[①] 本书正是想引导中文系及相关系科的同学们，通过中文学科专业问题的研习与论文写作，突出培养创新能力，激发青春才智，为踏入社会参加工作和考研读研打下坚实的基础。

第一节 什么是中文学科论文写作

什么是中文学科论文写作？要弄清它的含义，首先要搞清楚“中文学科”和“学科论文”这两个概念，同时要了解“学科论文写作”的含义，其中重点是了解中文学科论文的性质、特点、类型。综合这些内容，便可得知“中文学科论文写作”的整个意思了。

一、什么是“中文学科”和“学科论文”

中文学科，指大学本科中文系即汉语言文学系的主要学科，包括语言学和文学两大学科。学中文的同学，还要学习哲学、政治经济学、逻辑学等课程，中文师范专业的同学还要学习教

① 邢福义．序卢卓群《汉语小论文写作初步》．武汉：华中师范大学出版社，2007．

育学、心理学、语文教学法，以及外语、计算机等公共课。这些，我们把它们分别划入哲学学科、教育学科等其他学科。就中文学科而言，我们所指也是狭义的，指中文系[①]汉语言文学的基本学科，具体说来，语言学学科中，有古代汉语、现代汉语、语言学概论等课程，我们将结合这些课程综合讨论论文写作问题。有的学校还开设选修课如方言学、文化语言学、社会语言学、语言学专题等，其中也有做学科论文（课程论文）的。文学学科，结合本科课程，有文艺学、中国古代文学、中国现当代文学、外国文学和比较文学，在讲文学学科论文写作时，也是综合性地讲解，对民间文学和影视文学也有所涉及。有的高校开设选修课或讲座，如儿童文学、刘勰与《文心雕龙》、莎士比亚与英国文学等，其中也有做学科论文（课程论文）的。以上所讲语言学科和文学学科的基础课、选修课（包括指定选修课、任选课）以及专题讲座、系列讲座，都属于中文学科的内容，都是写学科论文的范围。

再说学科论文。在一个学科范围内，对这一学科专业中某一专门的理论问题或应用问题进行系统的研究与探讨，并发表个人看法，进而形成的书面文字形式，也称文本形式，这便是学科论文。学科论文一般是在读学生学习学科课程所做的作业性质的思辨性专业论文。有专科生的学科论文，有本科生的学科论文，有硕士研究生的学科论文，有博士研究生的学科论文。同样一个学科，如中国古代文学，专科生的、本科生的和硕士、博士研究生的学科论文是很不相同的，学科论文的标准与质量因不同的阶段呈现出不同的层级性。另外，研究机关的研究人员所写的科研论文，自然也是属于某一学科的，但我们不用学科论文去指称，而用科研论文或学术论文去称说。本书把学科论文定位在本科阶段，同时兼顾专科教学，力求让学生步履扎实，顺利进入学科论文写作的学习之中。

学科论文属于学术论文的范畴。何谓学术论文？学术论文，是指针对一个领域或一个学科内的某个专门性问题，在系统理论知识或实际应用方面进行研讨探究，所产生的新的研究成果的科学记录或文本表现形式。学术论文是科学研究的成果，故又称为科研论文、科学论文、研究论文。学术论文主要用来交流并推动本学科的进展，包括学科理论和运用的新进展。而在一般情况下，本科生带有“作业”性质的学科论文与真正意义上的学术论文有一定距离，与博士生的学科论文也有质的差别。然而，本科生学写学科论文却是做学术论文的准备阶段，也有不少本科生写出了优秀的语言学学科或文学学科论文，它们都带有学术性或成了学术论文。本科生学习写作学科论文，是学写学术论文的一个起步，是开始阶段，论文质量往往参差不齐。总的来说，他们写的学科论文应属于学术论文的范畴，只是要求层次相对较低，然而，学生的层次与水平又是相当复杂的，本书的讨论与讲解大体上以本科生一般性中上水平为准，引导学生向高水平努力。

学科论文不同于读后感、学习总结、随笔、杂文，也不同于思想评论、时事述评、人物专访等。有一本书叫《汉语小论文写作初步》[②]，是专供中文本科一、二年级学生用的。为体现一个学生从中学到大学的学习转变过程，“汉语小论文”的内容比较宽泛，不仅包括了学术性汉语小论文，还有知识性汉语小论文，带有故事性或赏析性的汉语方面的小文章，也划入“汉语小论文”之中，这也是考虑学生学写专业性学科论文有一个转变过程，希望由宽泛引导走向

---

① 本书所提及“中文系”，包括中文系本科、专科和语言学系，以及有的高校在别的学院（如新闻传播学院）开设的“汉语言文学”专业或“中文”专业，如无特别需要则不分别提及，均以“中文系”指称。

② 卢卓群．汉语小论文写作初步．武汉：华中师范大学出版社，2007.

指导其写真正意义上的专业论文。我们编撰《中文学科论文写作》这本书，也有这一写作“过渡”的考虑。

最后来说学科论文写作。明确了“中文学科”和“学科论文”这两个概念，写作的问题就好理解了。写作，就是这一学科论文形成的过程，也是完成论文的文本表现形式，或者把研究成果转化为一种书面文件。学科的论文写作属于专业写作，它不同于基础写作，同学们从中小学作文到大学的写作学课程（或称普通写作学、写作概论、写作基础等），讲的是最基本的写作知识与技巧，有的书还简要介绍一些常用的写作文体，有的也从基础或基本知识的角度出发讲解学术论文。我们则是针对具体的中文学科，从练习指导学写专业性论文出发，讲解这一专业的专门性论文写作，是在基础写作之上进行的。例如基础写作以汉语言文字作为工具，教学生如何运用汉语言来记叙、描写、论述所要表达的人物、景物、事件、观点等内容。而学科论文写作中的语言学学科，则把汉语言文字作为写作表达的研究对象，可以用汉语来表达对汉语语言文字研究的成果，也可以用英语、俄语、日语等表达对汉语言文字的研究成果。这一区别是很明显的。

这里，还是要再次提醒同学们，既然中文学科中的每门学科课程不可偏废，因为它们都是本科的专业基础课程，那么，中文学科论文写作，包含了语言学和文学两个学科的专业论文写作，也不可偏废，因为它们都是本科阶段学习的基础。论文写作包括了科研过程的培养与训练，至少都得尝试一番，体验不同学科内容、方法与实践过程。不能只学某一学科的论文写作，而放弃其他。

综上所述，中文学科论文是指对语言学和文学这两门学科中的某一理论问题或应用问题作专门的系统性的研究探讨，产生有个人创见的有理论意义的新成果的文本表现形式。本科生的学科论文做的是本学科的高级作业，是做学术论文的练习与准备。对毕业论文和学位论文的写作来说，则要按照真正意义上的学术论文来要求。

二、中文学科论文的特点

学科论文属于学术论文的范畴。我们针对本科生学习中文学科论文的写作，提出了中文学科论文的5个特点：从内容上讲，有专业性、论理性特点，论理性也体现文体形式特点。从研习过程与写作活动来看，有探究性和创造性特点。从材料、观点、论证表达方面看，要求具有科学性。这5个特点可互相影响、互相渗透，我们讲解每个特点时抓住这个特点突出的方面来阐释，而不涉及其他。

（一）专业性

学科本身就含有专业性。专业就是学业分成的门类，中文系的语言学、文学两大门类，也可以说成语言专业、文学专业。在研究生阶段，还分有更细的专业方向。强调学科论文的专业性，是让学生从中学生作文，从一般性议论文，转向明确认识学科论文内容是语言学专业或文学专业的，是研讨专业问题的，从而排除了这一学科专业以外的东西。

（二）论理性

学科论文是论说或解决学科专业中某一问题的，它具有一般论文三要素：论点、论据、论证。它要讲道理，论述学科专业的理论问题，因此论文具有论理性。这一特点表明，我们写学科论文要有理论追求，考虑文章的理论价值，至少论述时要有意识地注意理论色彩问题。这在研习过程中就要做“由此及彼、由表及里、去粗取精、去伪存真”的理论升华工作，找出研讨问题的规律性，使学科论文具有论理性这一特点。

（三）探究性

学科论文不同于学习笔记、汇报总结、材料综述、叙事作品等，它是对学科领域内某一专门问题通过摸索、探求、研究，作出理论上的探讨，揭示其本质特征，找出其规律或带规律性的东西。在探究的过程中，还要不断地查阅相关资料，研究前人成果，联系新情况、调查或实践的新收获，反复思考与求索，再经过理论的抽象和论证，进而得出科学的结论，完成探究的过程，体现学科论文的探究性特点。

（四）创造性

创造性是科学研究的本质特征，是学术论文的生命。属于学术论文范畴的学科论文，无疑也应具有创造性这一特点。创造性表现在哪些方面？简言之，前人没有说过，你说了，这是创新；前人没有说完，你接着说，这是拓展；前人说过了，你另有一说，这是争鸣。创新、拓展，争鸣，都是创造性的表现。一句话：抓住一个“新”字——要善于发现新问题，开辟解决问题的新途径，找出问题的新特点、新规律或有新材料、新观点、新思路、新思考、新角度、新层面等等。表达方式和表达语言也有一个创造性的问题，也是强调一个“新”字：文章巧作安排、发人深省，或是一语破的，妙语惊人，都有新意，都是创造性的表现。同学们写学科论文，主要在一个方面有一点新意即可，一般情况下一篇学科论文，总是在这门学科已有的研究成果的基础上有不同程度的创新，其创新表现出有限性。但不能因此对开始学写学科论文的同学不要求有创造性了。如此一来，就将失去学科论文的创造性这一本质特征。要求学科论文的写作有一点创造性，尤其是毕业论文和学位论文至少要有一点儿新发现。有一点儿新看法，有一点儿新开拓，我们就肯定，就鼓励。强调培育创造性思维和创新能力，其意义是深远的。

（五）科学性

一篇学科论文的科学性，可以从论文的内容和形式两个方面来看。内容上要有利于学科专业学习的加深和拓展，有利于思考并提出一些新问题，有利于学科的发展，以适应社会近期或长远发展的需要。材料要真实而符合客观实际，观点要正确而揭示客观规律，论证要严密、有力且具有逻辑力量。形式上结构周密严整且无懈可击，表达准确简明且符合规范要求。这些体现了学科论文的科学性特点。

我们讲学科论文的这 5 个特点，是希望在写作学科论文时切实贯彻这 5 个特点，使学科论文写得像学科论文，而不要写成读书小结、随感录之类，也不要写成一般性议论的文字。

三、中文学科论文的分类

对学科论文可以按不同的标准、从不同角度进行分类。比如以研究问题的大小范围分类，有宏观型论文和微观型论文；以论文研究的对象、性质、方法分类，有理论型论文、应用型论文、实验型论文、说明型论文、综述型论文等；按论文中论证的性质和形式，可分为立论型论文和驳论型论文。还可以按学科及其分支学科分类，中文学科有语言学论文和文学论文。语言学论文中又可分为古代汉语论文、现代汉语论文、方言学论文、理论语言学论文、应用语言学论文等等。文学论文又可分为文艺学论文、古代文学论文、现代文学论文、当代文学论文、外国文学论文、影视文学论文等等。本科生的学科论文写作是在教学中进行的，我们根据教与学的目的和作用，将中文学科论文分为 6 类：课程论文、学年论文、毕业论文、学位论文、课题论文、自习论文。

（一）课程论文

课程论文指某一学科课程告一段落或完结之后，老师布置的课程论文作业。必修课教材常在章节之后设计相关练习，包括小论文。有的课程做了书上设计的练习，根据需要还布置课程论文作业。选修课多是做课程论文作业，该课程结束后，学生写一篇课程论文，要求学生对课程内容某个问题拓展、加深认识，能写出自己对这个问题的见解，以检查对这门课的学习情况并给以成绩。课程论文字数不等，一般在 1 000 字到 4 000 字。

（二）学年论文

对某门学科课程经过一学年学习之后，按要求所写的论文即学年论文。其意义不仅是对课程学习的检查，更重要的是进行专业研习训练，也是为写毕业论文做准备。学年论文要求 5 000 字左右，有的要求字数更多一些。学年论文要求引导学生由继承性学习转变到创造性学习，向学术论文迈进，不再是被动地接受已有的知识成果。学做学年论文是培养学生掌握和运用本学科专业理论知识和技能，培养学生科研能力和创造性思维的重要手段。

（三）毕业论文

学生完成了大学专科或本科学习任务，各学科修满结业，最后还有一个专科或本科阶段的学习质量、整体学科专业素质与创造性运用能力的综合考核，这就是在老师指导下，独立完成一篇习作性的学术论文，即毕业论文。毕业论文是学科论文的主要组成部分，是学科论文的代表形式，一般来说，学写小论文和平时的论文作业，是为写大论文作铺垫的，写课程论文和学年论文是为写毕业论文做准备的。毕业论文是本书讨论和例说的重要内容。我们在综合论述学科论文中突出与之相关的内容，比如在论文指导中突出讲述对毕业论文的指导、答辩等方面的问题。本科生毕业论文的内容、格式、能力等要求，国家标准局、教育主管部门和高校教务处都有明确规定，这些规定是我们学写毕业论文的指导性文件。

（四）学位论文

学位论文是学生读完本科、研究生之后，申请授予相应学位（学士学位、硕士学位、博士学位）评审用的学术论文。相应的毕业论文可以用来申请评审授予相应的学位。

但是，毕业论文不等于学位论文。大专毕业生的毕业论文就没有评审学位的可能。本科生和研究生的毕业论文达不到相应的学术水平和要求，没有创造性成果，或因其他原因，经评审也不能获得学士学位。学位论文，国家有严格要求，请参阅中华人民共和国标准《科学技术报告、学位论文和学术论文的编写格式》。其中不仅有格式要求，还有能力层次的明确要求，是指导性文件。

（五）课题论文

有的高校为了鼓励本科生搞科研，拿出一些人力物力财力，组织学生申报研究某一课题，以学术论文的形式作为课题的结题成果，这类科研论文便是课题论文。课题论文有一人独作的，有多人合作的，参与人数根据课题大小、申报情况和审批情况而定。不论是个人写出的、集体写出的，还是个人分别写出再组合的，只要是按组织的课题作的论文都是课题论文。课题论文是学科论文的一种形式。

（六）自习论文

这是本科生个人在课余时间里自行学习学科专业写作的科研性论文，长短不限，长论文常在 5 000 字左右，小论文常在 1 000 字左右，也有写几百字的。它要求把一个新问题或一点新见解写清楚即可，同样要求体现学科论文的 5 个特点。这些习作性的科研论文，常用来向相关刊物投稿，以发表个人的见解，亦可证实自己达到的科研水平。有的同学仅仅用来做练习，以磨砺自己。我们提倡同学们自我磨炼，课后多做自习论文。

以上 6 类论文若在刊物上发表，称为“期刊论文”，若拿去参加学术会议交流，又可称作“学术会议论文”。这是从论文的社会作用方面讲的。

第二节
为什么要学习中文学科论文写作

现在，同学们正在大学中文系学习，在此之前的中学学习为我们现在的学习打下了基础，现在的学习又为将来继续深造或在工作中继续发展创造条件。我们学习中文学科论文写作，就是要继续学习中文学科专业理论知识，提升专业科研能力，并为进一步发展做好准备。

一、学习中文学科论文写作有利于进一步打好专业基础

《普通高中语文课程标准》指出："注意观察语言、文学和中外文化现象，学习从习以为常的事实和过程中发现问题，培养探究意识和发现问题的敏感性。"这就要求学生在观察中学习、在发现中学习、在探究中学习，并把它们贯穿在学习的过程中，其学习内容为中学语文课程。到大学中文系学习，是把语文课程的内容细化、深化、专业化了。大学的学习与中学的学习不是脱节的，而是联系的，是在一般性的基础之上继续进入学习专业性基础知识和基本理论之中，进入培养专门性人才的基础教育阶段。学习中文学科论文写作，就是在中学的知识基础上，进入专业理论基础知识的学习，把对专业学科学习时观察、发现、探究的学习成果用书面的文字形式表达出来。这种学习，是在原有基础之上的高一个层次的基础学习，也是对大学中文学科学习的巩固、加深、拓展、运用，这是打好大学专业基础的重要方法之一。

我们所说的基础包括三个方面：知识基础、能力基础和品德基础。它们都属于专业基础或是与之紧密关联的内容。

(一) 知识基础

知识基础，包括中文学科专业理论知识、一般性知识（如哲学、逻辑学、心理学、美学、历史学、社会学、法学、文化学、民俗学等等的常识性知识）和社会生活知识。这些都属于知识基础，或者说基础知识。

(二) 能力基础

能力基础，包括实践能力（即动手能力、实际运用能力和工作适应能力)、科研能力（主要是发现问题、提出问题、分析问题和解决问题的能力)、表达能力（书面和口头表达能力、社会交际能力)。这些都属于能力基础，或者说基础能力。

（三）品德基础

品德基础，包括人品（如诚信、忠实、有责任感、有奉献精神与牺牲精神、有毅力、勤奋、好学、助人为乐等）、文品（如不抄袭不剽窃、尊重事实、尊重他人成果、宽容、兼容等）、文风（要求务实、实事求是、不浮躁、不急功近利等）。这些都属于品德基础，或者说基础品德。

这三个方面的基础，从上幼儿园、读小学起，学校都在培养，中学继续培养，到大学，要加深、要强化、要提高。中文学科论文写作的学习，是培养知识、能力、品德三个方面基础的重要实践活动与教育手段。完成一篇学科论文，没有专业理论知识不行，没有一般性知识和社会生活知识也不行；没有科研能力不行，没有实际运用能力也不行；没有好的人品、文品和学风，也不可能写出一篇真正的好论文。为此，我们应认真做好每一篇学科论文，特别是第一篇，起步要稳，一步一个脚印地走下去，我们的综合素质才会一步一步地提升。

二、学习中文学科论文写作是中文系本科的一个重要教学环节

确立学科论文写作这一教学环节，是当今时代发展的迫切需要。随着现代科技的迅猛发展，现在已进入了飞速发展的信息时代。当今世界各个领域充满着激烈的竞争，究其实质是综合国力的竞争，而综合国力的竞争归根结底是人才的竞争，人才的竞争又是创造性思维的竞争。故创造型人才的培养问题已经引起世界各国高层领导和学者们的高度重视。培养人的创造性思维和创新能力，成为竞争的焦点并处于教育事业的战略性地位。中国国家领导人极为注重创造型人才的培养，并强调教育是培养人才和增强创新能力的基础，必须放在现代化建设的全局性战略性重要位置上。中央领导号召全国广大青年努力培养自己的创造能力，充分发挥自身的创造潜能，在不断认识和把握客观规律的基础上，勇于创造，善于创造，不断创造。我们学习中文学科论文的写作，这本身就是培养创造性思维的一种重要手段，因此，学习中文学科论文写作的重大意义和迫切性是不言而喻的。

世界发达国家十分重视专业学科论文的写作，他们的高校理工、农、医类学科一般都开设科技写作课，有的还设置了科技写作方面的专业，并授予学位。美国最早在艾奥瓦州立大学设置了科技专业写作课。哈佛大学规定：学生论文写作如不及格，必须照章补课。现在的日本高校普遍开设专业论文指导课，从三年级下学期起就要求进入研究室学习。许多其他国家的高校也十分重视科研论文写作指导工作。

我国在 20 世纪 80 年代把大学生撰写学科专业论文提上议事日程，并作了明确规定，制定了相关的标准与要求，确立了高校学科论文考核制度。学习撰写专业学科论文，成为高校教学的一个重要环节。毕业论文是学科论文的集中表现形式，也是最后对学生所学的专业理论知识、科研能力、表达能力等方面的综合考核。中文系学生学习中文学科论文写作是国家规定的，是一个重要的教学环节。如今还有个别学生对专业学科论文写作持不同态度，抵触，不愿意写，或者对写散文、小说感兴趣，认为自己要当作家，不当学者，不必写什么科研论文之类的东西，这种认识是不正确的。还有的想用课程考试成绩抵算写学科论文，然而这是两类不同

的课程，有不同的要求和不同的教学目的及实践活动，不能互相折算。如此等等的模糊认识都要通过学习予以明晰化，以获得对中文学科论文写作的正确认识。

大学是培养专门人才的，要进行专业理论知识的学习和专业技能的训练。学科论文写作，其写作是一个书面表达问题，而写作的内容，则是对学科中某一问题的探讨研究，表达的是探讨研究的结果。学习和研究、继承和创造、接受和开拓要两条腿走路，这是对大学生的要求。由此，可巩固并加深拓宽所学习的专业理论知识，还可以检查自己所学的专业知识。很多写论文的同学都感到"书到用时方恨少"，并开始尝到那种"为伊消得人憔悴"的做科研的滋味。在老师指导下，在同学之间的切磋下，在众多图书资料的支持与帮助下，写成一篇专业性学科论文，能够获得科研的喜悦，锻炼自己发现问题、提出问题、分析问题、解决问题的能力，在研究与写作的实践中认识到科研论文写作的意义与作用，使自己感觉到在磨砺中的成长。

可见，对学中文专业的同学来说，学习写中文学科论文，是国际国内形势发展的需要，是高校论文考核制度的需要，是学科专业学习的需要，是培养自己科研能力的需要。因此，学习写中文学科论文是中文系的一个重要的教学环节。

三、学习中文学科论文写作为进一步发展创造了条件

大学毕业，只是完成了一个专业基础的学习阶段，获得了中文学科专业理论知识和初步科研能力，为同学们的进一步发展创造了条件。通过学科论文的写作训练，可以巩固并深化学到的专业理论知识，获得初步的科研能力，锻炼发现问题、提出问题、分析问题、解决问题的能力，从而获得继续发展的条件。邢福义先生说："凡是会研究问题的人，要他搞哪一行，他就能干好哪一行，这批大学生即使将来不从事语言研究工作，他们也能做好其他学问，搞好其他工作！"①

总之，培育创造性思维，巩固和深化专业理论知识，培养科研能力，提升综合素质和实际运用能力是极为重要的事，而这一切的获得，学习专业学科论文的写作起着至关重要的作用。

第三节
怎样才能写出一篇中文学科论文

我们懂得了学习中文学科论文写作的重要性和必要性，那么，怎样才能写出一篇中文学科论文呢？这一节概括地介绍完成一篇学科论文的全过程，并使这一过程的每一个阶段相联结、

---

① 邢福义．序卢卓群《汉语小论文写作初步》．武汉：华中师范大学出版社，2007.

整合，让同学们对此有完整的了解，进而指导其论文写作。

我们把写作一篇学科论文的全过程归纳为三个阶段，即选题阶段、研究阶段、表达阶段。写出一篇学科论文，必须独自奋力闯过这三个阶段，我们把它称为“过三关”，这“过三关”就是：(1) 过选题关；(2) 过研究关；(3) 过表达关。下面我们分别概述为什么把选题、研究、表达当作“关”，又如何过这“三关”。

一、选题关

什么是选题？简言之，就是要选择论文的课题、论题或题目。课题是学科中所要研究解决的问题。解决问题的过程与结果通常以专业科研论文的文本形式表现出来。所要研究解决的问题的主旨、主题及体现出来的论点，称作论题。选题有时也说选择论题。课题一般指确定研究的对象与范围，论题指所要研究解决的具体问题或问题的主旨。一个课题可以是一个论题，也可以是若干个相关联的论题。大课题中有子课题，子课题中又有论题。课题或论题常以标题的形式表现出来，但标题不等于课题。标题是论文的题目。标题往往是以研究问题的主旨或研究结果来表现的。

选题为何是一“关”？1938 年，爱因斯坦在与英费尔德合著的《物理学的进化》中说：“提出一个问题往往比解决一个问题更重要。……而提出新的问题，新的可能性，以新的角度去看旧的问题，却需要有创造性的想象力，而且标志着科学的真正进步。”与爱因斯坦同时代的英国科学家贝尔纳说：“课题的形成和选择……都是研究工作中最复杂的一个阶段。一般说来，提出问题比解决问题更困难。”选题，至少包含了“重要”“复杂”“困难”这三种因素，由此，就构成了一个“关”。“重要”——这个选题标志着科学的真正进步。小而言之，要考虑这一学科在这一方面的一个问题的研究，对这个学科这方面的问题有所推进。“复杂”与“困难”——要考虑提出新的问题，提出这个新问题的可能性，看待问题的新角度（什么是新角度，是什么样的新角度等），更重要的是选题的创造性和创造性的想象力。要突破这重重关隘，才能选好一个课题。不过这一关，就没有学科论文的产生。选题本身就是科学研究，是科研工作的一个重要组成部分。

选题是研究工作开始的一关，常言道：“良好的开端是成功的一半。”我们用这句俗话来强调选题的重要性。选题工作做好了，所选的课题便有价值，适合于学生现在的知识结构与认识水平，有利于他们的锻炼、成长，能培养他们发现问题和提出问题的能力，使科研工作有一个良好的开端。

选题要有一个标准，或者说准则、原则。选题的准则表现在三个方面。

第一，价值准则。选题要符合社会发展和学科发展的需要，以体现学科的理论价值和实用价值。选题要有理论根据和事实根据，符合客观实际，符合已知的客观规律，这样的选题才有科学价值。选题要解决出现的新问题，要有新发现，或有新材料、新观点、新方法、新思路、新角度，这样，该课题的研究便有理论价值和实用价值。其价值准则体现在需要性、科学性、创造性三点上。

第二，成长准则。学写学科论文，是希望让学生受到锻炼，成长起来。学习中文学科论文写作，能获得发现问题、提出问题、分析问题、解决问题的能力，能获得写出一篇专业性科研论文都要过三关的一般规律，这些对于学生们去认识、处理其他类似的问题具有普遍意义和借鉴作用。不断选题作文，不断前进，不断成长。每一个选题，每一篇专业论文，都如同前进路上的一块里程碑，对于成长具有里程碑意义。具体地说，要做到三点：要稳步渐进，反对拔苗助长；要老实务实，反对浮躁夸饰；要抓点击破，反对求大贪多。

第三，量力准则。选题来做，要看目前是否能完成这个课题，要量力而行。量力而行要考虑主客观条件。主观条件如自己的知识结构、专业特长、研究能力、认识水平、兴趣、爱好等，客观条件如学科研究状况、相关资料、实证材料、调查条件、课外时间保证、指导老师等。符合条件或基本符合条件就要抓紧时机干，有了时机，还要抓紧时间，要有挤和钻的钉子精神。只有不懈怠地继续前进，不断学习，不断创造，不断写作，不断出成果，继承和创造并重，吸收和释放并进，学习和交流并举，才有可能写出好文章。量力准则就是要抓条件、抓时机、抓奋斗精神，在量力而行中，不断突破自己的现状，不断形成高一个层次的量力而行。

从哪些方面选题？中文学科已经确定了对象，圈定了范围。在中文学科专业课程范围内考虑选题，选定一个学科中一个问题，最好是限定在一个小问题中或小问题中的一个小点，要把这个学科问题的历史和现状搞清楚，所研究的一定是一个问题，要在原有研究成果的基础上，把问题作为一个新的起点，把这一学科的理论或应用推向前进。在应用上选题，也可用学科理论来解释现实生活中出现的新问题、新现象，或者可以考虑从交叉学科中选题。总之，联系学科专业，广泛地、多视角、多层面地考虑选题。选题多了，可分类储存，也可构成课题或论题的论文组。

选定课题之后，便要收集资料，进行研究。

二、研究关

研究，这里指做研究工作。什么是做研究工作呢？邢福义先生说：“发现一个问题，如果不仅仅限于想一想，而是咬着不放，大量收集有关的材料，从中归纳出规律，比较系统地发表自己的见解，这便是做研究工作了。”[①] 这段话里包含了三个问题：（1）大量收集有关资料，当然要整理分析。（2）从中归纳出规律，这得要掌握相应的研究方法。（3）系统发表自己的见解，论文必须要有自己的新见解。这段话告诉我们，材料、方法、创见，是做研究工作，完成一篇科研论文不可缺少的部分。这便是研究关中的三个关隘：没有材料——“巧妇难为无米之炊”；没有创见——“如其意不能新，仍是本等情事”[②]（本等：这一等级。依上下文意，当指末等。——引者注）；没有方法——“不解决桥或船的问题，过河就是一句空话”[③]。过研究关，并非轻而易举之事。

大量收集有关材料，这是选题时和选题后必做的工作。收集的材料大体上包括两个方面：一是相关的文献资料；二是研究对象的实证性材料，这是产生创见的原料、基础和依据。另外，还有关联性材料，包括字典、词典、年表、图录等和学者传记、回忆录、背景史料等，对

① 邢福义．现代汉语教程．武汉：湖北科学技术出版社，1994：3.

② 李渔．窥词管见：第六则//郑奠，谭全基．古汉语修辞学资料汇编．北京：商务印书馆，1980：663.

③ 毛泽东选集：第1卷．2版．北京：人民出版社，1991：139.

于研究起辅助作用。这三类材料都是研究对象的信息材料。不同的是，第一类研究成果是已知的显性信息材料，第二类是尚待发掘其规律的隐性信息材料，第三类是为研究提供工具性和背景性的辅助信息材料。辅助材料有时可能对研究的某一问题起关键作用。

季羡林先生说："训练学生的第一步，就是会用'目录学'（借用这个名词），在确定了要搞的题目后，把与这方面有关的文章全找到。有的研究生导师就是这样训练学生，在确定了研究课题以后，把学生带到图书馆把目录翻一遍，看看中外文杂志。在没学会用'目录学'以前，别写论文。"[①] 这表明查阅相关选题的文献资料的重要性。通过相关学科的目录、索引、文摘、综述等方面的工具书的指引，把与课题有关的文献资料查出后，要仔细研读，总结前人对这一问题研究的文献资料，归纳出研究阶段、研究方面、研究成果以及存在的问题，这是研究这个问题的"起点"。没有看到已有的研究成果，后面的研究就有可能会出问题，论文会失去价值。

实证性材料，主要是事实材料，特别是自行调查、专访、实验、现场观察、实录等获取的第一手材料，是极为宝贵的。能用来证明论点的理论材料也属于实证性材料。大量的事实材料是研究的土壤，是产生创见的源泉。把自己的创见系统地发表出来，这便形成了"理论"。邢福义先生说："研究植根于事实，成果生发于事实。"[②] 又说："植根于'泥土'，生发于事实。——把研究工作的'根'扎在汉语语法事实的'泥土'里，让适合于汉语语法事实的理论和方法，逐渐生发于汉语语法事实的深入研究的过程之中。"[③] 语言也好，文学也好，其理论都是从事实中生发出来的。俄国科学家巴甫洛夫说："要研究事实，对比事实，积累事实，不论鸟翼多么完善，但如果不凭借着空气，它是永远不会飞翔高空的。事实就是科学家的空气。你们如果不凭借事实，就永远不能飞腾起来。如果没有事实，那我们的理论就会变成虚狂的挣扎。"[④] 这表明了事实材料对于理论（创见、论点、规律等）的重要意义。

要从事实中产生创见，生发理论，得有正确的恰当的研究方法。过河，可以乘船，也可以游泳，还可以坐直升机，如此等等，采用哪种方法过河，要看当时、当地及其自然环境、人文条件而定。采用什么方法尤其要注意客观事物本身的性质。还是以过河作比，如果河的两岸距离很大，又加上水流湍急，过河应用乘船的方式，对一般人来说都不会采取游泳的方式过河。如果河上结了一层厚厚的冰，这时不是乘船了，可以坐车过河，也可以穿上溜冰鞋过河了。液态的水和固态的水，虽然都是"水"，却有它们各自的特质。采用某种方法和主观研究目的也有关系。假定要考察湍急流水的水速，研究如何游过这条河，采用游泳的方式过河则少不了。因为研究的目的就是要知道如何游泳横渡这条河。可见，采用什么方法，涉及客观事物的特性和主观研究的目的。方法不仅是完成研究任务的工具，还可看作是研究的客观事物和研究者主观研究目的之间一个中介物。选择方法应考虑这两个方面的问题，才能有效地达到研究目的，解决提出的问题。

对研究方法，一般从四个层面去看。第一是哲学的方法。哲学是关于世界观的学说，是自然知识和社会知识的概括和总结，是对世界的总体认识。用世界观指导人们认识世界和改造世界，这便是方法论，它是认识世界和改造世界的根本方法。马克思主义哲学即辩证唯物

---

① 季羡林．关于学好中文和外文．语文建设，1998（7）.

② 邢福义．序徐杰《汉语描写语法十论》．郑州：河南教育出版社，1993.

③ 邢福义．邢福义自选集：跋．郑州：河南教育出版社，1993：350.

④ 巴甫洛夫．给青年的一封信//陈舜萍，金宵．巴甫洛夫．沈阳：辽海出版社，2004.

主义和历史唯物主义是我们从事科学研究的指导思想。第二是逻辑学的方法。逻辑学是研究思维的形式和规律的科学，它研究概念、判断、推理等主要思维形式。逻辑思维方法是科学研究的重要方法，如归纳法、演绎法等，哲学和逻辑学的方法，是所有学科都要运用的，中文学科的研习与写作自然也不例外。第三是某些学科共用的或借用的方法。共用的，比如调查法、实验法、比较法、统计法等。借用的，如现代自然科学的系统论、信息论、控制论，有些被文学工作者引进，借用来搞文学研究；在语言研究方面，如从化学中的“化合价”引进“价”的概念，形成语法研究中的“配价分析法”。第四是本学科独特的研究法。每个学科有自己特定的研究对象，具有独特的专业性，要研讨学科本身的带有特殊性的专业问题，就要用特殊的方法。

过研究关，最重要的是选用正确而适当的方法，对收集的全部材料，通过分析、归纳、提炼，抽象出科学的、正确的、深刻的、有创见的论点。论点的提炼过程，毛泽东说：“要完全地反映整个的事物，反映事物的本质，反映事物的内部规律性，就必须经过思考作用，将丰富的感觉材料加以去粗取精、去伪存真、由此及彼、由表及里的改造制作工夫，造成概念和理论的系统，就必须从感性认识跃进到理性认识。这种改造过的认识，不是更空虚了更不可靠了的认识，相反，只要是在认识过程中根据于实践基础而科学地改造过的东西，正如列宁所说乃是更深刻、更正确、更完全地反映客观事物的东西。”① 这也是把感性材料上升到理性认识的方法，由此而改造制作、思考加工，从材料中提炼出观点——自己的创见，即文章的论点——文章的灵魂，基本上完成“研究”的任务，进入表达研究成果的阶段。

三、表达关

过了研究关，表明有了一定的研究成果，就要比较系统地发表出来，通常是用书面形式表达出来。我国著名科学家卢嘉锡说：“表达是很重要的。一个只会创造不会表达的人，不能算一个合格的科学工作者。”有了研究成果而不会表达，那就像一句歇后语说的：“茶壶里装汤圆——有货倒不出。”“有货倒不出”，其研究的成果就无法交流，也得不到推广，不能发挥其应有的作用。作为一个高校学生，或者说一名研究工作者，即使从事其他专业工作，学术论文的表达方式与表达能力也是一项基本功。提高文字的组织与表达能力，也有助于锻炼和提高别的方面的文字表达能力。这些道理同学们都是知道的。难，就在于坚持去做，主动在实践中磨炼自己。

中文学科论文的表达，包括四个方面：第一是结构的组织安排，第二是表达的基本方式，第三是语言的规范运用，第四是文章写作的三重修改。其中最关键的问题是结构的组织安排。

（一）结构的组织安排

结构，这里指文章结构，即常说的“篇章结构”，它是一篇文章的框架、架式，是文章的组织构造，是研究结果用文字表达出来的框架构思，它体现写作的思路，是组织安排全文的一

① 毛泽东选集：第 1 卷 .2 版 . 北京：人民出版社，1991：291.

个设计方案。不同的文章、不同的内容、不同的作者有不同的文章架式，其材料与观点就组织在这个架式之中。结构是为文章的内容服务的。结构的基本原则与要求是：中心突出，层次清楚，过渡自然，前后照应，周密严整。作为学科论文，它要求突出论点或中心论点，这在安排上有主次详略的问题，要处理好材料和观点的关系，要把论点、论据、论证有机地组织在一起，体现出分析的深刻性和材料的说服力，论证的逻辑力量，鲜明而独创的观点或主张，表达的简明、精粹、自然，显示出令人信服的结论。这样组织安排的结构，做到了严谨、有序、协调、统一，符合结构的基本原则，也是设计学科论文结构的总体要求。

下面再说学科论文的结构格式。

今人常说："文无定法。"古人也有类似的认识，这讲的是写作方法问题，还有一个写作体裁或称体制、体式问题。如汉赋有汉赋的体制，读起来就知道是赋；五言律诗有五言律诗的体制，读起来就知道是五律；章回小说有章回小说的体制，读起来不会误作剧本，如此等等。而在一种体制中，如五律，不同的诗人可以有不同的写作方法与表达技巧及表现风格。同理，中文学科论文也有它的体制，因属学术论文的范畴，其格式体制也属于学术论文的格式体制。这一点，国家已有文件规定——《科学技术报告、学位论文和学术论文的编写格式》。在此，根据这个文件，针对学士学位论文列出其体制格式：

前置部分
- 封面（论文作为期刊或书中的一部分无需封面）
- 题名（或有副题名）
- 作者
- 摘要（或提要）
- 关键词

主体部分
- 引言（或绪论）
- 正文
- 结论
- 参考文献
- 致谢

以上各种部分的内容、要求等，请阅读该文件并遵照执行。其间还可能涉及其他一些标准，比如现代规范汉字的使用、标点符号用法、数字的使用、计量单位的使用等等，都要遵照执行国家的相关规定和标准。

文章结构的基本内容如果分解，则为开头和结尾、过渡和照应、段落和层次、主次和详略。这些基础知识，在中学已学过，大学里还有写作学一类基础写作课程，都会学到这些知识，要善于把这些知识"迁移"用来学习学科论文的写作，学会"知识迁移"既是一种能力的培养，也是一种能力的表现。这些结构分解的知识，这里简单地提示性地讲一下，以引起同学们的回忆与联想运用。一般说来，迁用于写小论文较为接近，而写长论文特别是毕业论文或学位论文，其内容与写小论文有明显不同的地方，也着重提出来讲一讲，为后面分别学习语言学学科论文和文学学科论文作铺垫。

1. 开头

开头是文章的起始部分。常言道："万事开头难。"难就难在开头要统摄全篇，要巧妙地引出中心问题，要考虑开头如何吸引读者，打动读者的心。一般说来，开头的方法有：（1）开门见山，提出论点；（2）讲述情况或事例，引出论点；（3）交代写作动机，显示论点；（4）针对论点设问，引起读者思考。小论文短小简明，常是“开门见山”；也有引出事例，包括相关的故事、趣味材料；还有采取后两种方法开头的。而写长论文的开头，即绪论（或引言），情况比较复杂。有的概括这一问题的研究背景和成果介绍，在此基础上引出研讨的问题；有的分述对这一问题的不同意见，进而引出自己的论述。引言中往往还概述全文从哪些方面讨论这个问题。

2. 结尾

结尾是文章中分析论述之后得出的结论部分。一般是：（1）概括全文，点明主旨；（2）首尾圆合，完整统一；（3）发掘论文的意义，强调研究的价值；（4）提出尚待解决的问题，引发读者的兴趣等等。在长论文中，第三种结尾体现的方面较多。有时还使论点深化，强调或提出从某种理论的高度去认识问题，或指出这一课题研究的典型意义、理论价值、实用价值等。作为长论文，第四种结尾，有的写成“余论”，即对这一课题的研究虽告一段落，得出结论，然而却是言而未尽，还要讲几句，或作些必要的理论或实践上的说明，或有的问题提出讨论，尚待解决，其内容根据文章与作者的思考而异。总之，结尾要做到“余音绕梁，三日不绝”实在不容易。

3. 过渡

古人作诗文，其布局谋篇讲究起承转合。其中的承、转则是过渡问题，过渡便是文章中段落层次之间的承接和转接，使上下文扣合起来，使语意文气连贯，全篇成一个完整体。承接多以意义相关联或逻辑顺序相承接；转接时，两段之间常用“但是”类词语，结尾一部分常用“总之”“综上所述”承接上文。有时还用过渡段承接上下文，过渡段一般很短，常用一句或两句构成，可通过设问、陈述等方式承上启下。长论文分几个部分，分别用序数“一”“二”“三”或用小标题以序列形式承接。各部分之间，承接与转接关系往往通过内容相关联的几个方面、论证的方式与方面、中心论点与分论点的关系等逻辑序列来处理承转问题。各部分之间过渡关系的整合，可看得出各部分之间或并列或递进等关系。在各部分里面段落之间同样有承转过渡问题。这种关系问题在“层次”部分将进一步讲述。

4. 照应

一篇文章在段落之间、层次之间、上下文之间、首尾之间、题文之间相互关照呼应，使之成为一个严谨的有机的整体。其方法有伏笔与交代关照、暗示与明揭呼应、分述与总述的照应、层层推进的照应等。这些方法在小论文或长论文中都一样运用，只是构思与复杂程度有所不同。

5. 段落

段落指文章中起行空两格开始书写的一个意义完整的自然段。有的段落只有一个句子，有长句也有短句；有的自然段由若干个句子组成，成为一个较长的段落，这时可用上一个“段首句”，可突出段落的主旨，对文章中的过渡照应也可起到联络作用，使文章思路清楚，内容层次关系明晰，显示强烈的逻辑表现力量。意义相关联的一段一段有序地合理地组织起来，构成一篇文章。

6. 层次

层次是文章中不同的组成部分划分出来的互相关联又相对独立的层级。它是事物发展的阶段性、思维过程的序列性和论述表达的步骤性的体现。按文章的不同范围划分，突出的有两点：（1）篇章层次，即一篇完整文章的层次。小论文一般分三层，开头与结尾，一般均为一段，中间是主体，有几段。长论文或大论文的层次，包括毕业论文和学位论文，参看前面列出的“主体部分”。一般性的课程论文或学年论文，必须有引论、本论和结论，有的加上参考文献或注释，或二者皆有。（2）本论层次。这是论文的正文、主体，其结构层次主要是三种：一是分总式，以归纳的思维方式进行；二是总分式，以演绎的思维方式进行；三是总分总式，这是带有综合性的思维方式。其中以分总式多见。分总式的结构层次这里例说四种类型。第一，并联型，也称并列式。本论的几个组成部分构成几个层次，由一个总论点或一条总线索或总的思路贯穿其中，将各并立的层次（有从不同层面论述一个观点的，有分论点并列的等）联结起来，各层的表述字数多少可不相同，但一般说来，其体例形式大体一致，给人以并列呈现的感觉，也使全文统一和谐。第二，串联型，也称连贯式。本论中的几个层次（几个部分）用某种顺序串联起来，连贯成一个整体。串联物常为时间、空间、事件及其运转，时间——时间的推移，空间——位置的接续迁徙，事件——事物的序列演变。这便是写作中用以连贯的时序、位序、事序。在学科论文中，时序表现为由论述过程划分的相接续的时段，以显示层层相接。位序则表现为从不同角度不同方面论述一个问题符合逻辑的自然转换。事序则表现为几件并列的事件或构成事件的现象，或者以论述对象各自变化的几个阶段相联结构成。而上述并联型也有一根线把各层连接起来，这种连接是隐性的，从表面看是并列的。串联型中串联物是显性的，时间的推移、位置的变换、事物的发展都可直接感受。通过一条线索紧密地贯串在一起，形成明显接续的各个变化的段落。第三，层进型，也称递进式、推进式、层递式、纵深式。本论中各层次层层推进，逐层上升或逐层下降，形成明显的“阶梯”，具有很强的逻辑序列性。串联型中的“事序”，如果事物发展的各阶段不是“阶段的各自平列”，而是层层推进，由此及彼，由浅入深，则成为层进型结构。第四，层套型，也称铺垫式。本论中第一层的论述及其结论为第二层的论述作了铺垫，第二层的论述及其结论为第三层作了铺垫，以此类推，层层相套。这里也有层层推进的意味，它是前一层次论述的成果为下一层次服务。没有前一层的成果，也就没有后一层次论述的条件。当然，如果没有前者的铺垫，就要另起炉灶自行论述，但那样会使文章繁复，且显零散。这四种类型只是例举。也有综合运用的，可称作综合型或综合式。就全文而言，篇章层次也有相似的情况。在篇章层次中有本论层次，当然也有绪论层次和结论层次，只是它们相对简单一些，知道了较为复杂的本论层次，绪论层次和结论层次也就有灵活处理的基础了。此外，一个长的自然段（段落）中间也可划分层次，称为段落层次。一般按语意内容的逻辑关系或提示性词语划分其层次。

7. 主次和详略

主次是组织文章结构时对主题、论点及运用材料安排的考虑。详略是对论文中主次的文字表述。材料不分主次，表达不分详略，堆砌、散而杂、头绪乱、眉目不清，造成整个文章主次不分明、详略不得当，其结果是结构混乱、主题不明、论点淹没。这里要求考虑全文结构时分清材料的主次，内容的主次，突出独到见解；注意裁剪，有详有略。主次详略在结构中居于很重要的地位，必须整体考虑，事先勾勒出文章的轮廓，制定出文章写作的蓝图。

一篇文章进行到这一步，就要考虑编制写作提纲了。

提纲是即将实施写作的论文蓝图和规划，是全文的一个基本框架。材料和观点，论点、论据和论证，主次和详略的处理，都组织在这个框架之中，形成明晰、顺畅、符合逻辑的思路，并用文字表现出来。编制提纲首先要从论文的全局考虑，特别是毕业论文，因内容多，篇幅长，更应注重全盘策划。包括考虑结构中如何突出论点，尤其是创见；考虑如何选择材料、选择什么样的材料作论据；如何处理开头、结尾，过渡、照应，段落、层次，主次、详略等等；考虑如何协调组织。先考虑几个大的方面作为骨干构架，再行细化，写出观点，注明材料及用法，标示论证的方法，大小层次一一依次列出。提纲的表述既细致充分，又简洁明白；既突出中心，又照顾一般；既安排好各相对独立的部分，又注意论文的整体性与和谐性。一个提纲是“纲”，一旦实施则“纲举目张”，写出来的论文则中心突出、结构完整、论证有力、结论可信。再加上语言精美而规范，表达准确、鲜明、生动，这是锦上添花，一篇优秀的学科论文便写出来了。

对毕业论文或学位论文而言，还有一个论文写作的开题报告的内容。开题报告是在写论文之前，向指导老师报告为什么要选这个课题来做，有何意义，这个课题研究的历史和现状，成果与问题，采用的研究方法，研究的内容、方面，研究的重点、难点，准备解决的问题，如何去进行研究解决，所用参考文献等，同时还要报告编制的提纲，以了解论文全文的写作情况。指导老师应对开题报告提出意见。请参阅外编第九章第一节论文的指导中相关的论述。

（二）表达的基本方式

表达的基本方式有叙述、描写、说明、抒情和议论。这里只是结合论文写作提示性地讲一下。

1. 叙述

叙述是把人物的经历和事情的发展变化的过程表达出来。有时、地、人、事、因、果六要素，有详细叙述和概括叙述，还有顺叙、侧叙、插叙等等。这些要素和要求一般是对叙事作品而言的。对论文，叙述作为一种表达方式用于陈说论点、论据，以及引论中的成果、研究背景介绍等，有的用故事之类引出论点或进行论证，也会用叙述的表达方式，往往是概括叙述。

2. 描写

学科论文中的“描写”，是把研究的对象或事实通过不同的视角，从不同层面细致地表述出来，为解释说明、论述观点、揭示事物的本质和规律服务。它不同于小说、诗歌等文学作品中的文学描写。

3. 说明

说明是对某一对象作解说，以客观的态度介绍此对象的特点、性质、构成、用途等等，给人们以相关的知识，使人们对此对象有一个如实的了解。说明的方式很多，如定义说明、分类说明、事例说明、数据说明、图表说明等等。说明在论文中运用较多。在论证时，事例说明、图表说明等说明方式多用以证论观点的正确性。有时，在论文中采用比较说明的方式，或分析结合说明，有时几种说明方式综合运用，以突出自己论文的特色或独到之处，但都必须为论证与凸显论点或论题服务。

4. 抒情

抒情是抒发作者的主观感受和思想感情。文学作品如诗歌、戏剧、小说等，往往表达作者个人的强烈的主观感情，并使读者受到感染、产生共鸣。学科论文研究的对象是学科的内容。在论述的过程中也可表达作者的感情态度，只不过是隐含在文字里面，比如对某个观点十分欣赏、对某条材料很感兴趣，都会在字里行间有所表现。在一般情况下，写作是冷静的平稳的，感情是淡化的。当然，写学科论文，不可能也不要求像写诗歌那样用激情澎湃的文字去表达。这是学科论文的体制与内容决定的。

5. 议论

这是对客观事物、观点、思想等进行评议和论述。这是论文的主要表达方式，议论由论点、论据、论证三要素构成。论点是作者提出的观点、主张、意见等，是否真实正确，要有证据证实它。论据是用来证实论点的材料依据和理论依据。论证是运用论据来证实论点的过程和方法，体现了论点和论据的种种关系和联系。论证方式有立论和驳论，其间又有许多具体方法，如归纳法、演绎法、分析法、综合法、对比法、类比法、例证法、反证法等等。已学的相关知识都可以运用于此。

（三）语言的规范运用

学科论文的写作靠书面语言这个工具表达出来，其研究成果才能达到可视可读、传播交流的目的。语言表达基础差、不规范，便影响论文的写作与表达。

写论文，要注意语体。学术论文属于科学语体，不要搞成艺术语体，写成了文艺散文。学术论文也不同于社会生活方面的政论文、思想评论等，不要把学术论文搞成政论语体，写成报刊社论、思想评论、杂谈等。学术论文有它自己的一套专业术语，常运用图表、公式、数据、拟定的特殊符号，使表达简单明了。学术论文的概念一般较单一，文字表达简明、严谨、平实、质朴。要求具有可读性，用词造句正确规范，书写用国家规定的规范汉字，不写错别字。

（四）文章写作的三重修改

文章写作的三重修改指前文章修改、文章修改和后文章修改这三个文章写作的修改阶段。前文章修改，是文章写作修改的第一个阶段，也是修改写作的第一个层面，是对拟定的写作提纲的修改订正。这是动笔行文前的关键，以避免文章中大的方面如论点问题、结构问题等带全局性的大问题出现。文章修改，学科论文的初稿写出，并没有完成，还有一个不可缺少的修改环节，才能使文章不断完善，以提升论文的写作质量，这就是文章修改阶段的任务。可结合写作学课程的学习，进一步搞好学科论文写作的修改工作；还可多看名人和作家的修改稿，从中受到启发。后文章修改，是文章修改的最后阶段，也是修改文章的第三层面。学科论文写好了，并且发表了，或者毕业论文收入了优秀毕业论文集子，取得了“重大胜利”，但并非万事大吉，还要考虑修改问题，使自己不断地向上攀登，不断提升自己。希望学习阶段的同学们都能这样去做。

完成一篇学科论文要过三关，也应从这三个方面去学习如何写作学科论文。本书是把写成一篇学科论文的过程分解剖析成三块，即三个阶段，这三个阶段有过渡交叉部分，还要注意三者之间的内在联系。我们的讲解毕竟把它们分解成三块，希望同学们把这些知识整合运用，使之生成新知。

第四节 本书构想和编写说明

中文学科，即汉语言文学学科，包括汉语言学科和文学学科，本书分成这样两大块，首先归纳了中文学科论文的特点，在此基础之上，对语言学科和文学学科再分别讲解各自论文的特点，以突出个性。

本书没有把语言学和文艺学、古代文学、现当代文学、外国文学等平行并列，否则就成了语言学科与文学学科的子学科并列。我们分成语言学科、文学学科两大块来分别讨论学科论文写作，似乎要恰当一点，科学一点。由此，也突出了当今社会发展中的语言学地位。这是对本书构想的框架之一。

本书构想的框架之二是：把研究与写作一篇中文学科论文划分为三个阶段，即选题阶段、研究阶段、表达阶段，分段指导学生写作学科论文。我们把这三个阶段看作三个“关”，要通过三个阶段，即过三关：选题关、研究关、表达关。“过三关”是 2000 年邢福义先生跟卢卓群谈硕士生教学时提出的。本书即按这三关来设计编写。写出一篇学科论文要选题——过选题关。选题之后，必须研究（包括文献资料的研究和课题实证材料的研究）——过研究关。有了研究成果，还必须用文字形式表达出来——过表达关。上一节讲了为什么是三个“关”，怎样过这三关。同时也指出这三关不是孤立的三部分，是整个“研究工作”表层的三个阶段，实质上，选题就开始了研究（研究工作），也就考虑表达问题了。而表达，即写出研究成果时，或在修改时，也在继续研究，有时还会改变文章的题目。这表明三者是互相联系、互相渗透的，是整合融贯的。只有这样，才能在运用中生成新知，获取新的信息。

学科论文写作教学的出发点，可以从“文章”（文章学）出发，着眼文章品质的阐述，讲主题、题材、结构、语言；也可以从“写作”（写作学）出发，着眼于写作技能的运用，讲选题、构思、行文、修改。前者则倾向于静态的文章做法的教学，后者则倾向于动态的写作实践的教学。我们明确地从培养中文学科研究与写作的实践能力出发，并从学生普遍存在的问题入手编写了这本教材。正因为如此，我们努力引导学生“过三关”，实行动态的写作实践教学。

中文学科论文写作紧紧扣住学科课程的研究性学习与论文写作的研习与表达过程，也是强化、深化学科课程学习的过程。学科课程的知识和公共课（如哲学、逻辑学、写作学、自然科学史、外语、计算机等）的知识，成为学习中文学科论文写作的背景知识。没有这些背景知识的支撑就不能构建起中文学科论文写作的学习舞台；没有这些背景知识，学了这本书，只能获得学科论文写作的一般性知识，如写出一篇学科论文要过三关。因此，我们编写这本书，前提明确，即学生具有这些或这些中的部分“背景知识”，专业学科中学到的相关知识，我们不讲或少讲，主要是引导将已学的知识运用于中文学科论文的研习与写作之中。紧扣、结合、补足、强化、加深中文学科相关课程的学习，对学生进行中文学科论文写作的创造性研习和创新能力以及写作技能的培养，全心投入为中文学科论文写作的教学服务之中去，是我们明确的指导思想与做法。

语言学科论文写作部分和文学学科论文写作部分其整体框架是一致的，都是引导学生“过三关”，但是具体内容无疑是有差异的。首先是学科内容不同，且都有自己独特的研究方法。其次，这两部分写作分工不同，语言学科部分举例与讲解偏重小论文、课程论文和自习论文；文学学科部分重点讲毕业论文，以与后面的论文评阅、答辩自然衔接。当然，讲小论文、课程论文也不放弃长篇论文、毕业论文、学位论文。讲毕业论文、学位论文，也会提及小论文、课程论文。再如讲“选题”，语言学科部分着重从教材的内容出发，针对其内容选题；文学学科部分则多以教材提供的对象、范围选题。讲“研究”，各自的出发点、侧重点，所讲内容都有明显区别。讲“表达”，语言学科部分组织导读一位学者写作的典型的学术论文，主要是让学生学习其论文的表达技巧及表达处理的精妙之处；文学学科部分则对一篇学生的毕业论文进行细致的解剖，主要是让学生细看一篇优秀毕业论文的肌理，学习论文表达的具体操作。可见前者重在引导“读”，后者重在引导“做”。再如，讲语言学科论文写作部分侧重讲“过程”，同时也关注“结果”；而文学学科论文写作部分侧重讲“结果”，同时也关注“过程”，如此等等。语言学科部分与文学学科部分二者之间既有分工，又互相补充、互相依存，力避重复，力求在统一框架下又各有侧重，从而构成一个完整体，学习时不可孤立地只看一个部分或一个方面。

本教材重视中文学科论文写作的方法和步骤，特别是有关方法的指导，力避空泛，力求详细、具体、有用，有较强针对性和可操作性。

本教材写作前做了一些调研工作，得到兄弟院校的支持，除援引已出版发行的本科生优秀论文集之外，又有8所院校为本书推荐本科生优秀论文专辑23本，电子文本若干篇。本教材力求引例丰富，密切联系学生实际。

本教材附有本科生的学科论文共8篇，其中语言学科论文3篇，文学学科论文5篇，文后附有点评。由于资料不全，我们的水平和能力有限，加上时间紧迫，选编的这些学科论文，可能难以做到全面、恰切，故我们作为“附录”，谨供同学们参考。我们所写的点评，也只是个人的一种意见，偏见难免，亦供参考，不妥之处请大家纠正。

思考与练习

一、写一则300～500字的本章内容提要。

二、阅读理解辛弃疾《青玉案·元夕》全词。

青玉案·元夕

东风夜放花千树。更吹落，星如雨。宝马雕车香满路。凤箫声动，玉壶光转，一夜鱼龙舞。

蛾儿雪柳黄金缕。笑语盈盈暗香去。众里寻他千百度。蓦然回首，那人却在，灯火阑珊处。

（一）以下问题个人思考发言，也可展开小组讨论。

1. 把这首辛词改写成现代散文。参阅对选题、研究、表达三方面的论述，阅读并理解这首词。

2. 这首词描写元宵节的热闹场面有三个镜头。镜头一：东风夜放花千树。更吹落，星如雨。镜头二：宝马雕车香满路。凤箫声动，玉壶光转，一夜鱼龙舞。镜头三：蛾儿雪柳黄金缕。笑语盈盈暗香去。这三个镜头背后有一个什么样的人没有出现？猜一猜，这个人是谁，在做什么。

3. 词的开头写灯火辉煌，结尾写灯火稀疏，这样写有什么作用？中间写的“蛾儿雪柳黄金缕。笑语盈盈暗香去”对这首词有什么作用？

4. 这首词写元宵之夜一对青年男女巧妙相遇，是写男女青年约会吗？请联系辛弃疾的经历来理解这首词。

（二）选做以下任一题。

节外生枝一题：词中寻找的“那人”是一位女子，却用的“他”，为何没有用“她”？查《辞海·人部》得知：“他，指男性，第三人称之词。‘五四’以前‘他’兼称男性、女性以及一切事物。”这个“他”的问题就清楚了。至于“她”的由来之类的问题与阅读理解这首词没有什么关系，要了解女性第三人称“她”的由来，则是节外生枝的问题。在词典中查到古代还有“她”，但不读 tā，而读 jiě，等同于“姐”，这便是“节外生枝”的问题。

对于这类节外生枝的问题，采取的办法有：

1. 与这首词的任务——阅读理解没什么关系，不去管它。

2. 利用各类工具书把与“她”相关的资料查出来，作为资料，保存下来。

3. 把这些查出来的资料一一核实，注明原始出处，以备不时之用。

4. 把这些核实了的资料写一篇读书札记。

5. 有条件挤时间写一篇论文。

以上可选一项或几项，并计划实施。

（三）想一想下列问题。

1. 报道《灯火阑珊话节电——本市星级酒店节电状况扫描》引用辛弃疾词句，误用之处问题在哪里？

> 有一张小报，上面有一篇报道，名为《灯火阑珊话节电——本市星级酒店节电状况扫描》。文章指出：这些饭店有十分豪华的轮廓灯、霓虹灯、各式吊灯、壁灯、地灯……把饭店装扮成水晶宫、七彩城……。这一现象在这篇报道中被概括为“灯火阑珊”。文章继续指出，经过整改，灯火设施豪华的状况得以改变，由“灯火阑珊”变成了节约用电。

2. 王国维引用了辛弃疾的哪些词句？王国维表达的是什么意思？

> 王国维讲做学问的三重境界：“古今之成大事业、大学问者，必经过三种之境界：‘昨夜西风凋碧树。独上高楼，望尽天涯路。’此第一境也。‘衣带渐宽终不悔，为伊消得人憔悴。’此第二境也。‘众里寻他千百度，蓦然回首，那人却在，灯火阑珊处。’此第三境也。”

上　编

语言学科论文写作

第一章 语言学科论文写作概述

学写语言学科论文，自然要先了解“语言学”这个学科，包括它的分支学科。这样，我们选做的题目就知道在哪个分支学科的哪个方面的哪个点上，便于我们从全局把握，联系思考，做到心中有底。否则如“盲人摸象”，看不到“象”的全局，仅凭个人感觉，摸到一个地方，自以为像什么就认为是什么，这就难以准确把握所做的题目。为此，在这一章里，先对语言学学科作了简介，让大家得知一个概貌，为继续深入了解提供一条线索。

了解和掌握相关的研究方法，是学习做研究工作的关键问题之一。不知道方法、手段和途径，难以达到研究的目的。我们特以较长篇幅介绍了语言学科论文写作中常用的一些研究方法，供同学们学习或参考，以做到不打无准备之仗。

第一节 语言学学科对象和研究范围

这里介绍的我国高校语言学学科对象，是根据 20 多年来语言学学科发展形成的四大学科分支，以使学科对象明朗化。下面依照我国教育部发布的《中国高校哲学社会科学发展报告 2005》[①]（以下简称《发展报告》）第十七章“语言学”作简略介绍。

这个介绍是就我国高校的整个语言学学科状况而言的，不单是高校一般的本科语言学学科。这可以让学生了解当今我国语言学学科的全貌。介绍多从研究的角度讲，下面从四个方面介绍学科的对象，然后从三个方面介绍语言学学科的研究范围，都只是让同学们概括地了解一下，要进一步了解需由自己去查阅相关的资料。

---

① 教育部社会科学委员会秘书处．中国高校哲学社会科学发展报告（2005）．北京：高等教育出版社，2005.

一、学科的对象

我国高校的语言学学科，已发展成四大分支的基本格局，这四大分支是：(1) 汉语言文字学；(2) 语言学及应用语言学；(3) 少数民族语言学；(4) 外国语言学。

(一) 汉语言文字学

汉语言文字学是研究汉语汉字的学问，也有称汉语语言学的。这一语言学分支学科主要有四大领域：第一，现代汉语。包括语音、词汇、语法的学科理论及其研究。第二，古代汉语。包括语音、词汇、语法的学科理论及其研究，其中，古代汉语语音研究传统上称为“音韵学”，古代汉语词汇研究的语义解释部分传统上称为“训诂学”。汉语史的研究一般也归入其中。第三，方言学。包括方言的语音、词汇、语法和方言调查的基础知识及其理论研究，也包括其他相关的问题，如地域文化问题等。第四，汉字学。以汉语的书写形式汉字为研究对象，既研究古代汉字，也研究现行汉字。这一分支学科中的现代汉语和古代汉语是中文系本科生必修科目。其他，如方言学，有开设选修课的，有在现代汉语、古代汉语中有专节讲授或有所涉及的。这一分支学科，有许多高校建立了相应的硕士点和博士点，有的高校建立了相应的研究中心或研究所。

(二) 语言学及应用语言学

语言学及应用语言学是研究语言理论问题与语言应用问题的学问。主要有两大领域：第一，理论语言学，探讨语言学的一般理论问题。第二，应用语言学，探讨语言应用的方方面面，门类众多，范围很广。《发展报告》指出，这一分支学科，目前在两大方面有了良好的趋势。一个方面是社会语言学研究，重在研究人类的语言交际活动及其社会效应；另一个方面是计算语言学研究，重在研究如何使用计算机来处理自然语言。这一分支学科，理论性和应用性都很强。理论语言学从理论上研究语言的性质、功能和结构。以其研究对象的不同又可分为个别语言学和一般语言学。一般语言学以一般语言作为研究对象，它探索各种语言的共有的特性、共同的规律、结构上的共同点和一般原理以及语言存在和发展的规律，是语言研究成果的总结和概括。一般语言学又称普通语言学。中文系本科开设的语言学概论这一基础课程是理论语言学的一方面。不过，有的教材对语言应用问题也有所涉及。有的高校开设有选修课应用语言学、文化语言学、社会语言学、心理语言学等，也有建立国际文化交流学院之类或办对外汉语教学专业班的。许多高校建立了语言学及应用语言学的硕士点和博士点，有的还建立了相应的研究中心，如“对外汉语教学研究中心”等。

(三) 少数民族语言学

少数民族语言研究，通常简称民族语言研究，总体说来，既研究少数民族的语言问题，也研究少数民族的文字问题。随着少数民族地区现代化建设的日新月异，随着我国人文社会科学研究的深化，我国少数民族语言研究已经取得了巨大成就，比如公布了一大批新语料，揭示了一些新规律，研究视角进一步扩大，更加重视语言之间的比较研究，为民族地区现代化建设服务的语言应用研究有了较大的发展，如此等等。但《发展报告》上讲：由于语种特别多，特点极其复杂，这一分支学科至今尚未出现“少数民族语言学”的称谓。在这里，为了便于对学科的指称，我们以“少数民族语言学”的名称标示。有的高校建立了相关学科和硕士点、博士点。

（四）外国语言学

外国语言学是以外国的种种语言为研究对象的，它常和文学连在一起建立一个学科，比如英语语言文学、法语语言文学、阿拉伯语言文学、印度语言文学、欧洲语言文学、非洲语言文学，等等。关于学科名称，外国语言研究如何命名，正在讨论之中。许多学者认为，称之为“外国语言学”不太合适，因为语言学研究不按国别区分，最好称之为“国外语言学”，其含义是中国以外的语言学研究和各种语言（如英语、日语等）的语言学研究。有许多高校建立了相应的学科和硕士点、博士点。我们这本书是“中文学科论文写作”，一般不涉及外国语学科论文写作，但外国语言学的理论与方法我们可以借鉴，还可以搞汉外语言比较研究，事实上有的高校本科生已写出了这样的学科论文。就学者们的研究工作而言，他们对外国语言学说的引进和介绍，对本科生学习语言学理论和方法是有益的，还可开阔我们的眼界。在学者们的研究中，出现了更多的独立研究，比如系统功能语言学和认知语言学。前者，虽然总的倾向是英语研究，但也结合了汉语研究，具有普通语言学的意义；后者则更多以相关的原则和方法探讨汉语。这样的研究，对我们写作汉语学科论文也有启发意义。

二、研究范围

根据学科对象的特点，按区分研究的需要划分为三个研究范围：（1）语言的本体研究；（2）语言的社会研究；（3）语言与数理工等学科的交融研究。这里所涉及的，主要是侧重语言学学科方面的研究。

（一）语言的本体研究

语言的本体研究，指对语言符号系统自身的意义、结构等特征、规律方面的研究。这是语言研究的主体和基础，是语言研究的一个重要方面。就“语言”而言，不论是哪种语言，只要是对其进行本体研究，都属于这一研究的范围，我们在这里所讲的主要是指汉语的本体研究。

1. 古代汉语本体研究

在三千多年前的殷商时期已经有了相当成熟的汉字系统。周秦时代的学者较普遍地关注语言问题，并有一些精彩论述。汉代和汉代以后，出现了关于汉语言文字学的专著。经过历代的发展，形成了传统的文字学、音韵学、训诂学，在方言等方面的研究也取得了相当可观的成绩。后来西学东渐，影响到中国语言学的发展，突出的例子是 1898 年出版的马建忠著《马氏文通》，这部语法著作成为汉语研究由传统的语文学时期进入到现代语言学研究时期的标志。"五四"以后，西方语言学理论在汉语研究中产生了重要影响，对古代汉语各分支的研究，在材料、方法、观察视角等方面比以往要全面、深入、科学。改革开放以后的30多年里，古汉语研究在语音史、古代官话、古代语音著作等方面的研究，对古代专书词语、古代词汇方面的研究以及辞书编纂方面的研究，对各个历史时期的语法研究，对语法发展史的研究，对语法化、语法格式、句式和专书语法现象的研究，都有了深入的发展。

2. 现代汉语本体研究

经过历史的发展，现代汉语到"五四"时期已经形成。其后的半个多世纪，现代汉语语音、词汇、语法方面的研究取得许多开创性成果，其中在语法研究方面的成就尤其突出，逐步形成了现代汉语系统的基本理论和基础知识。改革开放以后，在现代汉语普通话和方言的语音、词汇、语法以及现代汉字研究等方面，又取得一大批新成果。

以上是汉语言文字学本体研究的大致情况。我国的民族语言也在进行着本体研究，并且取得了令人瞩目的成就。以上各项研究近年来的新成果，请参阅《发展报告》和相关资料。

3. 关于语言理论的研究

其内容较多，涉及面较广。

只要是研究语言本身的各种特征、规律等方面的问题，都可划入本体研究范围。其他的如语言和社会、语言和心理、语言习得与教育，等等，一般都将它们排斥在本体研究之外。

对语言学的类别划分，一种是把语言学划为理论语言学和应用语言学，理论语言学又可分为个别语言学（如汉语语言学、英语语言学等）和一般语言学，应用语言学又分为狭义应用语言学（语言教学）和广义应用语言学。另一种划分是从研究对象的范围划分，语言学可分为具体语言学（相当于个别语言学）和一般语言学，一般语言学又称为普通语言学，由于涉及的主要是一般性理论问题，又称为理论语言学（这里的理论语言学是狭义的）。从研究对象的时间分，可分为历时语言学和共时语言学。此外，现代汉语对普通语言学而言，它属于具体语言学，对历时语言学而言，它属于共时语言学，对本体研究而言，现代汉语中的语音、词汇、语法属于其中，而语用部分则被排斥在本体研究之外。对语言学的类别究竟如何划分，语言学界尚无定论，还有其他的划分方法，这里不作介绍。

（二）语言的社会研究

上述语言的本体研究，是对语言符号系统自身的种种特征、规律等方面的研究，探讨的是语言的内部关系。语言的社会研究，所探讨的则是语言的外部关系，基于三个原因：语言随着社会的发展而发展；语言是人类社会最重要的交际工具；语言是各种信息的载体，在社会的各个领域无所不在。这一研究范围是从人的社会性出发，根据语言在社会生活的方方面面的应用来研究的，包括修辞学、语用学、交际语言学、语言风格学等，更多的是交叉学科的产生，诸如美学语言学、社会语言学、文化语言学、医疗语言学、神经语言学、情报语言学、公关语言学等等的研究，以及语言教学研究、播音语言研究、考古与语言研究、破案与语言研究、商业活动与语言研究、语言政策的制定和语言规划研究、民族共同语的规范与推广，如此等等，研究范围无比宽广，几乎无所不包。它们基本属于语言或语言理论在不同方面的应用研究。了解这一辽阔的研究领域，可以看到语言研究大有可为。

（三）语言与数理工等学科的交融研究

上面讲语言的社会研究，是从语言、社会、人之间的关系出发，研究的是自然语言，包括口语和书面语的应用，着眼于方方面面的社会功用。这里讲语言与数理工等学科的交融研究，是从语言与数理工等学科的关系（当然也会涉及人文学科的关系）出发，研究的主要是人工语言，包括人工语言和自然语言的交融关系，着眼于信息处理的方方面面。语言的社会研究和语言与数理工等学科的交融研究，二者之间的研究范围是明确的，但有一个共同点，即都是语言学的应用研究。其区别，说得再简单一点，前者研究的主要是自然语言，探讨人与社会的关系；后者研究的主要是人工语言，探讨的是人与机器的关系。下面概略地介绍一下语言与数理工等学科的交融研究方面的情况。①

20 世纪中期，许多基础学科边界邻接的区域形成许多边缘学科，使分离的领域又互相沟通起来。在高度分化的基础上又走到了高度的综合，形成网状结构的统一体，这便是现代科学的新特点。②

在现代科学发展史上，有一个有趣的时间巧合，这就是 1948 年。美国数学家、通信工程师申农，他应用数理统计和概率论方法研究信息处理中的通信理论问题，于 1948 年发表了著作《通信的数学理论》，由此创立了信息论。1948 年数理逻辑学家维纳发表了著作《控制论》，他仍以数理统计与概率论、数理逻辑与集合论为工具，以信息系统（包括语言文字）为对象，着眼于对信息的加工控制利用。他把自然科学和社会科学有机地结合起来，开辟了信息科学的新领域。还是在 1948 年，奥地利生物学家贝塔朗菲创立了系统论，他出于对当时生物学研究中机械论方法与活力论观点的不满意，运用符号逻辑和数学的最新成就，找到了适合于综合系统及其子系统的模式和原则，形成了系统工程。信息论、控制论和系统论一起，成为信息科学的理论基础，另外，信息论、控制论和系统论由于在很多学科领域中被采用，成为多学科借用或共用的研究方法。其实，现代的社会科学和自然科学中许多学科的研究内容中就包含着语言学的问题，而语言学研究的进展，往往又成为这些学科取得突破性进展的关键，可以说，语言学的研究，已形成跨学科的综合性研究。

20 世纪 70 年代出现了“信息科学”的称谓，并在短时间内得到飞跃的发展，而语言系统是最重要的信息系统。20 世纪 60 年代，出现了计算机科学，计算机由原来的数学运算，进而扩展到社会经济、政治、文化、日常生活等各个方面的应用，这就要跟语言文字打交道了。据了解，现在世界上的计算机，有 80%的任务是非数值运算的信息处理，主要是语言文字的信息处理，要让人和计算机之间通过语言来沟通，这就是现代意义上的应用语言学和与之相关联的自然科学交融性的综合研究的重大领域。就中文信息处理而言，初步取得了成绩的，有汉字编码和汉字信息处理、语料库的建立和语料分析、文本检索和数据统计、文本自动校对和摘要、语音实验、语音的识别与合成等。还要下大力气集中多学科力量攻坚的，有机器翻译、人

---

① 于根元．二十世纪的中国语言应用研究．太原：书海出版社，1996.

② 这部分的写作参阅陈明远编著《语言学和现代科学》（成都：四川人民出版社，1984）第四到七章，有关语言学与现代科技的一些资料，见于根元主编《中国现代应用语言学史纲》（北京：中国经济出版社，2005）第四编第六章“计算语言学”。

机对话、智能机器人的研制等。这些研究，具有现代科学高度综合性研究的特点。在现代语言学研究中，乔姆斯基的研究是典型的一例，这是与现实的数理工等学科交融的综合性研究。社会生活对语言的研究提供了具有旺盛生命力的新的研究领域，也产生了倡导这种研究的需求。上面讲的与数理工学科交融研究主要是讲的计算语言学（或称工程语言学），还有数理语言学包括计量语言学（统计语言学）、形式语言学和算法语言学，以及物理语音学（或称语言声学）等，还涉及生理学、心理学等多门学科，它们往往和现代的计算语言学有关系。

以上介绍的是一个大体的研究范围，它们的研究内容和研究方面往往有不同的交叉与交融，有的课题就是带有综合性的研究，这也是当今语言学研究的一个特点。

第二节 语言研究的分析方法例说

方法是完成学科课题研习任务并取得成果的工具和手段，其重要性绪论中已经讲过。这里对语言学科论文研习的一些分析方法（也说研究方法）举例作点介绍。

在我们的语言基础学科中，已经学到或接触到一些语言的分析方法，比如层次分析法、成分分析法、结构主义分析法、转换生成分析法、分布分析法、变换分析法、替代分析法、歧义分析法、语义特征和语义指向分析法，以及传统语文学分析法，等等。这些方法在语言学概论、现代汉语、古代汉语等课程中都能学到，这里讲的研究方法，可作为学科教材的补充和参考。我们介绍 9 种分析方法，这是在教学实践中本科生写学科论文运用较多的方法。

一、常用分析方法例说

以下 9 种常用的分析方法主要是从操作层面讲的，目的是想让同学们能理解并用来分析语言现象，进而得出研究结论，在这一研习过程中获取相关的知识和能力。

（一）统计分析法

19 世纪中叶俄国数学家布里亚科夫斯基提出了可以用概率论进行语言研究，其后不断有人用数学思想和数学方法来研究语言现象，20 世纪 50 年代数理语言学建立。其中有一种统计数学法，即这里讲的统计分析法，就是运用概率论、数理统计来研究语言成分出现的概率和频率的方法。

统计分析法的内容有：（1）语言成分。这是一个宽泛的概念，包括字、词、短语、结构成分、结构格式等，即调查统计的对象。（2）出现条件，又称条件组，可能是一个条件，也可能是多个条件。这是调查统计的内容或方面，出现条件是产生统计结果的原因。在规定的条件下，有的会必然出现这一结果；有的可能出现这一结果，也可能不出现。某种语言成分在同一条件下，表示出（产生）的可能性大小的量叫概率，出现条件是为统计频率或概率、为分析结论服务的。(3) 统计结果。一般以数据与百分比标示。(4) 附录。列有注释、说明、举例等内容，以作为统计服务的附件。此项可有可无。(5) 结论及分析。一般情况下，列出统计结果后，都有分析部分，并得出分析的结论，给以定性。

这种统计分析法，要求先确定统计分析的对象、范围、数量、条件组等项，给这些分析项以定量，在限定范围内，作穷尽性的调查统计后，再作定量分析，最后给事件即语言成分定性，得出结论，这也是一种定量分析，或者说定量定性分析。它还涉及某语言成分在规定的条件组之下分布的情况，也是分布分析的一种形式。

统计分析法的表达方式一般有两种，一是文字直陈，二是图表显示。文字直陈的，如程湘清《唐诗虚词运用小计》①。统计对象："唐诗虚词"。统计范围：《唐人绝句精华》②（收绝句788首）。出现条件：是否出现虚词，出现何种虚词。统计结果：第一，788首中完全不用虚词的71首，其余717首共出现虚词1 174次（包括双音虚词），按字数统计共1 194个，占全书总字数（不包括标题）5 004个字的23.9%，这就意味着平均5个字中就有一个是虚词。第二，1 174次中，各种副词出现998次，占85%，其他虚词总共出现176次，只占15%。第三，否定副词有514次，占51.5%，其他副词占总数的不到一半。接着分析否定副词使用情况，分析结论是："我们从上述统计中也可看出唐诗不但注意炼实词，同时也注意炼虚词。"

统计分析法中，以图表显示者居多。列表者常有三项：统计对象、条件组、统计结果。结论分析的表达一般在图表之外。有时，统计结果与结论分析都在图表之外。举一例：肖竹声《四言成语的两项小统计》③。统计对象：四字格成语。统计范围：《汉语成语词典》（上海教育出版社，1982）中的4 600条四言成语。出现条件：(1) 来源时代。(2) 成语条数。统计结果以百分比标示。该表有"附录"（举例）。分析结论在表外表述。统计如表1-1所示：

表1-1　成语统计表

来源时代	起讫时间*	成语条数	所占百分比	例子
上古—秦汉	上古—公元189年	3 128	68	学而不厌（《论语》）、守株待兔（《韩非子》）、利令智昏（《史记》）、老当益壮（《后汉书》）
魏晋南北朝	公元190—580年	690	15	纵虎归山（《三国志》）、含沙射影（鲍照）
隋唐	公元581—959年	414	9	垂头丧气（韩愈）、汗牛充栋（柳宗元）
宋	公元960—1279年	276	6	难能可贵（苏轼）、大材小用（陆游）
元明清	公元1271—1911年	92	2	得天独厚（洪亮吉）、拍案叫绝（《红楼梦》）
合计		4 600	100	

注：*起讫时间，各朝代之间有交叉，不完全以朝代时间划分。

---

① 程湘清．唐诗虚词运用小计．中国语文通讯，1982 (4).

② 刘永济．唐人绝句精华．北京：人民文学出版社，1981.

③ 肖竹声．四言成语的两项小统计．中国语文天地，1987 (5).

文章对图表中的各项作了分析，指出："越是时代久远，留下来的成语越多；反之，越是后代，留下来的成语越少。"结论是："成语来源数量的多少是与时代的远近成正比的，这一规律即是四言成语来源的特点。"

统计分析法，一般是有统计有分析。统计定量，分析定性；统计可看到分布情况，分析得出规律性结论。只有调查统计，即统计调查法，不同于统计分析法，一般只是数据资料，是客观描写，可它是统计分析的基础；而统计分析法，除了调查统计之外，还要分析给予定性，则体现统计者的观点或看法。统计分析法是做学科论文常用到的分析方法。

（二）系统分析法

20世纪初，结构主义语言学诞生，其标志是瑞士语言学家索绪尔的巨著《普通语言学教程》的出版。这本书把语言看作一个有机的符号系统，语言符号的每一种要素都"由它与语言中其他要素的关系和差别构成"[①]。从结构的角度出发，分析各要素构成其结构的关系和联系，对我们讲的系统分析法是有启发意义的。20世纪中叶提出了系统论，便有了系统方法。所谓系统方法，指运用系统的观点，把研究对象放在一个系统中考察各子系统或各部分之间的关系，从整体上研究其结构功能和所具有的规律性。这种方法对很多学科产生了广泛的影响。我们所说的系统分析法，是指运用系统的观点，对一个语言结构（比如词、短语、句子、语篇等结构形式）中构成这一结构的几个部分，如A、B、C、D、E，对它们的形式、内容、功用等方面分别进行分析，同时也分析它们之间的关系和联系，考察它们组合后的各部分在整体中的变化，由此探求研究对象的结构、意义、功用等方面的规律或带规律性的东西，是站在整体的、系统的角度上，分析构成成分（构成的每个单个体）之间的关系和联系及其变化的一种分析方法，是一种结构性的完整式系统分析法。有时要求突出分析其中的某几项，分析它们在整体结构中的关系与联系、意义与形式等问题，被称作凸显式系统分析法。凸显式系统分析法是完整式系统分析法的一种变式。这种系统分析往往是在共时平面上进行的，即把这一语言结构放在某一个"时点"上分析。这里讲的可以说是一种共时性的系统分析法。

先说完整式系统分析的例子。邢福义著《汉语复句研究》[②] 第二编第八章"'与其p，不如q'句式"，共有三节加上一个"本章小结"。第一节讲"基本关系"，首先明确地从这一复句的整体出发，考察它们之间的关系，提出了这一句式在前后项相互关系上具有择优性和推断性，并进行论述。第二节讲"构成要素"，对这一句式的四个构成要素——"p、q、与其、不如"分别进行分析，是放在这一"系统"之中并联系它们在句式中的相互关系来进行分析的。第三节讲"带'说'字的格式"，即"如果说X，不如说Y"，也从"关系"和"结构"两个方面作了分析。对它们的语表形式和语里内容作了反复验证，运用典型材料进行论析，构成一个和谐的论证系统，得出令人信服的结论。最后小结，简明归纳关于这一句式的一些规律。再说凸显式系统分析。这是在一个语言结构A、B、C、D、E中，突出其中的某项进行分析，如突出B、D两项，这往往是作者认为要讨论的主要问题或关键问题，但讨论这两项不等于放弃其他几

---

① 索绪尔．普通语言学教程．高名凯，译；岑麒祥，叶蜚声，校注．北京：商务印书馆，1980：36.

② 邢福义．汉语复句研究．北京：商务印书馆，2001.

项，而是把 B、D 两项放在这个整体中并涉及与其他项的关系和联系中来讨论，只不过是突出讨论的主要项或关键项。如《汉语复句研究》第三编第二章“关系词‘一边’配对与单用”。对三种形式——a 式：一边 p，一边 q；b 式：[ ] p，一边 q；c 式：一边 p，[ ] q——进行讨论。“[ ]”表示空位，只出现一个“一边”的单用的形式。重点是分别讨论“一边”的情况，实际上是结合 p、q 一同讨论的。这一章第一节讨论配对和单用，第二节讨论 b 式，第三节讨论 c 式，都是从整体出发，站在这一复句的系统上来考察的，最后有个小结。这里讲的系统分析是把分析对象的整体作为一个结构系统看待进行分析的，可看作是微观的系统分析。还可以把这一语言结构系统放在更大的范围内考察，比如把上举两种复句式放在更大的现代汉语复句系统中进行系统分析，这就要学习《汉语复句研究》第一编“概说”和相关著作，作为一个系统来考察这两类复句的种种情况。还可以放在更大的语言系统中考察。

(三) 历时分析法

19 世纪下半叶，俄国语言学家克鲁舍夫斯基提出了语言体系既可以在同时共存之中作静态分析，又可以在连贯的序列之中作动态分析。20 世纪初，索绪尔把语言区分为共时性和历时性。共时性是指时间历程中的一个横断面的语言状态，是静态的，比如现代汉语。历时性是指语言在时间上的连续性，是纵向的、动态的，如汉语发展史。他认为共时观点和历时观点是绝对对立的，认为“原始事实和它对整个系统可能产生的后果没有任何内在的关系”[①]，语言学的主要任务是描写共时的语言现象。那时的语言历时研究备受冷落。后来的语言学家，如俄国的雅克布逊在他的研究中表明不能认为变化与系统无关，每一种变化都必须看成为它所属的那个系统的一种功能。徐通锵先生在《历史语言学》中肯定雅克布逊的研究及其认识，指出“这是语言史研究的方法论的一次重大的突破”[②]。20 世纪下半叶，历史语言学的研究再度兴起，“语法化”现象成为其中的一个热点研究问题，与以往把“语法化”过程视为单纯的历时过程不同，把“语法化”看作是横跨历时和共时的语言现象。于是，语言学家从“历时”和“共时”两个不同的角度来研究语法化现象。80 年代以来，国内外对语法化的研究蓬勃发展，出版了数十种研究专著和论文集、数千篇论文，研究领域越来越广阔。[③]

所谓历时分析法，简言之，即过程分析法，即分析过程，分析发生、发展的过程，以揭示其形成和演变的规律。如林川《试论汉字的历史演变阶段》[④] 就是采用的历时分析法。文章对文字发展的每一个横断面，如殷商阶段甲骨文字、西周阶段铜器铭文文字、春秋时期竹简文字、战国竹简文字和帛书文字、战国时代书写各异的七国文字、秦统一的小篆标准文字，如此等等，各历史时期文字演变作连贯的分析，找出发展的规律。该文还讨论汉字的书法演变阶段，汉字印刷体的技术演变阶段，等等。最后归纳一个汉字演变历程图以及对汉字发展的遐想。再如郭锡良《介词“于”的起源和发展》[⑤]。文章从考证甲骨文中“于”字用作动词出发，肯定介词“于”来源于“去到”义的动词“于”。它最先是介绍行为的处所，扩展到介绍行动

---

① 索绪尔．普通语言学教程．高名凯，译；岑麒祥，叶蜚声，校注．北京：商务印书馆，1980：127.

② 徐通锵．历史语言学．北京：商务印书馆，1996：155.

③ 吴福祥．汉语语法化研究．北京：商务印书馆，2005：后记．

④ 林川．试论汉字的历史演变阶段//向光忠．说文学研究：第二辑．武汉：崇文书局，2006.

⑤ 郭锡良．介词“于”的起源和发展//郭锡良．古汉语语法论集．北京：语文出版社，1998.

时间，再扩展到介绍祭祀的对象，到了两周金文中，更扩大为介绍动作涉及的各种对象，所搭配的动词也更广泛，语义关系也更复杂。春秋战国时期产生了多个变体，它们只是先后不同的假借字或“之于”的合音。语法作用方面的变化主要是所带宾语有了谓词性结构，它可用在形容词后面引进比较的对象，还进一步虚化，成为构成复音连词的语素。汉代以后介词“于”开始衰亡，逐渐被“在”等多个介词所取代，但又长期残留，分析了“于”死而不葬的原因。文章总结了介词“于”虚化的过程、原因和规律。其实，连贯起来考察语言在它所属的那个系统的功能，这种做法，我国古代众多的注释家在注疏经传考释其字词的源流时不乏其例，亦应属于语言的历时分析例证。

历时分析有两个突出的理论值得注意。第一，“语法化”理论。“语法化”通常指语言中意义实在的词转化为无实在意义、表语法功能的成分这样一种过程或现象，中国传统的语言学称之为“实词虚化”。“语法化”的概念最早是 14 世纪我国元朝的周伯琦在《六书正讹》中提出的。汉语的表达叫“虚化”。“语法化”这个术语是法国语言学家梅耶 1912 年在《语法形式的演化》中首次使用的，并揭开了现代语法化研究的序幕。可阅读沈家煊《“语法化”研究综观》，还可阅读吴福祥主编《汉语语法化研究》中的相关文章。①

第二，“重新分析”理论和语言的“竞争折中”理论。“重新分析”又叫“再分析”，指后代人对前代的或历史上的语言现象用后代的观点或视角重新进行分析，进而得出新的结论，获得新的或更深入的认识。“重新分析是导致新语法手段产生的最重要的机制。”② 朗克尔指出：“重新分析是一个表达结构的变化，不会立刻改变表层形式，常导致成分之间边界的创立、迁移或者消失。”③ 学者们大体形成了这样一些共识：过去的语言现象、表层形式一般不会改变，而内部结构成分、层次、关系以及整体特性发生改变。霍波和陶国特说：“根据对多种语言的考察结果，最简单也最常见的重新分析是两个成分之间的融合。这方面最典型的例证是复合词化，通常为两个或多个成分融合成一个单位，结果会带来语义、形态和音韵方面的变化。此外，融合也会导致边界的改变。”④ 例如：“‘其况、况其、何况’等连词本非双音节词，原来，‘何、其’乃是代词，均有所指，但因在句中常一起出现，为后人分析为词组，而代词意义逐渐消失，其后形成双音词，‘所以、虽然’亦如此。”⑤ 石毓智、李讷著《汉语语法化的历程——形态句法发展的动因和机制》一书中，在第二十二章设“重新分析”一节，对这一研究方法作了较为详细的论述。“重新分析”不单是对语法发展的分析，对词汇、语音发展的分析亦有指导意义，且三者又是相互联系、相互制约的。

语言的“竞争折中”理论是语言研究发展过程中的一种演变形式。20 世纪 60 年代末，王士元先生提出语言格式或成分在竞争演变的过程中，互相联系、互相制约，导致语言融合的产生。⑥ 美

---

① 沈家煊．“语法化”研究综观．外语教学与研究，1994（4）．亦收入吴福祥主编《汉语语法化研究》。收入该书的论文如孙朝奋《〈虚化论〉评介》、贝罗贝《汉语的语法演变——论语法化》、解惠全《谈实词的虚化》等，都可结合起来阅读。

② 石毓智，李讷．汉语语法化的历程——形态句法发展的动因和机制．北京：北京大学出版社，2001：392.

③ Langacker，R. W. Syntactic Reanalysis//C. Li，ed. Mechanisms of Syntactic Change. Austin：University of Texas Press，1977：57 - 139.

④ Hopper，P. J.，Trangott，E. C. Grammaticalization. Cambridge：Cambridge University Press，1993.

⑤ 李英哲，卢卓群．汉语连词发展中的若干特点//李英哲．汉语历时共时语法论集．北京：北京语言文化大学出版社，2001：305 - 320.

⑥ Wang William S - Y. Competing Change as A Cause of Residue. Language，1969，45：9 - 25.

国语言学家李英哲先生在此基础上提出句法演变可能经历三个阶段——形成阶段、过渡阶段和合成阶段。形成阶段，句法格式或成分比较明确、稳定，尚未出现与之竞争的其他句法格式或成分；过渡阶段，出现了新的句法格式或成分，与原有句法格式或成分相互竞争；合成阶段，由混合转向有序，经过历时融合过程（实际上是语言折中的反映）最后出现竞争的胜利者。作者说："这种情况通常是对语言进行重新分析以后发生的，是句法格式或成分相互合成、相互融合，也就是历时融合过程的结果。"文章中以被动结构、处置结构等的历史发展来论证语言的竞争演变和语言折中的观点。[①] 语言的发展，优胜劣汰，不仅是句法，还反映在语言发展的许多方面。通过这样的竞争折中过程形成的结果也要通过"再分析"才能得到。这也可以看作是"重新分析"的一种情况。

和历时动态分析法相对的是共时静态分析法，若干个共时的时点贯连起来，便成为一个历时的时段，时段由时点连缀而成。而时点放大，如"现代"，在历史长河中是一个时点，把现代放大，从"五四"时期到 1949 年，又是一个时段，是时点中的时段。历时和共时二者是辩证的、互相融合的，我们在分析具体语言事例时不能绝对化。

(四) 比较分析法

古今中外的学者们都重现并运用比较分析法去研究人类社会和自然界。把比较分析法用于语言研究，语言学研究史上最突出的例子是 18—19 世纪形成的历史比较法。

随着资本主义的发展，海外贸易和殖民使人们认识了许多国家和民族，接触了很多不同的民族语言，尤其是认识了印度古老的梵语。18 世纪英国学者威廉·琼斯等学者发现梵语和拉丁语、希腊语、日耳曼语等语言在语汇和语法关系上都有亲属关系。19 世纪初，德国诗人、学者弗里德里希·施莱格尔于 1808 年出版了《论印度人的语言和智慧》，在这本书中，他首次使用了"比较语法"这个名称。他说："比较语法给我们以关于语言谱系的崭新的知识。"[②] 到 19 世纪，在德国、丹麦、俄国等出现了一大批语言学家，采用历史比较法去寻求语言的源头，研究它们之间的亲属关系，弄清其中的谱系关系以及历史发展的大致轮廓，形成了"历史比较语言学"，并成为一门独立的学科。可见比较分析法在语言学研究中的重要意义。

所谓比较分析法，是在实践中，对彼此有某种联系的事物加以对照，确定其相同或相异之处，以认识某一事物本质特征和规律的方法。在比较时，所有对象必须在同一关系下，根据一定的标准进行，事物之间要有可比性。现在来看看语言学家的论述。于根元先生说："比较方法是最根本的方法。一个事物都同别的事物既发生联系又有区别。事实上，各种方法都可以归结到比较的方法。"[③] 邢福义就说过，任何方法说到底，都是比较。

吕叔湘先生在《通过对比研究语法》中说："一种事物的特点，要跟别的事物比较才显出来。比如人类的特点——直立行走、制造工具、使用语言等等，都是跟别的动物比较才认出来

---

① 李英哲．汉语历时句法中的竞争演变和语言折衷//李英哲．汉语历时共时语法论集．北京：北京语言文化大学出版社，2001.

② 岑麒祥．语言学史概要．北京：科学出版社，1964：97－101；康德拉绍夫．语言学说史．杨余森，译．武汉：武汉大学出版社，1985：30－33.

③ 于根元．路途和手段——语言学及应用语言学研究方法．北京：中国经济出版社，2004：10.

的。语言也是这样，要认识汉语的特点，就要跟非汉语比较；要认识现代汉语的特点，就要跟古代汉语比较；要认识普通话的特点，就要跟方言比较。无论语音、语汇、语法，都可以通过对比来研究。”[①] 这篇文章是讲语法方面的对比研究的，文章中讲了汉语和外语对比，现代汉语和古代汉语对比，普通话和方言对比，普通话内的对比等方面。陆俭明先生在《现代汉语语法研究教程》第四章讲虚词的研究时，有专节论述“研究虚词意义的基本方法——比较分析”[②]。从这些论述中我们可学到如何把比较分析法运用到语言研究中。

比较分析法中，比较的类型非常多，下面结合对语言的实例分析例说 4 种：对比、连比、串比、类比。对比是基本分析方法，连比、串比则是对比的发展和运用。如果说对比是事实性的比较，那么，类比则可看作是推论性比较。比较分析法中，不论是其中的哪种比较方式或分析类型，能进行比较的都必须是同一范畴内、有着内在联系和一定关系、具有可比性的事物。这是不言而喻的。比较的目的是发现事物间的联系和差异，通过比较，进而使研究得到深化，获得对事物的本质和规律性的认识。

1. 对比

这是把两个同一范畴的事物特别是外表相同或相似的事物对照比较，以发现其内部差异性。看两个句子：

（1）一面挥着手巾，一面高声呼喊。

（2）一面笑脸相迎，一面暗暗诅咒。

这两个句子就语言形式而言，都是通过对比表达的，若由语表形式辨察语里内容，发现例（2）可以插入转折词“但”“却”之类，改用逆转句式，可说成“一面笑脸相迎，一面却暗暗诅咒”，可见并列句式中隐含逆转关系。我们进而可总结复句句式乃至复句系统的新的规律。[③]

2. 连比

以研究的对象作基点，将同一范畴内与之相同、同类、相似或相近的事物连续作比较，以从不同方面进行比较分析或论证。如讨论“与其 p，不如 q”择优推断句式时，将其中的“与其”与“如果”或“既然”比较，“与其”换用“如果”，用实例比较分析，表明从择优推断句向假言推断句转化，如此转化，其推断性没变。又与“既然 p，不如 q”实例比较，“与其”隐去，“既然”引出推断“不如 q”的结论的根据。“如果 p，不如 q”“既然 p，不如 q”连续分别与“与其 p，不如 q”比较，从而论证其推断性。

3. 串比

这是将对比的分析方法一个接一个，一环套一环串联起来，层层向前推进的比较分析方法。例如：

（1）如果说他是一条龙，那么，你就是一条虫！

---

① 吕叔湘．通过对比研究语法．语言教学与研究，1977（2）．

② 陆俭明．现代汉语语法研究教程．3 版．北京：北京大学出版社，2005：193－201．

③ 邢福义．汉语复句格式对复句语义关系的反制约．中国语文，1991（1）．

（2）如果说他是一条龙，那么，你一定是一条富于活力的龙！

语言形式相同，可对比之后，发现语里内容有差异，例（1）中的“就是”可说成“却是”，能进入转折词，是比较，例（2）不行，是解说。继续观察例（1）的“比较”：

（3）如果说他是一条龙，那么，你就是一条虫！

（4）如果说他是一条龙，那么，你也是一条龙！

这两例比较，而自身的前后两部分也是比较。例（3）是逆比，逆比句可进入转折词。例（4）是顺比，顺比句不能进入转折词。拿逆比句再来观察比较：

（5）如果说他是一条龙，那么，你就是一条虫！

（6）如果说他是一条龙，那么，你就是一条更大更强壮的龙！

这两句都是逆比句，再作比较，例（5）前后“龙”与“虫”是“对立”的，对立就是矛盾。例（6）前后“龙”与“更大更强壮的龙”是一种“差异”。“差异就是矛盾。”[①]“矛盾”就构成了句式逆转的逻辑基础，它们都能进入转折词，构成对立性逆转句式和差异性逆转句式。邢福义先生在《现代汉语语法研究的两个“三角”》[②] 中画了一个图，串比分析法显而易见（见下图）：

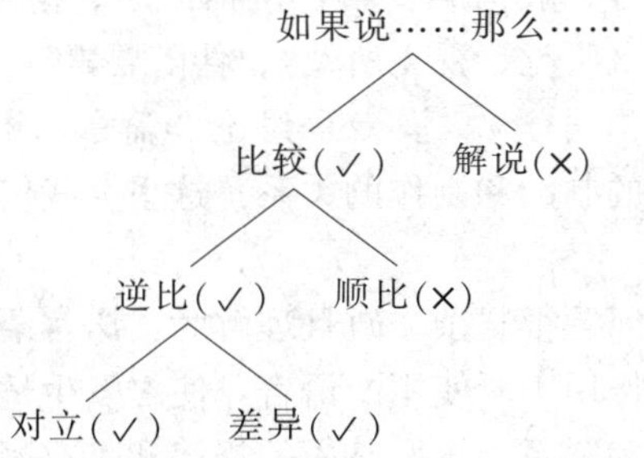

4. 类比

这是把同一范畴的两类或两个相同的事物中各相对应的部分分别进行比较，借助同类的一事物推导出同类的另一事物的未知部分，由于可能具有相同或相似的特征，可得出个别未知项的结论，认识其规律性。例如劼岫《关于“驴年马月”》[③] 讨论词典上有“驴年”的解释，而没有“马月”的解释，通过对这类现象的比较分析，可见“驴年马月”也有“驴唇马嘴、驴胎马腹、驴屎马粪”等组合特点，从大量材料中概括出“驴……马……”的格式，通过同类组合及其结构比较，对尚无解释的“马月”推导分析之后，得出“驴”和“马”经常搭配使用，以至

① 毛泽东选集：第1卷．2版．北京：人民出版社，1991：307.

② 邢福义．现代汉语语法研究的两个“三角”．云梦学刊，1990（1）．又可参见：邢福义自选集．郑州：河南教育出版社，1993.

③ 劼岫．关于“驴年马月”．中国语文天地，1987（5）.

于互相依存，不能单独使用了。可见“马月”是类化之后的一种搭配关系。文章中陈述了作者的类比分析之后，讲了类化的见解，进而解释了“马月”的问题。

比较的方法很多，比如还有同比、异比、正比、反比等等。在学习语言学论文时，应多考虑这方面的分析方法，从学者们的作品中吸取营养。

（五）语境分析法

19世纪80年代，德国语言学家威格纳把“语境”作为语言学的概念提出来。20世纪20至30年代，英国人类学家马林诺夫斯基重新讨论语境问题，提出了“情景语境”和“文化语境”。这以后不断有学者从不同角度去讨论语境问题，比如从社会文化、符号学、语言交际与运用、认知心理、语言功能等等角度去研究语境。我国具有现代意义的语境研究当数20世纪30年代陈望道的《修辞学发凡》①，这是从修辞的角度去研究语境的。以后的研究基本上是在修辞运用的基础上，提出了一些语境系统。20世纪80年代张志公主编的《现代汉语》② 把语境分为三个组成部分：（1）显示语境，即说话和听话的场合及话的前言后语。（2）时代社会语境，即一个时代、社会的性质、特点等。（3）个人语境，即交际双方个人的情况，如文化教养、知识水平等。80年代后期，学者们开始结合现代语用学的研究来讨论语境问题。90年代末，钱冠连在《汉语文化语用学》③ 中提出了“语境干涉”，指语言语境（上下文、上下语）和非语言语境（社会文化、风俗习惯、行为规则、价值观念、历史事件等等）对语言符号的干涉，由此讨论了有关社会人文网络干涉一个人说话的种种问题。另一本由冯广艺主编的《汉语语境学概论》④ 把语境系统分为一般构成要素，包括何时、何地、何人、何事、何故、何如，特殊构成要素，包括传媒要素（听觉、视觉所及）、伴随要素（手势、体态、双方距离）。到21世纪初，郑贵友的《汉语篇章语言学》⑤ 设专章讨论“篇章与语境”，从语境的角度讨论篇章语言学，论述语境与篇章解读的制约和制作的关系。这里，我们运用学者们的研究成果，为我们的语境分析服务。

什么是语境分析法？这个问题很复杂。暂且理解为：语言语境和非语言语境（社会文化语境、交际时的非话语语境等）作用于所使用的语言，使之发生适合特定表达需要的变化；语境分析就是研究二者之间的关系和联系。按照其中的规律和带有规律性的部分来看，这里只涉及语境制约分析和语境干预分析。语境制约分析指词语的上下文和交际时话语的情境对词语和话语的规定性分析，以说明表达与理解的正确性。这里还有语境的解释性、补充性、幽默性的分析。请参照学习《现代汉语》《语言概论》中的相关内容。这里的语境分析指语境干预分析，就是分析语言语境和非语言语境作用于某语言成分（词语、结构、句子等），使其意义、结构、功能发生全部或部分改变，并使这一改变固定化。这种语境分析就是要探求其改变的因果及其过程和它的规律或带规律性的东西。钱冠连先生提出的“语境干涉”说，指出非语言语境和语言语境对语言符号的干涉，使得人们说话，不能想说什么就说怎么，不能想怎么说就怎么说，

---

① 陈望道．修辞学发凡．上海：上海文艺出版社，1962.
② 张志公．现代汉语．北京：人民教育出版社，1982.
③ 钱冠连．汉语文化语用学．北京：清华大学出版社，2002.
④ 冯广艺．汉语语境学概论．银川：宁夏人民出版社，1998.
⑤ 郑贵友．汉语篇章语言学．北京：外文出版社，2002.

不能想在什么时候说就在什么时候说，不能想在什么地方说就在什么地方说，也不能想对谁说就对谁说。作者指出这“五个‘不能’，毫不含糊”。一个人说话是受控于人文网络的，由此提出人文网络语言学。我们这里讨论的语境分析是针对被语境干涉的一部分语言现象，我们把它称为“语境干预”。由于语言外部的社会文化的强制性干涉或长时间干涉，致使语言片段的结构和意义发生改变或部分改变，并固定化（不是临时的修辞用法），从而得出新的结论，这便是非语言语境和语言语境干预的结果。它已超出了被人文网络控制的语用语境，而要采用改变了的新的意义、结构或功能重新进入人文网络进行交际，重新受控于人文网络的“干涉”。

试举几例来说明这个问题。如非语言语境中历史事件形成的社会文化语境对语言的干预形成的语言改变。春秋战国时期，华夏族称北方及西域少数民族为“胡人”，与他们有多种形式的广泛的语言接触，从《左传》上可以看到一些接触的史实。张骞通西域时，汉人胡人相处，胡人说汉语，生硬别扭，变腔走调，汉人称之为“胡言汉语”。东汉以后，北方少数民族纷纷进入内地，先后建立了二十多个国家，史称“五胡十六国”，这是历史上大动乱的魏晋南北朝时期。这时，汉族人民深受胡人入侵、政权更迭的战乱纷扰之苦，史有“五胡乱华”的说法。于是乎，“胡言汉语”演变成“胡言乱语”了[①]，“胡”由原来的名词性语素变成了形容词性语素，后人使用这两条成语，意思都指没有根据地随意乱说，两条成语共用直到明代。清代以后人们只用“胡言乱语”了。“胡言汉语”已经成为历史陈迹，现在的人们不知道也不去管这些了，只用今天的意思理解“胡言乱语”而进入现代人文网络进行交际。再看特殊习俗造成的社会文化背景对语言干预的例子。避讳是中国封建社会特有的习俗，大约起源于周朝，秦汉后流行，唐朝盛行，宋以后越来越严，直到清朝灭亡才废此恶习，其影响至今仍然存在。避讳是皇帝、官员、尊长、圣人等的名字不能随便说，作文不能随便写，要换一个近义近音字，以表敬畏。如唐太宗李世民，“世”“民”成为唐太宗的“绝对专利”，凡“世”改为“代”，凡“民”改为“人”，唐代的诗文作品即照此办。如成语“绝世佳人”，改为“绝代佳人”，这一成语流传下来，成为主条。大约到元朝以后才又启用“绝世佳人”，但已成为副条了。[②] 在《汉语成语大词典》上只说明“绝代”也叫绝世。[③]《现代汉语词典》“绝代”条下有词例“绝代佳人”，而在“绝世”条虽解释为“绝代”但不列“绝世佳人”例。[④] 这是语境干预的胜利。唐太祖叫李虎，为避“虎”讳，《北史》将“不入虎穴，焉得虎子”改为“不入兽穴，焉得兽子”，此条成语就是唐朝人也有不这么用的，如唐朝释皎然《诗式·取境》中说的是“夫不入虎穴，焉得虎子”。其后亦未流传，语境干预失败。再如宋朝苏东坡的祖父名序，苏东坡为人作“序”时改用“叙”字。今天我们一般还是用“序”，而“叙”则成为其同义词了。这是一种语境干预后的调和。再说一个宋朝的趣例，北宋有个州官叫田登，因“登”“灯”同音，同音字也不准用，用者治罪受罚。于是迫使全州人都把“灯”说成“火”。到元宵节放灯时，张贴布告于市：“本州依例，放火三日。”群众愤怒于田登的专制蛮横，愤愤地说：“只许州官放火，不许百姓点灯。”这条成语中“火”的含义已发生变化。原“放灯”指放花灯，挂起点亮的灯笼，是元宵节重要的活动，“火”亦同“灯”义。这种变化，后来人们使用这条成语时原义已经模糊，

---

① 陈建民．从语言接触看中国大陆的封闭性文化//陈恩泉．双语双方言：一．广州：中山大学出版社，1989：15－16.

② 中国成语大辞典．上海：上海辞书出版社，1987：673－674.

③ 汉语成语大词典．北京：中华书局，2002：558.

④ 现代汉语词典．北京：商务印书馆，2005：690－691.

已不去计较了，这是语境干预的结果。

对语言性语境干预，也举两例。这是由于语言的运用，构成了语言的使用语境，而对语言的变化进行干预。例："臭"，读 xiù，当气味讲，泛指香臭（chòu）等各种味道。《诗经·大雅·文王》："上天之载，无声无臭。"郑玄笺："天之道难知也，耳不闻声音，鼻不闻香臭。"大约到汉魏时，"臭"与芳香对举运用，产生与"香"相对的秽恶难闻的气味的意思。如曹植《与杨德祖书》："兰茝荪蕙之芳，众人之所好，而海畔有逐臭之夫。"这就出现了语言的使用语境，在语境干预下，语言内部出现了调节，从此之后，"臭"（xiù）分化成"臭"（xiù）和"臭"（chòu）两个同形异音字。"臭"（xiù），名词，当"气味"讲，又分化出动词"嗅"，意指用鼻子闻；而"臭"（chòu）则指难闻的气味了。成语"臭（xiù）味相投"指双方思想、志趣、性情等十分投合，中性成语，原作"臭味相与"，见于汉代蔡邕《玄文先生李休碑》。作为中性成语的"臭（xiù）味相投"一直沿用到清代，可是当读作 chòu 的"臭"字的用法越来越普遍时，为了回避把"臭（xiù）味相投"理解成"臭（chòu）味相投"，于是语言结构内部又作出自己的调节，出现了成语"气味相投"继续沿用，朱自清作品中有用例。于是就出现了三条成语"臭（xiù）味相投""臭（chòu）味相投"和"气味相投"。在当代，用得较多的是"臭（chòu）味相投"，明显含贬义，《现代汉语词典》上为此条成语特别注明"专指坏的"。由于"臭（chòu）味相投"形成了三条之中的强势成语，又影响到"气味相投"，运用时也多含贬义。再一个例子是古代第一人称代词"朕"的使用。先秦时"朕"没有尊卑分别，是普遍使用的，虽然春秋以后在北方话中开始衰退。秦始皇于公元前 221 年完成统一，称始皇帝时，决定以"朕"为天子自称，臣下不得使用。[①] 这一使用语境的干预，改变了"朕"的使用范围和色彩，以后一直沿用下来。

这里的语境干预分析，再具体一点说，是分析非语言的"社会文化语境"和人们使用语言造成的语言性的"使用语境"这两种语言成分之外的力量，对某语言成分进行的干预。语境干预使某语言成分在意义、结构或功能等方面发生变化，这种变化有时会引起相关的系列性变化，这种变化往往经过临时的修辞运用阶段进而凝固化，成为一种固定性变化，这种变化往往是质的或部分质的变化。如果在某种语境中只是临时运用的变化，离开这一语境又恢复原态，这只是"语境制约"，由上下文的制约而确定其意义或临时的活用，这是另一种语境分析，即"语境制约分析"。这里讨论的语境分析是指"语境干预分析"，实际上是语用语境对其语言成分的强行改变或长期作用，使语义、语法、语音等方面发生变化，并使之固化。这种分析可使我们了解语言变化而产生的新情况、新结果是如何形成的，研究这种变化的规律是语境分析法研究的重要内容。

（六）"主观视点"分析法

1. "主观视点"理论的提出

1991 年《中国语文》第 1 期第一篇，刊登了邢福义先生的《汉语复句格式对复句语义关系的反制约》。在这篇文章中邢先生正式提出了"主观视点"的理论。邢先生指出："复句语义关系具有二重性：既反映客观实际，又反映主观视点。客观实际和主观视点有时重合，有时则不

---

① 向熹．简明汉语史：下：第一章第三节"讲上古汉语代词的发展"．北京：高等教育出版社，1993.

完全等同，而不管二者是否等同，在对复句格式的选用中，起主导作用的是主观视点。”也可以认为：“主观视点直接决定复句格式，客观实际通过主观视点影响复句格式，反过来说，复句格式直接反映主观视点，间接反映客观实际。”他还指出：“应该看到，复句格式为复句语义关系所制约，包括受到主观视点的直接制约和客观实际的间接制约；但是，还应该看到，复句格式一旦形成，就会对复句语义关系进行反制约，格式所标明的语义关系中就直接反映了格式选用者的主观视点。”

这两段论述姚双云教授浓缩为一句话：“言者的主观视点对句子的语义起主导作用，句子的语义反过来能反映言者的主观视点。”并指出：“这是‘主观视点’理论的核心思想。”①

“主观视点”理论是邢福义先生于20世纪90年代初提出的一个重要理论。李宇明说：“在许多重要的研究工作中，关于‘主观视点’的论述最具理论色彩……邢先生所讲的主观视点，已经深入到说话人语言使用的心理、旨趣和观照点，这种主观视点的主导作用，不仅适用于复句，而且适用于所有的语言现象，具有普遍的理论意义。”的确如此，邢先生的“主观视点”理论不仅被系统地用于复句格式和语义关系的研究，而且被广泛用于其他语法现象的研究。姚双云文中举了复句以外的其他语法现象研究的5例。邓天玉也说：“邢先生并没有将‘主观视点’局限于复句研究，而是有意识地将其引入诸多语言现象的研究中。”

2010年，俄罗斯国际刊物《语言研究问题》第2期全文转载了邢福义先生的《汉语复句格式对复句语义关系的反制约》一文，并将邢先生介绍为“汉语逻辑语法学派创始人”。这就意味着，邢福义先生以“汉语逻辑语法学派创始人”的身份，在国际语学论坛上报告自己提出的“主观视点”理论，与世界语言学家展开对话。

2. “主观视点”理论的内容与特征

什么是主观视点？姚双云解释说：主观视点是言语运用中说话人观察的角度和切入点。视点不同，对于同一事物或同一时间可能会有不同的识解，并在语言形式或内容上体现出来。另外，姚双云还解释道：从类型来看，视点可以分为客观视点和主观视点。客观视点是语言的视点，为社会集体所共有的，是固定的，如“湖北”“江南”分别以洞庭湖、长江为视点；主观视点是言语的视点，是交际活动中的具体行为，是临时的，因人而异。从这个角度来看，主观视点又可以区分为个人主观视点和大众主观视点。当个人的主观视点成为团体或社会的一种标准或者准则时，它就成为大众的主观视点。

“主观视点”理论的特征是：

其一，系统性。“主观视点”理论改变了以往的主观性问题研究局限于某一个、某一种语言现象进行分析的做法，而对语言一般规律进行归纳提炼，可适用于语言任何层面的考察。该理论尽可能全面地树立起了一个对一般规律加以归纳的观点。这种观点显然比以往单个的研究更加具有说服力，也更加有意义。反过来，正是因为树立了系统性的观点，在研究中才能发现一些以往所没有发现的问题。

其二，类型学的视野。“主观视点”理论从语言运用的认知心理出发，研究语言使用规律。它有助于我们更全面地认识汉语的语法特点，具有语言类型学上的理论意义。邢先生向来提倡汉语研究应该有“整体汉语”的意识，他指出：“研究现代汉语语法，不能只看大路边的显眼现象。”这种开阔开放的研究视野，无疑有助于发现更有价值的研究课题，有助于进行更为合

---

① 姚双云．“主观视点”理论与汉语语法研究．汉语学报，2012（2）．

理的描写解释，并能使研究具有更为普遍的理论意义。

其三，多角度的解释。邢先生做研究一向重视将逻辑学、心理学、社会学、文化学、民俗学、历史学等百科知识融合贯穿于语言研究之中。邢先生的这一研究风格和精神从其自身来说难能可贵，对后辈新学则极具启发意义。“主观视点”理论由于涵盖了词法、句法、语篇和语体等多个语言研究领域，因而将邢先生擅长的广征博求、注重解释的研究方法更为鲜明地体现了出来。

综上，“主观视点”理论适用于各种语言现象，适用于各个层级的语言单位，小到词汇层级，大到句子和语篇层级，对汉语语法问题具有强大的解释力。

3. “主观视点”的特点

其一，主观性。

由于主观认识上的差异，不同的观察者对同一事物或事件的看法往往会有区别。在中国传统文化中，与梅、兰、菊并称为“四君子”的竹历来是众多文人颂扬的对象，但杜甫的诗“新松恨不高千尺，恶竹应须斩万竿”却道出了对竹的厌恶之情。可见，同样的客观事物，不同的观察者的认识可能不一样。不仅如此，同一个观察者在不同地点、不同时间、不同心境下，看待同一客观事物时其视点也具有任意性和不确定性。苏轼的名句“横看成岭侧成峰，远近高低各不同”就是同一主体对同一客体因视点的不同而看法迥异的真实写照。由此可见，主观视点最大的特点就是主观性。它因人而异，随人所处的时间、地点、心境而改变。正如邢福义先生所言：“不同的语言运用者，由于对所表述的事物或行为有不同的‘认识’，他们从自己大脑词典中选用词语时就可能会有富于个性的选择。”语言中的这种主观性视点普遍存在。比如：

（1）a. 我家离大型超市很近，购物非常方便。
　　b. 我家离大型超市很近，环境非常嘈杂。

例（1）中，导入的话题都是“我家离大型超市很近”，但是说话人的主观视点不一样，a句的视点聚焦在“（离超市近）购物方便”上面，b句的视点聚焦在“（离超市近）环境嘈杂”上面。两个句子的主观视点的差异可以通过后接句子解读出来。后接分句中分别使用了形容词“方便”和“嘈杂”来表明主观视点认识的差别。

其二，动态性。

说话或者叙述的视点并不是一成不变的，而是不断调整变化的，因此，视点具有动态性。视点的动态性是观察或叙述事物的需要，因为只有从不同角度观察事物，才能更好地认识事物。请看：

（2）执刑柱的后边，五千名士兵，排成了严整的方阵，远看似一片树木，近看如一群木偶。（莫言《檀香刑》）

例（2）描述了五千名士兵的形象，涉及两个主观视点。主观视点定位于远处时，士兵看起来像“一片树木”；主观视点定位于近处时，士兵看起来像“一群木偶”。说话人对士兵的认识随着主观视点的改变而变化。

其三，社会规约性。

前文已经提到，主观视点可以分为个人的主观视点和大众的主观视点。由于主体所处的时间、地点、立场的不同，以及文化背景、受教育程度等方面的差异，不同的主体对同一客体有不同的认识是很正常的。因此，个人的主观视点可以不同于大众的主观视点。但个人的主观视点往往会受到社会价值观和行为规范的影响，它在一定程度上会受到大众的主观视点的约束，这就是主观视点的社会规约性。

主观视点的社会规约性直接影响到语言表达的合理性。例如：

（3）a. 大学二年级的学生，竟然不会写借条。

b. *小学二年级的学生，竟然不会写借条。

例（3a）副词“竟然”很能体现说话人的主观视点，表达言者对此事的态度和观点以及惊讶的情绪。在说话人看来，会写借条是大学二年级学生应该具备的能力。说话人的这一立场符合社会公认的价值观，与大众的视点是一致的。因此，这句话不仅合乎语法，也符合大众的语言运用观。而例（3b）虽然也是合语法的，但是不符合大众的语言运用观。因此，这种句子难以让人接受。

4. “主观视点”运用例说

（1）时地的交代。

时间空间的主观性不仅反映在哲学思想中，也直接反映到语言现象中。比如，汉语中有许多时间和空间复合名词，其构词就与主观视点有着密切的联系。邢福义指出：“生前/死前、城外/市外、郊外/野外”这些词的概念意义基本相同，但是表达方式也略有区别。邢先生对此做了鞭辟入里的分析：“死前”的语义是组合的，其造词理据是对“前”的直接定位，即“死之前”。“生前”的意义是融合的，表示的是“活着的时候”，其造词理据是对“前”的反转定位，即绕了一个弯，以反义的“死”作为定位点，由死到生地表述概念。同样的“城外”和“市外”是用“城”和“市”对“外”直接定位；而“郊外”和“野外”则是定位于人们聚居的热闹区“城”“市”，对“郊”“野”进行反转定位。他所讨论的词语既涉及时间范畴（生前/死前），又涉及空间范畴（城外/市外）。邢先生所说的“直接定位”与“反转定位”从本质上触及了语言运用者的主观视点。

（2）词语的选择。

主观视点影响词语的选择体现在诸多方面。比如，在给实体命名时，同一实体的不同名称就是由主观视点决定的。实体的命名一般都讲究理据性。以往对命名的理据性很少从主观视点的角度考察，实际上，很多事物的命名与主观视点有关。同一个事物，观察视点不同，表达方式就不同。比方，“手提电脑”还可称为“笔记本电脑”“便携式电脑”“膝上型电脑”，这四个短语所指称的事物相同，其中心语都是“电脑”，但是修饰语不一样，分别为“手提”“笔记本”“便携式”“膝上型”。选用的修饰语不同，着眼点是不一样的。其中“手提电脑”着眼点是可用手提的特点，“笔记本电脑”着眼点是其小巧的外形，“便携式电脑”着眼点是其携带方便的特点，“膝上型电脑”着眼点是其可以置于膝上的特点。由于观察的视点不一样，强调的特点有区别，所以同一事物有不同的名称。

（3）句式的变换。

关联标记的主观性作用于复句的方式是多种多样的。有些关联标记可以表达说话人认识上的主观期望。主观期望包括“预期”和“反预期”两种。比如，转折连词“不过”所连接的事件多与说话人的预期相反。再比如，关联副词“也”同样具有反预期的功能。

1980年颁布的《中华人民共和国婚姻法》第十六条，对子女的姓氏权是如此表述的：

（1a）子女可以随父姓，也可以随母姓。

2001年修订《中华人民共和国婚姻法》时，对这一表述做了如下修改：

（1b）子女可以随父姓，可以随母姓。

两条法律条文只有一字之差。例（1a）使用了关联副词“也”，而例（1b）删除了该词。用不用关联标记“也”，两个句式的意义是不一样的。例（1a）使用“也”，全句具有很强的主观性。这与“也”的语义和语用功能有关，“也”具有“反预期”的语用义，它传达了说话人对所描写情境的现实与原先的期待不一致的看法。因此，例（1a）的言外之意是：子女随父姓是常态，而随母姓是非常态。该表述暗含了不情愿、不得已、退而求其次等含义，带有男女不平等的主观倾向，违背了法律的平等性原则。而例（1b）句未使用“也”，话语内容不具有主观性，而是比较客观地叙述一个命题，体现了法律面前人人平等的原则。

就成语的用字（词）发展而言，如果人们的视点是顺承发展的，其“字（词）”义则是同义近义对原义的引申。同义近义替换，往往是后人用当时人们使用的常用义的“字（词）”去替换古代的“字（词）”：这是主观视点改变后形成的。如，唐代说“德隆望重”，明代说“德高望重”；唐代说“山珍海错”，清代说“山珍海味”；古代说“揠苗助长”，现代说“拔苗助长”。成语发展演变后的语义与本义相差很大，有的变成了两码事，这便是主观视点转移，这便是转承的发展方法，是人们主观视点的转变造成的。

总之，“言者的主观视点对句子的语义起主导作用，句子的语义反过来能反映言者的主观视点。”这是“主观视点”理论的核心思想。

最后，虽然语言的主观性现象已成为当今语言研究的热点议题，但是语言学者对语言主观性的研究存在较大的分歧。而我们应当重视汉语语法形态变化少、语法范畴比较模糊的语言特点。研究语言的主观性不仅要考虑个人的语言运用观，还要注意大众的语言运用观。邢福义先生提出的“主观视点”理论是其众多理论中一个独特系统的理论，是更高层次上进行的语言主观性研究，学习理解“主观视点”理论无疑会对我们的语言研究有更为深远的影响。

（七）“句管控”分析法

19世纪末，清朝学者马建忠所著《马氏文通》出版了，这是中国语言学史上的一块丰碑。作者第一次建立了汉语的词类系统（马氏称“词类”为“字类”，以“字”指称“词”），不过他是凭意义判别词类，由于一个词在不同的句子中意义常常要起变化，于是他说：“字无定义，故无定类。而欲知其类，当先知上下之文义何如耳。”① 这两句已隐含了一些合理成分，不过

① 章锡琛．马氏文通校注．北京：中华书局，1956：9.

马氏采用的是"字类假借"说来阐释这个问题，先确定某类字经常充当某种句子成分，碰到他类字来充当这个句子成分时，便说是假借他类字为该类字。如名字经常充当主语、宾语，而动字充当主语或宾语时，就说是它假借为名字。他的认识从根源上说是认为汉语词类与句子成分存在一一对应的关系。后人的研究则改变了这一看法。《马氏文通》出版以后，20世纪初有不少文法书相继出版。"五四"时期影响最大的是黎锦熙的《新著国语文法》，这本书建立了现代汉语完备的语法体系。然而，在词类的划分上仍然根据意义，划分的办法："国语的词类，在汉字的形体上无从分别……还须看它在句中的位次、职务，才能确认这一个词是属于何种词类。"也就是说："词类多从句法的成分上辨别出来。"① 龚千炎先生在《中国语法学史稿》中指出："这便是他那著名的区分词类的原则：'凡词，依句辨品，离句无品。'"② 黎锦熙先生说："国语的九种词类，随它们在句中的位置或职务而变更，没有严格的分业。"最后得出结论是"离句无品"，即词无定类。龚千炎先生在这本史稿中说："'凡词，依句辨品，离句无品'在语法史上产生了坏的影响。"这个问题从20世纪30年代以后开始讨论，直到20世纪末还在讨论。季羡林在《序〈二十世纪现代汉语语法"八大家"选集〉》③ 中引用邢福义的话说："到目前为止，许多事实尚未得到准确的揭示，许多重要现象尚未得到准确的解释。"季羡林先生肯定了邢先生提出的20世纪80年代以后至21世纪的任务是"'二求'，一求创建理论和方法，二求把事实弄清楚"。季先生在这篇《序》中指出："这都是很重要很中肯的意见。"黎锦熙先生的"词无定类"问题同样如此。这个问题仍在讨论中。邢福义先生说："半个多世纪以来，针对黎锦熙先生'词无定类'的论点，学者们都用'词有定类'去批驳。事实上，如果给出恰如其分的界定，那么，对于汉语来说，'词无定类'和'词有定类'都没错。所谓'词有定类'，是说词的类别在特定范围内是有定的。它往往不是定于一类，而是定于某几类。所谓'词无定类'，是说词的类别在入句之前往往是无定的，或甲或乙的。它不是在所有类别中无定，而是在某两个或几个类别中无定。比方'要'，有四种可能：(1) 动词（我要衣服）；(2) 助动词（我要买衣服）；(3) 副词（这客厅比我家的要宽阔一些）；(4) 连词（我要真的有钱，就不会买这种衣服了）。一方面，得承认它'有定类'，因为它不可能是有定的四类词以外的别类词；另一方面又得承认它'无定类'，因为当它进入某一小句之前在四类中是游移不定的。总之，说它有定类也好，说它无定类也好，最后都得看'入句'的结果。这正是句法机制在起管控作用。"④

什么是"句管控"？所谓"句管控"，指的是句法机制对各种语法因素的管控作用。如果说，"小句中枢"是就小句在汉语各类各级语法实体中占据中枢地位而言，那么，"句管控"便是指小句如何在中枢地位上对汉语语法规则的方方面面发挥其管束控制的作用。所谓句管控分析，就是分析研究对象在小句中管束控制的方方面面，由此探求其相关的规律或带规律性的东西。这里的"小句"，"主要指单句，也包括结构上相当于或大体上相当于单句的分句"⑤。小句的组词与表意，语句的联结与相依，规律的形成与生效等等，都依存于特定的句法机制。可

---

① 黎锦熙．新著国语文法．北京：商务印书馆，1954：5-29.

② 龚千炎．中国语法学史稿．北京：语文出版社，1987：51-52.

③ 季羡林．序《二十世纪现代汉语语法"八大家"选集》．长春：东北师范大学出版社，2001. 该书是对20世纪中国汉语语法研究的阶段性总结。这八大家选集是《黎锦熙选集》《王力选集》《吕叔湘选集》《胡裕树、张斌选集》《朱德熙选集》《邢福义选集》《陆俭明选集》。

④ 邢福义．说"句管控"．方言，2001 (1).

⑤ 邢福义．小句中枢说．中国语文，1995 (6).

以说，句法机制管控着整个语法面貌的大局。前面讲的“要”的语法性质，很显然只有在接受了“句管控”之后，才得以落实。这正是句法机制在起管控作用。

以上讲的“要”字，是在句子中的常规配置，即常规用法，对于超常配置，例如“（本地人）眼皮一般都很双，而且双得很美”，这个“双”如果脱离具体句子，人们一般都会想到“一双”“两双”之类或“双层”“双份”之类，它们分别是量词和数词。然而，在“很×，（而且）×得＋度量补语”的格式里，却被配置为“形容词”，这便是句管控的结果。

词语的表意传情，只有在接受了句管控之后，才得以显现，比如“被”字的使用。“被”字入句，有拂意、称心和中性三种表意情况存在，但表示拂意的居多数。邢先生随意抽看方方的中篇小说《桃花灿烂》，发现“被”字句共 31 例，其中表示拂意的 21 例，表示称心的 3 例，情绪中性的 7 例。

通过实际用例的分析，指出了两个倾向：第一，表示称心的，一方面其谓语动词多用“提”“升”“选”“拔”之类，另一方面谓语部分所表示的意思跟主语有必然的利弊关系，正是这种利弊关系，帮助人们判断称心和拂意，比如“他被降职为科长了”是拂意，“他被提升为处长了”是称心。第二，如果谓语动词不是“提”“升”“选”“拔”之类，如果谓语部分所表示的意思跟主语没有必然的利弊关系，那么，不用“被”时情况两可，用了“被”便是拂意的。可见，要把“被”字句拂意含义的倾向性讲清楚，如果离开具体的句法规约，是根本做不到的。

语句间的关系，只有在接受了篇章的“句管控”之后，才得以确定。以顺序推衍和逆序裁定来说。从前小句到后小句，其含义一般是顺序推衍的，就是说，顺着前小句和词面含义，后小句接下来推衍出相关的意思。例如：

(1) 他留下来了，大家都很高兴。（因果性推衍）
(2) 他留下来了，小松也没走成。（列举性推衍）
(3) 他留下来了，但小松没有留。（转折性推衍）

上例后小句不管如何变化，前小句的含义都是词面含义。

有的时候，从前小句到后小句，其语义是逆序裁定的，就是说，后小句反转来裁定前小句的含义，使前小句改变其词面含义，或者使前小句改变其词面含义的多可状态。例如：

(1) 他留下来了，她哪敢这么闹？（假设性逆裁）
(2) 他没留下来，她哪敢这么闹？（假设性逆裁）

由于后小句的逆裁，前一例的前小句“他留下来了”不再是词面含义，而是其反面：他实际上没留下来。等于说：正是因为他没留下来，所以她才敢这么闹（因为，他让她害怕）。后一例的前小句“他没留下来”也不再是词面含义，而是其反面：他实际上留下来了。等于说：正是因为他留下来了，所以她才也这么闹（因为他为她壮了胆）。在这种情况下，人们对语句含义的理解需要在脑子里迅速调整，通过逆序裁定来把握。

逆序裁定主要有两种情况：

第一，用后小句的干预，使前小句改变其词面含义。一般是无标志假设句，即前小句表示一种假设，但不出现假设标志。光看前小句，以为就是其词面含义；等看到后小句，才纠正原来的理解。第二，用后小句的干预，使前小句改变其词面含义的多可状态。一般是前小句（或词语）含义多可，等看到后小句（或词语），才获得明确的理解。

十分明显，顺序推衍与逆序裁定，特别是逆序裁定，分析语言片段与语言片段的句间联结与相依，已经是语篇问题，它们必然要采用“句管控”的方法来分析，才能更清楚地显示运用的规律和规则。

一般规律和特殊现象并存，各自存在的条件只有在“句管控”中才得以区别。

从这一角度看，“句管控”包容了从一般到特殊的全部规律。越是特殊的现象及其规律，管控越严，要求越具体。比如“肩膀宽”，这是“名词＋形容词”的结构，代为“NA”。一般情况下，是“主语＋谓语”；有的时候，也可以是“状语＋中心语”，即 N 是 A 的状语。比较：

[主谓式]	[状心式]
大伯（不）傻。	
大伯肩膀宽。	洞口肩膀宽。

观察可知：NA 主谓式和 NA 状心式有不同的句管控。

管控 NA 主谓式的句法语义格局，主要有两个：(1)“N（不）A”。NA 中的 A 可以否定。(2)“X 的 N 真 A”之类。N 为 X 所领属，A 是 N 本身的状态，A 的前头可以出现“真”“好”之类副词状语。如：大伯肩膀宽。→大伯的肩膀真宽。

管控 NA 状心式的句法语义格局，主要可以概括为：“有 N 这么 A”。表示用 N 有估摸 A 的状态，“有”可以换成“像”，“这么”可以换成“那么”。如：洞口肩膀宽。→洞口肩膀这么宽。洞口像肩膀那么宽。

进一步观察，又可以知道：第一，小句中 NA 状心式主要充当定语。第二，NA 状心式中，N 和 A 都有比较明确的选择范围。第三，NA 状心式中，N 和 A 的组合是自由的。第四，NA 状心式中，NA 是从状态及其度量的角度评价事物。如何评价，带不带情绪，更需要在具体的句法组合中才能准确把握。第五，这类 NA 有两个相关形式。相互间的差别和联系，也反映在具体的句法语义格局当中。

对一般规律和规则的分析，对特殊规律和规则的分析，都只有在“句管控”中才能被揭示出来。邢福义先生的文章中，还谈到了方言和普通话的语法差异也只有通过“句管控”的分析，才能弄清楚。

词语进入小句，小句进入语篇，无不被按特定的规约进行配置，形成特定的格局，显示特定的关系，产生特定的规律和规则。汉语语法规则，无论属于哪一方面、哪个层次，都总要直接或间接地在“句管控”的局势之下来完成。正因如此，词的语法性质，只有在接受了“句管控”之后，才得以落实；词语的表意传情，只有在接受了“句管控”之后，才得以显现；语句之间的关系，只有在接受了篇章的“句管控”之后，才得以确定；一般规律和特殊现象各自存在的条件，只有在“句管控”中才得以区别；方言的语法差异只有通过“句管控”的分析，才能够弄清楚。研究和分析语言现象，不可忽视汉语语法规则的形成和使用以小句为中轴这一事实。“语境制约”分析也是在上下文管控下进行分析，但与“句管控”分析不同的是，它不是从语法结构出发，而是从“上下文”的意义出发，注重前后句、段、章节，以及字句以外的背景知识的管约，着眼于词语用法和修辞手段的分析，强调制约后的表达效果。

（八）多角验证分析法

从20世纪50年代初至今，现代汉语语法研究历史发展的基本流向是从静态片段分析到多角验证分析。“多角验证”的代表是从80年代以来形成的“两个三角”的验证，这是具有汉语语言学特色的研究方法。

什么是“两个三角”？第一个“三角”是“表—里—值”。表，指语表形式；里，指语里意义；值，指语用价值。任何一个语法事实（语言事实）都有其语表形式、语里意义和语用价值。要弄清一个语法事实，有必要由表察里，由里究表，表里验证。这涉及“表”“里”两角。要弄清一个语法事实，往往还有必要考察它在语言表达系统中特定的语用价值，即语里同义、语表异形，究其语值。这就在“表”“里”两角的基础上进一步撑起了“值”角。

第二个“三角”是“普-方-古”。普，是指普通话；方，指方言；古，指广义的古汉语，包括近代汉语。普通话即现代汉语共同语里的一个语法事实（语言事实），往往可以在方言或古代近代汉语里找到印证的材料。研究现代汉语共同语语法，为了对一个语法事实作出更加令人信服的解释，一方面可以立足于“普”，横看方言，以方证“普”，另一方面可以立足于今，上看古汉，以古证今。两个方面合起来，便成为以“普”为基角，撑开了“方”和“古”两角。

“表-里-值”三角是存在于每个语法事实自身的三个角度，是“小三角”。“小三角”是分析语言的基础，它符合人们认识事物的普遍规律。任何一个事物，都有它的内容、形式和功用。失去功用，这一事物则不存在了，或者成为历史陈迹；只有形式没有内容或只有内容没有形式的事物，都是不存在的。表、里、值是三位一体的，是相互依存、相互制约、辩证统一的。可见多角验证的分析方法满含着哲学意蕴。“普-方-古”三角是由所研究的事实同方言的、古汉语的可印证的事实形成的三个角度，涉及外部事实，是“大三角”。“大三角”通常是联系纵向古汉语和横向方言作比较验证，而现代汉语普通话则在坐标的纵轴与横轴交叉的原点上，这样互证便把“历时”和“共时”联结起来，从不同的角度去认识一种语言现象。

“小三角”和“大三角”可以结合使用，但因选题不同，要求不同，自然可以有所侧重。至于各个角之间的规律性如何验证，各人所用具体方法都有差异。这里讲的是带原则性的分析方法，供同学们研习与写作科学论文时学习使用。

举一个例子，前面讲比较分析法时，连比、串比中的例子都可参考。前面介绍一个串比的例子“如果说……那么……”句式中，有的能进入转折词“却”，有的不能。这就要进行表里辨察：由表察里，由里究表，表里互证。通过一环套一环串联起来比较，弄清了相同的句式有不同的语里关系，有的能出现转折词，有的不能。再举例看这一句式的语用价值：

(1) 如果说林华是尖子，那么，张胜便是尖子中的尖子！

(2) 如果说林华是尖子，那么，张胜却是尖子中的尖子！

前一句用假设语气在比较中进行推断，表明林华强，张胜更强；后一句同样用假设语气进行推断，但由于用了“却”，便突出了后分句对前分句的逆反性，表明虽然林华强，张胜却更强。比较地说，后一句更有抑林扬张的作用。这一句式由于有了自己特殊的语用价值，也就决定了它存在的价值。

关于“大三角”，邢福义先生在《从“似X似的”看“像X似的”》[①] 中，同意把“像X似的”分析成一个完整的比况结构，就用了“古”角来证明“普”角。再如对现代普通话中“您们”的存在，用古汉语和方言给予证实，并从理论上加以论述。

与“两个三角”相关联的是“三个充分”。事实告诉我们，有效的办法和正确的要求是达到特定目标的必不可少而又相辅相成的两个方面。如果说，“两个三角”是学者们为研究语言而摸索寻找到的有效办法，那么，“三个充分”就是学者们经过研究语言的实践而认识到的正确要求。

所谓“三个充分”，指的是：观察充分、描写充分、解释充分。只有观察充分，才能有充分的了解；只有描写充分，才能有充分反映；只有解释充分，才能有充分认识。“三个充分”和“两个三角”互为条件，互成因果。一方面，观察、描写、解释得越充分，三角验证所得的结论就越准确，越可靠；另一方面，三角验证的办法越成熟，越科学，就越有利于做到观察充分、描写充分和解释充分。

我们应该特别注意：观察是描写和解释的基础。没有充分的观察，就不可能有精确细致的描写，也不可能有一语破的的解释。就描写和解释之间的关系来说，二者很难截然划分，一般都是描写中有解释，解释中有描写，在研究与写作中，有的侧重解释，有的侧重描写。[②] 总之，要把三者完美地结合起来。

（九）综合性分析法

综合性分析法有两个含义，一是多视角地去分析一个或多个同类的语言现象，二是运用多种方法去分析一种语言现象。只要不是用单一角度一种方法去分析语言现象，就都属于综合性分析法。

从不同视角去分析语言现象，比如陆俭明先生的《虚词研究浅论》在“怎样考察虚词的用法”一节中提出从8个方面考察，这8个方面是：（1）句类；（2）词类；（3）音节；（4）轻重音；（5）肯定与否定；（6）简单与复杂；（7）位置；（8）跟其他词语的搭配。[③] 再如邢福义《“刚刚”》对“刚刚”从语义角度、语法角度、语值角度考察，即从不同角度来认识“刚刚”。[④] 用不同方法去分析一种语言现象，比如前面介绍的“与其p，不如q”既采用了系统分析法，又采用了比较分析法，还运用了多角验证分析法。也可以是多视角加上多种分析方法，如“很＋名词”，可从语言角度分析研究，也从文化角度分析研究，同时也可采用多种方法分析，“很＋名词”在“很＋X”中，X属于形容词，名词进入这一格式便具有一些形容词的特征。这里面也包含了比较分析法、“句管控”分析法、分布分析法、语境（制约）分析法，从而认识其中“名词”的临时特征。[⑤]

---

① 邢福义．从“似X似的”看“像X似的”．语言文字学，1993（10）．

② 邢福义．现代汉语语法研究中的三个“充分”．湖北大学学报，1991（6）．

③ 陆俭明．现代汉语虚词散论．北京：北京大学出版社，1985：15－22．

④ 邢福义．“刚刚”//词类辨难：修订本．北京：商务印书馆，2003：145－164．

⑤ 邢福义．词类辨难：修订本．北京：商务印书馆，2003：190－202．

分析一种语言现象，往往是多角度多层面，运用多种分析方法进行研讨的，从不同的方面去分析一种语言现象，是我们在学写学科论文时应注意的。

分析方法还有很多，比如三个平面分析法、配价分析法、语言认知分析法等等，这里摘引学者们的介绍，以引起同学们学习多种分析方法的兴趣。

李宇明阐述“三个平面学说”时说：“三个平面学说有不同的‘版本’。这些不同的‘版本’虽然基本精神相同，但在具体问题上有分歧、有出入。”他对三个平面学说的基本观点作了如下阐述①：

三个平面学说首先是从语法本体上立论的。三个平面学说的语法概念不同于传统所说的语法，而是比较接受于乔姆斯基的Grammar。语法由句法、语义和语用三个平面构成。句法大体相当于传统所说的“语法”（但不包括“词法”）；语义是语法形式表达的意义（但不是语义学所研究的所有的语义）；语用是语法形式负载的语用价值和信息（但不是语用学所研究的所有的语用）。

语法的三个平面都有自己的形式和意义：句法平面的语法意义称为句法意义，指的是词语与词语结合组成句法结构后所产生或形成的显层的关系意义。主谓结构的“陈述—被陈述”的意义、动宾结构的“支配—被支配”的意义、定心结构的“修饰—被修饰”的意义、词类的功能等，都属于句法意义。表示句法意义的语法形式称为句法形式，如语序、虚词、节律形式、词类形式等都可以用来表示句法意义。

语义平面的语法意义称为语义意义，简称语义，指的是词语和词语相互配合组成语义结构后所产生或形成的隐层的关系意义。语义只有在一定的语义结构中才能形成，因此词汇意义、逻辑意义、语境意义、社会文化意义等，不属于语法范畴的语义。如果说句法结构是显层结构的话，语义结构则是隐层结构。表示语义的形式称为语义形式，语序、语音节律等都可用来表示语义。

语用平面的语法意义称为语用意义，指的是词语或句法结构体在语言实际使用中所产生或形成的语用价值或信息。语用意义往往体现着说话人的主观表达意向。例如“主题—述题”结构具有“对象—说明”的语用意义，语气方面的直陈、询问、祈使、感叹和口气方面的强调、委婉等，也是语用意义。表示语用意义的形式称为语用形式，语序、虚词、语音节律等都可以用来表示语用意义。

基于上面所述的对语法本体的认识，在语法研究中三个平面学说要求：

A. 对语法的三个平面都要研究，缺一不可。

B. 句法是研究的核心，研究要从句法入手，内掘语义，外探语用。

C. 语义平面主要研究的对象是：动核结构、动词的“价”、名词的“格”、语义指向、歧义、词的语义特征、语义的选择限制等。语用平面的主要研究对象是：主题和述题、表达重心和焦点、语气、口气、由插入语和能愿动词等所表示的评议、句型或句式的变化等。

① 李宇明．语法研究中的“两个三角”和“三个平面”．世界汉语教学，1994（4）．关于“三个平面”的解释另可参考袁晖、戴耀晶编的论文集《三个平面：汉语语法研究的多维视野》（北京：语文出版社，1998）。

关于配价分析法，陆俭明著《现代汉语语法研究教程》（第三版）① 第二章“汉语句法分析”第五节“配价分析法”开头阐述说：

“配价”这一概念借自化学。化学中提出“价”（valence，亦称“原子价”，或称“化合价”）的概念为的是说明在分子结构中各元素原子数目间的比例关系。取氢原子为一价，某种元素的一个原子能和多少个氢原子相化合，或者能转换多少个氢原子，那么该元素就是多少价。譬如说水是由氢和氧化合成的，分子式是H_2O，即水是由一个氧原子和两个氢原子化合成的，因此氧是二价。氢不能直接跟铁化合，但氧能跟铁化合为氧化铁，分子式是Fe_2O_3，由三个氧原子和两个铁原子化合成的。从水分子式H_2O知道氧是二价，既然氧化铁是Fe_2O_3，可见铁是三价；但又有氧化亚铁，分子式是FeO，可见铁还可以是二价。

最早把化学中的“价”明确引入语法研究中的是法国语言学家特思尼耶尔（Lucien Tesniere，亦翻译为特尼耶尔、泰尼耶尔、特斯尼埃）。语法学中引进“价”这个概念，为的是说明一个动词能支配多少个属于不同语义角色的名词词组。配价语法理论的基本精神是：

1. 句法旨在研究句子，对于句子不仅要注意它所包含的词，更要注意它所隐含的词与词之间的句法关联。这种句法关联在句子表面是看不见的，但实际是存在的。

2. 动词是句子的核心，我们所要注意的句法关联就是动词与由名词性词语形成的行动元之间的关联。

3. 动词所关联的行动元的多少就决定动词的配价数目。

4. 与动词关联并能决定动词配价数的行动元是指在句子里位于动词前后的主语、宾语的名词性成分。

5. 动词按配价分类。具体如下：

一个动词如果只能支配一个行动元，也就是说这个动词后面不能带宾语，那它就是一价动词，一般记为V^1；

一个动词如果能支配两个行动元，而且也只能支配两个行动元，也就是说它能带一个宾语，而且也只能带一个宾语，那它就是二价动词，一般记为V^2；

一个动词如果能支配三个行动元，也就是说它后面能带两个宾语，那它就是三价动词，一般记为V^3。

利用动词与不同性质名词之间的配价关系来研究、解释某些语法现象，这种研究、分析手段，我们就称为“配价分析法”，或简称为“配价分析”；由此而形成的语法理论就称为“配价理论”。

关于语言认知分析法，陆俭明、沈阳所著《汉语和汉语研究十五讲》（北京大学出版社，2003）第十二讲“认知理论与语言认知分析”开头对语言认知分析的阐释是：

什么叫“认知”呢？这个概念说深奥确实不太好懂，因为从严格的学术角度来定义“语言的认知分析”，可能要涉及一大堆心理学方面的理论概念和操作标准，别说一般人，

① 陆俭明．现代汉语语法研究教程：第三版．北京：北京大学出版社，2005.

就是专家也有不同的说法。但这个概念说浅显也还是比较容易理解的，因为从比较宽泛的意义上来解释“语言的认知分析”，主要就是从人的心理感知角度来分析语言现象。说得更直白一点就是，说话人说一句话的时候是什么样的心理活动使得他这样说而不那样说，听话人听到一句话的时候是什么样的心理活动使得他这样理解而不那样理解：从这个角度分析解释语言现象就是“语言的认知分析”。

其他研究方法，再如系统功能分析法、语言类型分析法、空语类分析法，以及层次分析法、变换分析法、分布分析法、语义指向分析法、语义特征分析法、语义范畴分析法，如此等等，丰富多样。[①]

研究方法具有多样性，具有使用的针对性和灵活性。方法不存在好坏的问题，只存在使用恰当不恰当的问题。正如于根元先生所说：“解决不同的问题会有不同的方法，解决同样的问题也可以有不同方法。如果孤立地说某个方法，本身无所谓高低好坏，要看它用在什么情况之下，是不是便于解决问题。”选用哪种方法，要“一看便于解决问题，二看自己方便，三看自己的习惯”。“我们主张多掌握一些方法，用哪种方便就用哪种。起家的时候，一般条件不会太好，要善于在作坊里出精品。成了气候了，这样的本事也不能丢。正规军也要会打游击，打游击也要发展变化。前不久看电视剧《中原突围》，中原部队已经是正规军了，需要打游击的时候能善于打游击。不要认为阵地战就高级，游击战就低级。要看什么情况下用，用得怎么样。在选择具体方法对具体问题进行研究的时候，我们要注意可操作性。在众多的方法中要选择适合自己的研究方向和目的的方法，同样解决一个问题，不同的人不同的情况，不一定都用同一种方法来解决。由此岸到达彼岸，有许多种路途和手段可供选择，可以过桥，可以坐船，也可以修路……因此它具有灵活性和多样性。使用方法也可以是百花齐放的，而不是只有一种或几种。所以，在进行语言学及应用语言学研究的时候，在本着实事求是原则的前提下，我们可以在众多的方法中选择最适合自己的那一种或几种来进行研究工作，也不用贬低一个或抬高一个。如果不结合个人实际和具体研究工作的需要，教条地搬用某种方法，很可能使我们的研究走入歧途。”[②] 这里主张在灵活性的前提下，掌握多种研究方法，注意吸收内部、外部的各方面意见，从宏观和微观方面根据自己的研究课题和本人的实际情况，调整自己的思想和工作方法，这是十分重要的。

二、建立动态分析的研究观念

动态分析是相对于静态分析而言的。静态分析是指对一个字、词、短语或句子自身存在的意义（包括词汇意义和语法意义）与结构进行客观的单一的分析。比如我们学习现代汉语语法对一句话进行自身的成分分析或层次分析。这种静态的片段分析是语法分析的起点。不会作静态片段分析就等于没有掌握语法分析的基本功。但是，仅仅依靠静态片段分析，无法深入揭示

① 关于研究方法，吕叔湘等著、马庆株编的《语法研究入门》中专设一部分“方法篇”，而其他的“总论篇”“视角篇”“专题篇”等，也都涉及研究方法问题，都可参考。

② 于根元．路途和手段——语言学及应用语言学研究方法．北京：中国经济出版社，2004：11－12.

语法规律。比如：

哟，小学生了！（√）
哟，小孩子了！（×）
哟，工人了！（√）
哟，女人了！（×）

上面的例子，不管是用成分分析法，还是用层次分析法，分析的结果完全一样，然而，它们有的能说，有的不能说，要揭示有关的规律，就必须进行动态分析。[①] 所谓动态分析，指的是在动态中多角度地、联系地、比较地分析语言事实，以揭示语言规律。从静态分析到动态分析是语言研究的深化。我们认为，学习研究，就要建立"动态"观念，要学会动态分析。邢福义先生说："研究汉语语法事实，既需要进行静态分析，更需要进行动态分析。"[②] 这表明动态分析对于做研究工作的重要性。学习做研究工作，要建立动态研究的观念，要注意联系实际，用动态分析的方法，在现实生活的动态中去研究、探索语言的种种规律和带规律性的东西。

怎样理解"动态"和"动态分析"，至今大家还没有一个统一的认识。李宇明在《语法研究中的"两个三角"和"三个平面"》中对这两个学说做比较分析时，有一段"动态分析与分析动态"，引录下来，对我们认识"动态"和"动态分析"是有启发意义的：

两个学说都提倡对语法进行动态的研究，但是各自对动态的理解并不相同。两个三角所说的动态是研究方法上的动态，即表里值的相互验证和大三角的纵横比较分析。这种动态分析是针对静态分析而言的。所谓静态分析，是指"对某个语言片段进行自身的层次分析或成分分析，分析时不涉及别的语言片段"[③]。

语言现象本身常被分为静态的和动态的，虽然人们在确定语言的静态和动态时存在着分歧：有人认为语言是静态的，言语是动态的；有人认为语言和言语中都有动态的和静态的；有人认为语素、词、短语等是静态的，小句、句子是动态的；也有人把语法看作静态的，把语用看作动态的。[④] 三个平面所说的动态分析，主要是指分析动态的语言现象。当然，在分析动态的语言现象时，也可能带来或使用动态的分析方法，但是，这种分析动态必然同两个三角学说所说的研究方法上的动态分析不是一回事。

可见"动态""动态分析"和"分析动态"以及与它们相对的"静态"和"静态分析"，都有不同的理解。范晓先生在《语法研究中的十大关系》中有一节专讲"静态与动态"的关系。其中说："句法、语义平面侧重于对语法进行静态的分析，语用平面侧重于对语法进行动态的分析。"看来"三个平面"不是单一的分析动态或静态分析，范晓先生说，这种研究"正是体现了静态和动态相结合的原则"[⑤]。

① 邢福义．说"NP了"句式．语文研究，1984（3）；邢福义学术论著选．武汉：华中师范大学出版社，2003.
② 邢福义．汉语语法学．长春：东北师范大学出版社，1997：499.
③ 邢福义．现代汉语．北京：高等教育出版社，1991：433.
④ 王希杰．语法研究中的静态和动态．语言教学与研究，1993（3）.
⑤ 马庆株．语法研究入门．北京：商务印书馆，2003：137.

我们认为，动态分析就是多角度的分析，若要细分，可分为动态化分析、分析动态和动态分析。一种语言现象本来是静态的，我们当作动态来分析，称为“动态化分析”，如比较分析，把A、B两个静态的语言片段比较，这就不是从A出发分析了，也不是单从B出发进行分析，而是从不同角度把A和B拿来比较分析，使静态变成动态的分析。再如统计分析，统计的对象如果是静态的，这种对静态语言片段的统计，已经包含了比较了，且往往是多项比较。系统分析可以是一个语言片段构成的若干部分进行静态存放式的分析，我们对其中每个构成部分分析之后再联合起来分析它们之间的关系和联系，就不止从一个角度，或一个方面进行分析，这也是动态化分析。所谓分析动态，是对运动着的语言片段进行分析。比如历时分析，从一个语言现象的发展来分析。在语言的运用中变化中分析，都是分析动态。动态分析，按李明宇的说法是一种分析方法，在上面那篇文章中，李宇明指的是“两个三角”。就整个动态分析而言，邢福义先生说：“‘动态分析’涵盖面比‘两个三角’更大，但基本内容其实就是‘两个三角’的分析。”① 总之，动态化分析也好，分析动态也好，动态分析也好，只要是把一个语言片段进行相互联系的、多方比较的、在特定语境运用中的分析，以揭示其规律或带规律性的东西，就是动态分析。一句话，在动态中多角度地分析一个语言片段即是动态分析。

第三节 语言学科论文特点与写作要求

绪论中讨论中文学科论文特点时，提出了专业性、论理性、探究性、创造性、科学性等5点。这是中文学科论文的共性，不论是语言学学科论文（以下按习惯径直称“语言学科论文”）还是文学学科论文都要具备。在此基础上我们进一步讨论语言学科论文还应当具备哪些自身的特点。②

一、语言学科论文写作的特点

（一）讨论问题的微观性和聚焦性

一篇语言学科论文，最好从微观研究的角度选题，选题后要集中地进行研讨，只有研究成熟，有了结果，才能写成论文，而写的过程，也是继续研究的过程。学习写作学科论文时，不

---

① 邢福义．从基本流向纵观现代汉语语法研究四十年．中国语文，1992（6）.

② 下文讨论的语言学学科论文的4个特点，都是针对本专科生初次写作学科论文而言的。

赞成选宏观性的课题、概论性的课题。从微观的角度选取来研究，把研究的对象聚焦一点，才便于把握，能够照顾到它的控制面和面上的点，以免捉襟见肘，顾此失彼，不能自圆其说。

选题的微观性、研讨的聚焦性成为了语言学科论文研习写作的一个特点。

(二) 强调语言事实的真实性、丰富性和典型性

一篇语言学科论文必须有语料，即语言事实材料，所用的语料一定是真实的，若以虚假的语料作为证据，文章必然要失败。写现代汉语方面的文章，自己也是语料的制造者，但必须要另行验证，以避免误差，影响对问题的论证。语料要尽可能作“穷尽性”收集，强调语料的丰富性，文章才有内容丰满的可能。但有了丰富的语料，不可能全都用进文章里，要选取最有代表性最能说明问题的典型例证来论证论点，文章才显得论证准确而有力。

语言事实的真实性、语料的丰富性和运用例证的典型性，是语言学科论文写作的又一个特点。

(三) 注重论述解释说明的充分性和简明性

上面讲多角验证分析方法时，谈到了“三个充分”，讲的是对研究的语言现象要观察充分、描写充分、解释充分，并与“两个三角”互为条件、互成因果。不仅运用多角验证的方法要做到“三个充分”，运用别的研究方法，同样要观察充分、描写充分、解释充分，只有解释说明充分了，才能有充分的认识。通过研究提出的论点，是文章的核心，是精髓，必须要充分论述。一方面，解释、说明、论述要充分；另一方面，也要简明，并要防止使用抒情散文、感想、杂谈之类的写法，做到既要有表达的充分性，也要有表达的简明性。

注重论述、解释、说明的充分性和简明性，是语言学科论文的第三个特点。

(四) 突出对问题研讨的动态性

写语言学科论文，通常是多角度的、采用多种方法去分析研究语言现象的，是以动态分析的方法进行动态研究，这才有利于揭示语言的规律和带规律性的东西。学写语言学科论文，在研讨时，必须要建立“动态”和“动态分析”的观念，这是学习写作语言学科论文又一个重要的关键性问题。

突出对问题的动态性分析研究，是学习写语言学科论文的第四个特点。

紧扣中文学科论文的5个特点和语言学科论文写作的4个特点，把它们运用于语言学科论文写作之中，使学科论文像学科论文，使学科论文成为真正的学科论文。

二、语言学科论文的写作要求

(一) 收集资料要全面彻底

要在研究的课题范围内尽可能全面收集所需要的资料，包括文献资料、研究对象的实证材

料，特别是新鲜的特殊的语料，还有和课题相关的材料。如果语料很少，就难以提炼出论点。在这个问题上，不能浮躁，不能急于求成。

（二）分析问题要看到“左邻右舍”

研讨一个问题，不能孤立地只谈论这一个问题，而不考虑它所涉及的有关方面的问题，或由此问题推导出相类似的问题而否定了或动摇了研究的结论，在研究问题时要看到它的“邻居”。看起来论述的是“一个问题”，在分析时，所涉及的相类的或相邻的问题也要纳入考虑分析之中。

（三）要有理论追求

写出一篇语言学科论文，要有理论价值和实用价值，必须要有自己的理论观点，沿袭旧说，或是罗列材料都是不应该的。当然，提出新的理论，发现新的规律，确立新的规则，又谈何容易。作为本科生的一篇学科论文，不一定能出新理论，但要求有理论追求，就是向创造性的路上走，能有一点点新东西，就是值得肯定的，就是在作理论上的追求。写论文一定要有这种“创新”的意识，一篇论文一定要追求有一点儿新东西，而不是相反。

（四）注意选择适合的研究方法

上面谈到研究方法具有多样性，运用具有灵活性，不同的课题要选用不同的方法，相同的课题也可以选用不同的方法，达到的目的是一个，做到“殊途同归”。正如一道数学题有几种解法，得出的结果却都是一样的。方法本身不存在好坏高低的问题，只存在选用是否得当，是否能真正解决问题的问题。有的同学面对丰富多彩的方法，无所适从，不知如何是好。有的同学则不管方法不方法，收集了材料就做文章，听其自然，没有明确的方法观念，写作时脚踩西瓜皮，滑到哪里是哪里。因此，在写论文前，就要考虑选用什么分析方法，尤其是在毕业论文的开题报告中应当交代说明。

（五）要明确语言学科论文的表达特点

文章都有它的表现风格，文艺作品、事务公文和学术论文的表现风格就显然不同，语言表达也不相同，甚至各有自己的常用句式和语汇。再强调一下，学术论文有自己独特的结构格式，语篇特点和语言表达的简明、质朴，还有图表、各类符号、公式并构成系统。通常情况下，不会用抒情的语句和华丽的辞藻来进行描写与刻画。我们强调学写语言学科论文，应明确文体的表现风格和表述语言的特色，不要造成文体错位或风格混乱。

以上提出的5点要求，是我们在教学中经常遇到的问题，也是学习写作学科论文要注意的地方，供同学们学习时参考。

思考与练习

一、写一则300～500字的本章内容提要。

二、讨论：阅读下列论文《试论当今报刊引用语特点》，考虑：作者是怎样抓住这个题目的？材料的运用有什么特点？运用了哪些分析方法（研究方法）？结论是如何得出来的？表达上有什么特点？讨论时可参阅作者写的《第一届科技节论文汇报》，讨论论文要充分发表自己的阅读心得与看法。

扫码阅读
《试论当今报刊引用语特点》

扫码阅读
《第一届科技节论文汇报》

第二章
语言学科论文的选题

爱因斯坦有一句名言：“提出一个问题往往比解决一个问题更重要。”这句话常被人们引用。“不会选题，何以有文章?”这是人人皆知的道理。不会选题是初学写学科论文的同学普遍感到的苦恼。其实，题目往往就在你的眼皮子底下——就是看不到！为此，希望同学们尽快获得选题的本领。

绪论中谈到了选题的意义和准则，这是我们过选题关的指导思想，是选题的行为准则。下面着重谈选题的方法和技巧，以帮助同学们闯过这一关。

第一节 选题与学科教材的学习

这一节讨论在学习学科教材的基础上如何选题。选题作文为的是要把课程学深、学活、学扎实。

我们都看过电影或电视剧，一部影视片，放映出来，自然有观众看，有演员表演，也有这部影视片导演的组织和指导。这就构成了三个层面：观众层面、演员层面、导演层面。在观看一部电视剧的时候，观众也许只在欣赏人物的演出，跟着故事情节活动，为主人公的命运担忧。这时，你是一个忠实的观众。你想过没有，假如你是一个演员，让你来演这个主人公，你该怎么演？假如你是一个导演，又怎么来组织、指挥全剧的拍摄，怎样组织指导剧中人物的塑造，怎样指导设计舞台灯光与音响效果？如此等等。

学习专业课程，也可考虑有多个层面，比如“读者层面”，读懂学好教材，领会精神这是基本的，蜻蜓点水，不求甚解，是学不好这门课程的。进而还可考虑“编者层面”，进入编者的角色来学习教材，还可在“主编”或“评论者”的层面去学习。若在读者层面的基础上又超出读者层面，这就要在读懂读通、真正掌握教材之后，再进一步联系教材思考相关问题，也可选用几本同类教材对照学习、比较异同，这便为结合教材选题作文创造了条件，也是学写课程论文的一个方面。由此，又可以把教材学活用活，拓宽教材的内容，进而以教材的基础知识和基本理论阐释或解决现实生活中的语言问题。

一、教材中语焉不详者，自行思考选题

在学习课程教材时，教材中不可能处处详尽叙述阐释，尤其是举例，往往是表述一个观点之后，连续举出若干例子，不可能对每个例子都详细解释。比如学到邢福义本《现代汉语》第三章“现代汉语语汇”，在讲到联合式复合词时，举了4组例子，第4组例子是双音词中一个语素的意义失落。学生可以考虑，并列结构，为什么一个语素义会失落呢？于是有学生写了一篇文章《“国家”是怎样成为偏义词的》[①]，探讨了周秦历史变化的干预致使“国家”成为偏义词。另一名同学学习附加式派生词时，考虑后缀是怎样从实词发展形成的，选了“手”的虚化写了一篇文章《“手”的虚化》[②]。两篇文章涉及古汉语词义发展中的“语境干预”和语法化方面的问题。

对教材的深入学习与思考是发现问题的关键，发现问题是选题的开始。思考中有了疑问可以请老师提供解决问题的思路，指点查寻的资料，然后自己去考虑，去查阅资料，并与老师、同学讨论，多读材料，多思考。

二、围绕一个点进行申发

围绕一个点，这个“点”指教材中的一个观点、一条论述、一个例证或者一个问题，抓住这个“点”，向外拓展、申发，形成自己的体会和看法。例如在学习黄伯荣、廖序东本《现代汉语》时，有学生认为书中说的一个病例“团长是一位大约三十上下的年轻干部”不是病句，抓住这一“点”，阅读有关论著，同时收集相关语料，作为一个选题来写文章，由“病句”申发开来，于是，写了《试说“大约”与数量短语连用》[③]，探讨“大约”和数量短语连用的一些规律，着重从估计者主观把握度的大小和委婉语气的强弱分析了“大约”与数量短语连用的单纯形式和复杂形式以及某些特定形式。文章分为三个部分：第一部分是讨论“大约”和单纯与复杂的数量短语连用，第二部分讨论和表概数的数量短语连用，第三部分讨论和表数量概念的短语连用。对病句的评论，只在讲清了道理之后提了一笔。

三、深入研读教材，发表自己的读后述评

深入研读教材会有较大的收获，并且或多或少还会有一些感想和体会的。在学习黄伯荣、

① 余柳丽．“国家”是怎样成为偏义词的．沙洋师范高等专科学校学报，2004（1）．
② 魏丽君．“手”的虚化．沙洋师范高等专科学校学报，2004（1）．
③ 梁继芳．试说“大约”与数量短语连用．襄樊学院学报，1999（1）．

廖序东主编的《现代汉语》时，三位同学对本教材进行了较深入的钻研，又阅读了其他版本的《现代汉语》教材和相关著作，与他们所学的这本教材比较研读，归结学习收获与心得，合写了文章《黄廖本〈现代汉语〉（增订版）读后》，文章的提要说："本文在肯定黄伯荣、廖序东二位先生主编的《现代汉语》（增订版）这部教材的基础上，为使教材更加完善，提出了两个希望：一是希望这部教材对语言事实的分析更符合语言实际；二是希望对教材中论述说明'空白'处予以'填补'，使教材的论述完整、清晰。此外，简单地提出了一点再增补的想法。"① 文章结合教材中的实例作了分析，对其中他们认为存在的问题提出了自己的看法，并且尽自己的能力作了一些论证说明。全文约 10 000 字，作为本科生，能这样做探究性学习，从学习中选题，在选题作文中学习如何做科研工作，且能整理成文，是难能可贵的。像这样选题作文，也是锻炼自己的好方法。

值得大家注意的是，在写评议性文章的时候，要注意充分占有材料，实事求是，以理服人，要养成良好的学风和文品。

上面谈的学习教材时选题作文的三个方面，一是补说，二是申发，三是评议，这样既学习教材，同时又开始学习做研究工作，对学科的学习能加深加固。有的同学还抓住一个问题，比如转折复句，收集并学习多种教材和论著，对教学语法和专家语法关于解析复句的种种不同观点进行综合比较，归总一起，分述各家意见并把它们统一在自己的文章之中。有一名学生就是这样写了一篇文章：《转折句式与转折词》②。对教材来说，这样的比较综述可看作是补说、拓展，也是评议。选取教材中的一个问题，阅读相同或相关的论著、资料，综合比较分析，并发表自己的看法，这也是学习教材同时选题作文的一种方法。

四、依据教材论述，分析语言实例，在运用中选题

课程学习要联系实际，有的同学用学得的理论知识分析实际语言现象，在运用中选题作文，这是学习选题的好办法，也能使课程学深学活，做到学以致用。比如在学习"现代汉语语音"时，教材上对"零声母"的解释是："有一些音节在声母的位置上没有辅音的实体，这就是零声母音节。"又说："零声母音节亦即元音开头的音节，但是仔细听辨这类音节，会发现其开头的元音并不是纯元音，多少都带点儿摩擦。"③ 像以 i 开头的零声母音节实际发音为带有轻微摩擦的半元音［j］，以 u 开头的零声母音节实际发音为带有轻微摩擦的半元音［w］。以 ɑ、o、e 开头的字，如啊（ɑ）、噢（ou）、嗯（en）有些人念起来前头带有一个轻微的舌根浊音［ɣ］或喉塞音［ʔ］。平时听人讲话，不一定能听出来，如果换一个运用的语境，在这个特定的语境中，零声母音节开头的半元音的轻微摩擦就会被"放大"、被"夸张"，人们就能感受到，如在声乐艺术中。下面我们来看歌词听演唱：

---

① 黄莉，苏旭，付娟．黄廖本《现代汉语》（增订版）读后．湖北大学学报（哲学社会科学版），1998（5）.

② 程晓明．转折句式与转折词．湖北民族学院学报（哲学社会科学版），1998（4）.

③ 邢福义．现代汉语：第二章．北京：高等教育出版社，2011.

婉约风格类

A.（女）月亮走，我也走，
我送阿哥到村口，到村（嗯）口。（嗽……）
（男）阿哥去当边防军，
十里相送难分手，难分（嗯）手。（嗽……）
（女）啊……天上云追月，地下风吹柳。
（男）月亮月亮歇歇脚，
我俩话儿（还）没说够，
（女）没说（哦）够，（嗽）没说够。

（《月亮走我也走》）

B. 十五的月亮升上了天空哟，
为什么旁边没有云彩？
我等待着美丽的姑娘哟，
你为什么还不到来哟嗬？

（《敖包相会》）

C. 美丽的夜色多沉静，
草原上只留下我的琴声，
想给远方的姑娘写封信，（吔）
可惜没有邮递员来传情。

（《草原之夜》）

D. a. 夜又深，月又明，只能怀抱七弦琴。

（《我有一段情》）

b. 夜色茫茫罩四周，天边新月如钩，
回忆往事恍如梦……

（《明月千里寄相思》）

c. 天涯呀海（哎哎）角，
觅呀觅（咦）知音（哵）……

（《天涯歌女》）

豪放风格类

E. 北国风光，千里冰封，万里雪飘。

（《沁园春·雪》）

F. 才饮长沙水，又食武昌鱼。
万里长江横渡……

（《水调歌头·游泳》）

G. 山下旌旗在望，山头鼓角相闻。
敌军围困万千重，我自岿然不动。
我自岿然不动。

（《西江月·井冈山》）

特殊变化类

H. a. 阿哥阿妹情意长，好像流水日夜响。

（《婚誓》）

b. 遥远的夜空，有一个弯弯的月亮，
弯弯的月亮下面，是那弯弯的小桥。

（《弯弯的月亮》）

c. 在那遥远的地方，有位好姑娘……

（《在那遥远的地方》）

d. 美酒加咖啡，一杯再一杯。

（《美酒加咖啡》）

上面歌词中加点的字是零声母字。音节开头的轻微摩擦的半元音有时并不“轻微”，而是被强调、夸张，有时在半元音和元音之间加长“音距”。当然，不是所有的零声母字都这样。有时同一个零声母字，在不同的语境中，语音的处理也不相同，这与表达感情有关，其感情的表达受控于句子。

据上例，我们把零声母字分为：

（1）感情词（字），明显含有某种情绪的词，如“夜”“月”“云”“我”以及“啊”“嗯”等。

（2）非感情词（字），不含明显情绪的词。如名物字，陈述一般性的名称，仅用于叙事，如“（草）原”“邮（递）员”“武（昌）”等；还有接续词（字），主要是起连接或关联作用的字，如“有”“也”等，读音也不强调。

（3）非感情词感情化，非感情词根据内容的表达需要与歌曲旋律的要求被感情化，强调零声母字的发音，加强对半元音的艺术效果处理。如例 B 中有两个“为什么”，第一个“为什么”中“为”没有强调，强调者在“什”，第二个“为什么”则强调“为”，这不仅是旋律变化使得演唱参差悦耳的声乐问题，也是为了强调“为”以突出问目的，当然不排斥问原因，而前者不突出“为”强调“什（么）”时，突出问原因。再如例 Ha 中的“阿哥”“阿妹”，却强调“阿妹”的“阿”，从而突出了“阿妹”。这都是非感情词感情化使零声母字中“轻微摩擦”的半元音凸显的例子。有时为了表达的需要和旋律的变化，感情词也随同字音和乐曲的强弱而变化。如例 Hb 中的几个“弯弯”，就有不同的凸显与强弱变化，都是为主旨与表情达意服务的。再看例 Hb“遥远”——“遥远的夜空”和下一例 Hc 中的“遥远”——“在那遥远的地方”。上一例是对夜空的陪衬性描写，一般地叙述过去。下一例是对“那个地方”的指称性述说，便要凸显零声母字“遥”“远”，半元音唱得显豁。例 Hd“一杯再一杯”中的“一”在句子的上下文歌曲旋律中得到强调，非感情化的（数字）变得感情化了。

这些歌词和曲子，其感情通过演唱来表达，受制于歌曲的内容，在这种特定的语境中，我们对不易发现的零声母字的“轻微摩擦”的半元音有了明晰的感知和新的认识。此外，还有因乐曲因素的制约使零声母字淡化。如，苏联歌曲《喀秋莎》，开头两句“正当梨花开遍了天涯，河上飘着柔曼的轻纱”①，再看前面列举的例 Dc 中的“天涯呀海角”，同样是“天涯”中的

① 中外通俗歌曲鉴赏辞典．北京：世界知识出版社，1990：822.

“涯”，在中国歌曲《天涯歌女》中“涯”很凸显，而外国翻译歌曲则受制于曲调，似乎与音乐的民族性有关，零声母字“涯”唱得很短促。这些是研究的另外一个问题。可以考虑抓住一个点，讨论声乐与语音的关系。对于这类问题，应联系语言运用实际选题，把教材上的论述“实例化”，联系实例进行分析，选读一些相关的书籍。比如在讨论这个问题时，可看有关艺术语言发声的书，如周殿福先生的《艺术语言发声基础》[①]、管林《声乐艺术知识》[②]、薛良《歌唱的艺术》[③]、李忠勇和何福琼《歌词写作常识》[④] 等等，以及音乐美学、音乐欣赏方面的书，继续讨论。举这一例旨在从方法上讨论如何把教材中的理论知识运用于实际，有时还可以引出一些新的课题。

以上讲了围绕教材的学习选题作文的四种方法，即补说、申发、评议、运用与拓展教材的内容，力争做到学习教材与选题作文双丰收。

第二节
阅读选题的两种训练

在学习语言学科课程的基础上，对语言学科主干课程有了解了，又对别的语言学科课程有了一些认识，在阅读语料时，就可以考虑从语言学科的角度来选题了。阅读的语料范围很广，比如文学作品、文史资料、各类著述、报刊网络文章等等，都可以在阅读这些材料时选题。这里介绍两种阅读选题的方法。

一、目标阅读选题

由自己或他人指定阅读材料，在指定的语料中选出能作的课题或论题，这便是目标阅读选题。这是训练学生选题的基本方法之一。通过这种“强行”选题训练，不仅可以强化选题意识，还可以培养学生发现问题的能力和对语言的敏感性。

例如，给一段语料，要学生在两课时内观察、辨析，从中选出 5 个可供研究与写作的题目，并列出写作提纲。[⑤] 这段语料是：

---

① 周殿福．艺术语言发声基础．北京：中国社会科学出版社，1985.

② 管林．声乐艺术知识．北京：中国文联出版公司，1986.

③ 薛良．歌唱的艺术．北京：中国文联出版公司，1986.

④ 李忠勇，何福琼．歌词写作常识．北京：人民音乐出版社，1978.

⑤ 这是笔者在华中师范大学语言学系 1999 级的教学研究中，为培养学生辨析语料选题的能力在全班所做的课堂教学活动。

黑翁当真不再哼哼唧唧地吟诵了。他本想去“班”门弄斧，显示一番，压压那姓班的小子的“豪气”，没想到反弄了个“江郎才尽”。想那时，不知怎么搞的，一到“班门”，就像十五个吊桶打水——七上八下。一吟诗，可七颠八倒，七拼八凑也成不了句。到头来还是七零八落。过后，黑翁想着想着，仍不服输，我老了，身子骨儿虽说七损八伤的，但我还是一个老秀才呀，我的一张嘴，虽抵不上千口百舌，抵个七嘴八舌也算厉害的呀！

黑翁想着，自个儿回家去，他看到七长八短的小路，那七大八小的巷子，心里越来越烦了。他变得老态龙钟了。就是因为年岁越来越大，可头发仍是黑光光的，大伙儿才叫他“黑翁”。不知怎的，黑翁的头发一瞬间就花白起来。他七弯八拐地走回家，心里七拱八翘，多不舒坦。于是乎，愤愤然拿起酒杯，喝了起来。想当年，青春年少，写诗作文，连篇累牍，七纵八横，信手拈来。可如今，七老八十，腰驼背曲，走路也七高八低的，唉，老下去了！啊？可我还是一个老秀才。黑翁又哼哼唧唧起来。不知怎的，刚刚花白的头发，不一会儿，已经全白了，黑翁变成了一个白头翁了。他带了几分醉意，自言自语地说：“有人笑我七言八语成不了句，七歪八扭写不成行，七横八竖哪像个字，七断八续成不了诗。这是胡说！可这是不是‘七’‘八’在跟我作祟呢？闹得我七捞八攘，思绪不宁，我要稳住，不可七慌八乱，吟诗作文切不可搞得七疮八孔，七破八补的。”他决不服输的，决不怕什么班小子的，他想，班小子毕竟是一个年轻的小子。他“振作”起来。他要比鲁班还鲁班！他要再李白一次！还要再韩愈一次！他要比泰斗更泰斗！黑翁一边喝酒，一边狂想起来。他的脸一会儿红了，红过一阵又白了。白起来之后又紫得叫人害怕。他的“好胜心”一发，脸就青紫起来，脸一青紫“好胜心”就必发。他的一位少年时的朋友是他的好邻居，见状马上就来劝他。黑翁总是佩服他少年那阵子挺英雄的，也十分好感于他。这次一劝就平静下来。于是黑翁又哼哼唧唧一阵子，似乎又平静了许多。他不让情绪激动自己了。他要把那些纠缠他的“七”“八”全抛掉！让那些乱七八糟、横七竖八的东西统统抛到“七霄八云”之外，啊，“七霄云外”，不！抛到九霄云外去！他看看天，天蓝得如此可爱。树也绿了，绿得如此优雅。湖水一潭清澈，比明镜还明镜呢！夕阳更红了，红得如此耀眼。不一会，天渐渐黑下来，夕阳向很西很西的方向滑下去，躲进了很远很远的山谷间。一片迷蒙将山水景物变成一幅昏暗朦胧的图画……（民间趣味故事《班小子与老秀才》片段）

笔者所考察的这个班级共有 29 名学生，他们经过近一年的学习，进行考核训练时，在规定的时间内都完成了辨析语料选题的任务，少数学生写了 6 个题或 7 个题。按每人找出 5 个可作文章的题目计算，共有 145 个。这段语料中最容易发现的是含“七”“八”的词语，每个学生都列有这个方面的题目，虽然讨论的角度不同。例如：含“七”“八”的成语，小议“七 X 八 Y”，论“七 A 八 B”结构，《班小子与老秀才》中的“七 A 八 B”式词语，析“七”“八”在词语中的运用，“七”“八”在音节上和形态上给人们的心理感应，“七”“八”趣谈，“七 A 八 B”式成语中 A、B 的关系，“横七竖八”与“七横八竖”，为何不说“七霄云外”，等等，这一类题最多。稍少一点的一类是：比 N 还 N，比 N 更 N，再 A 一次，A 于 B 句式，等等。大约有一半以上的学生所拟题目涉及颜色词的动态化用法。有 9 名学生写“哼哼唧唧”的入句分析或考释等，也算作一类。还有如：说“越来越……”，“想”的时态小考，说“一”，等等，都是语法方面的论题。词汇方面的有：“一会儿”和“不一会儿”，说“连篇累牍”，说“好”

等。还有写修辞方面的，语言应用方面的，如：黑翁的酸迂和网络语言。我们把相同的一类题看作一个类型，100 多个题目共归纳为 47 个不同类型的选题。大多数学生的写作提纲论点明确，思路清晰，教学效果比预想的要好。

从语料中获取选题后要进行研究，再查阅文献资料和语言材料，看看前人的研究成果，仔细辨析题目是否可作，然后做准备研究与写作的思考。

二、自由阅读选题

自由选读语言学科教材以外的古今中外各类作品、各种文献资料、各类报刊、网络读物等等，在随意阅读时注意从中选取课题或论题，或者受到阅读材料的某种启发而产生课题或论题，称作自由阅读选题。

自由阅读选题，其阅读材料无穷无尽，其内容包罗万象。选题者可以在材料的海阔天空自由翱翔。其实，并非如此。大学生自由阅读选题，要受到诸多因素的制约，如年龄段心理特征、长期生活的社会环境、个人知识结构、受教育的程度、长期交往的人、个人的习惯、兴趣爱好、对语言的敏感性等因素，都会制约本人的选题活动。这些制约因素，又成为选题的隐形条件。明确这些我们可以发挥有利于选题的条件，克服不利于选题的因素。

就我们长期的教学试验来看，学生的自由阅读选题大体上倾向于两个方面：语料的“新奇”和语料的“复现”。

先说语料的“新奇”，即超常的一些语言现象，这是较容易抓住的。比如音译词“幽默”是两个音节，不能拆开用，可有人偏要“幽它一默”，于是选此题，写了一篇《“幽默”裂用》①。还有写异常的语言现象的，如《从孔子不姓孔说起》②、《从“千金”原可指称男子说起》③、《中文夹用洋文现象试析》④ 等。其次是对新词与旧词的对比分析的选题作文。有同学写新词“洁面”，把它和旧词“洁具”一起分析，写了《“洁具”与“洁面”》⑤。有发现词语有新义的，如《“首当其冲”的新义》⑥、《“绿帽子”新释》⑦ 等。另外，对旧词语有个人看法的，也拿出来讨论，如《“高枕”何以“无忧”》⑧ 等。

再说语料的“复现”。比如，有同学阅读时发现“东一榔头西一棒槌”这种说法和格式带有熟语性，其后又发现“东一拳头西一脚”“高一脚低一脚”“青一块紫一块”这类语言现象不断复现，于是他就概括成一个公式“A 一量 B 一量”，然后继续收集语料，不断进行分析，最后写成《浅析“A 一量 B 一量”式并列短语》。

---

① 艾小巍．“幽默”裂用．高等函授学报，2005 (1).
② 骆小菊．从孔子不姓孔说起．语文建设，2001 (12).
③ 吴浩学．从“千金”原可指称男子说起．学语文，2005 (3).
④ 许慧．中文夹用洋文现象试析．高等函授学报，2000 (5).
⑤ 韦名应．“洁具”与“洁面”．高等函授学报，2002 (6).
⑥ 段濛濛．“首当其冲”的新义．语文建设，2001 (6).
⑦ 龙玫．“绿帽子”新释．语文知识，2003 (2).
⑧ 刘念．“高枕”何以“无忧”．中学语文，2007 (9).

扫码阅读

《浅析“A 一量 B 一量”式并列短语》

类似的论文还有《试说“一 X 一 Y”式成语中的 X 和 Y》[①]。作者也是抓住复现的词语、句式、表达方式或某类事件等，把复现的材料收集起来，先分类分析，找出类别特征，再进一步采用一些分析方法（研究方法）进行考察、归纳，提取带有规律性的东西，并系统地表达出来，写成一篇学科论文。

第三节 在生活的海洋中选题

生活是海洋，它有无尽的宝藏，这是诗人们热情讴歌的。生活是创作的源泉，为一切文学艺术提供丰富的原始材料。写语言学科论文，其选题也离不开丰富的社会生活。古人说，“世事洞明皆学问”。要“洞明”世事也不容易，但只有“洞明”才有可能从“世事”中选题。鲁迅在《读书杂记》中谈到了“新鲜的好荔枝”和猜想的不同，“非到广东吃就永远不会知道”鲜荔枝的味儿。生活的“鲜荔枝”要我们去亲历，去感受，去体验。

下面指导学生考虑从社会日常生活、涉及语言方面的社会热点问题和社会语言生活中突出的问题这三个方面选题。学习从生活中选题，可考虑从社会日常生活中入手。

一、从日常生活中选题

社会日常生活，接触很多的是餐饮小吃、日用百货，每天离不开吃用两大方面，而人们的衣食住行则涉及的面很广。学生开始离开教材和阅读材料，在生活的“海洋”中选题，像在辽阔的水面上漂流而无着落，这时可具体进行提示性指导，可考虑选取身边的素材作选题，并指

① 骆小菊．试说“一 X 一 Y”式成语中的 X 和 Y. 湖北师范学院学报（社会科学版），2002（4）.

导学生对选题进行思考、分析，使学生有信心去写。生活方面选题数量很多，已发表的如田业胜《“食堂”与“堂食”》、吴浩学《“萄酒”小议》、胡晓婧《食品名称中“XY多”》、周毕吉《同和义酒，喝的“口味”还是“味口”》、吴芳《“茗”的民俗探微》、望小玲《小议“好吃不如饺子”》、汪溪涓《含“瓜”的语汇理据分析》、莫丽娜《茶=白开水吗？——兼及茶的多种意思》、韦名应《“洁具”和“洁面”》、虞敏华《“家居”还是“居家”》、张沛《趣谈“三角猫”》、尤丁平《话说行货》、吴雅云《从“水货”的发展看“水”的新义》、项丽《“A货”是什么货?》等等。

关于社会经济、政治生活、文化生活、民间习俗、人际交往等方面的选题也不少，如姚振娟《“航母”新义》、高远《说“洗牌”》、吴琛《漫谈“愤青”》、尹桃丽《现代社会与民间顺口溜》、陶玲《图书也“漂流”》、周毕吉《视听“杂志”》、李薇《音乐语言的巨大作用》、韦名应《“压轴戏”是哪一出戏?》、王瑾《谈新义词“无厘头”》、邢文婷《“和”的文化意蕴》、望小玲《述说式谐音与民间婚俗》、罗林《释“蓝颜知已”》、吴晴雯《“小姐”和语境》、张沛《称呼与位势——说“老”和“小”》、陈昆鹏《说说“老师”和“老板”》、许慧《校园幽默词典》、骆小菊《校园数字游戏》，等等。

二、关注社会热点问题

在社会经历的每个时段，都有可能产生热点问题，如我国加入WTO的时候、纪念长征胜利70周年的时候、2008年北京奥运会召开的时候等等，其中只要涉及语言问题都可以考虑选题，或从热点问题说开去。一年一度的高考也成为社会的热点问题，有同学从考后的语文试卷中选题作文。

三、积极关注社会语言生活中的语言运用问题

社会语言生活中的语言文字规范化是人们的关注重点。很多同学已发表这类文章，如肖艳《注意多音多义字的特殊读音》、韩丽丹《加强行政管理 规范社会用字》、梅艳《“们”的特殊用法》、骆小菊《嗜用繁体字的心理分析》、周毕吉《“合/阖/盍家欢乐”该用哪个?》、张良斌《“血”字读音小议》，等等。

随着互联网的普及，网上的语言活动增多，引起了同学们的兴趣和关注，比如网络上的字母词就有人讨论，发表的文章如尹婷《“Q词族”的使用和“Q”的独用》、胡晶《说“Q”》、张颖端《说PK》，还有的谈“黑客”“博客”“闪客”等，讨论种种网络语言问题。当前，网络语言的研讨成为社会语言生活的一个突出问题。

此外，也可以从古代社会生活中选题，如黄健《上古姓氏与图腾、农耕及迷信》、朱艳梅《谈古人改姓》等。

从生活中选题，有狭义和广义两种理解。狭义的是指直接从现实生活中选题，广义的还包括从书面文字记录的社会生活中选题。就这一点而言，与上一节阅读选题有交叉。“生活”是选题的内容，“阅读”是选题的书面文字，当然包括记录社会生活的内容。

邢福义先生说："研究植根于事实，成果生发于事实。……从事实出发开展讨论。"[①] 研究工作的第一阶段便是选题，选题必须植根于语言事实，从林林总总的社会生活的语言现象中选题，包括表现社会生活的口语和书面语。研究、生活与语言，三者融为一体，从选题到产生成果皆应如此。从生活中选题，应重视社会生活和语言的关系，重视社会发展和语言的关系，重视语言事实和语言研究的关系，重视语言应用和语言研究的关系。

第四节 选题技巧与选题规划

语言学科论文，一般情况下，尤其是对初学选题作文的同学来说，应当选小题目来做，而所选的小题目应是大有文章可做的，一句话，"小题大做"，这是选题的基本技巧，也是学做论文应遵循的原则。从事汉语言文学专业的学习，不是只选一个题，作一篇文章就结束了，特别是在学习期间，要锤炼自己，不可能是只写一篇文章。

一、选题的技巧：题要小，能大做

题要小，能大做，即小题大做，这是选题的技巧，也是选题作文的原则和关键。这里所说的小题大做[②]，是针对学习语言学科论文写作来说的。学者们都提倡"小题大做"。王力先生在《谈谈写论文》中说，初学写作者"应该写小题目，不要搞大题目，小题目反而能写出大文章"[③]。邢福义先生在《邢福义选集》里收入的一篇序文中指出："注意深入发掘，小题大做。"[④] 在另一篇序言中指出："脚踏实地，小题大做。"[⑤]

有人说，写文章有"大题大做，小题小做，大题小做，小题大做"。"大题大做"恐怕不是

---

① 邢福义．序徐杰《汉语描写语法十讲》//邢福义选集．长春：东北师范大学出版社，2001：578.

② 小题大做，也说小题大作。词典中的解释是："比喻把小事当做大事来办，有不值得这样的意思。"这是在社会生活中人们对这条成语的理解和运用。本文从写作的角度来理解并运用这条成语。"小题大做"本来就源于与写作相关的事。明清两代实施科举考试制度时，文科考八股文，以"四书"（《大学》《中庸》《论语》《孟子》）文句命题叫"小题"。以"五经"（《周易》《尚书》《诗经》《礼记》《春秋》）文句命题叫"大题"。用做"五经"文的章法来做"四书"文称为"小题大做"。后引申为拿小题目做大文章。明代已产生了比喻义，清代作品中不难见到用例。清人还常用此话评说诗文写作。清代以后一般用其比喻义。

③ 王力．谈谈写论文//王力，朱光潜，等．怎样写学术论文．北京：北京大学出版社，1981：4.

④ 邢福义．序萧国政《现代汉语语法问题研究》//邢福义选集．长春：东北师范大学出版社，2001：581.

⑤ 邢福义．序徐述《汉语描写语法十讲》//邢福义选集．长春：东北师范大学出版社，2001：578.

开始习作的做法。“小题小做”作为习作可以试一试，而“小做”有时怕做不出文章来，能做出来当然好。“大题小做”我们不赞成。我们提倡的是“小题大做”，即题目要小，控制范围，抓住一点，下大气力深入挖掘，从不同层面、不同角度去挖掘，集中一点或一个方面把事物的本质特征和规律性最充分地发掘出来。小题大做对学习者选题作文是有启发作用和指导意义的。

选题时怎么确定“小题”？文章的题目是一种简短的语表形式，它所表达的涉及文章的语里意义，是整个文章意义的概括或提示。有的选题如“文言与白话”“湖北话中的‘倒’”“广告语研究”，这样的题目过大、过泛，开始学习作文似不适宜。所谓“小题”，就是选取做文章的一个小“点”用题目准确而凝练地表达出来，使小巧的题目反映出单一、简明且有丰富蕴含量的内容，以达到用小题的语表形式来控制文章语里内容的目的。考虑选题的方法大约有以下几种。下文所举篇名是笔者指导学生已发表的文章实例。

1. 单个选取

同一类型的语言现象，可选取单个来写。比如当今出现的新词很多，可选一个来写，如何玉华《释“微软”》、罗林《释“蓝颜知己”》。也可对已有的旧词再行讨论，如段濛濛《君子不“重”之“重”小考》。

2. 范围直定

选择的对象内容过多，范围较大，可考虑直接选定其中的一个方面来写，在题目的语表形式上，对“对象”加上修饰的限定语。如兰燕妮《熟语中的“二”》、黄莉《古代诗文中的动物信使》。也有用“对象”限制要写的“点”，这是对复杂内容比较简明的一种控制方法，如卫青《“这里”“那里”搭配使用的表达特色》。

3. 凸显新知

采取排除“旧知”的方式，突出要写的新内容。最明显的是写旧词中的新义或新用法。这时仅提示一下“旧知”，以为新内容服务，如汪亚玲《“花园”新义》、刘芳《“粉墨登场”的新用法》。有时是以旧知作铺垫，实际上是排除旧知，强调新知，如周毕吉《视听“杂志”》。

4. 副标题补控

当一篇文章单用正标题不足以确切地表明文章的内容时，就采用副标题补充控制，以准确表达文章内容，如骆小菊《含英咀华——成语典故谈读书》。

5. 明示论点

标题的语表形式把论文的论点（或论题、话题）简短明白地表述出来，以提示文章单一而集中的内容。如冰峰《“不”字原来是花萼》、田斌《“票”为何指人质》。

6. 相比显示

这往往是两种语言现象同时出现于标题之中，通过比较，在联系中控制这两个对象，论述之点多在“异”上。如陈华芹《“一切”和“所有”》、叶莹《“脸”和“面”》、郭琴《“拜拜”=“再见”吗?》、虞敏华《“家居”还是“居家”》、王青《后缀“子”与“儿”异同辨》等等。

7. 步步为营和弹性处理

有时一个题目偏大，不好写成文章，可以采取步步为营的选题方式。如写“谁”，全面论述，文章过大，层层包围，不断地缩小范围，于是考虑只写“谁”的用法，可用法多种多样，还有“谁谁”“谁谁谁”连用的，还有与“知道”经常连用的，再缩小，只写“谁知道”，如杨伟萍《说习用语“谁知道”》。在选题时思想上思考着层层限定，最后选定题目来写。有的文章则层层有点，且层层按点述说交代，最后重点谈论中心问题。这样围点或点述地层层缩小范围，最后取一点中的一小点来确定“小题”，我们称之为“步步为营”，这是常用的确定“小题”的一种处理方法。上述“范围直定”是直接选定范围中的一个方面来写，是“直选”式限定范围。这里是用层层包围的方式来表达选取一点的目的，是“层围式”限定范围。两种方式目的一样。

与步步为营不同，弹性处理不是层层缩围到文章内容所要写的“点”，而是有把文章内容放宽、自由处理的倾向。当然这是一个小范围内的自由。如用“关于”表示界定的涉及范围，用“从……说起/说开去”之类显示说话的一定弹性，有一定的活动余地，如邹贞《关于“吃茶”》、骆小菊《从孔子不姓孔说起》。

我们讨论“选题”，实际上是讨论“选点”，即要设法选定形成文章所写的一个“点”，目的是使所写的文章成为“小题”，使所写的对象、范围明确而清晰，便于下手操作。我们还要注意在活生生的语言中选题，在比较中确定选题的对象。要做到这一点，首先是材料要多，选题多，有选择余地，再者要多动脑筋，仔细分析，取其有写作优势的题目来做。最重要的是对论题内容及材料深入发掘，要有自己的理论追求，这样才有可能写好语言学科论文。

“小题”确定后如何“大做”？所谓“大做”，就是对所研讨的写作内容，花大力气，下大功夫，深入地发掘，探索事物内在的本质联系，寻求运动和发展的轨迹，找出带规律性的东西。“大做”是选题必须考虑的，若题小而不能大做，那么这样的题目意义不大。“大做”关键在写深，写出新东西，不在乎长短。长且深且新，无疑是“大做”。写得短且深且新，也就达到了小论文大做的目的。看好选题之后，要真正投入力量，广泛收集相关的各种资料，研读、调查、思考，进而分析、归纳、提炼、概括，努力下一番去粗取精、去伪存真、由此及彼、由表及里的功夫，以获其“精华”，这就是在“大做”。“大做”要求掌握一些研究分析的方法，去进行比较发掘、多层面发掘、过程发掘、语境发掘、特点发掘等等，从而使文章概括出规律，得出结论，并和语言事实多次进行验证，使结论正确而准确，文章完善而圆合。

二、人家已经做过的选题，能否再做？

有同学提出，人家做过的选题，我还能不能做？人家已经做过的选题，如果是为了学习研究的过程，获取知识与体验，可以仿原作重新再做一次。正如中学化学课中重做一次书中的化学实验。

但是，如果既能获得仿原作的知识，又能有自己的创造，一举两得，当然更好。做前人已做过的选题，有两种情况，一是发现原课题做了却有不足之处，可考虑重做一次。或更正前人不正确的结果，或有自己的补充与新见，这样相同的选题重做一遍也有意义。再一种情况是课题相同，采用的材料不同或一部分不同，方法和视角不同或部分不同，所写的文章不会相同或不会完全相同，这就可以选题作文。

说一个例子。有一名学生自己练习做汉语小论文，选了个写“可乐”的题目跟我讨论。我说我发表过一篇说“可乐”的小文章，她说，那我还做什么呢？我让她谈谈想法，觉得完全可以写，鼓励她写出来，我看了，写得不错，建议投稿。她不满足，还要继续研究。后来写成了一篇5 000多字的长文章《谈“可乐”的产生与发展》，跟她讨论了两三次，修改后，建议她投稿，不久发表了。① 如果把我写的“可乐”和她的“可乐”对照，可证明有人写了的选题，仍然可以再做。

该生后来又写了一篇从小“可乐”到大“可乐”这一变化过程的小结，文章的题目是：《质变而非量变——从汉语小论文到专业性学科大论文的写作回顾》②，其中谈到她自己写作的两点体会：

从小“可乐”到大“可乐”的写作过程中，我走了一些弯路，又在卢老师的指点下一一纠正，在此提出，愿与大家共勉。

其一，有自己的东西，论文才有价值。

因为卢老师鼓励尝试学术大论文的写作，就有了把小可乐写大，锻炼锻炼身手的想法。起初，极尽堆砌材料之能事，生拉硬拽似懂非懂的语言学理论，胡乱套用。经过几次三番修改之后发现，留下来的还是自己的心得和见解。哪怕粗陋，哪怕不够精到。有自己的东西，论文才有价值。

其二，不求面面俱到，但求一点新意。

从小“可乐”写到大“可乐”，想过的角度很多，还曾经试图面面俱到，如可乐与广告语言的特点，可乐与外来词的汉译，可乐与中外命名心理比较分析等等。但由于专业能力以及写作专业论文的基础所限，写来写去都是泛泛而谈，浅尝辄止。一味贪多，使得文章烦冗拖沓，力不能胜，又使文章生硬苍白、没有新意。不能贪大求多，要在原有资料与成果的基础上写出新意，这才是写论文的要求。

三、课题串、论文组和个人题库

要不断地选出新的课题，在选做课题的过程中，要使新的选题源源不绝，成为一个个不断涌现的课题串。形成课题串的方法是联想。比如在内容上联想。如陈昆鹏发表了《“五颜六色”迷人眼》之后，发散式联想到写多种颜色词，于是产生了一串关于颜色词的文章，已发表的有《“黑”，真“黑”?》《“黑”到底有多黑?》《说说新生的色彩词》。另一种情况是通过内容的推及式联想关系，一篇接一篇地出现。如陶玲写了一篇《超女与小吃》，发表后，又想集中写“网上”的“超女”，写了《超女亮相，小吃登“网”》，投稿后，编辑部要求再写一篇背景文章一同发出，于是写了《妙趣谐音：产生“玉米”类词语的语言文化背景》，之后又写了《凉粉及其他》，涉及社会文化背景和“凉粉”类词语的关系，之后又写了一篇《从Fans的意译到音译所想到的》。这连续写的文章也就连续发表了，形成一个课题串。还有，从一篇文章的研究方

---

① 张丽丽．谈“可乐”的产生与发展．沙洋师范高等专科学校学报，2005（5）．

② 张丽丽．质变而非量变——从汉语小论文到专业性学科大论文的写作回顾．高等函授学报（哲学版），2006（6）．

法和写作思路上去联想。一篇文章往往是综合几种研究方法，这种思路的连接，往往是内在的，潜意识的。老师如果跟学生接触时间长，可以发现，并可引导从思路的连接上写出一篇篇文章，这时可以对学生在写作思路上作些提示。如冯霞写了《是“予”还是“与”?》，这是比较分析的，接着仍采用比较分析法写了《“豆蔻”和“豆蔻年华”》，但不同的是集中二者共同点，谈“豆蔻”。其后，采用集中谈共同点的思路，写了《成语中的朋友之“交”》。这就从“思路”的“点”上用链接式形成课题串。由此，我们选题得要考虑一个规划。

论文组是在同一主旨、内容、范围之下的一组不同的文章。上例中的关于颜色词的4篇文章，关于超女的5篇文章，都是论文组。一般说来，论文组的一组文章，常是事先计划好了的，是一段时间内的一个写作规划，这样的论文组也可以称作课题串，不过是写作前预设的一串课题。如学生尹继群就计划研习中学语文成语教学的问题，集中收集这一组文章的资料，考虑文章论题的分配与组合，写了一组文章，已发表的有《一条成语改错的启示——谈谈学习成语要注意的问题》《准确理解成语中的多义字》《古今同形，小心陷阱》《音变义转说成语》。

有的同学到一年级下学期或者进入二年级学习时，便考虑自己的专业方向了。在全面学好各门功课的基础上，突出自己的专业方向，考虑学科分支，确定具体的学习内容，这就可以有目标地确定选题的论文组，开始建立科研的专业“根据地”。

个人题库是供个人使用的为自己的专业学习与研究而储备课题或论题的总库。个人题库有两种类型，一是个人信息题库，二是个人实施题库。

个人信息题库，这是为个人获取专业学术信息服务的，包括和个人专业学习与研究有关的他人选题记录，它来源于学术期刊、学术会议、学术报道等提供的论文选题或论题，这要专门分类摘录，有的还要写下论文的提要，以掌握相关的学术动态。

个人实施题库是平时记录的供自己研习与写作服务的。这些选题或论题来源于对专业学科教材和相关论著的学习：学习时，想到的选题即记录下来，分类存入个人实施题库；来源于平时的自由阅读，阅读报纸杂志，或看电视、听播音联想到的题目也分类记入笔记本；来源于生活，在人际交往中，在受到社会生活各种活动事件与情景的激发时，都可联想而产生选题，可分类记入；来源于学术活动中，如参加学术会议，或自己研究课题，或师生之间、同学之间的问题讨论，都可引起一些新的思考，产生新的选题，特别是对一时闪现的问题，要即时记录下来。

分类记录的题库，给我们带来很多好处，比如做论文不会感到两手空空，一时不知做什么好。有了题库，便胸有成竹，对于做论文组有了准备，收集材料一次可以收集三五篇文章的材料，以节省精力多出成果。再如碰上了时机，马上可写相关的文章，这是因为平时有积累，有考虑，才能及时写出相关的文章。坚持这样做，平时就可以培养善于发现问题，提出问题的能力，还可培养语言的敏感性，这都是学习做研究工作的基本训练。建设题库还有利于培养自己的综合科研能力，乃至好的品质和性格的形成。

思考与练习

一、写一则300～500字的本章内容提要。

二、思考下列问题。

1. 一位教“现代汉语”课程的老师，上第一节课时首先“自我介绍”，问学生：“自我”能说“我自”吗？（比如，毛主席词里有“我自岿然不动”，不过“我自”不是词，而是词组/

短语。）“介绍”能说“绍介”吗？（能。鲁迅作品中有用例，《现代汉语词典》收入了“绍介”一词。）这样，“自我介绍”就有许多种组合：自我介绍、自我绍介、我自介绍、我自绍介、介绍自我、绍介自我、绍介我自……你能把这四个字的组合及用法搞清吗？

有位同学感兴趣，但他认为情况复杂，于是只选一个“自我”来考虑试试，其他不管。不久，他写成一篇短文《说“自我”》，又碰上其所在省语言学会开年会，他有幸携该文参加，老师提出了修改意见和建议。会后经过一段时间的进一步学习，他将《说“自我”》修改完善。

阅读论文《说“自我”》，讨论作者是怎么选题的，选题确定以后怎么办。

扫码阅读

《说“自我”》

2. 阅读“语言学科论文示例”部分《〈孟子〉中“为”字使用情况的调查报告》《〈水浒全传〉的动量结构》《现代汉语“V得了P1（，）V不了P2”句式研究》三篇例文，思考三篇文章在选题、研究、表达等方面是怎么处理的。

三、阅读邢福义先生的《学术研究不妨多点“小题大做”》，联系本书第四章第四节的例文《“最”义级层的多个体涵量》讨论“小题大做”的问题，最好是先学习写个发言稿，再发言讨论。

扫码阅读

《学术研究不妨多点“小题大做”》

第三章

语言学科论文的研究

有了选题，不会研究，包括不会运用研究方法，仍然写不出学科论文。学习研究是一个至关重要的问题。研究是一项繁复、细致而又极其劳顿的“求索工程”。研究也是一种“艰苦、辛苦加痛苦”的心理行为训练。做研究工作就是在崎岖的山路上攀登，就要不怕艰险、勇往直前。

王国维在《人间词话》中讲的做学问的三种境界，就是研究过程的三部曲：“古今之成大事业、大学问者，必经过三种之境界：‘昨夜西风凋碧树。独上高楼，望尽天涯路。’此第一境也。‘衣带渐宽终不悔，为伊消得人憔悴。’此第二境也。‘众里寻他千百度，蓦然回首，那人却在灯火阑珊处。’此第三境也。”我们进入研究阶段，面对大量的各种各样的文献资料和实证材料，如同在高楼之上望尽天涯路。分析、探究、思索、追求，如此反复，岂不“为伊消得人憔悴”！殚精竭虑，力尽筋疲，如大病一场，大病初愈，蓦然回首，“创见”却在灯火阑珊处熠熠闪光，耀眼夺目。做大学问的是如此，做小学问乃至初学做研究工作的同样如此！

做科研工作是极其艰辛的，让我们奋力闯过这一关吧！

第一节 关于资料的收集整理和运用

题选定了以后，开始或者继续收集资料，进入研究工作的第二阶段。而收集资料是研究的一个关键——“巧妇难为无米之炊”是我们都明白的道理。这节讨论有关资料的收集与鉴别、整理与运用等方面的问题。

一、了解收集资料的方法和相关的背景知识

收集的资料主要是与选题相关的文献资料和以语料为主的实证性材料，其他的只要与选题

有关联的，包括关联材料的衍生材料乃至节外生枝、枝外生枝的材料，都要收集，遇上这些材料不要认为没用而丢弃，暂不用的可保留到“废料库”中，也许有一天可以变废为宝。

1984 年教育部发出了《关于在高等学校开设〈文献检索与利用〉课的意见》的通知，要求凡有条件的学校可作为必修课，不具备条件的学校可作为选修课或先开设专题讲座，然后逐步发展、完善。于是，文献检索教材和关于工具书使用的教材纷纷问世。教育部的通知发出至今已 30 多年了，各校都开设了类似的课程。如何进行文献检索，确定选题后从哪些方面去查寻资料，用什么方法去查寻等方面的知识，是学习做科研工作必备的，同学们可在这门课中学到，没有开设这一门课程的，必须选一两本这类书自学。此处不赘述。

除文献资料外，还有以语料为主的实证性材料，这是研究的基础和依据。要花大气力搞书面语调查和田野调查。调查要做记录，或做卡片，或做笔记，或录音整理，方法很多，因人因事而异。

值得注意的是，要学习和了解跟文史工具书的内容相关的背景知识，这是学科论文写作指导中出现的一个亟待解决的问题。工具书分为辞书型工具书，如字典、词典、百科全书、年鉴、手册、名录等，以及非辞书型工具书，即不以字、词、句、语为收录单位的工具书，这类工具书有线索性工具书，如目录、索引、文摘，有表图性工具书如表谱、图录等，有资料汇编性工具书，如类书、政书、全集、总集、丛书、汇编等。要查询一个问题，只要稍稍深入一点，这两个方面的工具书都会涉及。这些工具书的具体内容文献检索课程会讲到，但相关的背景知识得自己去学习。

比如有同学在读《诗经·卫风·氓》时，发现“氓”不读平时常读的“流氓”的“máng”，而读“méng”。为何读作 méng，便查一下《汉语大字典》[①]：

> 氓
>
> 《说文》：“氓，民也。从民，亡声，读若盲。”
>
> （一）méng《广韵》：莫耕切，平耕明，阳部。
>
> ①民，古代称百姓。《说文·民部》：“氓，民也。”《广韵·耕韵》：“氓，民也。”《诗经·卫风·氓》：“氓之蚩蚩，抱布贸丝。”郑玄注：“氓，民也。”……
>
> ②野民，周朝指居住在鄙野地区从事农业生产的奴隶。《战国策·秦策一》：“彼固亡国之形也，而不忧其民氓。”高诱注：“野民曰氓。”……
>
> （二）máng
>
> 〔流氓〕原指无业游民，后来指品质恶劣，不务正业，为非作歹的人。

要进一步查实古代注家的注文，了解更多一点，涉及非辞书型工具书，可通过“十三经索引”查出更多的注疏材料，还可查《四部丛刊》或《四部备要》，以及今人的《诗经词典》。再如要进一步了解《说文》的解释，可查清代段玉裁《说文解字注》，有同学查这本书时，不能准确断句，对里面用的术语“析言”“浑言”也不大理解，其中的异体字、繁体字不认识，这就是缺乏相关的背景知识。查古代工具书都有类似问题。

就今人编的《汉语大字典》中的解释而言，有的同学知道汉语拼音和反切，但对上面的“平耕明，阳部”也不大理解。对例句中的文字有的不理解，里面引出的作者、古代注释家不

① 汉语大字典：氏部：第三卷．武汉：湖北辞书出版社；成都：四川辞书出版社，1988：2131.

知道，这就需要相关的背景知识。

相关的背景知识涉及面很广，有音韵学知识，同时要了解古代韵书；有文字学知识，同时要了解《说文》及其系列著作；要了解训诂学知识，同时要了解古代著名的注家及其代表性注释作品；还有校勘学、版本学、史学、文化学、民俗学、社会学等等都得要懂得一些。就是读"氓"的两条释文，没有一定的中国历史文化知识，也只能是就字面理解一下。再进一步，"氓"读 máng，何时产生，字典上只注了现代音，古代呢？查《康熙字典》，得知《正韵》注"眉庚切并音盲"。还可往前查询《集韵》等，考察"流氓"一词产生于何时，这又涉及古汉语词汇学、词汇发展史、汉语史语料学、文献学甚至考古学等。还有"氓，民也"，"氓"牵涉"民"，得查"民"，涉及的又是相关的背景知识，且比"氓"更复杂。没有必要的背景知识，对这些文献资料难以准确、深入地理解，必然影响我们的研究工作。

学习和了解相关的背景知识，可以按计划在课余集中一段一段时间学习，也可以平常查工具书时，不明白的或不太明白的，随时将相关资料摘要分类记录，建立"工具书背景知识摘录笔记本"。前面留几页，记完一本后整理一个分类目录，以便查询。也可以把集中计划学习和平时随记结合起来，不断积累背景知识。

二、从文献资料和现实生活中收集大量实证性材料，以获取有力的证据

吕叔湘先生总结了收集材料、分析、写作的规律，他说："当你决定研究一个问题的时候，你不可能对它一点想法都没有。你一定是在这个问题上感觉到有些疑难点，那么，你收集材料一定是针对这些疑难点，决不会无目的地乱收一通。收集到一定数量的材料，就可以试做分析，得出一些初步结果。一般不会一次解决问题，往往是经过初步分析，难点更加清楚了，更加集中了，然后再有目的地继续收集材料，进行分析。这样反复几次，觉得问题基本上解决了，就可以动笔了。"[①] 我们从一些词语和日常生活中的骂人话中知道汉族人是"贬狗"的，但是，是什么原因导致"贬狗"呢？有位学生查阅了有关的论文索引，未见讨论"贬狗"原因的文章。围绕这个选题，她收集了一些材料，主要是文献材料，开始整理、分类分析，直到完成初稿，仍在收集材料，补入文章之中。骆小菊不断收集材料，反复研讨，写了《"狗"的贬斥义是怎样产生的?》[②]，这篇文章以较丰富的史料、传说、神怪小说、典籍材料多层面地分析，还有自然科学方面和人文方面的研究成果的交叉与交融的分析，从而论证了汉族人"贬狗"的原因，主要是民族的社会文化背景长期进行多方面的"语境干预"所致。可见收集资料对于写论文的重要性。

收集文献资料和实证性材料是很重要的，包括古今作家作品中的语料。同时，也鼓励同学到生活中去调查，特别是一些新的语言现象，更是强调"田野考察"。下面是一位同学开始写汉语小论文《"洁具"与"洁面"》时，到现实生活中去调查的记录与感想：

---

① 吕叔湘．给一位青年同志的信//吕叔湘语文论集．北京：商务印书馆，1983：369－370.

② 骆小菊．"狗"的贬斥义是怎样产生的？．高等函授学报（哲学社会科学版），2004（4）.

题目选好了，接下来是材料的收集和整理。

资料的收集必须考虑到选题的特殊性。由于“洁具”和“洁面”都是新词新语，而且是关于化妆品的，新词词典上仅见“洁具”，皆未收入“洁面”；书上少有现成的材料，必须到现实生活中去收集。我收集材料的方法主要是做调查：1. 社会调查。我去学校西区市场的化妆品店，把与题目相关的词语都记下来。第一次只得到“洁面乳”“洁面奶”两个词。“例不十，法不立。”例子太少了，是写不成文章的，卢老师又鼓励我再去调查。如此三番两次，我又得到“洁面爽”“洁面啫喱”等词。虽然每次的成果都不算丰富，许多时候甚至是空手而归，但我仍乐此不疲。为了扩大“战果”，我决定扩大“作战半径”，不仅在校内调查，也到外面的商场调查，如中百仓储等。“五一”放假时，我利用去黄石游玩的机会，在那边的一家化妆品商店里也做了一次调查，又发现了有关“洁面”的新词。2. 向身边的同学调查，注意向他们请教、学习，争取他们的帮助。我曾认为，“洁面”两个字只能与“露”“奶”“霜”等连用，表示化妆品名称，即是说，“洁面”是不成词的，只是一个构词成分。邹贞同学告诉我，她见到一种化妆品，上面有“柔珠粒子　深层洁面”的用例，这就是“洁面”的独用，应该是一个词，我当即把它补充了进来，并进一步注意这样的可以独用的例子，使自己的文章显得更加严密。受到这件事的启发，每当看到别人用化妆品，我都要随手拿来看一看，报纸书刊的广告、宣传品、小卡片，也都不放过。时时留心，事事留意，不断地分门别类存放。得来的第一手材料，既真实又宝贵。

此后是材料的整理和分析。收集来的化妆品的“词”都是有用的，暂不去粗取精，去伪存真。要做的工作是给“词”分类。我发现，在所有的“洁面”系列中，除单用以外，大致可以分成两大类：(1) 洁面＋名词性语素，占了大多数。(2) 洁面＋形容词性语素，如“洁面爽”，虽只发现一个，但它毕竟存在，不应该忽略。[①]

三、同一主题可用不同的材料，同一条材料可以用在不同的地方

同一主题，可用不同的材料来表述，由于具体事例不同，写作的处理（包括标题）也是有差异的。如同样是讲同音词的基本知识，一篇是徐青《词语能混异为同吗？——谈同音词的特点》[②]，文章开头用相声中的谐音趣例和历史上民间艺人讲的谐音趣例引导解释什么是同音词，同音词的产生，它的积极作用和消极作用。另一篇是康家珑《大家闺秀的求婚对——谈同音词》[③]，它是从一个民间传说谈起，讲到什么是同音词，同音词和多义词的区别，同音词的积极作用和消极作用。由于占有资料主要是事例材料的不同，写作的具体内容有所不同。

有时对同一个谈论“对象”，如谈“大”和“小”，由于运用材料不同，可以引发出不同观点，讨论的方面不同，谈问题的角度和出发点不同，因而产生不同的文章。我们可以看到讨论

① 韦名应．多日辛苦不寻常——谈我的第一篇小论文．高等函授学报（哲学社会科学版），2004（3）．
② 徐青．词语能混异为同吗？——谈同音词的特点//徐青．语言趣谈．杭州：浙江人民出版社，1980．
③ 康家珑．大家闺秀的求婚对——谈同音词//康家珑．语文趣谈．北京：语文出版社，1985．

“大”“小”两个词的多种文章：武随君《“小”与“大”》[①]、吕叔湘《有“大”无“小”》[②]、宋玉柱《有“小”无“大”》[③]、史锡尧《一些跟“人”有关的“大”和“小”》[④] 等。

同一材料，也可以从不同角度、不同方面去用它。比如讲曹操的一个小故事“望梅止渴”，见于南朝宋刘义庆的《世说新语·假谲》，从不同角度用这条材料的很多。比如康家珑先生用此条材料讲词的形象色彩问题：《望梅止渴——谈词语的形象色彩》[⑤]，王希杰先生在《望梅止渴》中用这条材料讲语言的巨大威力，于根元先生用这条材料写了《曹操和斯霞》，说“望梅止渴”实际上是“听梅止渴”，把曹操和当今特级教师斯霞联系起来，谈语文教学问题。[⑥] 掌握材料很重要，但关键是看自己怎么思考怎么用。

四、引用材料辨真伪正误，是整理工作的重要一环

一个认真的作者总是要反复地考虑，他所引用的事实材料是否确实可靠，他所引用的文献材料是不是恰如原意。对材料的引用，包括语料的引用，必须真实、准确，要反复核实、验证，辨别真伪正误，这是对材料的整理工作的重要一环，是对写作论文最起码的要求，也是对学写学科论文的基本训练之一，必须严格要求学生这样去做。

在指导学生写作《“苕”的民俗义探微》[⑦] 这篇文章时，我们注意查寻、复核材料的真实性、准确性。采用了直查法、限定法、追溯法、参照法等，查寻过程中往往是综合使用几种查寻法。该文涉及“苕”（又称红苕、红薯、甘薯、番薯等）的由来，我们首先根据一般工具书查出，得知红薯在明朝神宗万历年间（1573—1619）由吕宋国（今菲律宾）传入。《中国大百科全书》“农业卷”上讲“（甘薯）16 世纪末叶从南洋引入中国福建、广东，而后向长江流域、黄河流域及台湾等地传播”。另一个材料则说在嘉靖元年即 1522 年湖北钟祥就有人吃红苕了。此说见于 2001 年中国湖北省钟祥市安陆府食品厂的“蟠龙菜简介”（以下称“简介”），且有中英文对照。看起来史实写得十分真切，不知是不是新发现的材料。对这两个时间要分别查证落实。

前者，讲甘薯 16 世纪末传入似已成定论，我们查阅了一些历史文献和有关作物栽培史方面的著作，意见是一致的。后者说在 1522 年湖北钟祥有人吃红薯，比前者时间至少要早半个世纪，而且又是最近见到的新材料，必须查明。现抄录“简介”的前一部分原文：

公元 1522 年，明朝皇室家族早有明争暗斗，相互争权。章太后迫于形势，密诏三位亲王进京登皇位，并明示：“先到为君，后到为臣。”而位于湖广安陆州（今钟祥市）的兴献王朱厚熜离京最远，为了争取时间，幕客严嵩献计，要朱厚熜假扮钦犯坐囚车过州遇府不停留，日夜兼程赴京城。千里迢迢，不是一日之路，途中吃什么？朱厚熜乃藩王世子，

---

① 武随君．“小”与“大”．少年文史报，1998-02-16.
② 吕叔湘．有“大”无“小”//吕叔湘．语文杂记．上海：上海教育出版社，1984.
③ 宋玉柱．有“小”无“大”．中国语文天地，1987（4）.
④ 史锡尧．一些跟“人”有关的“大”和“小”．普通话，1995（1）.
⑤ 康家珑．望梅止渴——谈词语的形象色彩//康家珑．语文趣谈．北京：语文出版社，1985.
⑥ 于根元，等．语言漫话．上海：上海教育出版社，1981.
⑦ 吴芳．“苕”的民俗义探微．沙洋师范高等专科学校学报，2002（5）.

平日生活奢华，粗茶淡饭无法下咽，吃鱼肉又怕泄露天机。于是，命令厨师们制作一种吃肉不见肉的食品。这下可难住了众厨师，就连当时心灵手巧的厨师詹多也想不出办法来。恰恰，这道难题就落在了詹多的肩上，做不出性命难保，急得詹多成天苦想，不思饮食。詹妻怕詹多饿坏了身子，就把蒸熟的红苕送詹充饥……

下文是詹多受到红苕的启示，将肉、鱼、鸡蛋、淀粉等配制成如同"红苕"状的食品，朱厚熜靠吃"红苕"连夜赶路，赢得了时间，"如愿以偿地当上了皇帝（嘉靖）"。后来这种"红苕"被称为"蟠龙菜"，又称"皇帝菜"。

要核实这段材料所记录的史实，至少要查三个人物及其活动：（1）嘉靖皇帝朱厚熜即明世宗；（2）章太后；（3）严嵩。我们查了《明史》、明朝人编纂的《皇明资治通纪三种》等相关内容，发现其均与这三人当时的活动及其时地不符，且未见有关吃"红苕"的记载；查野史传说，得到《"皇帝菜"的由来》一则，亦未见吃红苕之事。于是换用比较可靠的材料。

再如有一位同学写一篇小文章《春和 Spring》①，为 Spring 一词还多次求教于校内外国语学院的老师，从一年级查寻到三年级，还不满意，到这时，我让她修改写出再说，这篇大约 700 字的小文章，为得到准确的材料，前前后后搞了近三个学年。这样的例子不少。

我们作文，不论是引用第一手材料还是第二手材料，不论是事实材料，还是文献材料，尤其是转引的材料和二次转引的材料，都必须以认真负责的严肃态度核实原始材料，无误，才能使用。材料虚假或不确，不论文笔如何好都写不出好文章。还要注意不能凭记忆来引用材料。

第二节 创造性思维和创见的产生

一、创造性思维是产生创见的思维方式

从材料中产生创见，提取自己的论点，是过研究关的又一个关键。

思维是人类的高级而又复杂的精神活动。一般把它分为逻辑思维和形象思维。逻辑思维也叫抽象思维，是指人在认识过程中通过概念作出判断进行推理的思维方式，有分析、综合、比较、概括、抽象、演绎、归纳等方法，用以揭示事物的本质属性。形象思维，也叫艺术思维，是以具体形象通过想象进行分析、综合、概括，运用典型化的方法再现或再造艺术形象来反映生活、表达人的认识或态度的思维方式。它与逻辑思维相辅相成，主要用于文学创作，议论文

① 段濛濛．春和 Spring．学语文报，2002－05－27．

中也常用到。

钱学森把思维学分三部分：逻辑思维，微观法；形象思维，宏观法；创造性思维，微观与宏观结合。逻辑思维和形象思维都是手段，创造性思维才是智慧的源泉。[①] 创造性思维具有独创性、多元性、开放性、综合性等基本特征，它贯穿于发现问题、提出问题、分析问题、解决问题的全过程，是科研与写作整个心理过程的核心。只有创造性思维才是产生新见解、新理论、新方法的思维方式。

与创造性思维对立的是习惯性思维。习惯性思维，简单地说，就是考虑问题走老路，一切都按照一种特定的固有的不易改变的思维模式进行。习惯性思维对科研与论文写作经常起消极作用。因为它思路单一，属“线性思维”。这种思维“坚定地走老路”，不能突破原有的思维定式，属“封闭性思维”，与此相反，创造性思维具有独创性、多元性、开放性、综合性，由此引申出新颖性、批判性、灵活性。

习惯性思维也不是一无是处。它是一种不断强化逐步累积而形成的不易改变的思维方式。人的习惯，有好有坏，好的习惯形成好的习惯性思维。习惯性思维可以形成人们学习、交流、沟通和认识事物的共同基础，能维持社会的和谐与稳定。但对科研来说，就是要突破“习惯”，尤其是“坏习惯”，必须要让思维活动进入创造状态。

二、从语言事实的分析中生发出创造性研究成果

一篇语言学科论文，不论大小，都得有新意，有自己的观点与认识，也就是说要有创见。这就得研究，研究的基础是语言事实，研究的目的是找出其规律或带规律性的东西。正如毛泽东所说：“应当从客观存在着的实际事物出发，从其中引出规律，作为我们行动的向导。为此目的，就要像马克思所说的详细地占有材料，加以科学的分析和综合的研究。”[②] 在大量占有语言事实材料的基础上，来一番去粗取精，去伪取真，由此及彼，由表及里的制作工夫，此时可考虑使用各种研究方法，如哲学辩证分析，逻辑学归纳分析、演绎分析，学科可共用的、借用的分析法，语言学科自己独特的分析方法，进而从材料中归纳出观点，又用材料去证明其观点。

我们分析问题，是在唯物辩证法的指导下，通过逻辑思维的方法，并综合运用相关的研究方法，对选题的大量材料，反复进行分析综合、抽象概括，从个别到一般，从具体到抽象，从现象到本质的认识过程，最后由感性认识上升到理性认识，个人的创见即产生。如有同学见到武汉一家饺子馆的广告词“好吃不如饺子”，乍一看，觉得有点别扭，似有错误。但她没有轻易否定，首先对这个句子作了细致的分析，再联想同类的语言现象，联系起来思考，找出事物内部的规律性。她想到和“好吃不如饺子”相类的有“好喝不如茅台”“好听不如小曲”“好唱不如民歌”“好跳不如伦巴”“好看不如卡通”“好玩不如桂林”等等，通过对语料的去粗取精、去伪存真、由此及彼，由表及里的鉴别、加工、改造制作的工夫，看到了它们的本质联系，概括出“好 V 不如 NP”的语法格式，这是她对语法抽象性认识的结果。于是写了《小议“好吃不如饺子”》[③]。

---

① 参见钱学森 1995 年 3 月 16 日给戴汝为的信。

② 毛泽东选集：第 3 卷 . 2 版 . 北京：人民出版社，1991：799.

③ 望小玲 . 小议“好吃不如饺子”. 沙洋师范高等专科学校学报，2003（3）.

改变已有的思维模式，变换角度，从另一个视角分析问题，也可能产生创见。例如讨论第三人称代词“她”的产生，一般从考释的即历时发展的角度来表述。有同学变换角度，考察产生代词“她”的社会文化背景。在南朝梁顾野王撰的字书《玉篇》中已收有“她”，但那时不读 tā，而读 jiě，同“姐”，宋代丁度等撰《集韵》中也收有“她”，但那时不读 tā，而读作 chí，多用于女子人名。只有在“五四”前后兴起新文化运动，并形成东西方两种异质文化的巨大撞击的社会文化背景下才能产生第三人称单数阴性人称代词“她”，于是，写了《论代词“她”产生的社会文化背景——语言发展的典型一例》①。

从语料的分析中得出一些带规律性的东西，又用翔实可靠的语料证明提出的观点，并反复进行多角验证，是写作论文至关重要的一环。有同学在写《“合/阖/盍家欢乐”该用哪个?》②时，经研究，认为应用“合”。作者又根据国家语委、国家标准局 1987 年编制的《现代汉语字频统计表》，以精确的语料统计数据有力地证明了他的观点。

总之，从语料中分析、综合、提取论点，又运用语料来证明论点的正确性，是一个问题的两个方面，其中往往融汇着多角验证，它们是相辅相成的，都是从事实出发来研讨问题的。语言研究如果不植根于语言事实，不采用创造性思维和合适的分析方法，就不可能生发出有创造性的研究结果，语言学科论文也是不可能写出来的。

第三节 运用分析方法值得注意的问题

要进行研究并获取结果，必须要采用一定的分析方法进行研究，这一节，就讨论使用分析方法经常出现的问题，对其中带有共性的值得大家注意的问题举例给以简要提示说明。

一、强调注重“调查”，不可忽视“研究”

要把选定的课题搞清楚，非做多种调查不可。调查法是通过种种途径对所要了解的问题，进行有计划有目的有步骤的考察，以获取多方面信息，是为分析问题和解决问题服务的一种基本方法。这种方法就是完成既定调查任务的手段，包括统计调查、问卷调查、田野调查、社会观察、开调查会、访谈等等。就调查的对象、范围而言，有普查、个案调查、抽样调查、典型

① 龙玫．论代词“她”产生的社会文化背景——语言发展的典型一例．沙洋师范高等专科学校学报，2003（4）.

② 周毕吉．“合/阖/盍家欢乐”该用哪个?．语文建设，2001（8）.

调查等等。调查可以说是在做研究工作了，因为它是解决问题的开始。但调查的侧重面是获取资料，调查后还要研究，“调查”“研究”常并列连说，现在紧缩成一个词“调研”，可见二者关系密切，可又不是一回事。比如统计调查法，是以统计的方法进行调查，是对调查的资料进行统计整理。统计分析法是对调查研究的对象和范围作穷尽性统计，作出定量分析和定性分析。“统计调查法”和“统计分析法”合在一起，就是“调查研究”的完整意思了。比如学生孙雪敏写的《成语语义褒贬转化试析》①，就是对一本成语词典中表明发生褒贬转化的成语进行统计调查，列出图表，再进行研究。根据调查，采用了定量定性分析法、分布分析法、历时分析法、语境分析法、比较分析法，选用多种分析法聚焦于调查的资料，在前人研究成果的基础上，经过自己的分析思考，得出一些与前人不同的结论，对前人的一般性认识，比如成语中有褒贬转化的情况，作者作了具体的量化分析，并力求从理性上去认识。作者注重调查这一基础工作，从中获取并初步整理了资料，通过兼用多种分析方法作聚焦式研究，完成了这篇论文。

有的同学把“调查”和“研究”等同起来，只调查，列出统计数据，而不进行分析研究，以为调查就是在研究，得出了统计数据即完成了调查研究。这只做了一半工作。数据是调查的量化结果，还需要运用分析方法进行研究。如上述孙雪敏文，对《学生常用成语词典》“甲编”约4 000条成语进行了调查，发现其中发生褒贬转化的共 28 条，褒贬转化的现象秦汉以后才有，随着时代的推移呈递增的趋势，且多是由褒义向贬义转化。这是统计图表上可看得到的。经分析，导致成语褒贬转化的原因主要有词义的比喻、引申和古今价值取向的差异。文章最后说：“成语语义的褒贬转化不只是由于词义的比喻、引申和古今价值取向的差异造成，还有一些特殊的原因，如语源和后来语义的断层，以及成语中字的顺序的变化或读音的变化导致转化。但词义的比喻、引申和古今价值取向的差异是最为普遍的原因，并且在发生褒贬转化的成语中，所占比例最大。”没有研究，就不可能产生有个人见解的结论。

二、注意分析方法的交融性，防止把分析方法绝对化

分析方法之间具有相对性、交融性，不要把它们绝对化，孤立地看待一种方法。比如我们讲的语境干预分析，属于“语用语境”方面的问题，是外在的人为造成的某种环境对语言的干预，使之发生质的或带质的变化。这和一般的语境分析不同，一般的语境分析指一个语言片段如一个多义词在语境中可使其词义单一化、具体化，使词的意义得到解释或产生临时用法等等，这种语境分析，是语境制约分析。我们不能把语境干预分析和语境制约分析对立起来，把它们绝对化。比如前面讲语境干预时，举例有人为产生的“使用语境”，把“臭”（xiù）和“香”对举，开始的“干预”是临时性的，是一种“语境制约”，一旦干预成功，“臭”分化为“臭”（xiù）和“臭”（chòu），再在句子的上下文中出现“臭”，到底是“臭”（chòu）还是“臭”（xiù），得用语境制约分析了。再如，讲句管控分析法，不能把它和语境制约分析、语义指向分析、分布分析对立起来。分析方法之间是相对的，也有交融现象。

历时是动态的，共时是静态的，这是历时的时段和共时的时点相对而言的，不能把共时分析绝对化，认为它就是静态的。比如在历史的长河中，对先秦、两汉、魏晋南北朝、隋唐五代、

---

① 孙雪敏．成语语义褒贬转化试析．语文建设，1999（4）．

宋、元、明、清而言，“现代”是一个时点，但我们不能绝对地说它是静态的。如果把共时扩展，也成了一个历时时段了。我们运用分析方法要有相对的交融的观念，防止把分析方法绝对化。

三、掌握多种分析方法，学会作聚焦式综合分析

一篇较长的文章，比如4 000字以上，或者文章很长而容量大，通常要综合使用多种分析方法，去获得研究成果。这已经成为事实，但初学写学科论文的同学，特别是在写毕业论文时，一定要有意识地注意这个问题。这就得掌握多种分析方法，学会作聚焦式综合分析。如有一名学生写的《说短语词“他妈的”》[①]，运用了语境干预分析法说明没有与“他妈的”相对的骂语“他爹的”；对“他妈的”在不同的句子中表达的不同情绪的分析，是句管控分析，在分析“他妈的”处不同的句法地位时，表义有细微差别，这是句管控分析中套用了分布分析；在分析“他妈的”语义的历史发展时，其中运用了语法化分析；而民间笑话中的“迂腐秀才”跟人对骂“他妈的”时采用书面语体骂对方为“他母亲的”，这种笑话的产生，还表明从文言向白话发展过程中的一个“交接点”，是历时分析中的一个有趣现象。以材料的丰富性和分析的多样化，包括几种研究方法同时作聚焦式综合分析、套用式综合分析、交叉式综合分析等等，求得问题的解决，研究成果的产生。如果分析方法贫乏，再加上材料短缺，学科论文就难以做好。即使材料十分丰富，若没有方法，或缺少方法，面对这一大堆材料也会束手无策，或者有了方法，不会灵活组配、综合运用，也难以做出文章。

最后还得说一下，运用分析方法是为了获取研究成果，论证是用论据证明论点或反驳谬论的推理形式和思维过程，证明自己提出的论点是正确的，具有无可辩驳的逻辑力量。论证的方法，如归纳推理、演绎推理、类比推理以及例证法、引证法、对比法等等，可以运用在逻辑学中学习的相关知识与分析方法联系起来考虑，分析方法和论证方法有区别，也有联系，要把这些知识综合地用于课题研究过程，为获取研究成果服务。

第四节
研究成果的再整理和提升

经过了研究阶段，形成了研究成果，并用文字形式表达出来，就成为定稿。这时有的论文要再作调整修正，突出其理论性，或重新组构研究成果的内容安排，以便形成相对完善的研究

① 尹继群．说短语词“他妈的”．语文建设，1998（6）．

成果，这便是研究成果的再整理和提升。这种再整理可以从整篇文章，从论点的改变，从材料的删减重组等方面进行。例如有一名学生写了《说“上马”，兼及“下马”》，参加了2000年6月的“汉语小论文报告会”，文章收入华中师范大学语言学系1999级的《汉语小论文选》第一集（内部交流），其后觉得内容不集中，准备分成三篇，一篇是《试说副词“马上”的由来》①，再一篇是《“马上”和“马下”》②，第三篇是《说“立马”》，当时没时间写了。这是整篇“再整理”的例子。再如对论点的修改，有一名学生写了一篇小论文，先是考虑传媒对成语“首当其冲”的误用。但在讨论了这条成语的语源、本义、特定含义与这些“误用”例句的语义关系及其理据等之后，改变了原来的看法，认为是其新义。这种“新义”的语言事实材料很多。于是选用了4例写了一篇600字的小文章：《“首当其冲”的新义》③。这种改变文章原来的观点的做法，古人已有论及，清代魏禧《日录论文》中有云：“善改文者……有脱胎换骨之妙，如原本说寒，将紧要处改换翻成说热是也。深味此法于自己作文亦增多少境界矣。”④ 不过这位同学的处理方法不是主观上直接对文字的紧要处进行翻改，而是对客观语言事实进行分析，从而对整个文章的主题思想进行翻改。再说一个“贵剪裁”的例子：有位同学写关于姓氏方面的小文章，经讨论写成《先秦男子无姓说》，把这个“观点”作为标题提出。这篇文章有1 500多字，收入《汉语小论文选》第二集（内部交流）。过些时再看，觉得论证论点还不尽如人意。引证材料多而广，似乎有点想都说到，处处都怕说不清楚，依古人讲的“裁则芜秽不生，熔则纲领昭畅”（南朝梁·刘勰《文心雕龙·熔裁》）的“炼意”方法处理，经过删削重组，几经重写修改，成了一篇600多字的小文章，改名为《从孔子不姓孔说起》⑤。

毫无疑问，我们写学科论文都应有自己的理论追求，要使论文具有理论色彩和新鲜气息，这是定稿之后“再整理”的一个重要方面。上面所举例文都注意到了这一点，这是个不可忽视的问题。

研究成果完成后的再整理是对研究成果不足之处、影响成果质量的方面作再次处理。它的重点不是文字上的加工润饰，但从成果内容的大调整看也和表达有关，这种对成果的再整理和提升，是研究阶段的继续，也是和表达阶段重合的部分。因为研究成果的再整理处理是文章的内容问题，而内容的物质形式化则是文字的表达形式问题，二者是不可分割的。其实从选题开始就已经有表达问题了，或开始对表达问题的思考了。只是研究成果完成后，要用文字表达出来，到了表达的集中阶段。实际上表达问题的思考与安排贯穿选题阶段和研究阶段，而研究阶段和表达阶段又有直接交接和交叉叠合的一个过渡区，不要把二者截然断开。研究成果的再整理就是典型的例证。

思考与练习

一、写一则300～500字的本章内容提要。

二、继续完成下列论文（书面或口头完成均可）。

---

① 聂小丽．试说副词“马上”的由来．高等函授学报（哲学社会科学版），2001（1）．

② 聂小丽．“马上”和“马下”．学语文报，2002-03-28．

③ 段濛濛．“首当其冲”的新义．语文建设，2001（6）．

④ 张声怡，刘九洲．中国古代写作理论．武汉：华中工学院出版社，1985：458．

⑤ 骆小菊．从孔子不姓孔说起．语文建设，2001（12）．

1. 就下列例子，拟定一个题目，写一篇小论文，揭示其中的规律或带规律性的东西。

小明上小学高年级了，还是喜欢吃麦当劳的汉堡包。一次走进麦当劳，小明问妈妈："服务员说'来一个汉堡'。为什么不说'汉堡包'?"妈妈回答："'汉堡'你懂不懂什么意思?"小明说："懂。就是'汉堡包'。""懂就行了。"妈妈说。吃的时候，小明又问："'香辣鸡翅堡'为什么只说'堡'字?"妈妈回答："只说一个'堡'，你懂不懂是什么意思?""懂。""懂就行了。""为什么字越来越少?"妈妈说："快点吃，回去看你的少年百科全书。""少年百科全书没有讲这个的。""那就去看讲外来词的书。"

2. 根据下面的材料，把它概括成一个语法形式，再进行论述。

语言学系一位同学路过一家饺子馆，看到店里的广告词"好吃不如饺子"，认为有问题，认为"不如"表比较，前后应是同类事物，才能比较。如"月季不如玫瑰香"。"好吃"和"饺子"不是同类事物，没可比性等等。我听了后觉得她的看法有点道理。我说："好吃不如饺子"有点像一个框格，里面似有省略，再收集语料看看。经过一段时间之后，得到类似的语料不少，如"好喝不如茅台""好听不如小曲""好唱不如民歌""好跳不如伦巴""好看不如卡通""好玩不如桂林"等。

三、从第二章第二节目标阅读选题提供的语料中选出三个能做的题目，也可由老师指定语料选三个题目，还可自由阅读选三个题目。选出三个题目之后，分别写出写作提纲，作初步分析，提出题目所要用的分析方法、论证方法及结论，再收集语料分析论证。接着，在三个论题中选取一个，继续研究，下一章（第四章）学习完毕写成一篇正式的语言学科论文，作为本课程成绩评定的主要依据。

注意：考虑研究方法（分析方法）有四个层次：哲学的分析方法、逻辑学的分析方法、学科之间共用和借用的分析方法、本学科特有的分析方法。

第四章
语言学科论文的表达

古人学习写作表达的经验之一就是多读多写，读他人之作是学习，写自己之文则是实践。清代姚鼐《与陈硕士书》有云："大抵文字须熟乃妙。熟则利病自明；手之所至，随意生态，常语滞义，不遣而自去矣。"那么，文字熟妙之原因何在？答曰："亦只是熟读多作，固无他法。"再看宋代魏庆之《诗人玉屑》卷五《口诀·三多》有云："欧公谓为文有三多：看多，做多，商量多。"不仅要多读，多做文章，还要多商量，即相互讨论，切磋琢磨，这很重要。

19 世纪英国著名的物理学家、数学家麦克斯韦，从小就注意写作表达训练，练就一手好文章。后来，他把电磁理论的研究推向了一个新的阶段，用完美的研究论文将其成果公之于世，人们称赞他作出了划时代的贡献，他很风趣地说："我不过是一篇论文的作者。"我们要抓住难得的学习时机，从多方面培养自己的写作表达能力，下一番苦功夫，做好这项基础性工作，力争从根本上越过表达关。

第一节 表达问题贯穿研究工作的全过程

研究工作的全过程是指从选题到研究成果的产生，并用文字形式表达出来。我们把它分为选题阶段、研究阶段和表达阶段。这三个阶段就是三关，表达关是研究工作的最后一关，是将成果用文字表述出来，是表达问题的显性表现，而表达问题的隐性表现则存在于前两个阶段。从选题开始就涉及表达问题，只不过是隐性的，在人们头脑里思考着进行。我们要有意识地在这两个阶段注意表达问题。实际上，不管在选题阶段和研究阶段是否想到表达问题，表达问题在这两个阶段都是客观存在的，人们有意识地去考虑它，其文字的表达就会更贴切，写作速度也会加快。

说一个例子，学生虞敏华上"汉语小论文写作"课后，发表了她写出第一篇汉语小论文的体会《学写汉语小论文的一点感悟》[1]，从这篇文章谈的写出一篇汉语小论文的全过程，可以明显看出全部研究工作和表达问题是并行的。

文章题目是《学写汉语小论文的一点感悟》。首先是“写”，写是用文字的物质形式表达文章的内容，而内容则是研究的成果。显然，表达和研究是一个问题的两个方面。作者的感悟，文章的第一段一开头就点明了：

> 人们常说，做人要一步一个脚印，做学问也是如此。要写好汉语论文，须从基础的小论文着手，从小的语言问题出发，不断地扩展和深入，也只有一步一步地走，才能了解其中每一步的艰辛。汉语小论文虽小，却五脏俱全，尤其是初学汉语小论文写作的，更来不得半点马虎，现谈谈我写汉语小论文的一点点感悟吧。

本文深层含义是对人品和文品之间的关系的感悟，即做文先做人。由此，在学写汉语小论文的过程中，又使“人品”受到锻炼，这是作者学写汉语小论文的出发点和归宿。段落中大部分文字在讲“研究问题”，后面概括的“五脏俱全”，无疑包括了写作表达这一步骤的学习。

> 题目对于文章的意义非同小可，题目范围太大，文章就容易写得不全面、不深入，题目没有新意，就不能引起读者的兴趣，如何选题成了第一头疼的事。“留心处处皆学问”，话虽不错，然而在语言学门前徘徊的新手们，恐怕还没有那么高的悟性。面对五花八门的语言现象和语言问题，一时慌了手脚，真不知该从何处下手。我当初选题的时候想了很多的题目，和指导老师卢卓群教授一起讨论，不是范围太大了，就是观点太陈旧，很受打击，后来在卢老师的耐心指导下，才明白原来不仅要善于发现身边的语言现象，而且要有所选择，选择与自己的能力水平符合的题目，于是才有了我的第一篇小论文的题目：“家居”还是“居家”。

第二段，讲她选题的痛苦与成功。选题就是研究工作的开始。当考虑题目范围大小时，就在考虑写得全面不全面，深入不深入，能不能吸引读者的问题，这里面都隐含一个表达问题。还有，所选取的题目与自己当前的知识结构、认知能力、科研水平是否相符，都涉及能否产生研究成果和完美表达的问题。

> 论文注重论证。论证需要材料，因此查找资料也是写小论文非常重要的一步。小论文的资料主要有三类：基础性资料、例证性资料和关联性资料。资料必须找全，否则论证就没有说服力。资料的来源也十分广泛，有书面的，有生活中的，可根据需要选取。我的小论文《“家居”还是“居家”》，主要澄清在许多广告中把“家居”和“居家”混用的现象，所以一方面要收集广告资料，一方面要查找语言资料。查资料的感觉，真可谓“衣带渐宽终不悔，为伊消得人憔悴”。在图书馆，几乎翻遍所有的汉语词典，为的是把两个词所有的注释都找全。在上街的时候，在读报的时候，在上网的时候，时时都留心着“家居”和“居家”。后来又请同学帮我一起搜寻，每每发现目标时，总有“众里寻他千百度，蓦然回

---

① 虞敏华．学写汉语小论文的一点感悟．高等函授学报（哲学社会科学版），2004（1）.

首，那人却在灯火阑珊处”的欣慰。

第三段讲收集资料，这是过研究关的前一阶段。资料必须找全是研习写作十分重要的环节。论证涉及表达问题，运用学过的逻辑学知识指导进行论证是逻辑思维在论证方面的语言表达。“家居”和“居家”混用的辨别，这里面既涉及研究的问题，也有如何更好地表达才能达到目的的问题。

等到题目一定，资料收集完，别以为接下来都是轻松的事了，麻烦事还在后头呢。要酝酿文章也不是件容易事，必须经过分析整理，规划布局，提炼归纳，这个过程不仅考验语言学知识、更是锻炼逻辑思维能力。初写小论文，当时没有什么经验，思考、写作、修改直到“消得人憔悴”，等苦心酝酿的文字交给卢老师修改后，却已变得面目全非，红的杠杠，蓝的圈圈，大片大片的叉叉，惨不忍睹，让人痛心不已。反复修改几次后，才总算有点眉目。在不断修改的过程中，总会发现不同的问题，需要不断地寻找资料，再去读书，再去思考，这样不仅能更牢固地掌握已学的知识，也有更多新的收获，吸取新的理论知识。因此，等到被告知自己的文章将要发表时，那种心情，真是“痛并快乐着”。

第四段，将研究关的最后阶段和过表达关联系起来。作者说，收集材料之后，还有很不轻松的麻烦事，即分析整理材料并规划布局。不仅要提炼归纳，还涉及材料的选择和安排。朱光潜先生说：“在作文运思时，最重要而且最艰苦的工作不在搜寻材料，而在有了材料之后，将它们加以选择与安排，这就等于说，给它们一个完整有生命的形式。”选择与安排，是一门为布局谋篇而进行的“艺术的锤炼刻画”的学问。朱先生教导我们：“自己在写作时，多费苦心衡量斟酌。”[①] 分析整理规划布局，这是研究阶段和表达阶段交叉进行的内容，并即将进入写作、修改，拿出苦心酝酿的文字的时候，这是研究工作的显性表达阶段。这里既有初稿的修改问题，也有定稿后的再整理问题，作者说：“在不断修改的过程中，总会发现不同的问题，需要不断地寻找资料，再去读书，再去思考。”可见这不是单一的文字润饰加工方面的问题，这是对课题的研究成果的不足之处继续研讨。尤其值得注意的是，在表达阶段，仍要继续收集资料分析研究，继续读书。这表明对初稿的修改和定稿的再整理，是研究工作的继续。这样才能过好表达关。

写小论文的过程，渗透着我意想不到的收获：要做好学问，写好论文，不仅是检验专业知识，更是锻炼心理素质，培养严谨的学习态度和坚持不懈的研究精神，而良好的心理素质、严谨的态度、坚强的意志力和永不停息的奋斗精神是做人必须具备的一些基本素质，没有这些素质是做不成学问的。回头想想，不正印证了邢福义先生的那句话：“要做学问，首先要学会做人。”

最后一段，回应第一段讲的做文先做人，强调不具备做人的基本素质，是做不成学问的，自然谈不上什么研究、表达之类的问题了。

---

① 朱光潜．选择与安排//朱光潜全集：第四卷．合肥：安徽教育出版社，1988：207－213.

从这位同学学习学科论文写作的体会来看，可通过语言学科论文的写作学习，从这个角度培养自己怎样做人。在这个前提下，联系自己的写作学习，说明完成一篇语言小论文是如何过三关的，也表明了表达问题贯穿研究工作的全过程。因此，在过前两关时，不可“单打一”，确定选题就不管其他，进行研究也不管其他，不为表达问题思考甚至没有这种意识。思想上没有过表达关的充分准备，操作上也没有为过表达关作出“铺垫”，表达关岂能顺利越过！

第二节 和表达相关问题的处理

这里讨论的是教学中出现的涉及研究工作的全过程中与表达相关的一些问题，从正面举例来谈一点我们的处理意见，供大家学习时参考。所举例文皆为本科生所写。

一、关于选题与表达的思考

选题时，就得考虑这个题目写成文章该怎么来表达。古人作诗文就很重视题目与表达的关系。如清代薛雪说：“诗有从题中写出，有从题外写入；有从虚处实写、实处虚写……”（《一瓢诗话》）不管人们是否明确意识到这个问题，都会考虑怎么写出这篇文章。正如薛雪所说：“一题到手，必观其如何是题之面目，如何是题之体段，如何是题之神魂。”（《一瓢诗话》）在教学中，有的学生没意识到表达问题，一经提醒，豁然明白，能根据选题的内容考虑如何表达了。如一位学生发现不同的“戒指”蕴含着不同的意义，她便列举了关于“吉祥戒指”“护符戒指”“身份戒指”“信物戒指”“哀悼戒指”等相关材料，最后归结，综观古今中外的种种戒指，都传达出一种无声的信息，表达人们的思想观念、希望与期待。于是采取类举材料的表达方式加上简短的归结性说明，写了《戒指蕴含的无声语言》①。再如有学生写《“红”与古代美女》②，抓住“红颜”“红粉”“红袖”等指代美女的词为什么都有一“红”字，考察了先秦、汉、南北朝、唐五代、宋至清代与之相关的材料，用考释说明的方式写成此文。在选题后有意识地思考表达问题，可使不同的选题纳入不同的表达“模式”之中，这就有利于写作能力和写作速度的提高。

和选题有直接关系的是为论文拟定一个恰当的有吸引力的标题。大凡写诗作文，自古以

---

① 骆小菊．戒指蕴含的无声语言．咸宁日报，2001-03-29.

② 黄莉．“红”与古代美女．语文知识，2001（7）.

来，无不考虑题目表达，唐代诗人贾岛说："题者……如人之眼目，眼目俱明，则全其人中之相，足可坐窥万象。"今人常说标题是文章的眼睛，足见题目的表达之重要。标题是"点睛"之作，一般要求概括、准确、简明，进而要求生动形象、新鲜活泼，具有艺术魅力，引人入胜。这是对制作标题的一般性的原则要求。在这一原则要求下，选题之后，要考虑标题，文章写好之后，回过头看看标题与文章内容是否切合，能否概括中心思想，如不切题则要修改标题，如不改动标题则要修改文章内容。标题如何表达，自是根据文章内容的需要。最好是在读人家的文章时，看看作者是怎样制作文章标题的，从多方面找出其优点进行学习。

二、语义内容与结构表达方式

关于学位论文和学术论文的编写格式已有规定，照办即可。关于文章结构的基本知识，如开头结尾、过渡照应之类，把基础写作课中学到的知识加以运用即可。这里讨论语义内容在篇章结构中的处理，这种处理是以思维方式即处理问题的一种思路来使不同的语义内容和不同的结构形式协调组合起来的。

本书绪论中谈"本论层次"时提及"分总式""总分式""总分总式"，其中运用较多的"分总式"又例说了"并联型""串联型""层进型"和"层套型"四种类型。这里再结合语言学论文的写作，包括3 000字以内的语言学小论文的写作，谈一下教学中常见的学生论文的语义内容表达方式。按传统的为文讲究"意脉"来考虑表达方式，按古人提出的"意若贯珠"（宋·胡仔《苕溪渔隐丛话》前集卷七）、"文脉贯通"（元·杨载《诗法家数》）等文章布局的基本要求，考虑把学科论文写作的表达方式具体化，试举出几种表达方式供学习时参考。

（一）总提表达式

总提表达式是在文章的开头提出总的论点、中心意思或概说总的情况，再作详细论述的表达方式。常见的有：（1）总提例释。如《说习用语"谁知道"》①，开头对习用语"谁知道"的含义作了总说明，再举出例子进行仔细解释。（2）总提分说。如《关于缩略式字母词》② 总说当前缩略词使用和构成总的情况，接着按来源和构成方式分三类来说明。（3）总提论析。如《"女儿"是偏义复词吗?》③，文章开头，作者认为把"女儿"划归偏义复词不妥，以此作为总提，下面再论述自己的观点。

（二）类举表达式

类举表达式是在文章中分别列举材料、观点等，用来说明、论述、比较的表达方式。而材

① 杨伟萍．说习用语"谁知道"．高等函授学报（哲学社会科学版），2003（8）.

② 白雁．关于缩略式字母词．学语文报，2002-10-03.

③ 李萍．"女儿"是偏义复词吗?．汉语学习，2003（4）.

料列举通常是为观点服务的，列举的材料往往随观点走，为观点服务，列举的方面往往又包含着要论述的观点。它们可以单独列举，也可以结合列举。如《“这”的附加义指代》[①] 讨论课题时，列举了 5 个方面：强调性指代、承接性指代、时限性指代、游离性指代、复指性指代，分别进行了论述说明。再如《“眼”和“目”》[②] 分类列举了和“眼”和“目”组合而成的词例，再作比较分析。这类表达方式运用较多。

（三）统计表达式

统计表达式是通过对调查材料的整理、分析、计算、总括，运用数据、表格、图示等方式来描述语义内容的表达方式。它是构成论文的一个部分。如《嗜用繁体字的心理分析》[③]，开头对汉口一条街的 94 家正规店铺的招牌用字做了调查，经统计，其中用繁体字占 33.8%，用异体字占 3%，因繁而错的占 9%，再对此现象做分析。又如《“对”和“对于”的音节语值比较》[④] 中就用了图表将“对”和“对于”作数据比较。这是一种“数据图示”的表达方式。

需说明的是，统计调查法是以统计的方法进行调查或是调查之后再作统计。统计分析法是对调查对象作穷尽性统计，先对统计数据进行定量定性分析，再用数据、图表等形式把事物的某种情况或结果呈现出来。二者皆为统计表达式，但运用的角度不同，前者重在调查统计，后者强调对统计的数据进行分析。一般都是二者配合使用。

（四）历时表达式

历时表达式是按某种语言现象的历史发展，依照发展的每个历史时期进行分析论述的表达方式，以辨其源流或形成发展的演变格局，揭示一些带规律性的东西。例如《说“巴巴”》[⑤] 一文考察了历史语料，“巴巴”始见于宋代，为实词，到元代常与动词、形容词连用，有的黏合成一个词了。历经明清，一面以实词沿用，一面虚化成词缀，在现代汉语普通话中已虚化成词缀了。文章分析了“巴巴”的语法化过程。

（五）随评表达式

随评表达式是对某种语言现象按自己的看法与联想进行议论或评说的表达方式，有时是就此点评或自由议论，可以和语义内容的关系比较松散。如《社会变化和民间顺口溜》[⑥] 谈的是从民间流传的顺口溜反映出的旧社会的贫穷和改革开放以后的富裕生活。文章最后有一段议论：“同学们不妨也留心积累一些生活中有益的顺口溜，这对丰富我们的写作语言是很有益处的。”这段议论和全文的内容联系相对比较松散。在大论文中，有时在文章的最后写个“余

① 李芳芳．“这”的附加义指代．沙洋师范高等专科学校学报，2003（4）．
② 徐婧．“眼”和“目”．中学语文，2003（7）．
③ 骆小菊．嗜用繁体字的心理分析．高等函授学报（哲学社会科学版），2001（2）．
④ 陈章．“对”和“对于”的音节语值比较．高等函授学报（哲学社会科学版），2002（4）．
⑤ 兰燕妮．说“巴巴”．高等函授学报（哲学社会科学版），2000（4）．
⑥ 尹桃丽．社会变化和民间顺口溜．学语文报，2003-10-16．

论”，与全文的内容联系可以相对松散。这种表达，体现了作者与文章本身的联想所要表达的某种意图，我们称之为随评表达式。

以上只是语义内容的结构表达方式例说。大体上是在“分总式”和“总分式”框架下，结合语言学科论文写作的实际给以细化。其实，每一篇论文都是根据作者所写文章的语义内容来安排文章表述结构的，是根据内容表达的需要和写作者的思路去确定文章的表述方式的，“以我驭题，不为题缚者也”（清·李调元《赋话》）。上面几类只是举例，很难说有一个固定的模式。但基本的结构方式还是有规律可循的。这是把分析方法和分析思路纳入语义内容的表达方式之中，经整理加工，用文字表达出来，形成语义内容结构模式，由此试图讨论语义内容的结构表达方面带规律性的东西。值得注意的是，经过学习之后，根据语义内容的需要，综合运用两种以上的表达方式来写作学科论文，这也是常见的事。

三、文体的风格与表达

风格，指在语言运用、文章写作中表现出来的不同的风貌、格调，又称表现风格，诸如华丽、朴实、含蓄、明快、豪放、柔婉、庄重、幽默等等。表现风格自然是文章表达的问题。这儿谈的文章风格，指不同文体的不同风貌，区别专业学科论文和小说散文等文体风格。这里谈文章风格，是针对我们开始学写专业学科论文而言的，正如一位同学所说：“我和同学们从前都没有写过语言专业方面的论文，只写过文学方面的作文。论文不像散文，它不追求辞藻的华丽，不追求语句的形容和描写的新颖，却讲究词语的严谨朴实，材料的充实丰富，逻辑的严密完整，论证的有理有据。这就要求我们既要克服原先的思维方式，又要改变原来的行文习惯和风貌。”[①] 我们从文体表现风格的角度提出这一点，要求学生在学习写作专业学科论文时，要有意识地注意这一点。

四、读者对象与表达

毛泽东同志在延安时期就批评过做宣传工作“无的放矢，不看对象”的不良作风，他说：“射箭要看靶子，弹琴要看听众，写文章做演说倒可以不看读者不看听众吗？”还指出写文章做演说，对于自己的宣传对象要有调查、有研究、有分析。“如果真想做宣传，就要看对象，就要想一想自己的文章、演说、谈话、写字是给什么人看、给什么人听的，否则就等于下决心不要人看，不要人听。”[②] 毛泽东的这些话，对我们是很有启发意义的。1998 年，中国第一部系统的语法著作马建忠写的《马氏文通》出版 100 周年，我国语言学界举行了纪念、宣传和研究活动，发表了不少有关马建忠和《马氏文通》的文章。如郭锡良先生写的《再谈马建忠和〈马氏文通〉》[③]，这篇学术论文讲了三个问题：（1）马建忠是什么样的人？（2）怎样评价《马氏文

---

① 韦名应．多日辛苦不寻常——谈我的第一篇小论文．高等函授学报（哲学社会科学版），2004（3）．

② 毛泽东选集：第 3 卷．2 版．北京：人民出版社，1991：836．

③ 郭锡良．再谈马建忠和《马氏文通》．中国语文，1998（6）．

通》?（3）怎样看待百年来的汉语语法研究？这是写给专业工作者、研究人员看的。再一篇，徐靖写的《马建忠写〈马氏文通〉》①，全文仅 300 多字，是写给初中学生读的一篇知识短文，这就要考虑初中学生的年龄特征、知识结构、接受能力等因素。不可用写学术论文的内容和表述方式来写通俗性的知识短文，反之亦然。所以写文章一定要做到“目中有人”！“目中有人”是写好文章的重要因素之一。不同的读者对象，就表达而言，也要作不同的表述处理。如果我们写文章“目中无人”，那就像毛泽东批评的那样，“不看对象乱弹一顿”，“就等于下决心不要人看”。初学写语言学科论文的同学，往往忽略了这个问题，自己想怎么写就怎么写，不管自己文章的读者对象。这里再次提醒大家，写文章要“目中有人”！

第三节
文章写作修改的三个阶段

“写作修改”比“文章修改”的范围大，这种修改从修订提纲开始直到文章发表以后的修改，它包括前文章修改、文章修改和后文章修改三个阶段。前文章修改阶段指修改订正写作提纲的阶段。文章修改阶段指我们常说的初稿形成后对文章的修改。后文章修改阶段指文章发表以后再来修改或思考修改。这三个方面的修改是提高论文质量、培养学生研究与写作能力的重要途径。文章的三个修改阶段也称文章写作的三重修改。绪论中已论及，下面详细展开。

一般说来，一篇文章由思想内容、材料、组织结构、语言这四个方面构成。后三者是为思想内容服务的，其中起关键作用的是组织结构，即常说的布局谋篇。只有把文章组织成一个有机的整体，包括材料组织安排，这样才能恰切地表现文章的思想内容，文章的组织安排就是一个思路问题。我们选题之后，不断地收集各类资料，复杂纷纭，有时形成了多种多样的想法。这就得理出一个头绪，找出思考表达这个课题的线索，这就是思路。它是一个对客观事物认识、理解的过程。这一过程没有完成好，思路就可能不周密、不清晰，文章的表达就会模糊、矛盾、出漏洞、中心不明、顾此失彼等等。这是同学们开始写学科论文常见的毛病。要克服这些毛病，就要学会多想想，前前后后多想想，上上下下多想想，里里外外多想想，左邻右舍多想想，使思考的问题严密化、清晰化，使文章的组织安排跟材料的选用、观点的表达和谐一致，使文章的方方面面和谐一致，这贯穿研究工作的全过程，涉及写作修改的三个阶段。

一、前文章修改阶段

文章的思路通过提纲以文字的形式表现出来。提纲有详简两种。详细的，有纲有目，有材

① 徐靖. 马建忠写《马氏文通》. 学语文报，1998-12-09.

料的相关交代，有分析方法的说明。简单的只有一个大纲。提纲是施工的蓝图，有了一个完好的提纲，便“胸有成竹”。一个完好的提纲对于初学写学科论文的同学，并非一蹴而就，要经过反复思考和修改，才能成功或基本成功。为此，我们专门设计过编写提纲的训练，包括对写出的提纲做修改训练。其做法是给一段语料（小说或故事的片段），要求学生从中发现可写小论文的课题（论题）3个至5个，自定题目，写出提纲，最好能写出详细提纲或较详细的提纲。要有观点，注明使用材料、分析方法和写作思路。写好提纲后，要自行检查，修改定稿，才算完成了选题和写提纲的作业。自行检查写好的提纲，可考虑从三个方面来进行。

第一，检查论点是否清晰，是否有自己的见解。如果论点模糊或处于朦胧状态，说明对这个问题的认识还不成熟，论文的观点尚未形成。需再行思考、研读材料，用理性思维去分析、研究、归纳、提炼。材料不够，要继续收集、分析，直到论点确立。

第二，检查提纲中列出的材料或材料提要或材料篇目是否新鲜、准确、典型、恰当。检查所用事实材料（语料）和理论材料是否能证明论点，论证过程是否合乎逻辑，是否有逻辑错误。“逻辑学”的知识可以具体运用于此了。提纲中要指明采用的分析方法是否恰当，是否切实有效，通过这些分析方法的运用，这篇学科论文是否能真正达到目的。

第三，检查全文的组织安排是否能清晰地反映出这篇文章的整体思路，是否做到了提出问题、分析问题、解决问题安排的连接性与和谐性，文章题目与文章内容是否具有一致性。检查文章组织结构方面的问题。这是把“写作学”课程中的基础知识运用于此。

通过检查提纲，进一步整理思路，将提纲订正、另抄，连同原稿一起交上来，便于老师分析评讲。在检查的过程中也有师生之间、同学之间的讨论活动。制定和修正提纲要真正做到“胸有成竹”才算完成任务。这就可以或基本上可以避免论述不清、论点不明、材料庞杂或者离题万里、节外生枝之类的问题。提纲的制定与修正十分重要，修正尤其重要。修正提纲是动笔行文前的关键之关键，我们把它称作“前文章修改”，即在行文之前对提纲的修改订正。它显示了作者的创见和整个文章的思路，展现了文章的写作蓝图，是万万不可忽视的。

经过这样的提纲制作与修订，实际上也是思维训练，是分析归纳、整理思路的训练，是创造性思维的训练。

二、文章修改阶段

这是文章形成后的初稿或二稿、三稿乃至定稿前的修改阶段。“文不厌改”之类的道理，文章修改的内容、方法等等，已经成为同学们的常识，把它用于修改语言学科论文即可。在我的“汉语小论文写作”课程的教学中，同学们写好小论文初稿之后，我看了提意见，让同学们自己去改，充分发挥个人的主观能动性，如此反复多次，到学生基本改好或难以再改下去，我才与学生共同修改，由学生定稿。定稿后还有一次“再整理”工作，问题大的要作篇章方面的、论点方面的改动，经过了“前文章修改阶段”，这种情况很少，但不等于说完全没有了。更多的是定稿后的校改、加工、复核资料，此后方才成为成品。写长篇的学科论文亦如此。韦名应同学谈他的文章修改、再整理定稿而成“爽心悦目”的成品的过程和体会，即是生动的一例。他在《多日辛苦不寻常——谈我的第一篇小论文》中写道：

我把第一次写的文章交给老师修改，他表扬我发现了“洁面”的结构特点，但是要重写。重写后又交上去。然后又重写。如此反复好几遍，我觉得写得可以了，可是老师竟然对小论文三分之二的篇幅进行了删改。看着面目全非的稿子，我当时觉得心灰意冷。尽管这样，我还是不放弃，按照老师修改的结果重新整理，然后又交给老师，心里想这回总该行了吧。然而出乎我的意料，卢老师又对我的论文做大篇幅的修理，明明是他叫我用的一些字词，他说删改就删改了。我打电话问他，他给我讲删改的理由。我尽管有些气，但觉得老师说的还是很有道理，于是再写。这一次我不再完全照搬他的意见了，而是独立地思考应该如何布局谋篇，如何伏笔照应，如何用人们熟知的东西引出相对陌生的东西。有了这些构想，课外我继续跟卢老师讨论，并选择吸收了他归纳的方法。然后我开始了第七遍写作。但结果还是达不到老师的标准。我当时觉得自己尽了这么大的努力，居然还不行，真的不想写了。转念又一想，如果我现在放弃，那么从前所有的努力都付诸东流，说不定现在已经是“黎明前最黑暗的时刻”了。于是咬咬牙再写。我把《现代汉语》课本中的许多知识点都联系上了，把文章尽量写得丰满些。在方法上，我想，既然卢老师可以用归纳的方法，我为什么不能用演绎的方法试一试呢？于是换一个角度写，文章看起来真的爽心悦目了。这一次老师批改后说，写得不错，但要压缩。我想，都到这个地步了，再写一次又何妨。几天后，老师打电话来，说行了行了。但不久又要我去做一次调查，把那些“洁面奶”“洁面乳”的商标产地什么的都要弄清楚，把材料全部复核一遍。于是我顶着烈日又去了一次中百仓储等地——每写一个词，每说一句话，都不能是空穴来风啊。

文章修改，实际上包括行文中的修改，初稿后的修改，这时修改非常重要，往往要反复多次，包括定稿后的再整理工作。写成初稿，特别是毕业论文的初稿，要和老师一起讨论，听取意见，反复思考与修改，定稿后，“冷却”一段时间，再拿出来作一次“冷处理”，这就是定稿的“再整理”。这个学习和训练的过程，使大家认识到毛泽东说的：“孔夫子提倡‘再思’，韩愈也说‘行成于思’，那是古代的事情。现在的事情，问题很复杂，有些事情甚至想三四回还不够。鲁迅说‘至少看两遍’，至多呢？他没有说，我看重要的文章不妨看它十多遍，认真地加以删改，然后发表。”① 并进一步认识到“文章是客观事物的反映，而事物是曲折复杂的，必须反复研究，才能反映恰当；在这里粗心大意，就是不懂得做文章的起码知识”②。这些在写作学中常引用的毛泽东的话，经过自己反复实践，才有了较深刻的领悟。还有同学联想到古人改诗文的事例，诸如贾岛的“推敲”、王安石改诗“春风又绿江南岸”、曹雪芹的《红楼梦》“披阅十载，增删五次”，这些大家熟知的例子，过去当故事听，是一名“观众”，现在觉得有点“进入角色”了，其感受与以前大不相同。

三、后文章修改阶段

文章发表以后，再行修改或考虑修改，以及针对性地提出今后写作要注意的问题，这是后文章修改阶段的任务。一篇小论文发表了，并非万事大吉，更不能沉醉在“大吉”之中。研究

①② 毛泽东选集：第3卷.2版.北京：人民出版社，1991：844.

与写作，始终要保持清醒的头脑。在胜利之时，要考虑胜利中存在的失利因素；在失利之时，要考虑失利中存在的胜利因素。这才有可能跟上大家前进的步伐。研究与写作要想不掉队，恐怕也要如此这般。如学生毕晟找到了湖北省语言学会第十一届年会（2000 年 11 月，黄冈）上熊一民教授宣读的论文《武汉方言的重叠式“VV 神”》，对照自己的文章《武汉方言中的“VV 神”》[①]，再检讨自己的文章去“悟道道”，找出自己的问题和不足，准备修改或重写。学生骆小菊的《从孔子不姓孔说起》发表后，她找来刘开华先生的《古人的姓氏》[②] 对照学习，还交了一篇学习笔记。再如学生许慧发表了《校园幽默词典》[③] 后，学习了李胜梅先生的《说说大学校园语文生活》[④]，写了一篇学习笔记，连同李文复印件一起交来。这些学习都是自愿的，没有作任何形式的规定。在全班你追我赶、奋发向上的学习热情高涨的氛围中，我提出来的要求，同学们都能自觉去做。于是，同学们对文章的修改工作又进入了一个新的境界。我在华中师范大学语言学系 1999 级到 2003 级讲授的汉语小论文写作课程皆如此，这也是他们发表语言学科小论文较多的原因之一。

第四节 语言学学术论文表达举例

一篇学术论文，有它的“原生价值”，即它所表达的研究成果体现出来的价值。有的还有它的“教学价值”，能供教学使用，或学生自学使用。邢福义说：“从青年时代起，《中国语文》等重要刊物上每发表一篇有分量的论文，我都要‘悟道道’：作者是怎么抓到这个题目的？作者是怎样展开这个题目的？在方法上有什么长处？在材料运用上有什么特点？由于经常如此坚持‘偷学’，养成了无言中求教于众多高明学者的习惯，众多高明的学者也就在‘函授’中成了自己的导师。这里，我要向各位前辈各位导师说一声谢谢!”[⑤] 我们应注意学习论文的学术价值（原生价值）的同时，注意发现学术论文的教学价值。通过学术论文，向众多高明学者学习。

下面，我们侧重从学术论文的表达角度举出一篇论文，看看这篇论文是如何表达的。表达是形式问题，它离不开研究的内容，表达形式是为内容服务的。我们将联系论文内容的研究，侧重它的表达方式，来学习这篇例文。这篇例文是邢福义先生写的《“最”义级层的多个体涵量》。

---

① 毕晟．武汉方言中的“VV 神”．高等函授学报（哲学社会科学版），2000（5）．

② 刘开华．古人的姓氏．语文建设，2001（10）．

③ 许慧．校园幽默词典．语文建设，2001（9）．

④ 李胜梅．说说大学校园语文生活．语文建设，2000（7）．

⑤ 邢福义自选集．长春：东北师范大学出版社，2001：349．

“最”义级层的多个体涵量

邢福义

提要 程度副词“最”是现代汉语里使用频率很高的一个词。一般以为，凡是称之为“最”的事物只能有一个，而且理所当然地总是位居第一。事实并非如此。“最X”形成一个“最”义级层。“最”义级层的涵量，对于所涵容的事物来说，不仅可以是单个体的，还可以是多个体的。本文首先从不同侧面对“最”义级层做综合性的考察，然后分别描述“最”义级层的多个体数量标示式、多个体并列标示式和多个体隐性总括式。文章末尾，讲几点总的认识。

【从“一般以为”与事实的矛盾中提出了自己的见解，即全文的中心论点，同时点题。这里还交代了产生创见的背景，提示了全文论述的内容。——此为本书作者的点评，下同。】

引 言

0.1 程度副词“最”，《现代汉语词典》的解释是：“表示某种属性超过所有同类的人或事物（‘我国是世界上人口最多的国家’）”；《现代汉语八百词》的解释是：“表示极端，胜过其余。”这两部权威性辞书，讲的是“最”字的最基本含义。

【实事求是地肯定已有研究成果；指出“最”的最基本含义，作为本论文之伏笔与铺垫。】

0.2 按照字面意义进行推论，“最X”的事物只能是位居第一的一个事物。正因如此，有些语文老师常常把学生作文中出现的“最……之一”判为病句。还有这么个小故事：1997年，吕叔湘先生还健在。当年，《语文建设》第4期发表笔者所写短文《从吕先生不讲过头话说起》，短文开头有这样的话：“吕叔湘先生是我国语言学界的一代宗师。……在我的心目中，宗师是治学和为人都达到了最高境界并且深刻地影响着整个学术界的人，而吕先生正是这样的人。”文章发表不久，一位先生来信批评说：你的文章就讲了过头话。怎么能用“最”字呢？诸如此类的事例表明，“最”字很值得讨论。

【交代研究背景；轻松一笔引出讨论的问题；表明研究这一课题的目的和意义。】

0.3 “最X”形成一个“最”义级层。“最”义级层的涵量，对于所涵容的事物来说，并非僵固不变：可以是单个体的，也可以是多个体的。本文就“最”义级层的多个体涵量问题进行专题探讨。全文包括四个部分：一、“最”义级层面面观；二、多个体数量标示式；三、多个体并列标示式；四、多个体隐性总括式。文章末尾有个结束语。

【解题。交代全文的内容，也是作者的观点，表明要论述的对象和预期达到的目的。】

一、“最”义级层面面观

【表明多层面、多角度地进行观察、研究。】

1.0 观察“最”义级层的方方面面，是阐述其多个体涵量的基垫。

【“方方面面”扣题，也是这一部分的“纲”和提示；“基垫”，基础性铺垫。这一部分研究的结果成为下一部分展开论述的基础条件，是一种层层相套的表达方式。】

1.1 “最X”的客观性表述。

“最X”有时是客观性表述。这是一种尊重客观事实的、讲求科学性的数字式认定。其表述的客观性，首先表现为计量测定性，其次表现为定较抉择性。

先说计量测定性。人们常说“世界之最”，或者指人口最多，或者指面积最大，或者指什么山最高，或者指什么河最长，总而言之，是指世界上某一方面排序第一的事物。而这“第一”是可以通过计量来测定的。各种大小不同的范围里，都存在这种“最”。比如：

(1) 一个作家使用多少个词，据统计，用词最多的是英国作家莎士比亚，总数近12 000个。(朱文叔《“深”和“浅”——学习词汇的一例》，初中《语文》第六册)

再说定较抉择性。在社会性活动中，人们根据某种标准或条件，通过评比对确定的对象作出抉择，确认其“最”。这种“最”，一旦被确认，便成为客观事实。这是体育、电影电视等界特别常见的现象。就用词而言，一般只限于“最佳”二字。例如：

(2) 潘虹……曾获“小百花奖”最佳女主角、优秀女主角奖……(《中国人民政治协商会议第八届全国委员会委员名录》)

凡是客观性的“最”，都可以证实，可以辨伪，可以经过检测改变结论。如：

(3) 从前有人说天都最高……据说最近实测，光明顶最高。(叶圣陶《黄山三天》，高中《语文》第二册)

1.2 “最X”的主观性表述。

“最X”有时是主观性表述。这是一种来自主观心态的表述，属于情绪性的认定。其准确性的追求，是感情的真实，而不是计量的真实。比如：

(4) 她留给琼斯的那封信，至今她倒背如流，那是世界上最绝望的信。(陈染《无处告别》)

这种主观性的“最”，不能证伪，不要死抠字眼。季羡林《牛棚杂忆》一书，封面上有这样的文字：

(5) 这是一本用血换来的/和泪写成的文字/这是一代宗师留给后代的/最佳礼品。

这里的“最佳”，跟评比出来的“最佳女主角”之类，不应混为一谈。

在纯属私人交际的场合，比方在情人或好朋友之间，这种主观性的“最”用得更为随意：

(6) 你简直是天底下最笨的傻瓜。(于晴《红苹果之恋》)

(7) 苏小姐脸红，骂她：“你这人最坏!”(钱锺书《围城》)

1.3 “最X”的主客观表述同X的语词性质。

“最X”中，就X的性质而言，有三类：一为形容词；二为动词性词语；三为方位名词。

“最＋形容词”，这是最常使用的形式。如果其中的形容词具有可以计量的意义，这一形式通常是客观性表述，比如“最宽”“最古老”；反之，如果其中的形容词表示不可计量或难以计量的意义，这一形式通常是主观性表述，比如“最狠毒”“最老实”。再比较：

(8) 九龙瀑曲折而下，共九截，第二截最长。(叶圣陶《黄山三天》，高中《语文》第二册)

(9) 孙玉华呢，最正统，正好让她去做许阳的工作。(白帆《寂寞的太太们》)

“最长”是客观性表述，“最正统”是主观性表述。

“最＋动词性词语”，这是有时使用的形式。由于动词性词语表示难以计量的行为或状态，这一形式通常用于主观性表述。比如：

(10) 转学一门自己并不擅长的专业，是她最不愿意做的事……(白帆《寂寞的太太们》)

“最＋方位名词”，这也是有时使用的形式。由于方位可以测定，因而这一形式通常用于客观性表述。例如：

(11) 这位文人的墓，坐落在坟地的最东边。(余秋雨《文化苦旅》)

【因为“最”使用的模糊化，以及缺乏形式标志，根据汉语的语法特点，提出了“主观视点分析法”。这里运用这一分析法，注重对说话人的心理做细致的揣摩，以探求产生这种语法形式的心理因素。于是把“最X”分为“主观性表述”和“客观性表述”。主观性表述是对主观心态的表述，它的准确追求是感情的真实，而不是计量的真实。这就把混为一谈的“最X”从客观事实和主观心理方面分离开来。这里“主观视点分析法”是分离式分析的一把钥匙。换一个角度说，科研就是将混沌而朦胧的事物分离开，找出不同的类别及其特征，以及各自运动的特殊性，即带规律性的东西。抓住“主观视点”，从浑然运用的“最X”中分离出客观性表述的“最”和主观性表述的“最”，从客观事实的认定和主观心理的认定来进行研讨，具有强烈的说服力和感染力。】

1.4　“最X”的级度位次。

孤立地看语义，“最X”处于极度级层；但是，从程度副词所形成的级度序列看，“最X”级度位次的高低却不能一概而论。

一方面，就通常情况而论，“最X”强调达到“极度”，是“程度最高”。正因如此，有人排列程度副词，顺序是：稍微—比较—相当—很—极、最。也正因如此，在主观性表述里，为了强调“最”之不可超越，有人采用了“最……不过”或“最……没有”的形式。如：

(12) 这种光最神奇不过。(徐迟《黄山记》，高中《语文》第二册)

(13) 有人爱上建侯，那最好没有。(钱锺书《猫》)

然而，另一方面，“最X”所强调的“极度”是在某种特定范围内相对而言的；其实际度量，有的时候可能反而偏于低或偏于少。这受到特定语境的规约。比如：

(14) 县中里学历最高的教师，也只是中师毕业。(余秋雨《文化苦旅》)

(15) 怎么办？爷爷得票最多，但不是半数，也不是三分之一。(王蒙《坚硬的稀粥》)

前一例，尽管是“最高”，却也只是中级师范，实际上学历偏低；后一例，尽管是

“最多”，却未到半数，实际上票数偏少。这里，“最X”的级度不及“很X”，更别说是“特别X”。可知，单线索地排列程度副词，把“最”排在“很”之上，并不科学。

【“最”的级度位次有人排列为“稍微—比较—相当—很—极、最”。这是一种模糊的线性排列，并把“最”义级层绝对化。文章分析了这种排列的不科学性，把“相对”与“绝对”的情况对比表达，问题之所在鲜明地呈现在读者面前。】

1.5 “最X”事物的单个体与多个体。

从涵量看，“最X”的事物可以是单个体的，也可以是多个体的。看例子：

(16) 老刘这人在报社几个副社长中是学历最浅、资格最短、著作最少的一个……(陈染《无处告别》)

(17) 所有的当权派，除了最高层的少数几个天之骄子以外，几乎都是走资本主义道路的。(季羡林《牛棚杂忆》)

前一例是单个体，所指对象只有老刘一人。后一例是多个体，所指对象包括abcd等天之骄子。

【语言事实表明，“最X”的含量，可以是单个体的，也可以是多个体的，从而为下文的论述作了基垫。文章表述简明、质朴，这种表达来源于研究的深入和实在。】

二、多个体数量标示式

2.0 数量标示式，这是“最”义级层多个体涵量的第一种表现形式。如果用S代表句子，用L代表数量词语，那么采用这一形式时，句子中同时出现“最X”和L，即S〈最X+L〉。

【这一部分是论述的一个“纲”，将论述的对象归为一个公式（注意语法研究的公式表示法），L成为一个关系性标志，这一部分是由不同的L和“最X”发生关系而产生的结果分析。】

2.1 数量词语是“最X”多个体的语言标志。既有定数标志，又有不定数标志。在定数或不定数标志的基础上，还可以形成指别数量标志。

(一) 定数标志：L为定数词。例如：

这是我们社最了解情况的两位记者。

“两”是定数。再看几个实际用例：

(18) 一进屋就见我们系最傲气的两个女生一人面前摊着本您的书，一边看一边互相赞叹……(王朔《你不是一个俗人》)

(19) 门生特地从苏州带了几个名厨来……尤其要他们将吴下三道最负盛名的菜烧好。(唐浩明《曾国藩》第二部)

(20) 她接待的客人几乎都有来头，数起来共有八个最贴心的。(方方《过程》)

上例分别用了“两个”“三道”和“八个”。既然能用“两”“三”“八”，只要是反映实际情况，自然也可以用别的定数词。

【列出“例句”分析，此例句为作者根据实例造的，去掉实例的枝节，使其简明、利

落、典型化，再举实际用例说明，且使文章显得丰满。以下各部分都用这种结构形式表达，形成表达体例的一致性。】

（二）不定数标志：L为概数词。例如：

这是我们社最了解情况的几位记者。

“几”是概数。概数有的偏少，有的偏多，这由具体情况所决定。例如：

（21）……最让我动心的很少几位大师中仍有……黄宗羲和朱舜水。（余秋雨《文明的碎片》）

（22）中国男子，一度几乎成了最厌恶女性的一群奇怪动物……（余秋雨《遥远的绝响》）

（23）许多来自世界各国的最优秀的科学家在这里废寝忘食，没日没夜地辛勤耕耘……（白帆《那方方的博士帽》）

（24）一千多年来，岳麓书院的教师中集中了大量海内最高水平的教育家……（余秋雨《文明的碎片》）

上例分别用了“很少几位”“一群”“许多”和“大量”。既然能用“一群”“大量”，自然也能用“一批”“大批”或“成千上万”。

（三）指别数量标志：这/那＋L。例如：

这两位记者最了解情况。

那几位记者最活跃。

不管是定数还是不定数，为了区别事物，“数＋量”的前头都可以出现“这”“那”，构成“指示代词＋数量词”的结构。又如：

（25）是美国的一个教授说的……这两个人最有嬉皮精神。（朱邦复《巴西狂欢节》）

（26）她……转遍全城也要买回那几根最佳黄瓜。（王朔《浮出海面》）

前一例是“这＋定数（两个）”，后一例是“那＋不定数（几根）”。

L如果是“一些”，跟“这”“那”组合之后一般省“一”，说成“这些”“那些”。如：

（27）直到今天，我们都没有资格去轻薄地嘲笑这些天底下最老实、最忠厚的农民。（余秋雨《文明的碎片》）

（28）这里最早的住户，和那些最早开发它的人们，都已经风流云散了。（礼平《小站的黄昏》）

【这一部分讨论了三种不同的数量标志。学习抓住同一类中不同小类的差别进行分析和分类表述。】

2.2　“最X”和L没有固定的先后位序。

由于小句结构成分的配置需要，“最X”和L的出现主要有三种情况。比较：

这是我们社最了解情况的几位记者。

这几位记者最了解情况。

最了解情况的是这几位记者。

前一例，代表第一种情况。“最X”和L都作定语，二者位置可先可后：最了解情况的几位记者→几位最了解情况的记者。看两个实际用例：

（29）几个最大的坟好像还与辛亥革命有关……（余秋雨《文明的碎片》）

（30）她站在那里……重温起自己在夜梦中最常出现的几个景象……（陈染《无处告别》）

上例分别出现“几个最大的坟”和“最常出现的几个景象”。给人的感觉是：L在前时更强调L，“最X”在前时更强调“最X”。

中间一例，代表第二种情况。“这/那L+NP”用在前边，作主语；“最X”用在后边，作谓语。“最X”也可以出现在“是……的（NP）”之间，为谓语部分所包含。如：这几位记者最了解情况。→这几位记者是最了解情况的（证人）。看个实际用例：

（31）那些分在大医院的同学最实惠（现在连做一阑尾手术都得递红包……）（魏润身《扰攘》）

这个例也可以说成：那些分在大医院的同学是最实惠的。

后一例，代表第三种情况。“最X的”用在前边，作主语；“这/那L+NP”用在后边，作“是”字的宾语。同类的例子：

（32）最小的是一对花生双胞胎，男孩福子和女孩贵子……（池莉《你是一条河》）

（33）最说不清楚的是那些文人……大半搞不清自己的案情。（余秋雨《文明的碎片》）

【它们之间的位序关系是又一个特点。学习抓住汉语语法的特点进行分析和表达。】

2.3 数量标示式中的多个体，有主客观的分别，但不一定绝对平级。

一方面，对于L事物来说，“最X”既可以是客观性表述，也可以是主观性表述。比较：

这是我们社最年轻的几位记者。

这是我们社最调皮的几位记者。

“最年轻”是客观性表述，“最调皮”是主观性表述。看两个实际用例：

（34）市区两棵最大的白皮松，有一棵就栽植在著名的燕园……（《常熟地区古树分布及其现状》，初中《语文》第六册）

（35）……只有两支最喧闹的队伍，浩浩荡荡，消失在这么一个不大的园子里。（余秋雨《文化苦旅》）

前一例是客观性表述。市区白皮松数那两棵最大，为大众所公认，可以测量。后一例是主观性表述。所谓最喧闹，是说话人的笼统印象和认识，而不是通过定性定量的评估所得到的结论。

另一方面，就L事物相互间的度量比较而言，不同个体并非绝对平级。

如果是客观性表述，那么有三种情况：

第一，甲乙个体并列第一。例如：

（36）他们也派了场里最高级的知识分子一男一女两个农大毕业生来学。（不光《闯西南》）

上例等于说“他们也派了农大毕业生、场里一男一女两个高级的知识分子来学”。由于都是农大毕业生，两人学历相同，因而作为农场里“最高级的知识分子”来说，分不出高低。

第二，甲乙个体并非并列第一。例如：

（37）中国和印度是世界上人口最多的两个国家。（中央电视台《新闻联播》）

事实上，世界上人口最多的国家，中国是第一，印度是第二。

第三，情况模糊。这是最常见的情况。例如：

（38）至于我参加的劳动工种，那还是非常多的。劳动时间最长的有几个地方。（季羡林《牛棚杂忆》）

那“几个地方”的劳动时间长度，也许可以严格地排出一二三的次序，但也可能有同有异，连说话人也只有笼笼统统的感觉。

如果是主观性表述，那么，一般情况模糊。比如：

（39）先后在巨大的社会灾难中迅速开创了“贞观之治”和“康雍乾盛世”的两位中国历史上最杰出帝王都不是汉族……（余秋雨《文明的碎片》）

（40）……她不懂英语，只好找一些最苦最累，收入又少的活勉强糊口。（白帆《寂寞的太太们》）

前一例，到底哪一位更杰出，不知道；后一例，到底什么样的活更苦更累，说不清。

总起来看，对于“最”义级层中的多个体，说话人只看重它们的级层共性，而不看重它们相互之间的差异性，听话人接受的是共性方面的信息，并不苛求一定得分出第一第二来。

【这里讨论在多个体数量标示式中客观性表述和主观性表述的复杂情况。与前面讲的主客观表述相呼应，也表明前一节论述的是“基垫”。这是使文章内部产生有机联系而成为一个整体的表达方式之一。】

三、多个体并列标示式

3.0　并列标示式，这是“最”义级层多个体涵量的第二种表现形式。用S代表句子，用B代表并列结构，句子中可以同时出现“最X”和B，即S〈最X+B〉。

【这一部分论述的一个“纲”。并列关系本身就是复杂的。进入格式“S〈最X+B〉”后，在其中体现的关系上，同样呈现出复杂状况，当然是在格式控制之下的复杂，文章中把这种复杂情况有条理地清晰地表达出来，这是深入思考、反复分析与验证的结果。】

3.1　并列结构是“最X”多个体的另一种语言标志。看这个例子：

（41）要在全国排出最富的家庭和个人，最前面的一大串名字大多也是山西人……（余秋雨《文明的碎片》）

“最富的家庭和个人”，这是多个体并列标示式；“最前面的一大串名字”，这是多个体数量标示式。

在并列标示式中，并列项既有全举的，也有突举的；可以是名词性的，也可以是非名词性的；可以是加合性的，也可以是选择性的。

（一）全举并列。

并列项具有穷尽性。二项并列的，事物涵量为二；三项并列的，事物涵量为三。例如：

（42）我最有名的作品是发在《小说群》上的《东太后传奇》和发在《作家林》上的《我要说我不想说但还是要说》。（王朔《顽主》）

（43）最好是野史、艳史、秘史，纪实的有爆炸性新闻的也好卖。（张欣《爱又如何》）

前一例，并列的事物为二，它们都是“我最有名的作品”；后一例，并列的事物有三，它们都属“最好（卖的）”。

（二）突举并列。

并列项突出地列举若干代表性事物，后边带有“等/等等”，表示未尽。例如：

（44）……其中包括“国家图书奖”“中国图书奖”“茅盾文学奖”“鲁迅文学奖”等最高奖项。（《小说家》1998年第4期封底）

上例四个并列项加“等”，它们都是“最高奖项”。

（三）非名词性并列。

并列项一般用名词性词语，但是，有时也可以用动词性或形容词性词语。如：

（45）神交和默契是最动人的。（张欣《梧桐梧桐》）

（46）女人最重要的是自重、自尊，自强……（白帆《寂寞的太太们》）

前一例有两个并列项，用了动词性词语；后一例有三个并列项，用了形容词性词语。

（四）选择性并列。

并列项之间一般是加合关系，常用表示加合的标志“和”，或者可以添加“和”。但是，有时也用表示选择的“或/或者”。如：

（47）最差的是居委会或个体办的，无非是几个老太太合伙领着孩子玩，赚个零用钱花花。（刘震云《一地鸡毛》）

上例等于说：最差的托儿所或者是居委会办的或者是个体办的。

3.2　“最X”和B没有固定的先后位序。

由于小句结构成分的配置需要，“最X”和B的出现主要也有三种情况。比较：

这是我们社最年长的老张和老赵。

我们社老张和老赵最年长。

我们社最年长的是老张和老赵。

前一例，代表第一种情况。“最X（的）”在前，作定语；B在后，是中心语。同类例子：

（48）其实我们这些人空有满腔的救国救民热情，却连最起码的柴米油盐都不懂。（白帆《寂寞的太太们》）

中间一例，代表第二种情况。B用在前边，作主语；“最X”用在后边，作谓语。“最X”也可以出现在“是……的（NP）”之间，为谓语部分所包含。如：我们社老张和老赵最年长。→我们社老张和老赵是最年长的（编审）。同类例子：

（49）房屋、衣服是最具体的代表……（朱邦复《东尼！东尼！》）

后一例，代表第三种情况。“最X的”用在前边，作主语；B用在后边，作“是”的宾语。同类例子：

（50）中国名山间出现过的书院很多，延续状态最好、因此也最有名望的是岳麓书院

和庐山的白鹿洞书院。(余秋雨《文明的碎片》)

值得注意的是：

第一，B带上“等”，可以跟“最X的NP”形成同位结构；L和“最X的NP”，不存在这种情况。比如：

我们有张甲赵乙李丙等最优秀的世界级运动员。

第二，B不能同“最X”直接构成递加式定语，这也不同于L和“最X”。但是，B如果用在“像”字后边，说成“像B这样/那样”，表示举例，则可以。比如：

我们有像张甲赵乙李丙那样（的）最优秀的世界级运动员。

我们有最优秀的像张甲赵乙李丙那样的世界级运动员。

再看一例。

(51) 创业的皇帝决不会是知识分子，只有像刘邦、朱元璋等这样一字不识的，不顾身家性命，“厚”而且“黑”的，胆子最大的地痞流氓才能成为开国的“英主”。(季羡林《牛棚杂忆》)

上例可以压缩成为：只有像刘邦、朱元璋这样的胆子最大的地痞流氓才能……｜只有胆子最大的像刘邦、朱元璋这样的地痞流氓才能……

3.3　并列标示中的多个体，跟数量标示式一样，不管属于客观表述还是主观性表述，都不一定绝对平级。比较：

我们社，老张和老赵最年长。

我们社，老张和老赵最难缠。

前一例是客观性表述。老张和老赵谁的年龄状况如何，可以根据出生记录来确认。无论如何，两人不会同年同月同日同一时辰出生。后一例是主观性表述。老张和老赵谁更难缠，这无法检验，不过程度不会百分之百地等同。只是，“最年长”也好，“最难缠”也好，人们都只看重“最X”的共性，而不想弄清谁“更X”。再看这个例子：

(52) 现在最火的是《股票风云》跟《房地产经营法》，要卖您批点这书没问题。(魏润身《扰攘》)

“最火”是主观性表述。如果说成“标价最高”，便成为客观性表述。不论是主观性的还是客观性的，给人的感觉都是，排在前头的可能被认为“更X”一点。

【又出现主客观性表述问题，内容有变化，但对文章的组构作用和前面一样。作为基垫，贯注到此，形成一条线索。而下一节L的进入，则成为又一条线索。这两条线索在此节交结起来，且突出并列标示式的论述。】

3.4　并列标示式和数量标示式，可以在一个小句中交合使用。这时，“最X”、数量词语和并列结构三者在句中同现，合指相同对象，即S〈最X+L+B〉。

比如，“我最长的两部书是《糖史》和《密林弥勒会见记剧本译释》”，既出现了“最长”，又出现了数量词语“两部”，还出现了并列结构“《糖史》和《密林弥勒会见记剧本译释》”。又如：

(53) 中国当代最负盛名的一批作家，如郭沫若、茅盾、巴金、老舍、叶圣陶、冰心、

孙犁、萧乾、王蒙等等，都曾欣悦地将他们的力作交由百花文艺出版社出版。（《小说家》1998 年第 4 届封底）

上例既出现了“最负盛名”，又出现了“一批”，还出现了“郭沫若、茅盾、巴金、老舍、叶圣陶、冰心、孙犁、萧乾、王蒙等等”。

从相互关系看，在这种“三结合”用法中，“最 X”和 L 之所指是上位事物，而 B 之所指则是下位事物。它们在句子里不管如何配置，B 都是对 L 的解注，或者说，B 都是 L 具体化。如：

(54) 这个世界给人弄得混乱颠倒，到处是摩擦冲突，只有两件最和谐的事物总算是人造的：音乐与烹调。（钱锺书《写在人生边上》）

(55) 著名的反清义士函可在东北流放时最要好的那些朋友李裀、魏琯、季开生、李呈祥、郝浴、陈掖臣等几乎都是被贬的清朝官吏……（余秋雨《文明的碎片》）

这两例，“最 X”、L 和 B 的配置情况并不相同，然而，有一点是相同的：“音乐和烹调”是“两件最和谐的事物”的具体化；“李裀、魏琯、季开生、李呈祥、郝浴、陈掖臣等”是“最要好的那些朋友”的具体化。

从实际作用看，这种“三结合”用法双角度地反映了“最”义级层的多个体涵量，同时也更强调了不同个体在“最 X”上的共性。这个例子很能说明问题：

(56) 我当时最羡慕、最崇拜的是三种人：老干部、解放军和工人阶级。……在我眼中他们都是“最可爱的人”，是我终生学习也无法赶上的人。（季羡林《牛棚杂忆》）

老干部也好，解放军也好，工人阶级也好，这三种人中的哪一种都是“最羡慕、最崇拜”的对象，都是“最可爱”的人。

【当变量 L 和 B 可以共用一个相对定量“最 X”时，两个变量则“可以在一个小句中交合使用”，再次表明前一部分讨论“S〈‘最 X’＋L〉”成为这一部分的铺垫。这里分析的又是 L 和 B 在格式中运用的一些新情况，是对这一部分中 B 的研讨的深入，也是对 L 研讨的“追加”，既与上节相符，又与这节相融。】

四、多个体隐性总括式

4.0　隐性总括式，这是“最”义级层多个体涵量的第三种表现形式。用 S 代表句子，用 M 代表总括义名词，句子中同时出现“最 X”和 M，即 S〈最 X＋M〉。

【这一部分论述的一个“纲”。】

4.1　隐性总括式的构成，是由于在句子里配置了总括义名词。总括义的名词泛指一类人物，语义上隐含多个体。从句法配置的不同状况看，隐性总括式主要表现为四种模态。比较：

最敢说话的记者大受欢迎。

群众需要最敢说话的记者。

他是最敢说话的记者。

他们都是最敢说话的记者。

四个例子各代表一种模态。其中的“记者”，泛指一类人物，是总括义名词。

（一）模态1：最X的M·VP。

“最X的M”用于主语部分，“最X”和M之间隐含“那一部分、那些个”之类意思。可以说成“最X的＋那一部分＋名词”，向数量标示式转化。比如：最敢说话的记者大受欢迎。→最敢说话的那一部分记者大受欢迎。同类的例子：

（57）直到20年前，还只有最勇敢的人才敢冒险飞行。（《天气陛下》，初中《语文》第六册）

（58）李亚有观点云：在社交的场合中，最受众人注目和宠爱的女人第一是家庭地位很高的，第二是自身容貌美丽的，第三是才华横溢的。（方方《白雾》）

前一例等于说“最勇敢的那一部分人”，后一例等于说“最受众人注目和宠爱的那一部分女人”。

有时，只出现“最X的”，但可以补出M。比如：

（59）最不济的当然是上中学上技校……（魏润身《扰攘》）

上例等于说“最不济的那一部分人”。

【先讲数量的、并列的皆为显性的标示式，再揭示隐性的总括式。前者的“显性”成为后者“隐性”论述的条件，为后者的论述作了铺垫。“转化关系”使隐性显化就是明显的例证。】

（二）模态2：～VP·最X的M。

“最X的M”用在VP后头，作宾语。可以添加含并列成分的“像”字结构，说成“像abc那样的＋最X的＋M”，向并列标示式转化。比如：群众需要最敢说话的记者。→群众需要像孙康、赵民那样的最敢说话的记者。又如：

（60）老板就愿意聘最好的歌手……（王金华《走出伊甸园》）

上例可以说成：愿意聘像宋祖英、孙悦那样最好的歌手。同类的例子：我要开最时髦的轿车。｜你应该考最著名的大学。｜他想去最容易施展才能的单位。

（三）模态3：他是最X的M。

“最X的M”用作“是”的宾语，断定事物之所属。句子的主语用单数人称代词“他、我、你”等，或者用单称名词。等于说：“某个人是最X的M之一。”比如：他是最敢说话的记者。→他是最敢说话的记者之一。又如：

（61）那些天，我是《屈原》最忠实的观众。（王朔《浮出海面》）

上例等于说“我是《屈原》最忠实的观众之一”。如果把其中的“我”改写为“张玉珍、李小松”之类，便成为单称名词作主语。

（四）模态4：他们是最X的M。

“最X的M”用作“是”的宾语，断定事物之互等。句子的主语用复数人称代词，或者用群体性名词语。等于说：“某类人物之中的任何一个都是最X的M。”比如：他们都是最敢说话的记者。→他们之中的任何一个都（是）最敢说话（的记者）。又如：

（62）他们是我最好的朋友。（王朔《顽主》）

意思是：他们之中的任何一个都是我最好的朋友。“他们”是复数人称代词，假若换成“当地猎人”，便是群体性名词语做主语：当地猎人是我最好的朋友。

这类说法，如果简省“是……的 M”，便成为“他们是 X”。

(63)（夏天穿得单薄，乳罩还很分明呢，我觉得）不戴罩子的女人最性感。（马兰《桂圆干》）

有的句子里两个“最 X”应合使用，实际上分属两种模态。如：

(64) 往往最不值得捧的人最需要捧……（王朔《你不是一个俗人》）

“最不值得捧的人”，即“最不值得捧的那一部分人”，是第一种模态，这一部分人，他们之中的任何一个往往都“最需要捧”。

这是第四种模态。

【不同模态转化为不同的形式，表明不同的结构具有不同的“内质”，这是对“隐性总括式”作“分离研究”。有了深入细致的观察分析，才有可能去“分离”，进而发掘出内在的种种规律。有了清晰的思路才有清晰的表达。】

4.2 如果说数量标示式和并列标示式是“最”义级层的有标志形式，那么，隐性总括式便是无标志形式。个别隐性总括式，比如“最高学府”，已经进入词汇层面，肯定表示多个体；然而，作为无标志形式，就一般情况而言，隐性总括式中的多个体，不管是客观或主观性表述，都具有较大的模糊性。比如：

他是最佳射手。

他是最热情的观众。

前一例是客观性表述，有两解：一是名列第一的最佳射手，二是最佳射手之一。如果脱离语境，很难断定是哪个意思。后一例是主观性表述，也有两解：一是名列第一的热情观众，二是最热情的观众之一。由于主观色彩很浓，人们一般都会理解为“之一”。

【再次提到主客观性表述问题，“基垫”延伸到此。】

以下三点值得注意：

第一，隐性总括式的四种模态，在表意的模糊性上有所不同。

模态 4 不模糊。这是因为，主语“他们”之类表示复数，句中往往还出现“都”，这就规定了相应的宾语“最 X 的 M”自然也是多个体的。这一模式，也许可以认为是准数量标示式。

模糊的模态 1、2、3。比如：

最有威望的教授才可以当选。（模态 1）

我们拥有最有威望的教授！（模态 2）

他就是最有威望的教授！（模态 3）

前一例，可以当选的，到底是最有威望的那一位教授，还是最有威望的那一部分教授？中间一例，我们拥有的，到底是一位最有威望的教授，还是“像 a 教授、b 教授、c 教授那样的”若干位最有威望的教授？后一例，“他”到底是教授中绝对的天字第一号人物，还是最有威望的教授之一？都可以有两种理解。

第二，语境的规约，可以避免涵量的模糊。所谓语境的规约，往往表现为在上下文中使用特定的照应词语。比如：“最有威望的教授才可以当选。已当选的张李二位，都是最有威望的教授！”由于下文出现了“张李二位”和“都”，这就确定地表明了是“最有威望的那一部分教授”的意思。又如：

(65) 她们却要长年累月在上面干活，肯定得是最有勇气、最有胆量的女孩才能胜任。(王朔《空中小姐》)

这一例，上文有照应词语“她们”，这决定了指的是“最有勇气最有胆量的那一部分女孩”。

【语境的规约（即语境制约分析）解决表意的模糊性问题。这是与四种模态相关的问题。】

第三，为了适应特定的语用需要，可以有意地利用说法的模糊。看这个例子：

(66) 世界金融杂志点评全球金融机构

交通银行被评为中国最佳银行

这两行字，见于笔者住宅附近一家交通银行门口挂着的一条红色大横幅。有两解：第一，被评为最佳银行的有几家，交通银行是其中的一家；第二，只有交通银行是“最佳”，其他银行如中国银行、工商银行、建设银行等等都不是。

乍一看到，笔者就推想：最有可能是第一种含义，该银行是利用模糊说法来加大溢美性宣传的信息量；如果是第二种含义，该银行不会放过独自突出的机会，一定会写成：“交通银行被评为中国唯一最佳银行”。果不其然，后来听广播，才知道是：“中国人民银行被评为中国第一家最佳银行。”

4.3　跟隐性总括式相关，有三个特殊的表现形式。它们的使用，都取决于“最”义级层具有多个体涵量的逻辑基础。

【论证了“最”义级层的多个体涵量，“最……之一”等特殊表现形式也就不言而喻了。文章还进一步分析了“最”义级层多个体涵量的逻辑基础和语用心理，把文章的内容及其论述推向了高潮。】

(一)“最……之一”。

实际语言运用中，常见“最……之一”的说法，即：“某人或某物是最 X 的 M 之一”。一旦出现“之一”，“最 X 的 M”的多个体涵量便显性化了。例如：

(67) 冰心是五四以来最有影响的儿童文学作家之一。(《冰心传略》，初中《语文》第六册)

(68) 沙漠是人类最顽强的自然敌人之一。(竺可桢《向沙漠进军》，初中《语文》第三册)

显然，“最有影响的儿童文学作家”“人类最顽强的自然敌人”都有一些，而“冰心”和“沙漠”分别是其中的一个。

凡是说“最……之一”的，肯定不是唯一“最 X”的人或事物，即不是唯一的第一名。有的，也许是并列第一中的一个；大多数，肯定不能排名第一。不管是哪一种情况，采用这一说法都是为了极力强调所说的人或事物应属“最”级层次。

(二)“最最”。

实际语言运用中，还常见“最最”的说法，即“最最 X 的 M”。一旦说成“最最 X”，就意味着“最中有最”，从而显示出“最 X”所涵容的事物可以是多个体的。例如：

(69) ……从永定门往北看一眼望到箭楼的是北京最最热闹的前门大街。（魏润身《扰攘》）

(70) 他们发明创造的天才表现得最最突出的地方，却是晚间训话。（季羡林《牛棚杂忆》）

上例表明：北京最热闹的大街有好些个，前门大街是最中之最；最突出的天才表现有好些个，晚间训话是最中之最。

“文化大革命”期间常常听到“最最最最”。那种极尽歌颂之能事的话风和文风不值得提倡；但从语用心理看，这正反映人们的一种潜意识：“最X”可以是多个体的。不然，为什么还要“最最”，甚至还要“最最最最”？

（三）“第二最X”。

实际语言运用中，还可以见到“第二最X”的说法。这一说法，同样建立在“最X的M”涵容多个体事物的逻辑基础之上。比如：

(71) 这是北京第二座最大的王府，仅比怡亲王府允祥的府邸略小一点……（二月河《雍正皇帝·恨水东逝》）

上例等于说：北京最大的王府有多座，其中怡亲王府邸是第一，而这座廉亲王府邸是第二。

有第二，就有第三、第四。只是，位次越后，采用这一说法的可能性越小，因为可能超出人们期望的评价级度。然而，不管怎样，这类现象进一步证明了“最X”事物既可以是多个体的，又可以是非第一的。

【这一部分的表达思路是：先谈一般或基本问题（四种模态），再谈与之相关的问题（值得注意的三点），后谈特殊问题（三个特殊的表现形式），这种谈问题的表达方法值得注意。】

五、结束语

（一）本文管“最X”所涵容的事物数量叫作“最”义级层涵量。大量语言事物表明，“最”义级层可以有多个体涵量。其表现形式有三种：

Ⅰ多个体数量标示式：S〈最X+L〉。

Ⅱ多个体并列标示式：S〈最X+B〉。

Ⅲ多个体隐性总括式：S〈最X+M〉。

前两种是有标志形式，后一种是无标志形式。此外，还有几个派生的特殊表现形式，包括“最……之一”形式、“最最”形式和“第二最X”形式。

（二）自然语言表述系统，不等同于简单的形式逻辑推论系统。在自然语言表述系统中，“最X”可以是客观性表述，也可以是主观性表述。由于主观情绪的干预，又由于有多个体涵量的逻辑基础，这就决定了被形容为“最X”的事物不一定是事实上位居第一的事物，也决定了多个事物可以被共同强调为“最”级事物，在某个时候、某种程度上显示出模糊说法的语用价值。“在我的心目中，宗师是治学和为人都达到了最高境界……的人”这个判断毫无问题。首先，“在我的心目中”表明这是个人看法，不想强加于人；其次，堪称“宗师”的大学者不止一人，当说他们之中哪一位“治学和为人都达到了最高境界”时，绝对没有说他是“天下第一”的意思。

（三）汉语的词汇词义的分析研究，应该同语法语用的分析与研究结合起来。所谓词汇词义，是指词汇系统中一个一个语词的基本含义；所谓语法语用，是指语词在特定语法组合中的实际运用。孤立的词汇词义层面的分析，只能获得最基本的了解；衔接上语法语用的分析，才有可能获得深入而全面的认识。这种接轨研究，具有普遍意义，并非“最”字如此。比方“没”，从词汇词义的角度说，“没”就是“没”，就是零，但从语法语用的角度说，“没”不一定完全没，可能不是零。（邢福义，1995）又如“兄弟”，就加合型用法来说，所有词典都解释为“哥哥和弟弟”。然而，在实际运用中，有时则指“哥哥或弟弟”，有选择性：他没有一个兄弟。诚然，在特定的语法环境中，在语言的动态应用中，词语的含义往往比词汇角度的解释要丰富得多。

【结束语写作的内容：(1) 概括归纳全文。(2) 与开头呼应，回答了开头提出的问题。(3) 深化这一课题的理论意义，使论述再深入地推进一步。在全文的论述高潮过后，在结尾处又掀起一个“小高潮”，艺术地概括地突现主题，并将其升华。“终曲”与开头的“引子”（序曲）呼应，犹如一部大型交响乐的一种表现手法的移用，它使文章具有理论的回味。(4) 由这一课题的研究推及它的普遍意义（含评估性论述）。这就由“个别”到“一般”了。再次体现理论的回味。真可谓“余音绕梁”！(5) 作者揭示了自己的研究方法。文章不仅贯穿着“多角验证”“句管控分析”“小句中枢说”等理论方法的实践，而且在这里指明语汇语义和语法语用的“接轨研究”，这是极具启发意义的理论方法。结束语的最后强调了“动态分析”。这篇论文的研究，走在了语法研究的时代前列。从全文到结束语乃至提要的写作，都是值得我们好好学习的。

吕叔湘先生说：“福义同志的长处就在于能在一般人认为没有什么可注意的地方发掘出规律性的东西，并且巧作安排，写成文章，令人信服。”（吕叔湘《序邢福义〈语法问题探讨集〉》）这篇论文正是这样。由于巧作安排，显示了文章的大容量，进而表现出文章的宽度、深度和厚度。】

参考文献

中国社会科学院语言研究所词典编辑室．现代汉语词典：修订本．北京：商务印书馆，1996.

吕叔湘．现代汉语八百词．北京：商务印书馆，1980.

萧国政．“类较”和“最……之一”．语言学通讯，1985 (5)．

舒邦新．“最……之一”的语法结构和语义功能．襄阳师专学报，1987 (2)．

王群生．“最最”成因初探．语言学通讯，1991 (1－2)．

邢福义．从语言不是数字说起．语言文字应用，1995 (3)．

邢福义．“兄弟”和“弟兄”．方言，1999 (4)．

［本文选自《中国语文》，2000 (1)］

思考与练习

一、写一则300～500字的本章内容提要。

二、再读例文《“最”义级层的多个体涵量》，思考并作答。

（一）阅读文章的标题，回答下列问题：

1. 题目中表达的本文的创新点是什么？从题目看文章的学术价值（含金量）是怎么体现的？

2. 语言学科论文的标题（论文题目）与文学作品的标题、新闻报道的标题有什么区别？（先思考写个提纲，再行讨论，最后小结。）

3. 谈谈语言学科论文标题的特点与要求。

（二）通篇考虑全文各部分的表达与文章体例的关系：

1. “基垫”（“铺垫”）方法的连续运用，构成了环套式表达法，这对文章结构、内容篇幅等方面的表达有何作用？

2. 文章连续几部分开始时都用了“抽象的语法公式—编造仿制例句（讲解）—列举实际用例”的方式表述，这对全文的组织结构、内容表述有什么作用？

3. 文章运用“主观视点”分析法，一直贯穿全文。看看文章中怎样体现出来的。

4. 结合文章的论述，学习从一般（普遍性）到个别（特殊性），又从个别到一般的分析与表达方式。

（三）学习“提要”“引言”“结束语”的表达及其相互关系。

三、学术实践。

> 邢福义先生说：“从青年时代起，《中国语文》等重要刊物上每发表一篇有分量的论文，我都要‘悟道道’：作者是怎么抓住这个题目的？作者是怎样展开这个题目的？在方法上有什么长处？在材料运用上有什么特点？由于经常坚持如此‘偷学’，养成了无言中求教于众多高明学者的习惯，众多高明的学者也就在‘函授’中成了自己的导师。这里，我要向各位前辈各位导师说一声谢谢！”

从语言学的期刊上选取现代汉语和古代汉语的学术论文各5篇，选文最好能分别分布在语音、文字、词汇、语法、语用这5个方面。参考邢福义先生谈到的读学术论文的方法，阅读这10篇论文，在此基础上写一篇论文笔记，开一个读书心得报告会。

语言学科论文示例与点评

文选 1

《孟子》中“为”字使用情况的调查报告*

冯雪莲（北京大学中文系 **1998** 级）

摘　要：本文对《孟子》中的“为”字，在已有研究成果的基础上，重新进行了考察，对“为”作了系统性分类、定量定性分析和分布分析。对“为”的实义动词、系词、介词、副词、连词以及带“为”的复式虚词、组配格式等的语义和语法作了较为全面的论述，发表了自己不同于前人的一些看法，对前人研究中不完善的地方努力作出了补充。结尾提出了现代译文可以成为语法研究的重要依据。

关键词：“为”　《孟子》　语义和语法分布

0. 总说

“为”，上古匣母，歌部，罗振玉认为：“为”字象人手牵象之形，“意古者役象以助劳，其事或尚在服牛乘马以前”①。“为”是古代汉语中的一个重要的词，在先秦文献中兼有实词和虚词的双重性质，意义多样，用法繁复，历来是研究者所关注的重要对象。本文将以《孟子》一书为考察对象，采取定性定量的研究方法，探讨“为”字的语义和语法分布。本文使用的《孟子》版本是中华书局 1960 年第一版。

关于《孟子》中“为”字的用法，前人已有不少研究成果，各家的结论不尽相同。比较有

---

* 本文入选温儒敏主编《中文学科论文写作训练》。

① 郭锡良，等．古代汉语：中．北京：北京出版社，1980：92－99．

代表性的是杨伯峻在《孟子译注》一书的附录《孟子词典》中对“为”字的分析。按照杨先生的分析统计结果，“为”字在《孟子》中使用 469 次①，主要有系词和随文生义动词两大类用法，其中系词用例 70 例，实义动词用例 288 例，另有介词、副词、语气词用法少量。从“为”的语法分布来看，主要是充当谓语动词和带宾语后充当状语等。

我们统计的数据以及结论与杨先生的研究结果有差异。根据我们的统计，“为”字在《孟子》中出现 507 次，这个统计结果包括出现在完全相同的环境中的“为”字和引文②中的“为”字。各类详细分布见下表：

单独使用 / 在复式虚词中使用	动词			介词	副词	连词	语气词	固定用法
	系词	基本意义	随文生义					
	58	69	142	81	1	1		5
以为		62						
以……为……	10		20					
何为、奚为				21				
苟为					5			
所为				3				
为哉							5	

在上面的统计中，将“为”字单独使用和在复式虚词中与其他语素搭配使用的情况区分开来，故与杨伯峻先生的统计结果出入较大。

1. 实义动词“为”

1.1 “为”字随文生义现象

“为”字单独作为实义动词使用，在《孟子》中约有 211 例，占全部用例的 41.6%，从意义上看，“为”字随文生义现象突出，在书中出现的“为”字具体意义可达二十余种。但是，万变不离其宗，这些意义大都是“为”字的基本意义在具体语境中的变体。

“为”的本义是“做”，表有所行为。围绕这一中心，《孟子》中衍生出许多具体的意义，大致进行粗略的归类如下：

甲，泛指各类行为，直译为“做”。这一类“为”的随文生义现象比较抽象，大多可直译为“做”，故归为一类。

> 如耻之，莫如为仁。(3.7)
> 取诸人以为善，是与人为善者也。(3.8)
> 在于王所者，长幼卑尊，皆薛居州也，王谁与为不善？(6.6)
> 仲尼不为已甚者。(8.10)

乙，做——作为，成为，其宾语多为指人名词，少数是指物名词。例如：

> 为民上而不与民同乐者，亦非也。(2.4)

① 杨伯峻．孟子译注．北京：中华书局，1960：438.
② 例如书中多次援引孔子等前人的语言，不排除是孔子等人的原话。

如此，然后可以为民父母。(2.7)
流水之为物也，不盈科不行。(13.24)
贤者之为人臣也，其君不贤，则固可放与？(13.31)

丙，做——修建、设置。例如：

文王以民力为台为沼，而民欢乐之。(1.2)
则是方四十里为阱于国中。(2.2)
为高必因丘陵，为下必因川泽。(7.1)
古之为关也，将以御暴。(14.8)

丁，做——制作，创作，炮制。例如：

自为之与？(5.4)
许子何不为陶冶，舍皆取诸其宫中而用之？(5.4)
如必自为而后用之，是率天下而路也！(5.4)
宰我、子贡善为说辞。(3.2)
为此诗者，其知道乎！(3.4)

戊，做——施行。例如：

从许子之道，相率而为伪者也，恶能治国家。(5.4)
在于王所者，长幼卑尊，皆薛居州也，王谁与为不善？(6.6)
师文王，大国五年，小国七年，必为政于天下矣。(7.7)

己，做——治理，处理。例如：

王之为都者，臣知五人焉。(4.4)
使己为政，不用则亦已矣。(4.10)
凿斯池也，筑斯城也，与民守之，效死而弗去，则是可为也。(2.13)

庚，做——信仰，从事。例如：

古之为市者，以其所有易其所无者，有司者治之耳。(4.10)
有为神农之言者许行，自楚之滕。(5.4)
君子之为道也，其志亦将以求食与？(6.3)

辛，同“谓”。例如：

而子为我愿之乎？(3.1)

壬，相当于“有”。例如：

> 夫滕，壤地褊小：将为君子焉，将为野人焉。(5.3)

1.2 随文生义现象的根源和启示

所谓“随文生义”，是词汇意义引申的另外一种说法。说到词义引申，就要涉及词的本义和引申义两个概念。

1.2.1 词的本义

词的本义是指词的本来意义①，在时间上，应当早于引申意义。要注意的是，汉语历史悠久，而汉字历史不过几千年。在词被使用文字形式记录下来之前究竟有哪些意义，已无从考证。我们能做到的就是依据字形严谨分析，并尽量收集古老的语料，研究分类，使我们找到的“本义”更加接近原始意义。“为”字的本义在《说文解字》中被诠释为“母猴也”，而罗振玉先生认为是“人手牵象”，这种争议就说明“为”的原始意义已经很难探究清楚。

1.2.2 词的引申义

词的引申义是从词的本义引申出来的意义。一般把词义的引申分为两种情况。其一是直接引申，顾名思义就是从本义直接引申；其二是间接引申，即所谓“展转为他训”，就是从直接引申再引申。例如“时”字：

- 天时 受时与治世同。《荀子·天论》
  - 四时 刑德者，四时之合也。《管子·四时》
  - 时候 当尧之时，天下犹未平。《孟子·许行》
    - 有时 时则不至而控于地而已。《庄子·逍遥游》
    - 经常 时换吏卒属。《墨子·备城门》
    - 时机
      - N. 好从事而亟失时。《论语·阳货》
      - A. 时雨降矣，而犹浸灌。《庄子·逍遥游》
    - 时代 朕独不能与此人同时哉。《汉书·司马相如列传》

以此类推，“为”字作实义动词时令人眼花缭乱的“随文生义”也可以用意义引申来解释：

- 做，行为
  - 作为——成为——当作
  - 劳作——治理
  - 施行——制作
  - …………

一个词在一定时期随文生义现象突出，说明它是该阶段的常用词汇，使用频率较高，而且也能够反映出它可能有比较悠久的历史。如上文罗振玉先生的考证：“其事或尚在服牛乘马以前。”汉民族“服牛乘马”应当不迟于《诗经》时代，因此“为”字历史相当久远，郭锡良等先生也正是以先秦语言中的例证作为考究词的本义的标准。因其被频繁使用，故衍生出许多意义且新意义很快在使用人群中扩散开来，形成认知度，而悠久的历史与使用上的高频率相辅相

① 此处本义和引申义的定义采用郭锡良等人所著《古代汉语》中的定义。

成，有助于这个词及其不断产生的新意义在该语言中的沿用。

2. 系词“为”

2.1 关于上古汉语系词

王力先生在《汉语史稿》中指出：“系词是在判断句中把名词谓语联系于主语的词。系词这个概念是从逻辑学来的，它的任务是联系主谓两项，缺一不可。”我们对系词这个术语的理解和使用是依据王力先生的定义。

2.2 “为”是否是系词?

王力先生认为：“为”字本身不是一个系词，而是一个动词。“为”的本义是“做”，在上古某些句子里，它具有一种引申的意义，使我们能够译成现代的“是”字。例如：

长沮曰：“夫执舆者为谁?”子路曰：“为孔丘。”(《论语·微子》)

桀溺曰：“子为谁?”曰：“为仲由。”(出处同上)

王力先生又说：这是叙述句代替了判断句。在用“也”字煞句的情况下，一般不用“为”字。“也”字煞句是上古判断句的基本形式；在特殊情况下，“为”字才是必需的。譬如，在主语和“判断语”指称同一事物的时候。例如：

知之为知之，不知为不知。(《论语·为政》)

王力先生把这些例子视为判断句的特殊形式，而不是“为”字作为系词的用例。但是在对《孟子》的考察中，我们不难发现，“为”字用法酷似系词的例子很多。主要有以下类别：

2.2.1 主＋“为”＋表

这类用例在《孟子》中共出现40处。

万取千焉，千取百焉，不为不多矣。(1.1)

尔为尔，我为我。(9.3)

以意逆志，是为得之。(9.4)

周公之封于鲁，为方百里也。(12.8)

2.2.2 “惟＋主＋为＋表”

这类用例在书中共计出现10例，可以分成两组，如下：

A. 无恒产而有恒心者，惟士为能。(1.7)

惟智者为能以小事大。(2.3)

惟天为大，惟尧则之，荡荡乎民无能名焉。(5.3)

惟助为有公田。(5.3)

思天下惟羿为愈己，于是杀羿。(8.24)

B. 惟此时为然。(3.1)
惟大人为能格君心之非。(7.20)
惟舜为然。(7.28)
非惟百乘之家为然也，虽小国之君亦有之。(10.3)
非惟小国之君为然也，虽大国之君亦有之。(10.3)

A组中“为”后面跟谓词性成分，从语义上或是语法上，“为”字都可以省略。但B组中的“为”字不可以省略掉，因其后面跟的是体词性成分，这种句式与现代汉语中的“只有……，是……”非常类似。

王力先生认为，在这些例子里，“为”担当系词功能只是翻译使然，而用翻译的方法来研究古今、中外语法的异同是很危险的方法。可是，根据我们上面举出的系统化的用例，是否足以把“为”的“系词”用法提到划分词类的层面上来呢？

3. 介词“为”

“为”用于介词是它的诸多用法中争议最小的，在《孟子》中共有81例。关于“为”的介词用法，也可以划分为较大的几类，相对于实词用法来看，类与类之间差异比较明显。

3.1 引进施事

表示被动，引进行为主动者，动作的施事。经常与其他几个介词搭配使用，常见的有：

甲，“为……所……”

乙，“为……见……”

丙，“为……所见……”

丁，“为……于……”

但在《孟子》中，这种用法并不多见，而仅有如下的用法：

求也为李氏宰，无能改于其德，而赋粟倍他日。(7.14)
舜为法于天下，可传于后世，我由未免为乡人也，是则可忧也。(8.28)
其二人专心致志，惟弈秋之为听。(11.9)
众皆悦之，其为士者笑之。(14.23)

3.2 引进原因

这类“为”字后面多引导谓词性成分，陈述一种原因，整个成分做述语。举例如下：

然则一羽之不举，为不用力焉。(1.7)
舆薪之不见，为不用明焉。(同上)
百姓之不见保，为不用恩焉。(同上)

3.3 引进动作受益对象

这类“为”字后面多引导体词性成分，整个介宾短语做状语。例如：

为长者折枝语人曰："我不能。"(1.7)

丈夫生而愿为之有室，女子生而愿为之有家。(2.2)

今天下之君有好仁者，则诸侯皆为之驱矣。(7.7)

3.4 引进动作相关者

这类"为"字后跟动作相关者，但不是受益者，只是与动作相关联的对象。

臣请为王言乐。(2.1)

为王诵之。(4.4)

今之君子，岂徒顺之，又从为之辞。(4.9)

4. 副词"为"和连词"为"

这两类的"为"字用例在《孟子》中比较少见，各有1例。在其他先秦汉语著作中也为数不多。

4.1 副词，表将要

克告于君，君为来见也。(2.16)

杨伯峻注，去声，将也。在李靖之的《文言虚词诠释》中也举了这个例子，"表示即将发生某种动作或情况"，同时，他认为《孟子》中大量"苟为"中的"为"也属于这种用法。对于这种情况，我们在下文将有说明。

4.2 连词，表并列

连词，用在复合句的前一分句，表示并列。

得之为有财，古之人皆用之，吾何为独不然？(4.7)

王念孙《读书杂志》云："孟子'得之为有财'，言'得之与有财'也。"杨伯峻沿用这种说法，对此例也作如此分析。

5. 带"为"的复式虚词

楚永安《文言复式虚词》认为：古汉语中虚词同实词一样，以单音词为主。然而也存在着一定数量的复音虚词、虚词词组以及虚词的连用形式等。另外还有一些虚词与虚词（或实词）相配合而组成的格式。

复式虚词大都是以单音虚词为基础而组成的，对单音虚词的分析有助于对复式虚词的理解，但又不能完全以前者代替后者。这是因为，一方面，在复式虚词中，几个单音虚词之间相互依存，彼此制约，意义和用法常发生或多或少的变化；另一方面，复式虚词一般是作为一个独立的语言单位来使用的，有的是复合词，有的是固定词组或格式，其本身有时又有不同用法。因此，如果仅仅从单词角度理解复式虚词，有时就会不得其义或发生误解。

《孟子》中即含有这样的大量的复式虚词，其中牵涉"为"的有132例，下面分别加以探讨。

5.1　与“以”的配合情况

“为”跟“以”组配的用法可以分为两大类，一是“以……为……”；二是“以为……”。下面分别讨论。

5.1.1　以……为……

“以……为……”这种组配格式在《孟子》中主要表达两种意义：

甲，把……当作，其中“以”作介词，“为”作动词。

是故禹以四海为壑。(12.11)

人能无以饥渴之害为心害，则不及人不为忧矣。(13.27)

多数观点认为，这类用例中“为”的词类是动词，事实上也正是这样。但如楚永安观点所说，在与其他成分的配合使用中，“为”字的使命已经由单一充当谓语而转变为充当谓语的一部分，上面每个例子如果脱离前面的“以”而单独考察“为”的意义，都是不能得出清晰结论的。

乙，认为……是……。

这里又涉及“以”的性质问题。有观点认为这里的“以”和上一类的“以”同属于介词用法，引导状语，“为”仍旧担当谓语的中心语，“当作”义。但是经过考察，有一类“以……为……”的用例中，“为”后面的成分是谓词性成分活用为体词性成分，这是它们与甲类的区别所在。这类中的“以”是动词，“为”是联系谓语中心语和宾语的连接成分。

有安社稷臣者，以安社稷为悦者也。(13.19)

王无异于百姓之以王为爱也。(1.7)

以是为不恭，故弗却也。(10.4)

5.1.2　以为

《孟子》中“以为”的例子很多，共62例。这些例子并非全部涵盖“以为”连用的句子，其中有些显而易见的表示“用来做……”意义的例子并不计算在内。例如：

今之为关也，将以为暴。(12.8)

回到“以为”的正题上来：

(1)“以……为……”的省略。

通常我们谈到先秦汉语中的“以为”，首先想到的就是“以之为……”这种宾语省略的形式。《孟子》中这类用例相当多。

寡人之囿，方四十里，民犹以为大，何也？

其徒数十人，皆衣褐，捆屦织席以为食。(5.4)

无常职而赐于上者，以为不恭也。(10.6)

其中，大部分可以分析为“以之为……”的省略形式，类型上与“以之为……”也基本相同。有“认为……是……”和“把……当作……”两种用法。

不同的是，有些“以为”的凝固程度已经相当高，其间省略的“之”字意义相当虚化，只能译为“这种情况”，例如：

一心以为有鸿鹄将至，思援弓缴而射之。(11.9)

不知者以为为肉也。(2.6)

这里引出了汉语复音词的来源问题。

上古汉语本来以单音词为主，而今日汉语复音词的来历主要有三大类：(1) 联绵字；(2) 词根加词头、词尾；(3) 短语凝固化。其中短语凝固化是说短语在发展过程中凝固起来成为单词，如上古“天子”，中古“欢喜”等，在汉语构词法中是主要的。我们讨论的“以为”当属此类。

(2) 可以＋为。

这是凝固成词的另外一个例子。“不＋可＋以＋为”或“不＋可＋以……为”，在这样的例子的发展中，“以为”并没有顺理成章地凝固成词，反而是“可以”凝固成词了。但是如果考察当时的汉语，仍然认为是没有凝固之前的宾语省略用法，在这里只是顺便提一下。

不得乎亲，不可以为人；不顺乎亲，不可以为子。(7.28)

性可以为善，可以为不善…… (11.6)

5.2 何为、奚为

用于疑问的复式虚词。其内部结构属于宾语前置的情况。“何”“奚”是代词，“为”的用法则与3.2中介词类用法相同，表示引进原因。正常的顺序是“为何”“为奚”，但由于它们的凝固程度相当高，我们在统计的时候仍然将其归入复式虚词一类。

王如善之，则何为不行？(2.5)

予何为不受？(4.3)

且君之欲见之也，何为也哉？(10.7)

然则曾子何为食脍炙而不食羊枣？(14.36)

君奚为不见孟轲也？(2.15)

许子奚为不自织？(5.4)

5.3 所为

“所”字结构是古代汉语中重要的谓词名物化结构，“所＋为”的形式可以使“为”字由动词用法转变为体词性成分“所为”的一部分，共同充当句子的宾语、主语成分。但其内部要有类别的划分：

(1) 所为 (wéi)，“为”做实义动词，但是被名物化，表示主语的行为。

古之人所以大过人者无他焉，善推其所为而已矣。(1.7)

管仲、曾西之所不为也，而子为我愿之乎？(3.1)
行拂乱其所为……（12.15）

（2）所为（wéi），“为”作介词，仍然被名物化。整个结构表示后面动作的目的。

何哉君所为轻身以先于匹夫者！(2.15)
且一人之身，而百工之所为备。
吾闻观近臣，以其所为主，观远臣以其所主。(9.8)

5.4 苟为

假设副词，引导状语，表示即将发生某种动作或情况，这种用法在《孟子》中出现5例，“苟为”单独成词，内部无法切分。

苟为后义而先利，不夺不餍。(1.7)
苟为善，后世子孙必有王者矣。(2.14)
苟为不畜，终身不得。(7.9)
苟为无本，七八月之间雨集，沟浍皆盈；其涸也。(8.18)
苟为不熟，不如荑稗。(11.19)

5.5 为哉

“为哉”是先秦汉语著作中一个常见的语气词，表示疑问或反问，在《孟子》中出现5例。

恶用是鶂鶂者为哉！(6.10)
恭俭岂可以声音笑貌为哉！(7.16)
我何以汤之聘币为哉！(9.8)
子何以其志为哉！(6.4)

6. 其他特殊用法

除去上面列举的用法之外，“为”字在《孟子》中还有一些固定的特殊用法，在句法范畴无法诠释。

为臣：臣位，固定用法。

孟子致为臣而归。(4.9)
坻蛙谏于王而不用，致为臣而去。(4.5)

为间：一会儿，即“有间”。

夷子怃然为间曰：“命之矣。”(5.5)

7. 小结

在上文中我们运用数据统计分析的方法研究了《孟子》中“为”的使用情况，发现传统的研究确实存在很多问题。我们得到的启示主要有以下几点。

首先，用翻译的方法来进行语法研究固然是危险的，但也有一定的可行性，译文可以成为语法研究的重要依据。

其次，对于前人研究中不完善的地方应当努力做出补充完善，而不是盲目跟从。

最后，就是研究方法的问题。遇到难以分类，或是似是而非的元素，应当充分考虑系统性的原则，使得自己的分类更便于整理记忆。

【点评】

本文在一个明确的范围《孟子》一书内选取一个点“为”字来做文章，作者抓住这个古汉语中有代表性的词，作了全面调查和深入分析，分别对“为”的动词、系词、介词、副词、连词，以及带“为”的复式虚词、固定格式和特殊用法进行了讨论。对《孟子》中的“为”不仅作了穷尽性调查，还作了穷尽性研究。抓住“为”这个点，深入发掘，有了自己不同于他人的新见解。正如王力先生所说：“要选小的问题，专谈一个问题，谈透了就好。”“小题目反而能写出大文章，大题目倒容易写得很肤浅，没有价值。”（宋绍年《王力先生谈古代汉语论文的写作》）

文章中综合运用了“统计调查法”和“统计分析法”，对研究对象作了定量定性分析、分布分析、比较分析，并把这些分析法有机地组合起来，聚焦一点，以得出自己的结论。值得注意的是，作者运用“再分析”的理论方法，站在这一代人对语言问题的新的认识的基础上，对历史语言进行重新分析，得出自己的新的结论。如对“为”作为系词的分析，就不同于老一辈学者的分析。最明显的是提出用今天的现代汉语“翻译的方法来进行语法研究”，“也有一定的可行性”。而对复式虚词的分析，能体现对历史语言现象“再分析”的细致思考与辨析的过程，从而提出了具有学术价值的见解。

文章中“与杨伯峻先生的统计结果出入较大”，主要原因是杨伯峻先生的调查是“论‘词’不论‘字’”（杨伯峻《孟子词典·例言》）。而作者的调查既论词也论字，包括在复音词中的“为”字。二者调查的角度有所不同，正因如此——作者有了自己的角度、自己的思路、自己选用的研究方法，经过重新调查重新分析后，产生自己的新见。这样对已做过的课题再做一遍，便获得了“训练”和“新见”双重收获。这篇文章对我们的启示，正如原书中点评所指出的：“在大学本科阶段应该提倡作基础性的研究工作，而不要引导学生贪大求全。”

本文有个别例句的分析似可再讨论。如，在“甲”类义中出现的例句，在“戊”类中又出现，这样的例句应仔细辨析清楚。另外，在5.1.2之（1）中第一个例句未标出处，按作者使用的版本查核，应标示“（2.2）”，即《孟子译注》卷二“梁惠王章句下”第二章。又5.3之（2）的第二个例句亦未标出处，查出当为“（5.4）”，即该书卷五“滕文公章句上”第四章。又，3.3的第二个例句出处标“（2.2）”，有误，已查核应为“6.3”，即该书卷六“滕文公章句下”第三章。又，3.1中第一个例句“求也为李氏宰”，应为“求也为季氏宰”。……这是作者的疏忽抑或是印刷校对方面的问题。完稿后应注意引例的再次审核。另外，文中叙述的数据与列表中的数据亦有不符之处，这些亦应审核。

文选 2

《水浒全传》的动量结构*

石佩璇（中山大学中文系 **2001** 级）

摘　要：本文从语义功能和分布功能两方面来考察《水浒全传》中由动量词和数词构成的动量结构，分析出《水浒全传》中动量词序列偏向［十计事］语义特征的特点；同时通过与现代汉语动量表达的比较，发现动量结构有向［十计事］语义特征和［十计时］语义特征平衡状态的方向发展的趋势。

关键词：动量词序列　动量结构　［十计事］语义特征　［十计时］语义特征

动量词，是表示动作的量的量词，广义动量词包括借用动量词、专用动量词和时量词。

本文对《水浒全传》的动量词进行考察，从语义功能和分布功能两个方面来讨论其中的动量词，同时通过与现代汉语动量词的比较，试图找出动量词体系发展的一些规律。本文选用1975 年上海人民出版社出版的《水浒全传》做统计，同时与 1954 年人民文学出版社出版的《水浒传》校对。《水浒全传》大概成书于元末明初，成书不久已流传，其中语言可能反映不同的时代层次。

1. 《水浒全传》动量词的语义体系

动量词和数词构成的动量结构表示动作的量，蕴含一个［十事件］特征，也蕴含一个［十时间］特征（吕叔湘，1942/1990）。根据动量词［十计事］和［十计时］两个标准，对《水浒全传》动量词进行统计分析，可以得出一个《水浒全传》的动量词序列：

［十计事］借用动量词⇆合阵$_1$ 通顿$_1$ 遭$_1$ 场$_1$ 遍下$_1$［第一组］→遭$_2$ 次回$_1$ 番$_1$［第二组］⇆番$_2$ 顿$_2$ 场$_2$［第三组］⇆下$_2$ 回$_2$（会）阵$_2$ 直［第四组］←时量词［十计时］

这个序列从前到后是［十计事］语义特征减弱、［十计时］语义特征增强的递变序列，从后到前则是［十计时］语义特征减弱、［十计事］语义特征增强的递变序列。

2. 对借用动量词和时量词的分析

2.1　刘街生（2004）按照［十计事］和［十计时］两个语义特征整理出一个现代汉语动量词序列（以下简称为“现代序列”）：

---

* 本文入选中山大学中文系编：《中山大学中文系本科二零零一级优秀毕业论文集》，2005。这篇论文收入本书时得到其指导老师刘街生教授的支持与帮助，特此致谢。

［＋计事］借用动量词→顿$_1$ 场$_1$ 遍趟下$_1$ 次回番通顿$_2$ 场$_2$ 阵下$_2$←时量词［＋计时］

现代汉语的借用动量词和数词组合成动量结构表达动作的量时，具有明确的［＋计事］语义特征；时量词和数词组合成动量结构表达动作的量时，具有明确的［＋计时］语义特征；专用动量词和数词组合成动量结构表示动作的量时，其情况则居于两者之间。下面我们以现代汉语动量词序列为参照，从语义功能和分布功能两方面，分析《水浒全传》的动量词。为了称说的方便，它们和数词组合成的动量结构分别称为借用动量结构、时量结构和专用动量结构。

2.2 借用动量词，我们的讨论限于有了工具论元含义的名词[①]

从总体上看，《水浒全传》借用动量结构，在表示动作的量时，常单独使用代替一个事件，结构前不加指示成分，也不需要与动词搭配使用。从语义功能上看，这类结构具有很强的代替事件的功能，有强［＋计事］语义特征。如：

(1) 剃发人只一刀，尽皆剃了。(四/49)(“/”前为回数，后为页码)
(2) 不想三拳真个打死了他。(三/41)

例句中的“一刀”“三拳”带有很强的［＋计事］语义特征，指“剃一刀”和“打三拳”动作本身，而不是强调动作的量，计量的特征不明显。

从分布功能看，这类结构最典型的分布是在动词前表示事件，但也有计量的情况，计量时，结构一般在核心动词后。如：

(3) 也免了你一刀。(六十五/818)
(4) 教他先吃我五七刀了去。(三十一/328)

但是这种用例远不如它们单独使用表示事件的用例多。

另外，从语义贡献的角度看，现代汉语中名词借用为动量词，要求名词只能是表示基本层次范畴的名词，表义具体的名词如“钢刀”“大刀”等，不能借用为动量词。[②] 但在《水浒全传》中，表义具体的名词如“朴刀”“讯棍”“枷梢”“脊杖”等也可以借为动量词。如：

(5) 搠上几朴刀。(三十/370)
(6) 被解宝一枷梢打去，把脑盖劈得粉碎。(四十九/624)

表义具体的名词在句中的语义贡献大，这些名词可以借用为动量词，说明了《水浒全传》的借用动量词有比现代汉语借用动量词更明显的［＋计事］语义特征。

2.3 时量词是指时间量度词

如“世”“代”“秋”“年”“月”“旬”“日”“时”“宿”“宵”“更”“夜”“晌”等。这些时

① 《水浒全传》的借用动量词多是表示工具或者人体器官的名词，如“擢得几拳”“刺一枪”“搠几刀”“打了三百余棒”“射一箭”中的“拳”“枪”“刀”“棒”“箭”，还有双音节词“朴刀”“戒川”“讯棍”“枷梢”“脊杖”等。

② 比如，现代汉语只有“砍一刀”，而没有“砍一钢刀”的表达方式。

量词在语义功能上，与现代汉语的时量词大体一致：它们与数词构成动量结构表示动作的量时，纯粹表示事件延续的时间特征，而不带有事件的其他特征。

从分布功能看，《水浒全传》中时量结构在核心动词后计量时，动词后面通常不接宾语；如出现宾语，时量结构一般位于动词宾语之前。如："吃了半夜酒"，"就山寨里吃了一日酒"。它们可以以定语的形式在核心动词前表达动作的量，不过出现的频率不高，而且动词前不可加定中连接成分（如"之"），如"与你三日限"。时量词在核心动词前表达动作的量处于一种介于定语和状语之间的边缘状态。

3. 专用动量词的分析

3.1　第一组专用动量词

《水浒全传》：合阵$_1$ 通顿$_1$ 遭$_1$ 场$_1$ 遍下$_1$

现代汉语：顿$_1$ 场$_1$ 遍趟下$_1$

对比两个序列的第一组动量词，可以发现，从《水浒全传》到现代汉语，动量词总体数量减少。《水浒全传》中多了计量交战数量的"合""阵$_1$"[①]，如"一往一来，斗到三十来合"，"与杨志等大杀一阵"，计量击鼓次数的"通"，如"杨志等遵令，擂鼓三通"，计量行走、趋向以及与行走相关的行为的"遭$_1$"，如"若再到敝村公干，千万来走一遭"。其中，"合""阵$_1$""通"所表示的动量意义在现代汉语中已经消失，"遭$_1$"则用"趟"来表示；另外，现代序列中，"顿$_1$"只用来计量饮食行为，"顿$_2$"计量打骂行为[②]，《水浒全传》的"顿$_1$"同时计量饮食行为和打骂行为；"下$_1$"则与现代汉语一样，计量有向下趋向、可反复的动作，如"把那金刚脚上打了两下"。

从语义功能上看，这几个动量词和数词组合而成的动量结构，具有较强［＋计事］语义特征。"合""阵$_1$""下$_1$"和表打骂行为的"顿$_1$"构成的动量结构能单独使用代替一个事件，如：

(7) 不过三合，拍马便走。(八十/978)
(8) 一两阵杀得他人亡马倒，片甲不回。(七十五/925)
(9) 只一下，打个衬手，正着荆忠脑袋。(七十八/959)
(10) 不如把这秃贼一顿打死了。(三十二/389)

另外，这一组动量词的［＋计时］语义特征较弱，不可以在这类动量结构前加指示成分来表示时间。"顿$_1$""阵$_1$""下$_1$"等体现出较强的［＋计时］特征，则与其本身语义的发展，新旧义项存在交叉部分有关。如例(8)(9)(10)中的"阵""下""顿"，既可以属于"阵$_1$""下$_1$""顿$_1$"，似乎又可以归为表示主观量大的"顿$_2$"，带有强［＋计时］语义特征的"阵$_2$"

① 两人交手，一来一往叫作"一合"，"阵"作为动量词由名词"军阵"（两军交战时队伍的战斗队形）引申而来，交战一次为"一阵"。

② 邵敬敏（1996）认为"顿"作为动量词强调动作必须累积到一定的量，行为涉及饮食行为和打骂行为。刘街生（2003）根据语义功能和分布功能把"顿"分成两种形式："顿$_1$"计量饮食行为，"顿$_2$"计量打骂行为，有主观情态量大的意味。

和“下$_2$”。

从分布功能来看，这几个动量词表达动作的量时，只出现在核心动词的后面。根据与动词受事宾语的位置关系，这组的动量词可分成三种。

第一种，动词后边出现宾语，宾语可以出现在动量结构的前面，也可以出现在动量结构的后面。如“通”“顿$_1$”“遍”“下$_1$”：

(11) a. 发一通擂（十三/149）
　　 b. 鸣鼓一通（八十/971）
(12) a. 吃了这顿饭食（二十八/345）
　　 b. 打我这一顿（三十三/407）
(13) a. 回了七八遍头（二十四/291）
　　 b. 打你一遍（三十/359）
(14) a. 脑袋上著我一下石子[①]（七十二/869）
　　 b. 休想我回他一下（二十四/294）

第二种是动词宾语一般在动量结构之后，如“场$_1$”：“吃了一场官司”。第三种是动词后不出现受事宾语，如“合”“阵$_1$”“遭$_1$”：“斗到三十来合”“大杀一阵”“走一遭”。

3.2　第四组专用动量词

这一组是比较模糊的时间量度词，“阵$_2$”表示较长时间，“下$_2$”“回$_2$（会）”“直”表示短时距。它们与数词构成的动量结构表示动作的量时，具有非常强的［+计时］语义特征。

“直”作量词是《水浒全传》中的特有用例，在现代汉语中已经消失。在《水浒全传》也仅有三例：“武松走了一直”，“李逵赶了一直”，“呼延灼赶了一直”。

“一会”与“一回$_2$”在《水浒全传》同时出现，如“等了一回”，“搜了一回”，“商量了一会”，而现代汉语用“会”来表示，“回$_2$”已经消失。“下$_2$”和“阵$_2$”从“下$_1$”和“阵$_1$”发展而来，［+计时］的语义特征逐渐增强，但与“阵$_1$”和“下$_1$”在意义和用法上有交叉部分。

从语义功能看，这一组量词构成的动量结构和时量词构成的动量结构一样，没有代替事件的功能，单独或前加指示成分仍然是纯粹表示时间。

在分布功能方面，在表示动作的延续时间时，可以在核心动词后出现。根据与受事宾语的位置关系，这一组动量词也可以分为三种情况。

“回$_2$”构成动量结构可在动词宾语前也可在其后。如：

(15) a. 那蛇看了洪太尉一回。(一/5)
　　 b. 吃了一回酒。(九/108)

如果出现动词宾语，“阵$_2$”构成的动量结构一般出现宾语之前，如：

---

① “脑袋上著我一下石子”，“著”后有间接宾语“我”和直接宾语“石子”，“一下”从语义上讲，与直接宾语联系更紧密，因为一般不说“著我一下”，但可以说“著一下石子”，所以这里是把它当成“著一下石子”的结构分析。另外，书中也有“饶你一场官司”的表达，是同样的结构。

（16）风雷大作，降下一阵大块冰雹。（九十五/1143）

“$下_2$”“直”和数词构成的动量结构和动词搭配，动词后较少出现受事宾语。

这类动量结构一般不在动词前表动作的量，没有“*一阵降下”，“*一（回）会吃”的表达方式。但“$下_2$”构成的动量结构是例外，可以以一种介于定语和状语之间的状态在核心动词前计量，但动词后不可以加“着”“了”“过”和结果补语。比如：“隐隐净鞭三下响，层层文武两班齐”。序列中第三组的“$番_2$”“$顿_2$”“$场_2$”也有类似分布，详见 3.3 的分析。

3.3 第三组专用动量词

《水浒全传》：$番_2$ $顿_2$ $场_2$

现代汉语：番通$顿_2$ $场_2$

“$番_2$”“$顿_2$”“$场_2$”在客观上并不表达时间量度，但在主观情态上具有长时意味，构成的动量结构表动作的量时带有较强的［+计时］语义特征。“$番_2$”计量的动作带有多次反复的意味。“$顿_2$”从表打骂行为的“$顿_1$”发展而来，与之同义而异用。“$场_2$”从表示场地特征的“$场_1$”发展为表示事件在某一场所发生的全过程，进而发展到可以表较长时意义。

《水浒全传》序列中“$番_2$”“$顿_2$”“$场_2$”虽然可以和较多的动词搭配，但是和动词选择关系还比较强，不可随便替换。如“寻一场闹，一顿打”不可变成“*寻一顿闹，一场打”。现代序列第三组动量词在保持基本语义不变的情况下，量词可以相互替换，如：“一通打量”和“一番打量”，“一顿死揍”和“一通死揍”。可以看出《水浒全传》序列中本组动量结构的［+计事］语义特征比现代序列的同组动量结构明显。

从语义功能上看，这几个量词构成的动量结构不能独立于核心动词使用，无所谓代替功能。

从分布功能看，这类结构有比较强的宾语性，所以它们在核心动词后表动作的量时，一般在动词宾语之后，如，“打我这一顿”，“坑陷了我这一场”①。现代序列中第三组量词构成的动量结构在核心动词后表动作的量时，由于结构的宾语性减弱，动词宾语可在动量结构后，如“打了一通电话”。

这类结构还可以有条件地出现在核心动词前做状语或者定语来表达动作的量：做状语时，动量结构后不能加“地”，动词也不能带“着”“了”“过”和结果补语等，处在一种“介于定语和状语之间比较边缘的状态”②。如：

（17）大相国寺里几番使钱，要奈何我们不得。（七/85）

（18）官军与贼兵这场好杀，怎见得：兵戈冲击，士马纵横。（一零九/1270）

以定语形式出现在核心动词前表示动作的量时，结构后面不能添加“的”字，处于介于定语和

① 对于“$顿_2$”和“$番_2$”构成的动量结构，宾语成分也可在动量结构后，此时动量结构更倾向于修饰宾语，如：“打我一顿栗暴”，“开几番聚义之会”。

② “$顿_2$”没有这种分布。

状语之间的中间状态。如：

(19) 故反作此一番结问。(四十一/515)
(20) 寻一场闹，一顿打下头来，教那厮服我们！(六/83)

3.4 中心位置专用动量词

《水浒全传》：遭$_2$ 次回$_1$ 番$_1$
现代汉语：次回

从语义功能上看，《水浒全传》序列中的“次”“回$_1$”在［＋计事］和［＋计时］语义特征上趋于平衡，略偏向于［＋计事］语义特征。它们构成的动量结构，除了计量外，单独时可以代替一个事件，也具有很强的［＋计时］意味。如：“这回错过，后次难逢。”其中的“次”“回$_1$”有明显的时间意义。但是它们组成的动量结构表时间时必须和起指示作用的词语连用来表示，单用时只可以表示动作的量。比如，“三回五次告辞”“二次在彼闹了僧堂”中的动量结构表示的是动作的量，而不是时间。

在分布功能上，“回$_1$”分布功能比较单一，通常是以“三回五次”的形式在核心动词前表达动作的量。对比偏向［＋计事］语义特征的借用动量词和第一组专用动量词，“次”组成的动量结构不但可以在核心动词之后，也可在其前表达动作的量，在核心动词之后表达动作的量时，动词宾语可在数量之前或之后。如：

(21) 若要讲和，便须发还二次原夺马匹。(六十八/850)
(22) 随后将原夺二次马匹，并金帛一车，送到大寨。(六十八/850)
(23) 一连数日，施恩来了大牢里三次。(三十/367)

另一方面，比照偏向［＋计时］语义特征的第三、四组专用动量词和时量词，“次”构成的动量结构在核心动词之前时，可更自如地作状语或定语。如：

(24) 二次在彼闹了僧堂，因此难着他。(六/81)
(25) 两次招安，都伤犯了天使。(七十九/976)

例(24)“二次”充当状语，不再受动词后不可以加“了”“过”和结果补语的限制。这里的“次”的分布和现代序列的“次”分布相同。

《水浒全传》序列中动量词“遭”和“番”有两种形式，与“遭$_1$”相比，“遭$_2$”表示行走相关行为的意义已经大大弱化，事件的特征不明显；与“番$_2$”相比，“番$_1$”没有主观量大的情态特征，所表示的意义范围更广一些。“遭$_2$”“番$_1$”这两个动量词语义更虚，对动词的选择范围更大，带有较明显的［＋计时］语义特征，在语义功能和分布功能上都向“次”“回$_1$”靠近，但是又有所不同。

“遭$_2$”构成的动量结构在语义功能上，不可以单用代替一个事件，必须和指示成分连用。如，“我这一遭并不惹事”。在分布功能上，不可以在核心动词前做状语或定语表示动词的量。总的来说，“遭$_2$”从“遭$_1$”发展而来，语义功能扩大了，但是分布功能与“遭$_1$”比较相似。

与“遭$_2$”相比，“番$_1$”更加接近“次”“回$_1$”。这从“番”“次”对举可以看出：“今番挫（错）过，后次难逢”。与“次”“回$_1$”一样，“番$_1$”可以在核心动词之后或之前表达动作的量，在核心动词之前表达动作的量时，可以自如地作状语或定语，如：

(26) 这潮信日夜两番来，并不违时刻。（一一九/1394）

(27) 此是第三番朝见。（一一九/1398）

与“次”“回$_1$”的动量结构不同的是，“番$_1$”构成动量结构在核心动词后表动作的量时，动量结构一般位于动词宾语之后，如“容他这一番”。这与第三组动量词中“番$_2$”“顿$_2$”“场$_2$”一样。

4. 小结

4.1 根据对《水浒全传》中动量词语义功能和分布功能的考察，可以得出《水浒全传》动量词序列有以下特点

4.1.1 整体而言，《水浒全传》动量词序列倾向于［＋计事］的语义特征。

处于中心位置的“次”“回$_1$”在［＋计事］和［＋计时］的语义特征趋于平衡状态，但偏向［＋计事］。它们组成的动量结构表示动作的量时可以单用，但代替时间时必须和起指示作用的词语连用。

从“次”“回$_1$”向右，虽然［＋计时］的语义特征增强，但是一直到第四组的“回$_2$（会）”仍带有较多的［＋计事］语义特征，宾语性比较强。体现在分布功能上，就是从“回$_2$（会）”向左的动量词构成的动量结构在核心动词后计量时，一般都位于动词宾语之后；从“回$_2$（会）”向右的量词组成的动量结构，宾语性才减弱到可以在动词宾语之前表动量。

《水浒全传》动量词序列偏向［＋计事］的另一个表现，就是［＋计时］语义特征最强的时量结构不能在核心动词前自由地作定语，停留在介于定语和状语之间的状态。而现代序列的时量结构可以以定语形式出现在核心动词前表示动作的量，如“三年的学习改变了她的一生”。

4.1.2《水浒全传》中借用动量词有很强［＋计事］特征，量词特征没有发展成熟。

《水浒全传》的借用动量词体现出很强的［＋计事］语义特征，构成的动量结构最典型的分布是单独使用，在动词前面表示事件，［＋计时］的语义特征很弱，语义具体的名词如“朴刀”“脊杖”等可以借用为动量词，也反映出借用动量词有强［＋计事］语义特征。动量词的计量的作用也不十分明显，量词特征不很明显。

4.2 《水浒全传》和现代汉语的动量词之间的差异，透露出动量词从近代到现代有向［＋计事］和［＋计时］语义特征平衡状态的方向发展的趋势

4.2.1《水浒全传》动量词序列［＋计事］特征明显的第一组专用动量词，在现代汉语序列中，［＋计时］语义特征也明显起来，如“这趟的订单是50万立方米”（张卫《边陲归路》）中的“这趟”，“她自从练气功后，每顿都吃很多饭”（王朔《痴人》）中的“每顿”，它们

代替事件的功能已经减弱，可以用来表示时间。

4.2.2 有较强［＋计事］特征的第三组动量词“番$_2$”“顿$_2$”“场$_2$”和第四组的“下$_2$”“回$_2$（会)”在现代汉语中［＋计时］的语义特征增强。“下$_2$”“回$_2$（会)”在现代汉语中［＋计时］的语义特征已经超过它们的［＋计事］语义特征，表现在分布功能上，它们构成的动量结构可以以定语形式出现在核心动词前表示动作的量，如“一下子的等待却引发了更大的热情”。

4.2.3 《水浒全传》序列中位于中心位置的“次”“回$_1$”由略偏向［＋计事］语义特征逐渐发展为现代汉语处于［＋计事］和［＋计时］的语义特征平衡状态的“次”“回”。在现代序列中，“次”“回$_1$”的［＋计事］和［＋计时］的语义特征处于平衡状态，动量结构前不仅可以不加起指示作用的成分而单独使用来表示事件，也可以用来表示时间，如“一次，他们还哼起那首《迷途的羔羊》”(胡发云《费普与合唱》)。从《水浒全传》序列中“遭”“番”的两种形式也可以看出“遭$_1$”“番$_2$”逐步向序列中心，也就是向［＋计事］和［＋计时］的语义特征平衡状态靠拢的过程。只是它们在发展过程中和“次”“回”逐渐趋同，发展到现代汉语，它们作为动量词的用法已经消失。

参考文献

刘街生，蔡闻哲．现代汉语动量词的借用．世界汉语教学，2004（3）．

刘街生．现代汉语动量词语义特征分析．语言研究，2003（2）．

吕叔湘．中国文法要略．北京：商务印书馆，1990.

邵敬敏．动量词的语义分析及其与动词的选择关系．中国语文，1996（2）．

朱德熙．语法讲义．北京：商务印书馆，1982.

【点评】

本文选题为《水浒全传》中的动量结构，把“动量结构”的研究控制在《水浒全传》之中，语料相对封闭和单一，便于对研究对象做穷尽性考察。作者利用已有的研究成果，对《水浒全传》动量词进行统计分析，得出其中动量词序列，即［＋计事］和［＋计时］语义特征的强弱演变规律，显示了《水浒全传》中动量词的系统语义特征的状况。作者对语言事实作了比较充分的观察、描写与分析，从整体上揭示了《水浒全传》动量词序列［＋计事］的语义特征，《水浒全传》中借用动量词有很强的［＋计事］特征，量词有向［＋计事］和［＋计时］语义特征平衡状态的方向发展的趋势等，表明量词特征还在发展过程中。文章以现代汉语动量词作为参照点，在比较分析之中，透露出动量词从近代到现代有向［＋计事］和［＋计时］语义特征平衡状态的方向发展的趋势以及两种语义特征消长的演化状况，有利于了解古今动量表达系统发展演变的轨迹。作者的这些新的见解是具有一定学术价值的。

若要进一步了解近代汉语中这种语言现象及其演变规律，还需要通过同时代的其他语料的研究作进一步验证。此外，文章中论及的《水浒全传》中的动量词有个别表示动量意义的在现代汉语中已消失，如“‘遭$_1$’则用‘趟’来表示”，可现代还有“不信我们走一遭”之类的说法。这些在现代汉语中似有古代的残留用法，似可继续讨论。

文选 3

现代汉语“V 得了 P1（,）V 不了 P2”句式研究*

韦司乐（华中师范大学文学院 2008 级）

摘　要：本文尝试对现代汉语中的一个很有特点的句式，即“V 得了 P1（,）V 不了 P2”句式进行比较全面的考察。文章立足于该句式的语言事实，以“两个三角”理论为基础，在“表—里—值”小三角的框架内进行描写和归纳，从而揭示“V 得了 P1（,）V 不了 P2”句式在语形、语义、语用各个方面的特点。最后通过与相近形式“V 得了 V 不了”的比较探讨“V 得了 P1（,）V 不了 P2”句式的独特语用价值。

关键词：V 得/不了　让步句　语法研究　句式研究

1. 引言

1.1　研究对象

“V 得了 P1（,）V 不了 P2”是现代汉语中一种颇为常用的句式。例如：

（1）不要东躲西藏了，躲也躲不了，躲得了人也躲不了天呀！去求政府宽大吧！（戴厚英《流泪的淮河》）

（2）楼市大摆“空城计”：哄得了司马懿，哄不了市场（《大众日报》，2010-08-06）

本文以“V 得/不 C”为基础进行研究，进一步扩展到对整个“V 得了 P1（,）V 不了 P2”句式的探讨，以寻求这一句式语表、语里、语值方面的一些规律和带规律性的东西。该句式中“V 得了 P1”和“V 不了 P2”之间的逗号可用可不用。P 部分以名词性成分为主，偶见动词性成分。

1.2　研究现状

“V 得/不了”是一个动词性的结构，前人的论述多是在能性述补结构的框架下进行的。

丁声树、赵元任、朱德熙等认为“V 得/不 C”表示可能性或者可能，多用能愿动词“能”来解释。张旺熹更深入地把典型的“V 不 C”结构的意义解释为“愿而不能”。另外，当“V 不 C”结构用作描述性或修饰性成分时，其语义会偏向于表达“可能”的意义。

学者们对能性述补结构的句法表现也作了研究。赵元任指出，能性述补结构可以带体词性和谓词性宾语。李宗江将“V 得/不了”分为“V 得/不了$_1$”和“V 得/不了$_2$”。他认为“V

---

* 本文入选湖北省 2012 年优秀学士论文。这篇毕业论文收入本书时，由作者作了修改。本文的收入，得到其指导老师曾常年教授的支持与帮助，特此致谢。

得/不了$_1$”中的“了”是实义动词，表示“完、尽”等意义，“V得/不了$_2$”中的“了”意义虚化，整个结构表示动作V实现的可能性。本文所讨论的是“V得/不了$_2$”的扩展形式，即本文的研究对象，以下不另标示“了”字后面的“$_2$”。

1.3 研究方法

本文以邢福义先生的“小三角”即“表—里—值”为研究指导方法。语表形式包括任何语法单位的显露在外的可见形式。语里意义指的是各种语法单位隐含在内的不可见的关系或内容。语用价值是探求语言单位的修辞值和语境值，特别重视在比较中考究研究对象的语用效应，关心一个语法单位在语言系统中存在，必然有其语用价值上的根据。①

2. 语形特点

2.1 动词V

“V得了P1（,）V不了P2”句式是由前后相同的动词V和以名词性短语居多的P1、P2组成的。能进入“V得了P1（,）V不了P2”的动词以单音节为主，双音节动词较少。这是因为能够进入“V得/不了”结构的动词多是单音节动词。只有在语言里没有对等意义的单音节动词存在时，才会选用双音节动词。如：

(3) 胶水“糊弄”得了大桥糊弄不了民心。（东方网，2009-12-15）

2.2 P1与P2

P1、P2以名词性短语居多，也有动词性短语等其他成分。例如：“我受得了跳舞，但受不了唱歌。”

音节上P1和P2没有特殊的限制，但在句式中P1和P2大部分是双音节词，这似乎与现代汉语词汇本身就是以双音节词为主有关。

2.3 关联词

“V得了P1（,）V不了P2”句式是紧缩句，即以单句的形式表达复句的内容。该句式前后部分主语相同，后句的主语省略。这两个部分常采取意合的方式直接相连，也可以添加关联词语“但、却、也”之类形成有标紧缩句，若加上逗号则形成一般复句。可以用单个的关联词语，也可以用成对的关联词语。

(4) 联合证券：四万亿改变得了预期但改变不了趋势。（中国证券网，2008-11-19）

(5) 很多事过得了别人那关却过不了自己这关。（新浪博客《天使还是妖精的独白》，2006-08-10）

例（4）（5）中，在“V得了P1”与“V不了P2”之间插入关联词语“但”和“却”，可以明化句间关系。

从复句的类型看，“V得了P1（,）V不了P2”是让步句。有让步就有转折。为了强调转折性，后分句“V不了P2”前也常常用上“但、却”之类的关联词。如上例（4）（5）。下两

① 邢福义．现代汉语语法研究的“小三角”和“三平面”．华中师范大学学报（哲学社会科学版），1994（2）；邢福义．现代汉语语法研究的两个“三角”．云梦学刊，1990（1）．

例是一般复句：

（6）我的电脑上得了QQ，但上不了网页，这是怎么回事啊？（百度知道，2007-11-16）

（7）让她的话死在肚里！堵住嘴最好的办法当然是毛巾了，但毛巾只能堵得了一时，却堵不了一世。（《作家文摘》，1997）

3. 语义特点

3.1 动词V

句式中“V得了”部分是让步，“V不了”部分是转折。让步部分的事情一般是说话人不希望发生的，所以动词常有“退让或忍受”的语义特征。

我们可以从动词所关联的施受双方两个角度来分析动词。第一种是着眼于施事特征。施事主体具有较高的能力和水平，在事件中处于高位，将动作加诸受事。比如有［+管治］意义的动词：治、管、顾。

（8）“限抗令”管得了医院管不了药店。（《大河报》，2012-08-04）

（9）生乳标准顾得了散户顾不了质量。（《中国青年报》，2011-07-04）

又如有［+救护］意义的词：救、保、罩。

（10）一位瓜农对记者说：“单位买瓜只救得了一时，救不了一世。关键是今后要摸准行情，理顺进城售瓜的路子。”（《人民日报》，1993-10）

（11）有人说，京九铁路工期这么紧，保得了工期就保不了质量。（《人民日报》，1994年第3季度）

（12）我罩得了你一时，罩不了你一世啊！我劝你再考虑考虑……（电视电影《冬至》）

［+管治］和［+救护］强调了施事方的动作，受事只能单向承受。没有自主性同时也就隐含了被动关系。

另一种是着眼于受事特征。这里施事几乎被忽略，强调受事者，关注的重点在动作行为对受事的影响。例如含有［+欺骗］意义的词：骗、瞒、蒙、哄。

（13）高仿“火车票”：骗得了人骗不了检票口。（《信息时报》，2013-10-25）

（14）陈墨涵说：“老弟，我早就料到会有这一天了，当初你的那点动作瞒得了别人瞒不了我。”（电视电影《历史的天空》）

动作受事即说话人，被“瞒”“骗”显然违背主体主观愿望，因此动词倾向于贬义。

另外，一般认为有一些词是不能或很少进入“V得/不了”结构的，比如一部分行为自动词、心理活动动词、使令动词，以及能愿动词、比拟动词、判断动词、存现动词等。然而，有时动词通过句式的对称可以脱离这些限制。原本没有“V得了”形式的动词偶尔也会出现在

“V 得了 P1（，）V 不了 P2”句式中，如：

（15）20 年内中国恐怕有得了像样的游戏玩家，但有不了像样的游戏市场。（天涯论坛 游戏地带版块，2010-01-14）

3.2 P1 与 P2

动词后所接的词语 P1 和 P2 之间的关系可以分为以下几类。

3.2.1 平级关系。

（16）首都机场停得了飞机停不了车。（《经济日报》，2003-08-20）

（17）跳桥，避得了海珠桥避不了海印桥、猎德桥。（网易新闻，2013-08-08）

例（16）“飞机”和“车”是平级词，例（17）几座桥都是平级的词。以肯定一方并否定另一方来形成对比。

3.2.2 正反级关系。

（18）大家纷纷笑了：“原来‘元首’是投得了假的投不了真的。”（刘震云《新兵连》）

（19）另外用 js 防盗链只防得了小偷，防不了大盗。（知乎网，2013-10-11）

意义相反或相对的一组词形成的正反级关系，前后部分的 P1 和 P2 反差越大，越能以前者为底线否定后者。其对比程度比第一类强烈。

3.2.3 整体部分关系。

（20）堵得了一个记者的口，堵不了所有记者的口；堵得了所有记者的口，堵不了互联网上网民的口。（中路博客“张弛的 BLOG”，2013-06-14）

（21）金融家索罗斯称欧盟援助救得了希腊救不了欧盟。（中国新闻网，2010-02-22）

“一个记者”是部分，“所有记者”是整体，“希腊”是“欧盟”的一部分。句式中承认部分，反对整体。第二种关系和第三种关系有一个共同点，即前面肯定的是小量，后面否定的是大量。

如果前面肯定的是大量，后面否定的是小量，则能产生一种引人注目的特殊的表达效果。如新闻标题《〈青盲〉将播　于和伟受得了酷刑受不了“热”》，这违背常规，乍一看，“酷刑”是大量，“热”是小量，读者细看下文才会发现文章原来是指演员受得了戏中的“酷刑”，但受不了摄影棚里的高温。事实上，从演员承受能力的角度讲，戏中的“酷刑”仍是小量，排演工作的摄影棚里的高温才是大量。

3.2.4 具体和抽象的关系。

（22）人都说买得了房子买不了家。（北京搜狐“焦点业主论坛”，2010-11-02）

(23)《拆弹部队》影评：拆得了炸弹拆不了敌意。（豆瓣网，2010-03-04）

“房子”是实体，“家”在这里指组成的家庭和家庭关系。具体的“炸弹”是抽象的“敌意”的象征。先肯定具体的事物，再用具体的事物指代或象征来否定抽象的事物，以便于读者理解。

3.3 “V得了P1”与“V不了P2”

“V得了P1”表示“能够做某事”。“V不了P2”表示“不能够做某事”，有表示对事实的评判的，也有表示对可能性的推测的，具体意义要依赖具体语境来确定。

3.4 “V得了P1”与“V不了P2”的句间关系

“V得了P1”与“V不了P2”小句之间的关系主要有让步关系和转折关系两种。它们都可以通过不带关联词语的紧缩句表示，因而也造成了一定的歧义。

(24) a.（即使）躲得了初一（也）躲不了十五。
（预设：“躲”的行为还没发生，是未然状态。）
b.（虽然）躲得了初一（但是）躲不了十五。
（预设：“躲”的行为已经发生了一次，是已然状态。但是“躲”的行为不一定再发生第二次。）

“V得/不C”主要表示可能性，说明动作行为或性质状态的趋向能否实现。“V得了”本不太能表示现实性，但在“V得了P1（，）V不了P2”句式里，“V得了”则常常表示现实性。

“V得了”部分是已经实现的事情，例如：

(25) a. 他恶狠狠地说：“跑得了一个跑不了十个，给我看紧点。”
b. 他无奈地说：“跑得了一个跑不了十个，我又怎么能丢下大家自己一个人跑呢？”

前一句是已然情况，已经有一个人跑了。后一句是未然情况，还没有一个人成功逃跑。“V得了”因为和“V不了”并列而使整个句式形成了一个无标紧缩句，故包含了已然和未然两种含义，而语境作用则可消除歧义。

4. 语用特点

4.1 修辞特征

4.1.1 拈连。

拈连指甲乙两个事物连在一起叙述时，把本来只适用于甲事物的词语拈来用到乙事物上。运用拈连，可以使上下文联系紧密自然，表达生动深刻。如例（23）“拆”原本只可以跟“炸弹”搭配，在本格式中通过拈连手法的运用，“拆”也可以跟“敌意”搭配了。

4.1.2 仿拟。

本句式内动词后部分趋同的现象特别明显，常常运用了仿拟表达法。这主要是为了让前后两小句起照应作用。再加上本句式常用作标题，标题对字数的限制更增加了这种情况。比如：

(26)“三公”支出过得了亿元大关，过不了人民“满意”关。(人民网“强国论坛”，2011-07-20)

4.1.3 对比。

对比是把对立的双方安排在一起，进行对照比较，形成比照和呼应关系的表现手法。例如：

(27)躲得了一时，躲不了一世。

(28)王老板说道：“陈大夫，救得了人的命，但救不了人的心，救得了一个，救不了千千万万个。”

“一时”极言时间之短，“一世”极言时间之长。“一个”极言人之少，“千千万万个”极言人之多。动词部分是一样的，所以读者自然会把关注的目光放到动词之后，通过差距极大的P1和P2的对比，增强感染力。

4.2 与“V得了V不了”的比较

“V得了P1，V不了P2”是一个复句。“V得了V不了”可独立成句，通常用作一个问句，也可作句中成分，常表示对V的肯定和否定的选择或二者都与事无碍。前者是已经定型的句子，后者还在成句阶段，往往作为组构句子的备用材料。“V得了P1(,)V不了P2”句式是由“V得了V不了”结构发展来的①，分析低一级语法单位与高一级语法单位的区别，有助于我们分析这一句式在语法单位升级过程中获得的特殊性认识。

4.2.1 语法单位。

“V得了V不了”是一个结构，能充当各种不同的句子成分。

第一，作主语。

(29)在碰到被侵权、被侵害的问题时，许多人不愿意打官司，因为胜得了胜不了难说，即使胜了也大多是落个两败俱伤，对其精力、财力都是。(《1994年报刊精选》)

第二，作谓语。

(30)一个人有了成就，有了头衔，就有了名气，而有了名气则又会招来更多的头衔，不管你干得了干不了，更不管你愿意不愿意。(章廷桦《同窗钱瑗》)

第三，作定语。

(31)不是管得了管不了的问题：深圳按揭房再贷款。(立德担保网，2013-05-30)

---

① “V得了V不了”没有连带成分P，所涉及的对象常在语境中，且只有一个P。“V得了P1(,)V不了P2”出现连带成分，且有两个不同的P1和P2，它们有时是宾语，如“人”“司马懿”“天”“市场”；有时出现时量和动量，如“一时”“一世”“一次”“十次”，一般把它们分析为补语。

第四，自成分句。

(32)“你们来收摊儿？你们收得了这个摊儿吗？”

“收得了收不了，爸爸也不让你再到章台来！”（陆天明《苍天在上》）

“V得了P1（，）V不了P2”的用法没有这么丰富。它有逗号时是一个一般复句，无逗号时可作谓语，如：

(33) 她大笑：“你骗得了别人骗不了我。”

相比之下，“V得了P1（，）V不了P2”自成一句。低一级语法单位在上升到高一级语法单位时丢失了部分构句能力，获得了独立性和附加内容。

4.2.2　内部关系。

“V得了V不了”内部关系有两种情况，一种没有偏向，其意义就是“V得了”和“V不了”的直接加合，意义等于“V得了还是V不了”。如：

(34) 今年6月，笔者在咸阳市乾县遇到几位结帮做麦客的城里下岗职工，谈到干麦客这份出大力、流大汗的活计受得了受不了时，曾在一家机械厂上班的刘师傅说：“受得了!”（《人民日报》，1996-12）

另一种是“V得了V不了”内部不对称，语义绝大多数偏向“V不了”。如：

(35) 长江后浪推前浪么，就像咱们的家长一样，总是不放心儿女们干得了干不了，其实人家干得不会比咱们差。（张平《十面埋伏》）

“不放心”的只能是“干不了”，“干得了”只是个陪衬部分。这种不对称的情况相当多。

成句时，“V得了V不了”常常和“无论……都……”一起构成无条件让步句。因为肯定和否定是事物最极端的两种情况，通过极端情况的列举，引申概括事物的所有情况。例：

(36) 无论你受得了受不了，都不得不听他的话。

“V得了V不了”结构只能构成让步句式，常出现在“不管、不论”之后。而“V得了P1（，）V不了P2”句式有转折和让步两种类型。

在让步关系中，“V得了P1（，）V不了P2”句式是一种虚拟性的让步句，即先承认某种虚拟的情况，然后指出某事的成立不受虚拟情况的影响。虚拟性让步句的典型标志“即使……也……”有时就出现在“V得了P1（，）V不了P2”句式中。例：

(37) 要老老实实做人，即使骗得了一时也骗不了一世!

跟“V得了V不了”的第二种情况相似的是，“V得了P1（,）V不了P2”句式总是偏向否定部分“V不了P2”，整体句意表达的是“即使在某种条件下也做不了某事”。前面肯定的往往是小量，后面否定的往往是大量。“V不了P2”甚至可以将“V得了P1”所肯定的部分给否定掉，整个句式的否定性非常显著、强烈。

4.2.3 句类区别。

“V得了V不了”可用于陈述句和疑问句。疑问句主要是反问句，也可用于选择问句。

(38) 他问自己：要活下去，这种苦吃得了吃不了？若算能吃，这口气忍得下忍不下？气或能忍，这个人丢得起丢不起？（邓友梅《烟壶》）

“V得了V不了”用于反问句的主观性较强，暗示说话人认定的是“V不了”，并希望听话人也肯定“V不了”的情况。

用于选择问句时，说话人都希望听话人选择“V得了”的回答，从而完成说话人的要求。如：

(39) 赵子曰大声的说：“你赶紧快跑，到后门里贴戏报子的地方，把那张有我的名字的报子揭下来！红纸金字有我的名字，明白不明白？不要鼓楼前贴着的那张，那张字少；别揭破了，带着底下的纸揭，就不至于撕破了！办得了办不了？”（老舍《赵子曰》）

赵子曰急于看到有自己名字的红戏报子，当然是希望李顺回答“办得了”。

而“V得了P1（,）V不了P2”可用于以下几种句式：

第一，陈述句。

(40) 一位瓜农对记者说：“单位买瓜只救得了一时，救不了一世。关键是今后要摸准行情，理顺进城售瓜的路子。”（《人民日报》，1993-10）

第二，疑问句。主要是反问句，不能是选择问句。反问语气下说话人的重点在后分句。这也导致了“V得了P1（,）V不了P2”包含已然与未然两种情况。

(41) 你是说你的罪行比唐子明的多，政府饶得了他，饶不了你？你没法不坦白了，可是怕坦白了还得下狱，是吧？（老舍《春华秋实》）

第三，感叹句。表明说话人强烈的情感和态度。

(42) 我罩得了你一时，罩不了你一世啊！我劝你再考虑考虑……（电视电影《冬至》）

“V得了P1（,）V不了P2”句式常常表明了说话人的态度是不管“V得了”这件事，而关注“V不了”的事，焦点与中心都在后一小句。至于前面的事件，实现了也好，没实现也罢，说话人觉得不重要。说话人只在乎后面的事件的活动及结果。在句子中，“V得了P1”和“V不了P2”中间常出现“但”“但是”“可是”“却”“也”等连词或副词，使说话人的态度更明确、更坚决，起到把焦点转移到后半句的作用。

5. 余论

针对现代汉语中常见的“V得了P1（,）V不了P2”，本文主要关注其语表、语里、语值三个方面，并从主观性与标记论等角度作出探讨，以期找出一些带规律的东西。现代汉语中还有一种类似于“V得了P1（,）V不了P2”的用法——“V不了P1（,）V得了P2”。例如：

（43）钱买不了身体健康，但至少买得了保持身体健康的药品和医疗服务。

（44）人掌握不了死，可掌握得了生。

经过检索发现，同样是转折句，这种否定在前、肯定在后的用法，远少于肯定在前、否定在后的用法。另外，这一句式中还有主语不一致、动词不一致等有关用法，这些问题都值得进一步研究。

参考文献

陆俭明．述补结构的复杂性．语言教学与研究，1990（1）．

李宗江．“V得（不得）”与“V得了（不了）”．中国语文，1994（5）．

邢福义．现代汉语语法研究的“小三角”和“三平面”．华中师范大学学报（哲学社会科学版），1994（2）．

邢福义．现代汉语语法研究的两个“三角”．云梦学刊，1990（1）．

邢福义．汉语语法学．长春：东北师范大学出版社，1996.

邢福义．汉语复句研究．北京：商务印书馆，2001.

邢福义．现代汉语．武汉：华中师范大学出版社，2008.

龚千炎．现代汉语的假设让步句//语法研究和探索：三．北京：北京大学出版社，1986.

沈家煊．述补结构的复杂性．语言教学与研究，1990（1）．

沈家煊．也谈能性述补结构“V得C”和“V不C”的不对称．北京：商务印书馆，2005.

沈家煊．语言的“主观性”和“主观化”．外语教学与研究，2001（2）．

沈家煊．不对称和标记论．南昌：江西教育出版社，1999.

吴福祥．汉语能性述补结构“V得/不C”的语法化．中国语文，2002（1）．

石毓智．肯定和否定的对称与不对称．北京：北京语言文化大学出版社，2001.

林可．析“V得/不动”与“V得/不了”．广西大学学报，2001（6）．

刘月华．可能补语用法的研究．中国语文，1980（4）．

刘月华．状语与补语的比较．语言教学与研究，1982（1）．

郝维．补语的可能式研究综述．汉语学习，2001（3）．

胡清国．“V得/不C”的强势与理据．华中师范大学学报（人文社会科学版），2003（5）．

沈清淮．补语否定可能式的语义分析．四川教育学院学报，1998（2）．

赵长才．结构助词“得”的来源与“V得C”述补结构的形成．中国语文，2002（2）．

朱德熙．语法讲义．北京：商务印书馆，1983.
郭志良．现代汉语关联词语研究．北京：北京语言文化大学出版社，1999.
马庆株．汉语动词和动词性结构．北京：北京语言文化大学出版社，1992.
李宇明．汉语量范畴研究．武汉：华中师范大学出版社，2000.
王维贤．论转折句．中国语言学报，1991（4）.
向若．紧缩句．上海：上海教育出版社，1987.

【点评】

本文选取了现代汉语中一个有特点的句式“V得了P1（,）V不了P2”开展了研究，作者注重立足语言事实，对这一句式的语表形式、语里内容、语用价值进行了较为全面的探讨，发掘出了一些带规律性的东西。本文有两点值得注意：一是选题较小，比较适合本科生开展科研训练，通过自己的努力可以完成这一课题。二是这篇毕业论文完成后被评为省级优秀论文，作者不是到此止步，在收入本书时，该同学又和老师讨论，进一步思考和修改。这就是我们在书中提倡的第三阶段的文章修改，即“后文章修改”，这种“文不厌改”的精神是值得肯定的。

文章开头讲“研究现状”时，似可稍详细点。有的作者及其论著很有名，不过在参考文献中还是应当交代一下。引例出处的标示全文应注意一致。研读参考文献和语料时，似可作更多一些思考与分析。

下　编

文学学科论文写作

第五章

文学学科论文写作概述

当你考上大学，成为一名中文系的学生，可以说你已经进入了文学的殿堂，必然会受到文学的浸染。许多学生会在读与写中徜徉，梦想做个文学家，或做个文学观光客。当然，我们也会系统地学习汉语言文学专业必修或选修的课程，对诸如文艺学、古代文学、现当代文学等学科有一定的了解。但我们是否可以称得上真正地登堂入室了呢？我们之中有多少人在做毕业论文前夕才匆忙选一个学科入室打量呢？因此，学文学的需早一点培养一些研究意识，早一点进入某一学科。只有登堂入室了，才能知道一些“堂奥”，也才会尝试着去解那些“堂奥”。

第一节 文学学科的研究方向和研究范围

文学学科是一级学科，是中国高校学科中的大门类。它的二级学科有文艺学、古代文学、现当代文学、比较文学与世界文学等。各个学科又有不同的子学科和研究方向。作为中文系的本科生，如果要选择有关学科的课题作为我们的研究对象，就有必要具体而全面地了解这个学科的研究方向和研究范围。下面，按中国科学技术学会、国家自然科学基金委员会编的《学科发展蓝皮书 2005·文学》所列的二级学科，作一些简单的介绍。

一、文艺学研究方向和研究范围

文艺学是研究文艺的本质、规律和特征的学科，它包括三个方面的内容：文学理论、文学史、文学批评。三者均以文学现象为研究对象。但研究的角度、任务、领域和方向不同。文学理论是对文学的原理、范畴和判断标准等问题的研究，系统阐释文学的性质、特点、活动规律和文学分析方法；文学史从文学发展的角度研究文学发生、传承、演变的过程，是关于文学史观、文学史论等的研究；而文学批评侧重以文学现象为评论和研究对象，运用一定的审美原则分析其优劣得失。三者密切相关，文学理论是理论基础和方法的总和，为文学史和文学批评以及整个文学艺术和人类审美文化的研究提供理论基础，但它又必须以文学史提供的材料，以文学批评提供的文学现象和信息作理论依据。文学史和文学批评的原理、方法、标准来自文学理论，具体文学作品的分析研究则须运用文学理论，通过文学或文学史批评来实现。

马克思主义文艺学方向，包括马列文论、马克思主义文艺理论原著与美学原著研究、西方马克思主义文论与美学研究、法兰克福学派研究等。其中专题研究有文学典型、典型人物与典型环境、文学的意识形态性、艺术生产与精神生产理论、现实主义、自然主义、浪漫主义、现代主义、精英文化与大众文化的关系、人性异化和人文精神的危机、马克思主义文学理论中国化等。

西方文论方向，包括西方古典文论和现代文论，以 19 世纪为界。西方古典文论研究的主要问题有：理念说与模仿说、古希腊悲剧理论、崇高与美的关系、理性精神与古典主义艺术、美的功利性与非功利性、文学游戏说、文学巫术说、诗性思维与形象思维等。西方现代文论与批评的研究课题繁多，如精神分析理论、符号学理论、存在主义理论、现象学理论、结构主义与后结构主义理论、现代阐释学理论、接受美学理论、后现代主义文化理论、新历史主义理论、后殖民主义理论、女性主义理论等等。

中国古代文艺学方向，包括中国古代诗学研究、中国古代小说理论研究、中国古代戏曲理论研究、中国古代散文理论研究、中国古代文学批评与批评史研究以及各种形态的艺术理论研究等。专题研究如曹丕的“文气”说、陆机的“感物”说、钟嵘的“滋味”说、严羽的“妙悟”说、李贽的“童心”说、袁枚的“性情”说、王国维的“境界”说等，同时也有专书研究，如《文心雕龙》研究、《二十四诗品》研究等。

文学原理和美学原理研究方向，包括文学基本原理研究、文艺学理论专题研究、比较文论研究、作家作品批评等。美学原理研究还包括美学基本原理研究、文艺美学、文艺心理学、文艺伦理学、文学阅读学等交叉学科研究。美学原理研究专题或问题包括审美对象研究、审美直觉研究、审美趣味研究等。

文艺学结合现实的研究是一个重要的趋势，包括市场经济下的文学发展策略、新的传播方式如影视和互联网对文学的影响与相互渗透、全球化与本土化问题等。这些都是使文学理论的研究为现实服务的重要课题。

二、中国古代文学研究方向和研究范围

中国古代文学研究的对象是中国古代作家及其文学创作，兼及古代文学理论批评。中国古代文学有漫长的历史，一般按朝代划分，分为四大块，即先秦两汉文学、魏晋南北朝文学、唐宋文学和元明清文学。古代文学领域作家、作品、流派众多，形成不同的文学思想或文学思潮。古代文学研究既可以漫长的历史为脉络，在广阔的文化背景上描述不同文体从先秦到明清演进的过程，又可以对单一的文学流派、作家作品进行考察；既可以研究众多的文学思潮，又可以研究某一种文学思想。

作家研究：古代文学作家研究，可以有多重的视野。如以作家为研究主体，有作家群体研究和个体研究。其中可以研究作家的创作思想、创作风格、创作心理及其在文学史上的影响和地位。作家研究不必求全，一个课题涉及作家的方方面面，要善于从一个小的角度切入，论述得很深很细。

作品研究：古代文学的作品研究，可以就一部作品作宏观或微观的考察，如《诗经》《楚辞》的研究，可以就一类作品进行研究，如山水田园诗研究、咏史或咏物诗研究，当然还可以从一种文体出发研究作品，如辞赋研究、小说研究。在作品研究中，可以根据作品所处的时代作划分，如唐代古文研究。这一视点可以更小，如中唐古文研究，韩愈、柳宗元古文研究等等。

文学体裁研究：古代文体体裁较多，对这些体裁的关注自然可以形成不同的研究点。如诗歌体裁中的四言诗、五言诗、七言诗、杂言诗等，词体裁中的不同词牌的词，辞赋体裁中的骚体赋、散体大赋、抒情小赋等等。可以研究这些体裁各自的形成和相互的影响，一种体裁的演变过程和风格等。

文学史研究：古代文学史的研究，重在阐发文学发展过程、文学的继承性和革新特征、文学与文学批评之间的联系等，探寻其中的规律，作家作品的地位和影响等。一般说来，不宜作总体观，而是选择某一点做研究。同时，这一研究可以从古代文学延伸到现当代文学，从中国古代文学的演进审视中国现当代文学的发展，阐释相关的文学现象等。

文学文献研究：文学文献是古代文学研究的基础，对文学文献进行整理与研究是必要的。这涉及文学文献的目录、版本、校勘、辑佚等。做这方面的研究，宜从一部书或一个作家入手，仔细考索。

比较研究：古代文学的比较研究也是很有意义的，这可以是古代文学与传统文化的比较，古代文学理论与现代文学理论的比较，也可以是两个或多个作家之间、两部或多部作品之间的比较，还能够作同一作家不同时期、不同体裁、不同风格作品的比较，在比较中看出作家、作品的特殊性，看出古代文学自身具有规律性的东西。

此外，还有古代的俗文学研究，它牵涉到俗文学的个性、民族特色以及俗文学与雅文学的差异等。

三、中国现当代文学研究方向和研究范围

中国现当代文学包括现代文学和当代文学。通常，学界依年代划分，现代文学研究从五四运动到 1949 年新中国成立这一时期的文学，当代文学则研究新中国成立以后的文学。但在 20 世纪 80 年代中期以后，现代文学学科的时间上限开始上移到 19 世纪末 20 世纪初，整个现当代文学就有了大约 100 年的历史，因此学界提出 20 世纪中国文学这一概念，两个学科逐渐出现融合的趋势，其主要研究方向有以下几个。

作家研究：作家是现当代文学研究的重点。和古代作家研究一样，可有多重的视野，可以从某一侧面切入，以将研究引向深入。如老舍创作的视点与“京味”、曹禺与现代话剧艺术的成熟、沈从文与“京派”文学、张爱玲的《传奇》与“张爱玲热”、钱锺书的小说价值、朦胧诗人群体与朦胧诗、金庸与大众文化、汪曾祺与当代小说文体、王安忆与女性写作、余华与先

锋小说等。除了在文学史上有定评的作家外，还有些因种种原因没有受到关注但有特色的作家，也是研究的对象。

社团、流派、文学思潮研究：中国现当代文学史上出现了许多社团、流派和创作群体。社团、流派研究，如学衡、创造社、新月派、现代评论派、左联、九叶派、京派、海派、朦胧诗派研究等等。可以做社团、流派和创作群体与传媒研究，如文学研究会与《小说月报》、《现代》与中国现代派的创建、“白洋淀诗群”与《今天》等；也可作文学的区域特色研究，如解放区文学的民族化、沦陷区文学的性质、孤岛文学的价值等等。还有关于重大的文学思潮的溯本追源，如考察诸种“主义”的影响和流变，包括现实主义、浪漫主义、自然主义、象征主义、现代主义，社会主义现实主义，以及人道主义、自由主义、保守主义、马克思主义等。

文学史现象研究：现象研究是把在文学和文化发展中有代表性、典型性的个案，提升为“现象”进行观察与剖析，即考察在文学史上曾经代表某种倾向、形成较大影响的现象。如“革命加恋爱”的写作风尚、“赵树理方向”、1958 年民歌运动、样板戏、“文化大革命”地下文学、“张爱玲热”、“金庸热”、“王朔热”、文化散文、女性写作等，都具有独特的文化历史内涵，可以作为某种文学史或文化史现象来讨论。

文体研究和作品细读研究：文体研究包括现当代诗歌研究、散文研究、小说研究和戏剧研究。可以进一步关注文体流变现象、艺术形式的创新，如“冰心体”、“语丝体”、鲁迅杂文、十四行诗、爱美剧、秧歌剧、小说散文化、新诗戏剧化等等。文体研究和作品细读结合，如以闻一多、徐志摩为代表的新月诗歌，以李金发为代表的象征诗歌，以戴望舒、卞之琳为代表的现代诗歌研究等。

此外，还有台港澳文学研究，现代文学史的史料钩沉、收集、整理研究，而随着学术研究的发展，现当代文学学科研究领域不断拓宽，跨学科研究和文化研究成为学者新的关注点。如现当代文学与其他文学现象、文化现象、社会现象的关系研究，包括现代文学与现代政治的关系、近现代文学与出版社和报刊的关系、现代文学与现代教育的关系、现当代文学与古代文学的贯通研究等。

四、比较文学与世界文学研究方向和研究范围

比较文学与世界文学以世界文学为主要研究对象，研究方向和范围有：西方文学、东方文学、西方文论与文化理论、东方文论、比较文学原理、比较诗学、中外文学关系、比较文学与跨文化研究等。研究比较文学原理和方法，世界文学发展史，重要作家、作品、文学流派、文学现象等，具有时间跨度大，文化背景复杂，理论更迭迅速的特点。

东方文学与东方文化研究：如东方文学与政治、宗教、地理风物、民俗民情、国民性格的关系的研究，东方作家的人格和创作个性、文体、题材、主题、美学风格等方面的研究，作家作品的个案，如东方诺贝尔文学奖获奖作家作品研究，东方诗学如神韵、境界、梵我研究，东方国别文学研究及各国文学比较研究，后现代、后殖民批评，第三世界文学、文化研究等，实践东西方平等对话、交流互补、互证互阐的新人文主义精神，研究东方各国文学的内在联系及各国文学的相互交流和影响，以及东方文学在人类文化与世界文学格局中的地位与贡献、发展规律与前景等。

欧美文学研究：欧美文学的一个重要特质是流派纷呈，尤其是 20 世纪的现代主义。流派研究既可以研究一个文学流派，又可以综合或比较研究不同的文学流派，以见出各自的文学流派的特质。作家作品研究方面，欧美文学作家群星璀璨，名篇佳作浩如烟海，如果偏于传统，可作 19 世纪前的作家作品研究，如果重现代，可作 20 世纪作家作品研究。这些研究既可以是个案的，也可以做比较研究。文体研究和作品细读研究方面，可作如古希腊神话、悲剧、史诗研究，十四行诗、意识流小说、象征诗作家作品细读。思想研究、主题学研究方面，有托尔斯泰、卡夫卡思想研究，萨特和加缪的存在主义主题研究等。此外还有文学史现象研究，如海明威和“迷惘的一代”；文化研究，将作家作品置于文化的框架中，借助宗教、哲学、历史学、美学、心理学、社会学、语言学等方面的研究成果来分析和研究文学，增强对文学作品的理解，如陀思妥耶夫斯基创作的宗教倾向等。

比较文学研究：比较文学研究是立足于“跨文化”和“跨文学”基础上的理论对话和文学对话。文学范围的比较研究有文学影响研究，如外国文学对中国 20 世纪文学的影响（外国文学 20 世纪在中国被翻译和研究、中国现当代作家受外国文学的影响等）。外国的汉学研究，研究中国文学在国外的影响、中国作品在国外的个案研究。平行研究，如俄国文学中的“多余人”与中国现代文学的“零余者”、中日诗歌比较研究（思想内涵、审美取向、艺术形式等）。比较文学学科理论研究，如比较文学研究中的主体性问题，对“本土语境”的强调，研究方法问题，比较文化和比较文学的关系问题等。跨学科研究，如立足政治、经济、民族内涵等角度进行文学作品的文本阐释和研究等。此外还有中西方同性恋文学研究、女性文学研究、黑人文学研究等研究课题。

除以上介绍的学科外，有些高等院校在中文文学一级学科下还设立了民间文学、影视文学等学科。民间文学有民俗学、神话学、故事学等研究方向。影视文学包括影视艺术理论研究、作家作品研究、媒介批评研究等。

第二节
文学学科的研究方法和批评模式

方法是什么？方法就是工具。《大不列颠百科全书》在文学批评条目中，将文学批评的方法解释为“对文学作品以及文艺问题进行理性思考的工具，具体而言，它可以是任何文学批评中的论证手段”。文学研究方法就是文学批评方法，二者可以说是同义词。在文学研究中，方法作为手段和工具，是我们必须了解和掌握的。

文学学科的研究方法有传统方法和现代方法。传统方法一般是指 20 世纪以前的研究方法，如中国古代文学和文论研究的考据法、考证法、点评法等批评方法，马克思主义的美学的、历史的、社会学的批评方法。现代方法指西方 20 世纪的文学研究方法，20 世纪被称为“批评的时代”，文学批评空前繁荣，流派繁多，理论模式纷呈。如按美国文学批评家艾布拉姆斯的“文学坐标图”的思考来划分，可以规整为四类方法。艾布拉姆斯在《镜与灯》[①] 中指出：一件艺术品涉及四个要素：艺术品、艺术家、世界、读者。在四要素规式图中，某一组关系的专门研究，就构成了一种研究途径和模式：文学与世界（社会）的关系的研究——社会批评方法、新历史主义批评方法、意识形态批评方法等；文学与作家的关系的研究——精神分析方法、原型批评方法、作者传记批评方法等；文学与作品关系的研究——形式主义方法、结构主义方法、符号学方法等；文学与读者关系的研究——读者反应批评方法、现象学方法、阐释学方法等。传统的研究方法与现代研究方法有共同性和互通性，传统的研究方法可以向现代研究方法转换，各种方法之间也可以互动、互补。

学术研究方法一旦形成和稳定，就会成为方法模式，因此，这些批评方法既具有理论性，又具有实践性。下面介绍几种常用方法和模式。

一、社会—历史批评

社会—历史批评是有着悠久传统的批评方法。强调从文学与社会历史的关系中评价文学的社会性、历史性，从而揭示文学的本质和社会作用。

可以说最早的批评基本上都是侧重于社会批评的。如亚里士多德的模仿说，先秦时期的“兴观群怨”说等。严格意义上的社会—历史批评源于 18 世纪维柯对《荷马史诗》的研究，他的研究倡导在人类社会历史起源的背景下批评文学作品。19 世纪斯达尔夫人提出从文学与社会制度的关系中考察不同民族文学的差异的方法。丹纳在《艺术哲学》中提出的从“种族、环境、时代”的社会因素中去评论文学的方法，使社会—历史批评方法得以真正确立。马克思主义批评发展了社会—历史批评，指出文学是观察社会历史的特殊方式和意识形态，它一方面受意识形态的制约，一方面又超越所处时代意识形态的界限。认为文学应揭示社会历史的真实和规律，“真实地再现典型环境中的典型人物”，显示出对社会历史的深刻的洞察和领悟。

社会—历史批评认为文学是社会生活的表现，要求文学在反映社会生活方面要加以典型化的艺术处理，能够反映出生活的深度和广度，揭示现实的真实本质，强调文学的政治功能、道德情感力量等社会功利性。因此特别重视文学描写的真实性、作家表现的倾向性和作品包含的社会价值和意义。

社会—历史批评以文学批评的社会历史标准批评作品，揭示作品存在的意义，评论家通过批评作品来引导读者认识生活，提高审美感受，塑造人格灵魂。

二、审美批评

审美批评也是一种古老的批评方法。审美批评主要以审美规律和审美特征评论作品，着眼

① 艾布拉姆斯．镜与灯//20 世纪文学评论：上册．上海：上海译文出版社，1987：7.

于作品的内容和形式，要求内容和形式的艺术统一，从而阐释作品的美学价值。由于人们的美学观不同，审美批评的方法和尺度也就有所不同，中国古代批评常常是把作品置于审美批评和道德批评的双重标准中来衡量，“尽善尽美”是最高评价。现代社会对于美丑的评价标准受到各种观念的影响，但“真善美”应该是审美批评的普适尺度。审美往往是一种对形象或形式的直觉批评，重视阅读作品时的第一感觉，要求研究者有较高的艺术感受力和审美鉴赏力。审美批评也可以是一种情感性评价，侧重文学作品在读者心灵中引起的情感反应，揭示作品对人性的表现和演绎。值得注意的是，审美批评不应单纯停留在印象和感受层面，而应与对文学作品真实性和历史性进行考量的社会历史批评结合在一起。恩格斯在《致斐·拉萨尔》的信中指出：“我是从美学观点和史学观点，以非常高的，即**最高的**标准来衡量您的作品的。”[①] 他强调的就是用美学和历史相结合的批评方法，对作品进行审美性和历史性的评价，从而揭示文学的本质和社会作用。

三、传记研究

传记研究方法是 19 世纪浪漫派批评家圣佩韦提出的，侧重于从作家的传记材料入手，研究文学与作家的关系，由此理解和评价作品。如通过对作家的私人信件、文稿、社会经历、家庭关系、性格特点，特别是童年、少年生活经历等材料的分析，研究作家作品。其实，中国的传统文学研究方法中早有这种传记研究的方法，如强调要“知其人”的“知人论世”法、“索隐”法等，司马迁《史记》中的人物传记就是传记研究方法的具体体现。传记研究方法在 20 世纪受心理研究方法的影响，对传记材料的精神分析批评成为解析作品、研究作家创作奥秘的重要途径。

四、精神分析批评

精神分析批评指弗洛伊德开创的，以精神分析理论为指导，侧重于从作家的潜意识活动中揭示创作深层的心理动力，从而解释艺术创作的批评方法。弗洛伊德认为，文学创作是欲望的表现，作家通过艺术创作的形式使自己的本能欲望经过改装得到满足和升华。精神分析批评关注作家作品隐藏着的深层心理，研究创作中的动机、灵感、直觉、非理性，为理解文学创作开辟了一个独特的视角。弗洛伊德的精神分析学对 20 世纪文学和文学批评产生了极大的影响，精神分析批评不断得到修正和扩展，不仅研究作家的创作心理，还与其他批评方法结合，形成新的批评方法和模式。如把集体无意识与原型论结合形成了原型批评方法，将精神分析引入阅读领域，综合运用精神分析和接受美学的读者反应精神分析方法，把精神分析与结构主义语言学结合起来的结构主义精神分析方法等。

---

① 马克思恩格斯选集：第 4 卷．2 版．北京：人民出版社，1995：561．

五、原型批评

弗洛伊德的弟子荣格提出的集体无意识理论和弗莱的原型论结合，开辟了精神分析的另一支派——原型批评。荣格认为，潜意识可分为集体无意识和个体无意识，集体无意识支配个体无意识，是意识形成的最深层的原因。集体无意识在文学中表现为原型。弗莱认为原型就是那种典型的反复出现的意象。荣格原型理论与弗莱的神话原型批评相结合，运用于神话研究和文学批评。原型批评指出，原型是一种对人类处境中具有永恒性的那些方面作出反应的古老模式，每个原型都在文学中具有稳定性特征，其表现为反复出现的象征符号、神话、意象、一种人物类型或者一种情节模式等。原型批评从文学与生活的关系出发，从社会心理和历史文化中寻找体现文学传统力量的根源，意在揭示文学作品中的一些基本文化形态，这些形态在某种特定文化中显出的神话特征和象征寓意，对人类具有巨大意义和感染力。原型批评适合对作品情节、结构、人物、题材、主题等进行探源式批评。

六、形式主义批评

形式主义批评是指向文学作品内部研究的批评方法，侧重对作品的语言及其结构关系进行客观分析批评，寻找其规律，又叫本体批评。形式主义批评把文学作品看作一个为某种特别的审美目的服务的完整的符号体系或者符号结构，反对从外部环境研究文学，重视文学作品本身的价值，主张文学批评应当专注于作品，精细地研究作品的语言、语境、叙事结构和叙事方式，研究使文学获得“文学性”的语言、结构等形式功能。形式主义批评主要有三个流派：俄国形式主义、英美新批评、结构主义。俄国形式主义提出了“陌生化”概念，认为“陌生化”是一种艺术手法，是使习以为常的、机械的、熟悉的、日常生活化的语言经过“扭曲”“变形”“施加暴力”等特殊的组合加工而“陌生化”，从而获得独立的审美价值，更新我们对生活与经验的感知。英美新批评方法强调“本体论批评”，指出文学批评就是对批评对象（作品）的描述和评价，作品的形式和内容不可分，文学最终是隐喻的、象征的。运用语义分析方法，研究作品的语境、语言的多义、张力，主张“细读法”，分析文本中的细胞因素。结构主义批评把文学当成一种符号系统来研究，探讨其内部各成分之间的关系与组合规律。结构主义叙事学一方面企图发现叙事作品的深层结构，从中找出作品的二元对立模式；其对叙述方式的研究，如对叙述角度、叙述话语、叙述时间等问题的研究，帮我们破解形式的秘密，丰富了文学批评的模式。后结构主义企图打破结构的中心、意义、整体、系统、封闭的性质和特征，提出结构分解、解构、开放等观点。

七、接受美学批评

接受美学批评又称读者批评，是侧重从读者的角度理解文学及其意义的批评，研究读者对作品接受过程中的一系列因素和规律的方法，强调读者的接受在文学活动中的地位和作用。传统的文学批评中，作品是独立于读者接受的客体，读者处在一种被动的感知的地位。接受美学批评对读者与作品的关系进行了重新认识，认为没有独立、绝对的文本，文学作品的意义是需要通过读者的阅读来实现的，文学价值功能的发挥，必须依赖于读者审美的再创造、再评价。因此，文学作品不仅仅是作者创造的，也是读者创造的。接受美学批评认为文学作品是一个"召唤结构"和开放结构，有待读者去填补空白和进行交流，强调读者的"期待视野"和潜在读者对文学创作的引导和制约作用。文学接受可分为纵向和横向两种形式：从历史发展角度考察作品、评价和影响为垂直接受，如一个作家、一部作品的接受史的研究；从同一时代对作品的同中有异、异中有同的考察为水平接受，如文学接受现状调查，即对文学作品的接受现状、文学作品的社会效果、阅读行为的调查、文学市场的调查等。

八、比较文学批评

比较文学是一种以世界文学的宽阔视野、跨文化思维，运用比较的方法，进行文学的"双边的"或"多边的""跨文化（跨文学）"研究，旨在把握"双边"或"多边"文学的内在关系，寻求人类文学的共同规律和民族特色。比较文学的研究方法有影响研究、平行研究和阐发研究。影响研究追根寻源，通过具体文本印证研究各民族作家与作品之间的直接影响，从发生和发展的线索，揭示其精神联系，阐述作家接受外来影响与个性创造的辩证关系。平行研究依据的并不是事实上的影响关系，而是将那些没有事实联系和影响的文学文本放在跨越文化、民族、语言和学科的特定的文化语境中进行研究，分析它们的异同及形成原因，探寻人类文学发展的共同规律。主题学、题材史类型学、对比文体学、比较诗学等是其研究范畴。阐发研究则是指援用西方文学理论阐发中国文学。

九、女性主义批评

女性主义批评亦称女权主义批评，是现代西方女权主义的产物。女性主义批评是一种开放型的、颠覆性的文学批评，是包括文学、社会学、人类学等多种批评在内的文化诗学，文学批评为其主导。女性主义批评从性别意识出发，矛头直指父权制的压迫，在寻找女性的本质，颂扬女性文学形象中，不断建构着自己的性别理论，以构建女性美学和女性文学史。女性主义批评运用马克思主义的社会历史批评方法、弗洛伊德的精神分析方法和符号学理论，以辩证思辨和激进思想在文本分析中深刻剖析男性对女性歧视的现象及其由来，猛烈批判男性的性别霸权。女性主义在接纳解构主义、后现代主义之后，开始反思和自我批判，由强调女性与男性的对立和差异，发展为开始注意女性的个性差异和社会差异。女性主义批评被划分为女权批评和女性批评，前者指女性阅读，后者指女性写作。女权批评是以女性视角阅读文本，要求女性读者保持自己的对抗性立场，避免陷入男性权术的圈套，在批判中建构女性美学经验。女性批评研究女性写作的传统，包括妇女创作的历史、主题、类型和结构。

十、文化批评

文化批评是从文化视角考察文学现象，综合研究文学的文化性质的批评方法。文学是人类文化史的镜子，文学所反映的社会生活无一不是属于文化的范畴。物质文化、制度文化、精神文化，都是文学观照的对象。文学是文化的载体和表现形式，包含着丰富的文化内涵，文学本身也是一种精神文化现象。文化批评对文学的考察可以是多方面的，如文学作品中的原始仪式、神话传说、文物器皿、宗教信仰、价值观念、精神趣味、地域民族、风土人情、起居饮食、作家的文化意识和文化心理、历史的文化冲突和变迁等等。文化的批评视角关注文学的文化意义，文化的阐释无疑丰富了文学批评的形式和功能。

传统的文化批评研究探寻文学作品中的意象和故事的文化原型，现代文化学批评的视野更为开阔，如揭示作家作品表现出的某种特定的民族文化心理，阐释影响其人生态度、审美趣味的文化渊源。文学是人类文化在文明进程中的冲突和变迁的反映，文化学批评既是对文化的反映，也是对文化的反思。文化学批评重在把握文学丰富的文化内涵，若过分强调其文化魅力、文化冲突等文化价值和文献意义，则会偏离文学研究的主线，不能完整地揭示一部作品的艺术价值。

这里介绍的是文学学科特殊的研究方法，至于一般的科学研究方法，如归纳法和演绎法、分析法和综合法、哲学的方法、逻辑的方法等，也是文学学科研究的方法，前面已有专章提及。同学们也可以在学习哲学、逻辑学课程时，考虑把哲学方法和逻辑学的方法联系运用于文学学科论文写作。

应注意的是，任何方法都具有相对性，都只有一定的适用范围，而且每种方法都不可避免地具有自身的局限性。因此，在选择什么样的研究方法进行学科研究时，必须遵循这样的原则：根据研究的目的、研究对象的特点以及研究者自身的知识结构，选择合适的研究方法。

第三节 文学学科论文的特征、类型及写作者素养

一、文学学科论文的特征

作为科研论文，文学学科论文具有一般论文应有的相同点，即科学性与独创性、思想性与

学术性、理论性与可读性等，就本科生的中文学科论文写作而言，我们提出了中文学科论文的五个特点：专业性、论理性、探究性、创造性、科学性。它与一般研究论文的特点是不矛盾的，并从这一“特殊性”中体现了“普遍性”特点，是我们写作文学学科论文要遵循的。但是文学学科论文又具有自身不同于一般论文，也不同于语言学科的特征。

在人文社会科学各学科之中，文学学科是距离科学最远的一个学科，研究文学不仅需要理性思维，同时也需要研究者的感悟。文艺学、文学史、思潮、流派研究等，都必须接触文学作品，对历史的描述，对作家作品的评价，都基于自己的生活和审美经验。在这种情况下，学科论文写作既需要抽象思维，又需要形象思维，特别需要良好的艺术感受性。文学研究的独特性，使得文学学科论文应该把审美作为文学区别于其他意识形态的特征。

（一）以文学审美特性、艺术规律和作家审美创造力为研究内容

文学对社会生活是一种审美反映，审美是文学的特质。审美反映的独特的对象、内容和形式决定了文学研究的特性。

一般来说，文学研究的对象是作家、作品、世界、读者及其相互关系。其中的“世界”指的是对文学有重大影响的自然环境、社会生活和文化背景等。文学研究既要研究文学与民族历史、社会生活、宗教信仰、文化经济、自然环境等方面的关系，描述文学发展的轨迹，对所有文学进行概括，寻找它们的共性，探索整个文学活动的特征及变化规律；也要研究具体的作家、作品，如文学语言、形象、技巧、风格、体裁、思潮、流派等，致力于说明一个作家、一部作品、一个地域、一个作家群的文学个性，总结艺术创作的规律。

文学创作活动是文学研究的一个重要内容，作家以及作品研究测量作家的审美创造力。文学研究要求揭示作家的心路历程，作家的文化构成，作家的意识观念，作家对生活的态度，作家的创作个性和创作风格等；同时必须深刻研究典范的作品，充分理解作家在自己的作品中所遵循的规则，揭示作家掌握生活的方式，探索作家溶解在作品中的秘密，研究作品的思想性和艺术性，对作品的成功与不足作出判断，由此评价作家在文学史上的贡献，在文学史中的位置。

（二）在艺术感受基础上进行审美再创造、再评价

我们对文学作品的分析、解读、阐释，我们对作家的认识、理解、评价，是一种理性思维，也是一种审美体验、一种艺术感知。别林斯基曾经强调文学批评要有“心灵的参与”，不要“用脑子去感受艺术”。用脑子去感受是指单纯从理智上去把握，从理论原则出发。而“心灵的参与”则是指以艺术审美、艺术感受为基础。

文学作品作为文艺家审美意识的物化形式，其价值是一种潜在的因素，隐蔽在艺术符号之中，只有通过读者的审美活动，才能激活。所以，文学价值功能的发挥，必须依赖于读者审美的再创造、再评价。因此也就有“诗无达诂”之说，有“一千个读者就有一千个哈姆雷特”之说。文学研究需要研究者具有敏锐的审美鉴赏力，在仁者见仁、智者见智的文学对象上有自己的认识和创见。事实上，论文的创造性在很大程度上取决于研究者是否对文学作品读出了新意，而对文学作品具有创新意义的解读、阐释，是对我们艺术感受性的检验，是我们立论的一

个基础，也是我们的论文可能具有创新价值的必要条件。

（三）论文文本既具科学精神又具审美特征

论文写作相对文学作品具有严密性、逻辑性、规范性等文体特征，文学学科论文写作在这个基础上还具有若干审美特征。应该说，一篇完全不能体现研究者审美感受力的文学论文，在很大程度上是与文学精神相抵触的。就拿文艺学来说，文艺学相对于其他文学类，具有较强和较多的形而上的抽象性、思辨性和理论建构性。但文艺学论文不只单纯从哲学原理出发进行理论的逻辑演绎，依然强调理论联系实际，密切联系文学作品，密切联系文学现实进行文学批评，从现实的生动的文学活动中展开对文学理论的探讨，因此也就必然会借助文学现象，包括文学创作、文学欣赏、文学批评和文学理论来使理论实践化，使理性感性化，使理论在表达得具有思想性的基础上更具有艺术性。而且，如果文艺学的论文过分强调理论框架的搭建，也就有可能会失去鲜活的感觉，削弱个性化的语言风格。

文学学科论文多有对文学现象的描述，对作品的引述。对作品的引述有直接引用原文的，原作的风格、神韵便见于论文，即使是寓评于述的概括式引用，也会传达出一些艺术美感，使研究论文增添几分艺术感染力。

强调文学学科论文的这些特征，并不是说我们可以任由审美感觉来处理各种“客观性材料”。文学论文写作还是必须坚守科学精神，不以个人好恶作尺度，谨防个人偏见和主观臆断，谨防把历史当作任人打扮的小姑娘，任意曲解事实，以史证我。

二、文学学科论文的基本类型

文学学科论文是比较系统地阐述某种文学观点、分析某些文学现象、评价某个作家作品的文章体裁，其类型丰富多样。

（一）文学作品评论

文学作品评论是对各体文学作品的分析评论文章，内容广泛，形式各异，是本科生接触、使用最多的一种类型。不妨以《中山大学中文系本科二零零一级优秀毕业论文集》和《中山大学中文系二零零二级优秀毕业论文集》中的论文为例。这些论文有的就作品谈作品，分析作品艺术特色和艺术价值，如边婷婷的《浅析〈聊斋志异〉中的负面狐形象》、黄艺韵的《边缘的尘埃——〈尘埃落定〉中的妇女形象》、韩唐的《莎士比亚体十四行诗点睛之笔——解读莎士比亚十四行诗最后的诗节》等，指出作品的突出之处和吸引读者的魅力所在；有的从一系列作品谈起，考察作家创作发展道路，如梁茜的《跳不出菲勒斯中心主义囚笼的身体写作——解读陈染身体小说中的女性体验》、刘婉明的《心理小说里的现实世界——施蛰存都市题材小说研究》等，分析评价作者小说创作特点、艺术追求，总结创作得失；有的把两个作家作品进行比较，见出相互的区别和风格；还有的综合研究几个作家的作品，发现创作倾向和流派特征等。

（二）作家评论

作家评论是对一个或几个作家的评论文章。可以总评作家的一生，如北京大学 1991 级陈阳春的《理解路翎》，南京大学 1983 级马佳的《蹇先艾论》，暨南大学 1978 级何慰慈的《陈映真的创作道路》，华中师范大学 1977 级谢圣明的《试论郑板桥的文艺思想》等。也可以侧重于创作风格、艺术技巧、思想观念、道德修养等各个方面。如北京大学 1991 级李鹏飞的《试论家族传统对谢朓人生及诗歌创作之影响》，武汉大学 2001 级陈会娟的《百年多病独登台——疾病与作家创作心理》，华中师范大学 1998 级盛中华的《孤寂灵魂的苦吟——论鲁迅的一种心态及创作》等。这类论文基于对作家的创作研究，涉及作家所处的社会环境、思想境界、创作理想、创作心理、艺术追求，对作家的人格、性情、审美趣味等深层内容进行研究把握。它们往往把作家生平、创作经验和作品结合起来评论，述评结合，在把对象准确地描绘勾勒出来的基础上进行评论。作家评论不以论辩见长，资料的收集、选择和概括能见出写作者的功底和见识。

（三）文学思想评论

文学思想评论是指对某种文学思潮、创作倾向、创作观念的评论文章。侧重点不是评论某一具体对象，而是就一个理论问题，直接论证自己的理论见解。如《存在主义思潮对中国作家的影响》《变革时代与文学主题》《关于文化散文的论争》等。这类论文有一定的针对性和论辩色彩，要求写作者具有一定的理论修养，对文坛动向有敏感快速的反应。这类论文也涉及大量资料，侧重点在某一理论见解得到确证。

（四）综论

可以是分析研究某一阶段、某一领域内某一课题研究的进展、状况、问题、发展趋势，可以是对某一时期或某一地区的文学发展总体面貌进行分析研究，也可以是评介某一学者学术思想和学术成果。如年度文学述评《2006 年的中国乡土文学》，地区文学总评《浙江文艺之一瞥》，作家创作思想述评《王国维美学思想述评》，还有分体裁、分题材的总体评论如《论近年的历史小说》等。这类论文侧重于宏观考察和把握，对整体发展的规律和动向有敏锐的洞察和全面的了解，全面系统掌握有关文献资料，抓有代表性的学术见解，高屋建瓴地分析各种学术观点产生的背景、内在关系和逻辑性，恰到好处地评述观点及其意义。综论类论文多见于修养深厚、功底扎实的评论家之手，这类论文可以帮助我们了解某一课题研究的历史现状，带我们到达前沿找到方向和切入点。

此外，还有以调查、考证、整理、训诂等形式为主的论文，重在资料的收集、挖掘、整理、鉴别、描述、交代，述论结合，以述为主，侧重于资料的交代、梳理、鉴别；还有相对于规范论文之外的短论，即小论文，内容单一，篇幅不长，论点集中，一事一议，一文一评。

作为文学的评论，体裁样式是丰富多样的，常见的还有文艺随笔、书信体、对话体、语录体、序跋、评点、诗话、词话等。其总体特征是短小精悍、结构松散、篇章间断、意思跳跃。

有灵活、自由、随意且有利于感悟和想象的优点，也有不严谨、不连贯，缺乏整体感，缺少形而上的抽象思辨等缺点。这些样式可作为我们平时练笔之用。

三、文学学科论文写作者的素养

文学学科论文写作者要进行有关学科某一选题的研究工作，不管是作家作品研究，还是文学史、文艺理论研究，写作者需要在几个方面具备基本的素养：既要有基本的文学理论知识、文学史知识储备，又要有一定的生活阅历、思想水平、思维能力，还要有正确的美学观念和敏锐细腻的艺术感受力。

（一）多元知识结构

写作文学学科论文，一般是在专业课程学习的基础上，由某一门专门课程而作深一层的探究，逐步将自己导入专业研究的领域里，进行专题的研究。因此，系统的专业知识是写作论文的最基本的要求。而作为文学学科专业的论文写作，还需要写作者具备比较宽的知识面、比较全面的文化素养、一定的社会阅历和生活体验。文艺学意识形态很强，必须以哲学、政治学、社会学、文化学、历史学、伦理学等学科理论作基础底蕴，以马克思主义文艺理论作指导。文学批评作为一种判断，要判断文学作品与社会生活的关系，文学作品对生活的反映真实与否、深度几何、强度几何，都有赖于批评者的知识储备。而社会生活的范围无限宽阔，文学对社会生活的反映也无限广阔，也需要批评者具备比较宽的知识面，比较全面的文化素养。当然，这些不可能都是直接经验，批评者在更大程度上要依靠间接经验，其方式之一就是阅读大量文学作品，运用从中得来的知识作依据来进行分析研究。

（二）文学理论素养

写作学科论文对于我们来说，是一种学术操练。学术操练需要这样或那样的文学理论为指导，需要具备比较好的理论思维能力。文学理论包括文艺学原理、文学批评理论、西方文论、中国古代文论和现当代文论等，是研究一切文学现象的基本理论，是理论思维的前提。理论思维有一定的抽象性、概括性和逻辑性，它帮助我们运用概念、判断和推理，从具体、感性的事物入手，抽象和概括出事物的本质特征和规律性。因此，我们要站在一定的理论高度，用理论观照文学现象，并用理论去分析、研究文学现象，将文学现象上升到理论高度，需要将理性分析贯穿于整个思维过程。可见，具备一定的文学理论素养也是我们写作文学学科论文的基本要求。

（三）文学鉴赏能力

文学学科论文的研究对象是文学，而文学作品是文学研究的第一事实。文学鉴赏是人们阅读文学作品时产生的一种审美认识活动，丰子恺把鉴赏的路径理得很细，其顺序是：“第一诉于感觉，第二发生感情，第三感情移入，第四美的判断，第五美的批评。”[1] 文学鉴赏是一个由感受认识到理性批评的过程。

文学鉴赏素养的培养首先是艺术感受力的培养。文学是语言的艺术，语言感受力是最基本的。“书评家应将‘善读’的艺术视为基本的工作。”在文学作品中，“文字是天然含蓄的东西。无论多么明显地写出，后面总还是跟着一点别的东西：也许是一种口气，也许是一片情感。就字面说，它们也只是一根根的线，后面牵着无穷的经验。”[2] 作家通过语言的媒介，把无穷的经验寄托在里边，我们则要通过阅读，把语言转换为形象，转化为作家认识的生活，从而感受和接近作家的心灵，领悟作品幽微的旨趣和新颖独到的创造。因此，良好的语言感受力是我们进行研究的前提。

在鉴赏活动中，鉴赏者由被文学形象的具体感受所触发而产生情感反应，继而移情体验、体味，进而发展为判断、批评，其推想力和推理力的培养也十分重要。推想力是艺术思维能力，鉴赏者要在体味作品的语言内涵的基础上进行再造性想象，对艺术形象有所丰富、补充和发展，充分地品出作品的诗意韵味，揭示作品的启示意义，同时也可以检验文学形象的真实性和生命力。推理力是抽象思维能力，要求从一定的美学原则出发来分析文学现象，并能从若干文学现象中抽象出规律性的结论来，完成美的批评。

此外，具备科研意识，端正科研态度，讲求科研方法，以及具备一定的写作能力和技巧等，都是文学学科论文写作者的必备素养。

思考与练习

一、写一则300～500字的本章内容提要。

二、运用本章提出的研究方法和批评模式，任选一角度，自主命题，对《伯夷列传》进行研究或评述。要求：角度新颖，论述充分，语言畅达。

伯夷列传

伯夷、叔齐，孤竹君之二子也。父欲立叔齐。及父卒，叔齐让伯夷。伯夷曰：“父命也。”遂逃去。叔齐亦不肯立而逃之。国人立其中子。于是伯夷、叔齐闻西伯昌善养老，“盍往归焉！”及至，西伯卒，武王载木主，号为文王，东伐纣。伯夷、叔齐叩马而谏曰：“父死不葬，爰及干戈，可谓孝乎？以臣弑君，可谓仁乎？”左右欲兵之。太公曰：“此义人也。”扶而去之。武王已平殷乱，天下宗周，而伯夷、叔齐耻之，义不食周粟，隐于首阳山，采薇而食之。及饿且死，作歌，其辞曰：“登彼西山兮，采其薇矣。以暴易暴兮，不知其非矣。神农、虞、夏忽焉没兮，我安适归矣？于嗟徂兮，命之衰矣。”遂饿死于首阳山。由此观之，怨邪非邪？

或曰：“天道无亲，常与善人。”若伯夷、叔齐，可谓善人者非邪？积仁洁行，如此而饿死。且七十子之徒，仲尼独荐颜渊为好学。然回也屡空，糟糠不厌，而卒蚤夭。天之报施善人，其何如哉？盗跖日杀不辜，肝人之肉，暴戾恣睢，聚党数千人，横行天下，竟以寿终，是遵何德哉？此其尤大彰明较著者也。若至近世，操行不轨，专犯忌讳，而终身逸

① 丰子恺．艺术的鉴赏//龙雪涛．鉴赏文存．北京：人民文学出版社，1984：128.

② 萧乾．书评研究//龙雪涛．鉴赏文存．北京：人民文学出版社，1984：455.

乐，富厚累世不绝。或择地而蹈之，时然后出言，行不由径，非公正不发愤，而遇祸灾者，不可胜数也。余甚惑焉，傥所谓天道，是邪非邪？

子曰："道不同，不相为谋。"亦各从其志也。故曰："富贵如可求，虽执鞭之士，吾亦为之。如不可求，从吾所好。""岁寒，然后知松柏之后凋。"举世混浊，清士乃见。岂以其重若彼，其轻若此哉？

"君子疾没世而名不称焉。"贾子曰："贪夫徇财，烈士徇名，夸者死权，众庶冯生。"同明相照，同类相求。"云从龙，风从虎，圣人作而万物睹。"伯夷、叔齐虽贤，得夫子而名益彰；颜渊虽笃学，附骥尾而行益显。岩穴之士，趋舍有时，若此类名湮灭而不称，悲夫。闾巷之人，欲砥行立名者，非附青云之士，恶能施于后世哉！

（选自司马迁《史记》）

第六章

文学学科论文的选题

科学研究的第一步是选题。

选题就是选择一个研究的对象、目标，一个所要研究的问题，然后产生一个适当的题目。

怎样选题？到哪里选题？这些可能是令许多大学生苦恼的问题。一些学生所选论题要么大而空、空而泛，要么是没有学术意义的常识性问题，要么是老调重弹的旧话。总之，不能确切地提出和解决一点新问题，已成为许多大学生选题的通病。

选题是论文写作的重要环节，是决定论文的成败和价值的重要因素。一些专家、学者指出：确立了一个好的论题，论文就成功了一半。选题对于决定论述的内容和价值是很重要的，要善于提出问题供自己研究。如何过好选题这一关，顺利进入科学研究之门呢？

本章将带领大家学习选题方法，认识途径，锻炼眼光，提升水平。

第一节 阅读体验与问题导向

大多数同学没有自觉的科研意识，临近毕业时才考虑毕业论文写作。此前，几年所学的知识只是散乱地堆积着，既缺少把它们串起来的意念，也没有把它们串起来的能力，等到进入毕业论文写作阶段，才临时抱佛脚，找题目，或者指望老师给一个选题。

选题不是凭空得来的，只能通过自己阅读的体会得出。一般来说，最重要的前提还是对作品的阅读和感受。作品中什么最能打动你，有哪些现象是你认为重要的，作品的主题、作品的形式、作家的思想和体验，还是文学理论问题更能引起你的兴趣：你的论题往往建立在阅读体验的基础之上。

一、如何形成论题，自问阅读感受

每个人都有自己喜爱的作品，甚至可能是某个作家的所有作品，或几个风格相近的作家的作品。许多学生都有被作品深深吸引、深深打动甚至深深震撼过的经历，都感受过作家的感受，体验过作品人物的情感，获得过丰富的美感体验。华中师范大学文学院的王艳独爱散文，而最爱的是江南散文。平日里阅读江南经典散文，品味其典雅的语言、恬淡的情感、舒缓的节奏和优美的意境，能够从中体悟人生哲理智慧，触碰真善美的心灵。在遍读一篇篇骈俪的江南散文时，一个频繁出现的词语——烟雨，使她蓦然之间有所触动，即刻又激起一连串问号：是怎样的一个烟雨意象赋予了江南以精灵之气和氤氲聚集？为什么现代江南散文作家群喜欢用烟雨这一意象来点缀江南散文的诗情画意，进而勾起读者们的无限遐思……因此，身在喧嚣心向江南的她便试图寻找这些谜底，也因此有了一篇论文。① 古人云“读书得间”，用通俗的话说，就是从中发现问题，解决问题。

“珍惜阅读印象和体验”，特别关注大学生论文写作的北京大学教授温儒敏告诫大学生：“个人的阅读体验、审美的感觉可能就是阐释问题的出发点，文学研究是特别强调主体性的。阅读过程的印象、体验和思考最重要，要抓住一些鲜活的体验、思考的火花，以及一些不解的问题，很可能就在其中生发出新意，所谓创新的基础可能就在这里。”② 20 世纪 80 年代初，暨南大学的何龙感到，踏进散文园地，总感到有一股暮气：意境仍是平平缓缓的慢板，句法仍是稳稳当当的古范，真正让人耳目一新的散文如凤毛麟角。然而当他发现了一块散文绿洲时，他的感觉为之一新：在渐为祖国大陆读者所熟悉的台湾诗人余光中的散文世界里，簇新的意象代替了被嚼烂的少女和梦的俗喻，澎湃的谈吐抒发代替了矫揉造作的伪情滥调，徐疾多致的节奏代替了沉缓无力的行板，灵活多变的句法代替了呆稳板滞的语序，幽默风趣的妙语代替了装腔作势的教训，信手拈来的活语代替了求援卖弄的搬古……何龙认识到，散文天地广阔，色彩斑斓，路子多般，是一个声色气味俱佳的世界！由此浸泡其中，欣赏品评，写了《台湾作家余光中的散文艺术世界》一文，以“艺术导游”的身份带领读者分享其审美感受。③

文学理论研究也需多读作品，对作品有独到的体会。如对创作方法的研究：“试评先锋派小说”；美学研究：“中国古典悲剧的‘大团圆’研究”；文论研究：“论韩愈的文体革新理论”等。文学理论的研究对象是作家、作品、作品反映的世界、读者及其相互关系，文学理论研究不可以脱离表现作家创作活动、反映社会生活的作品。因为，文学理论不能在真空中得到，它是通过接触具体的文学作品和批评而得到发展的，而理论又必须得到文学作品的检验与例证的支持，才能变得充实与言之成理。正是在这种意义上，专家学者希望同学们多读文学作品，甚至尝试文学创作，“从现实的生动的文学活动过程中来展开对文学理论的探讨，而不能单纯从哲学原理出发进行理论的逻辑演绎，使理论远离文学现实，导致理论失去对现实的阐释功能”④，

---

① 王艳．“多少楼台烟雨中”——现代江南散文中的烟雨意象浅析．湖北省 2013 年优秀学士论文．

② 温儒敏．中文学科论文写作训练．北京：北京大学出版社，2003：163.

③ 周勇胜．八十年代大学生毕业论文选评．福州：福建人民出版社，1986.

④ 温儒敏．中文学科论文写作训练．北京：北京大学出版社，2003：7.

从而避免理论阐释的苍白和空洞。如南京大学中文系张伯伟的《意象批评论——从钟嵘〈诗品〉谈起》[①] 一文。意象批评法是用具体的意象来喻示诗人、作家、艺术家的风格。论文作者意在探索意象批评法产生的时代因素，并就意象批评法本身的是非功过予以评说。毫无疑问，论文作者必须有对中国古代的诗歌作品的阅读体验，熟悉主要诗人的作品及风格，特别是对古代诗歌中的意象艺术有特别的美感体验，才能写出这样的论文。再如武汉大学中文系於可训的《简论中国古典风格论的起源》[②] 一文。风格研究是作家作品研究的一个重要课题，中国古典风格理论是中国古代文论的一个组成部分。还有中国人民大学中文系夏起光的《西方悲剧理论的历史发展和演变》等，都离不开对作品的熟悉和把握、感受和体验。

也许有的同学读了一些作品，但说不出喜欢谁的，对谁的作品感兴趣，似乎也没有什么个人深刻的美感体验。也许这是读书贪多，读得太浅的缘故。绘画大师刘海粟在谈治学时指出："学习的大患是浅。观摩一张名画，学习一本名著，都不能停留在表面上。只有深入进去，找出其中特殊的意境，才是其乐无穷。"他讲到中国古书《画图见闻志》上记载的一则故事：阎立本初到荆州，见到张僧繇的壁画，下的评语是"徒虚得名耳"。次日他又去看，说张是"近代佳手"。第三天去看更深了一层，说是"名下无虚士"。最后为张的作品所吸引，"留连十日不能去，坐卧其下以对之"[③]。可见，深入地阅读了才可能有深入的了解，引起特别的兴趣，获得独到的体验。只是"眼到"而没有"心到"，自然就谈不上引起特别的兴趣，获得独到的体验了。

还有一个方法，就是鲁迅在回答青年文学爱好者的问题时提出的：可以先看几种名家的选本，看看自己最喜欢哪个作家的作品，然后再看这一个作家的专集，从文学史上看看他的位置；如果还想知道得更详细，就看一两本这个作家的传记，如此便可以大略了解了。这也是入手方法的一种。

阅读作品要注意不同体裁的不同要素，如诗歌的情感、想象、意象、意境等，小说的人物、情节、环境及叙事话语等，散文的立意、构思、意境等，戏剧的情节、冲突、结构、台词等。琢磨体会这些文体特征的要素的审美功能，通过其审美指向去把握作品的内涵意蕴，阅读有了欣赏和分析相伴随，有时便会有所发现，从而获得一个有价值的选题了。

总之，"把文学作为文学来研究，就要求研究者成为有艺术素养的细心的鉴赏家，决不能做那种连作品都没有读懂就粗暴地挥舞板斧乱砍乱杀的黑旋风"（严家炎语）。

二、问题导向的阅读

所谓问题导向，就是以问题去引导阅读方向，也就是带着问题阅读，阅读过程因此而朝着证实问题的方向、朝着解决问题的方向发展和推进，即"设疑"和"求疑"。宋代朱熹说："读书无疑者须教有疑，有疑者却要无疑，到这里方是长进。"[④] 明儒陈献章在《白沙子全集》里也认为学贵有疑，小疑则小进，大疑则大进；有疑惑方能觉悟，一番觉悟，便得一番长进。

---

① 温儒敏．中文学科论文写作训练．北京：北京大学出版社，2003：7.

② 於可训．简论中国古典风格论的起源．武汉大学学报，1982（2）.

③ 刘海粟．宏约深美——和青年朋友谈治学//浙江日报编辑部．学人谈治学．杭州：浙江人民出版社，1982：219－220.

④ 朱熹．读书法//冯天瑜．学规类纂．武汉：湖北教育出版社，1994：243.

（一）“问题导向”的阅读是一种能激发创造活力的阅读

“问题导向”的阅读是学术研究必需的。“研究”是与“问题”息息相关的，因为疑惑是人类寻求问题的原动力，如无疑惑产生，则无须解决问题。大科学家爱因斯坦特别强调能提出问题的重要价值，他认为提出问题，往往比解决一个问题更重要，因为提出新的问题，新的可能性，从新的角度去看旧问题，需要创造性的想象力。“问题导向”的阅读就是一种能激发创造活力的阅读。

没有“问题导向”意识的读者，所读到和抄到的，往往是零散的无结构的资料，这些资料会反作用于他，影响他的科学敏感性、鉴别力、研究能力，其结果往往是“头脑中让别人跑马”（萧伯纳语），以别人的知识结构代替了自己的思维结构。清代郑板桥早就告诫人们说：学问二字，必须拆开看，学是学，问是问。他认为当时的人有学无问，虽读书万卷，只能算是一条钝汉。许多大学生在校期间辛辛苦苦读了大量的书，甚至做了大量的笔记，不料到了做毕业论文的时候，却觉得头脑里空空的或满满的，无头绪无结构无线索。四年过去了，依然书是书，我是我，应了郑板桥之说。因此，我们要特别强调阅读的“问题导向”，早一点由被动学习转为主动思考，以“问题导向”的阅读激发创造的活力。

（二）“问题导向”的阅读是一种批判性的学习

顾颉刚先生 1927 年在厦门青年会做“怎样读书”的演讲，系统地介绍了自己的读书方法，他说：“我们的读书，是要借了书本子的记载寻出一条求智识的路，并不是要请书本子来管束我们的思想。所以读书的时候，要随处会疑。换句话说，就是读书的时候要用自己的思想去批评它。我们只要敢于批评，就可分出它哪一句话是对的，哪一句话是错的，哪一句话是可以留待商量的……”① 可以积极思考，不断追问，记笔记，写批语，查一查，研究一下，把发现、想法记下来，培养自己发现问题的能力和对问题的判断力。江西师范学院中文系 1977 级的黄南南读王维的山水诗，对“诗以画意感人”的千载定评有高度共鸣，但是，为什么王维诗中会有画，这种诗中之画何以形成，诗、画两种不同门类的艺术形式在其作品中怎样合为一体等等，一连串问题提了出来，由此推动了对作品的细读。② 我们一旦发现了可疑之处，就应深究，唯其如此，才不致人云亦云。

“问题导向”并不限于阅读，发现问题的途径有很多，外界事物、他人言谈的触动，听课、做作业中的疑义，都可能生发出许多问题来。这些问题即“因缘”，会在最初考虑选题时起作用，比如你喜欢哪门课，喜爱哪一位作家，受到哪篇文章的启发，等等，然后试图从有“因缘”触发的方向与范围去寻找题目。

（三）专家学者提醒：选题方法之一即从怀疑与好奇开始

我们选择课题时，要研究“问题状况”，设法了解人们在讨论些什么，找出问题所在，把

---

① 浙江日报编辑部．学人谈治学．杭州：浙江人民出版社，1982：435.

② 黄南南．时空艺术的交融——王维“诗中有画”成因初探．江西社会科学，1982（6）.

兴趣放在不一致的地方，这里可能有新课题待开拓。有的问题前人已经有研究了，但结果不完满，有分歧，这里也可能是你有所发现的地方：努力去发现有关学科的不完备或难以自圆其说的地方，发现专业书籍在某些方面语焉不详之处，发现理论与实践的某些矛盾，发现专业书籍中材料、观点的自相矛盾等等。还有对某些学术观点持不同看法的文章，或是当出现了某些新的现象、新情况，找不到现成的答案之时等，这些都可能引我们进入研究之门。

在平时的学习中，围绕一个问题经常思考其本质所在，反复探求“为什么”，把它变成有意识的经常性的思维体操，随着学习的深入和知识面的扩展，我们会了解有关那个问题的许多信息，也许在问题的思考中慢慢会引起研究的兴趣。

日本一桥大学伊丹敬之教授要求他的学生在选题上要追求有趣，探索奇异的题目去做。他与学生们一起讨论问题，并提出建言说：“要尽可能地选择让你感到奇异、不可思议的事情来做。如果找不到的话，最起码也要选择有趣的题目，在知识上令你感到兴奋的题目来做。”因为独特的创见都是从怀疑与好奇开始的，选题就要选那种追求有趣或是探索奇异的题目。“有趣的事，在某种意义上可以使我们感到知识上的兴奋，而奇异的事，则会使我们产生求知的好奇心。”[①] 人们常说：“兴趣是最好的老师。”研究兴趣涉及工作积极性和灵感问题。对一课题有兴趣，科学研究就变成一种快乐，对资料信息也很敏感，容易发掘出对自己“有用之物”；而且兴趣使大脑中枢处于兴奋状态，容易产生灵感，从而写出有独到见解的、有价值的学术论文。

总之，在阅读体验和问题导向中获得一个学术兴奋点，拟定一个自己有浓厚兴趣的题目，能让我们真正进入研究过程，即使研究的范围大些也无妨。

第二节
了解研究现状和决定研究方位的策略

我们在大致有了一个研究范围和方向后，就要尽可能了解所涉及的学科和研究领域的历史和现状，来决定自己进入研究的方位，以避免无意义的、重复的写作劳动，这样可以少走冤枉路，事半而功倍。

了解学科的历史与现状，需要浏览查阅一些学术史和相关的资料，有学者把浏览查阅这样一些“研究之研究”的资料，喻为“了解行情”。比如，在某学科的某个方面，前人提出过哪些相关的问题，对这些问题的探讨已经有了什么研究成果，问题解决得怎么样，与这些问题相

① 伊丹敬之．创造性论文的写法．吕莉，张舒英，译．北京：社会科学文献出版社，2004：17.

关的学术观点有没有分歧，等等。我们只有在了解了“行情”后，才能判断还有哪些问题没有解决，哪些研究有待完善，还有哪些领域未曾开垦，哪些资源可以发掘，哪些课题有学术意义，可以在前人的基础上接着做，哪些课题有填补空白的价值，有可能走到学科发展的前沿，哪些课题人家已经做得很充分了，不值得再去重复。

有些同学做论文之前没有了解学科研究的情况，花工夫把文章做出来了，结果那个论题早有人研究过了，而且自己做的还比不上人家的研究水平，辛辛苦苦的重复劳动，没有意义和价值，这样的教训是不少的。有些同学的论文往往罗列众所周知的知识，写得大而空，不能切实地提出和解决新问题，也是因为缺少了这一个重要步骤的缘故。

一、查阅相关文献，了解学科研究历史

我们可以查阅有关学科学术史或学科史方面的书，充分了解学术史、学科史上在某一方面的已有成就。20 世纪 30 年代以来，学术史研究多成为专题研究必要的先行阶段，凡受过正规学术训练，懂得学术规范者，无论做哪一个专题，总要对该专题有关的学术史做一番调查，以为研究的出发点，虽然并不一定将此写入著作。学术史的主要功用是通过分源别流，让后来的研究者了解学术发展的脉络和走向。学术史通过描述学术进程的连续性，鼓励和引导后来者尽快进入某一学术传统，以免去许多暗中摸索的工夫。如果不掌握文献资料，不关心学术的发展，不注意他人已研究了什么，取得了什么成果，只是一味地闭门造车，无疑将导致重复研究早已是老生常谈的东西，而且可能还达不到人家的水平。

传统做学问讲求先有“书目学”知识，在大致确定了选题之后，先列一个基本的参考文献书目，全面把握学科信息。如北京大学中文系教授温儒敏给选定以现当代文学作为论文范围的同学们开了这样一个参考书目：先看《中国现当代文学专题研究》，这本教材评论了 16 位作家，同时也涉及了许多相关的文学现象和文化现象，其中多数章节都有类似学术史以及研究现状的内容，介绍了学术界评论界的各种代表性观点和研究成果。再看几本学科史著作，如黄修己的《中国新文学史编纂史》（北京大学出版社，1995），对数十年来各种现代文学史研究专著与教材有全面的评述；徐瑞岳的《中国现代文学研究史纲》（江苏教育出版社，2001），以专题述评方式介绍了各种文体、流派与主要的作家的研究历史；崔西璐的《中国当代文学研究概论》（天津教育出版社，1990），系统总结了 20 世纪 90 年代之前的当代文学研究状况。接下来又介绍了几本专业杂志和文学类权威期刊、学报，如《中国现代文学研究丛刊》《新文学史料》《文学评论》等。还有专题性的研究刊物，如《鲁迅研究月刊》《延安文艺研究》《茅盾研究》《郭沫若研究》等。更重要的资料整理成果还有中国社会科学院文学所发起编纂的大型丛书《中国现代文学史资料汇编》，还有《中国现当代文学期刊索引》和《中国现代文学总书目》。[①] 这些工具书为我们研究现当代文学提供了方便。

浏览学科经典著作和重要著作，如同牛顿说的是站在巨人的肩膀上，这会使我们看得更高更远，从而借助前人的研究成果，参与科学研究接力赛，推动科学事业的发展。

---

① 温儒敏．中文学科论文写作训练．北京：北京大学出版社，2003：158－159.

二、了解学术“行情”，掌握相关课题的研究进展

在对学术史、学科史有了基本的了解后，还需了解当前的学术“行情”，了解学术界、评论界的各种有代表性的观点和主要成果，掌握相关课题的研究进展。

了解学术“行情”，要注意学术期刊杂志上最近的有关专题研究论文，注意最新有关专题研究成果的专著。社科类权威期刊如《中国社会科学》《文学评论》等，专业杂志如《中国现代文学研究丛刊》《新文学史料》《文艺研究》《文学遗产》《外国文学研究》等，专题性的研究刊物如《鲁迅研究月刊》《茅盾研究》《红楼梦研究》等，还有各省的理论研究刊物，各大学的学报等。此外，还有专题性的国际学术会议论文集、全国性学术会议论文集，这些期刊和论文集上的有关论文要认真研读。与此相关的最新专著，包括翻译介绍的国外专书论著也要关注，借此了解学术界、评论界的各种有代表性的观点和主要成果。

了解学术“行情”，还要注意“综述”和“综论”一类的文章。综述和综论是对有关某个专题的学术研究成果的综合介绍和精要评论，在专门杂志或国际年会的论文集中，经常刊载视野开阔、质量很高的综述和综论文章。这种文章常常是特邀专家学者所写，或者是关注这一专题的专家所撰，这类文章能将有关专题研究的发展过程叙述明白，将最关键的问题阐述清楚，而最能给我们帮助的是，文章的后面往往附有较详细的参考文献目录，集中告诉我们具体的研究“行情”，以便我们顺藤摸瓜，去查阅了解，从而对相关课题的研究进展有个较全面的掌握。

在了解已有的相关文献资料时，不妨多问问题，如：这个问题有无再进行研究的必要，有无重新研究的可能，这个问题的研究是否还有不足尚待补充，这个问题能否用不同的理论方法去重新解读，这个问题与其他问题是否有关联，对它的研究是否可以产生一种新的思想，等等。

在选题之前，浏览查阅这样一些“研究之研究”和相关的资料，对前人的类似研究做一次彻底的文献探讨，我们对本学科以及某些研究领域的学术进展状况便有了大致的了解。

如孔子所说，“温故而知新”。我们了解了学科发展的历史与现状，可以对原来的疑问有进一步的认识，可以检验自己的问题是一个伪问题还是一个真问题。如果已有了大致的题目，也可以就此确定你那个题目是否已有人做过了。在这个过程中，我们思考的问题会随着对情况的全面了解而得到修正，所拟的一般性题目会随之缩小成特殊性的题目，逐步收缩范围直到获得合适的研究题目为止。同时在这个过程中还会引发新的问题或形成新的思路。

三、问题推进，确定研究方位

对本学科以及某些研究领域的学术成果和学术进展状况有了大致的了解后，接下来就是确定你的研究领域、范围和位置了。

了解了已有的研究成果后，你可以弄清楚哪些是历久常新、争论未决的问题，哪些是长久以来被人忽视的问题，哪些是新近开辟的新领域，哪些是学科中有基本建设意义和迫切现实意义的问题；你能判断哪些问题是亟待解决的，哪些问题是填补空白的，哪些是有争议的，哪些研究是有矛盾的或者是不完善、不充分的；你会发现哪些是属于边缘交叉地带的研究，热点话

题是什么，冷门论题有没有等等。从而权衡自己还能做什么，在哪一个点上做，是接着做，老题新做，还是开辟新的研究领域。

（一）接着做

在已有的研究中，争论未决的问题，长久以来被人忽视的问题，或者没有研究透彻的问题等，都是有研究的余地的，到那里去研究就叫“接着做”。

接着做首先是要能发现不足，寻找问题，发现已有研究中没有顾及的地方，或者是似是而非、语焉不详的地方等，把那个具体位置作为你研究的出发点。例如，中山大学的郭幸妮通过对东坡词的仔细研读，检索出东坡词使用《世说新语》典故的作品共有44首、55处，较已有的笺释苏词最详的版本所注明的多一倍。苏词如此频繁地使用《世说新语》中的典故，应该是具有深层的意蕴的。这一个发现确定了论文写作的研究方向。郭幸妮的论文《东坡词与〈世说新语〉》在东坡词的研究方面接着做，不仅对东坡词的研究提供了新材料、新角度，同时，也为《世说新语》的传播和影响研究提供了一个生动的旁证，而这又是《世说新语》研究还没有顾及的。[①] 20世纪80年代那场朦胧诗论争中，针对诗坛“保守派”对当时新诗的批评，北京大学教授谢冕以一篇《在新的崛起面前》[②] 的短论替诗坛“怪”现象——朦胧诗一辩。论文尖锐地指出，我们的新诗60年来不是走着越来越宽广的道路，而是走着越来越狭窄的道路。肯定新崛起的诗人们是在诗的领域中扔掉“旧的皮囊”而创造“新鲜的太阳”，倡导诗坛在新的崛起面前应理解、容忍和宽宏。福建师范大学孙绍振教授作《新的美学原则在崛起》[③] 为朦胧诗再辩。在吉林大学读书的徐敬亚以一篇《崛起的诗群——评我国诗歌的现代倾向》[④] 的毕业论文参与了论争。这就是著名的“三崛起”。徐敬亚从新诗现代倾向的兴起及背景、新倾向的艺术主张和内容特征、新诗全新的表现手法、新诗发展的必然道路等四个方面进行了充分、透彻的论述，对崛起的诗群作了较系统较全面的研究，为这个备受瞩目的研究论题提供了新材料、新角度和新方法，积极参与并有力地推动了这场影响甚广的诗歌论争，使之朝着更全面、更深入、更具学术性的方向发展。

接着做是要在原有的研究基础上更进一步，所谓“百尺竿头，更进一步”。或者提供了新材料，或者开辟了新角度，或者运用了新方法。接着做要力争对学术研究有新的贡献，在原有的基础上有所突破，甚至到达学术前沿。当然，对于大学本科的学生来说，这一要求不易达到。但只要是在已有研究成果的基础上有所作为，比如在某一方面进行细致一些、展开一些、深入一些的探讨，也就是在接着做了。

（二）老题新做

在已有的研究中，有一些历久常新的课题，这类课题往往是学科的一些基本问题，对这类

---

① 刘勇强．关于古代文学论文的选题及学术水平的三个层次//温儒敏．中文学科论文写作训练．北京：北京大学出版社，2003：69.

② 谢冕．在新的崛起面前．光明日报，1980-05-07.

③ 孙绍振．新的美学原则在崛起．诗刊，1981（3）.

④ 徐敬亚．崛起的诗群——评我国诗歌的现代倾向．当代文艺思潮，1983（1）.

课题继续关注，或提出新的见解，或提出新的疑问，或用不同的理论方法去重新解读，或换一个角度做，便是老题新做。如下面两对选题：

《红楼梦》研究	《红楼梦》的叙事学解读
《水浒传》豪杰形象研究	《水浒传》女豪杰形象研究

古代文学中的四大名著是古代文学研究者的特别关注对象，一部《红楼梦》已有无数研究者在那里精耕细作过，对其艺术性的探讨已得出规律，如红学家周汝昌先生在谈到《红楼梦》研究时说的，大致总不出“形象鲜明，性格突出，语言生动，描写深刻”的“十六字真言”。然而，新时期西方学术理论、学术方法的引进，给学界带来了新的工具，叙事学在《红楼梦》研究中的运用，给研究界以耳目一新的感觉。这也是在新做老题。“《水浒传》女豪杰形象研究”则是换了一个角度。此前水浒豪杰研究多集中在男性，有关女性豪杰也是个案研究，那么，把女豪杰作为一个特别的群体来观照，就是一个别样的角度了。

老题新做在于对研究对象进行更深入、更科学、更全面、更透彻、更丰富的研究，或正本清源，或另辟蹊径，或添砖加瓦，如此等等，都是在对老课题予以新观照，提出新见解。

（三）开辟新的研究领域

通过对已有研究成果的研究，你可能发现还有些领域未被开垦，那也许是人们集体忽略掉了的，这正有待你前去拓荒；你如果有多学科的知识积累，就可在两个学科的边缘处、交接处进行某种链接。如论文《现代汉语虚词与新诗形式变革》，作者既有现代汉语的厚实学养，对现代诗歌的形式又有深入独到的研究，还具备开阔的学术视野和敏锐的学术创造性，因此可以发现：“19 世纪与 20 世纪之交科学主义思潮在中国的盛行提供了现代汉语虚词剧增的历史语境，现代汉语虚词大量入诗是现代白话诗歌在适应欧化语法体系与知识的科学性认同基础上，开始现代形式建构的产物；现代汉语虚词大量入诗，既影响了诗歌语言观念、词汇、语法体系的更新，促进了汉语诗歌语言的转型，又从诗歌的句法、体式、节奏等方面促进了现代汉语诗歌的形式嬗变；现代汉语虚词大量入诗，推动了中国传统诗歌以抒情为主的功能向叙事与哲理表现的多元路向发展，对理性的强调和叙事的融入，给中国现代诗歌增添了一种理性抒情与知性美感的新趣味。中国现代汉语虚词的大量入诗直接影响了汉语诗歌形式的现代转变。”① 再如《当代“中国风歌曲”与宋词关系研究》《青楼与宫廷——解读当代网络穿越小说典型叙事空间》也是一种新的链接。

此外，有的学科研究可做社会调查以确定选题。如文学教育调查：可以在实习中进行语文教材、教学方面的调查，课外文学阅读方面的调查；也可以申请科研立项，进行大学生文学原创、校园文化等方面的调查，在此基础上确定选题。

学术发展是一个积累的过程。后人只能在前人已经达到的基础上继续前进，这样才能真正向前更进一步。因此，充分了解学术史的已有成就，了解学科前沿的研究“行情”，广泛考察

---

① 王泽龙，钱韧韧．现代汉语虚词与新诗形式变革．中国社会科学，2014（9）．

别人已经提出的见解，接受前人已经发现的真理，避免前人曾经犯过的错误，注意研究历久常新、争论未决的问题，注意长久以来被人忽视的问题，注意新近开辟的新领域，重新调整或决定自己的研究方位，这样，我们就能在人类追求真理的道路上向前迈进了。

第三节 选题范围的伸缩与选题角度的确立

大学生有一个写毕业论文的通病，就是论题空泛，面面俱到，没有切入点。论文往往弄一个某学科基本知识的大框架，再举几个例证而成篇。治疗通病的最好办法是：选择好的切入角度，着眼于小而具体的课题。那么，为什么要选小而具体的课题呢？本科生写论文，实事求是地说，主要还是一种学术训练，应扎扎实实地讨论一个个具体问题，有根有据地对它们进行分析。

一、大题与小题

这里的大题，顾名思义，指的是研究范围大，所涉问题大，需要相当的学术积累和研究能力，需要相当的资料支撑，还需要相当的时间来完成的课题。小题则是指具体单一的课题，所涉范围小，问题小，很具体、单一，收集材料的工作不过于繁重，对材料的驾驭也相对容易一些，可以在较短的时间内完成。

关于论文选题的大小，网上有这样的帖子：

> 高中生论文的选题：《伟大的中国文学》
> 专科生论文的选题：《南北朝文学在文学史上的地位》
> 本科生论文的选题：《试论齐梁时代形式主义文学对唐诗的影响》
> 硕士生论文的选题：《从〈文选〉看梁代文学观念》
> 博士生论文的选题：《〈昭明文选〉研究》
> 博士后论文的选题：《〈昭明文选序〉的价值和影响》
> 评教授论文的选题：《论“事出于沉思，义归乎翰藻”》
> 教授出国讲学选题：《何谓“翰藻”？》

以上的例子虽然是虚拟的，不无讽刺之意：学历水平越高，所选题目越小，选题的大小与学历水平恰恰成反比；但这正反映了实际的一些状况。当然，不是说学术水平高都不做大题目，这里是以选题上的戏剧性对比，讽刺一些不切实际的选题。大题需要学术积累，需要相关的资料，需要相当的时间，本科生来做，难免空泛。

看两组文学类的选题吧：

（1）中国现代长篇叙事诗研究
　　论冯至早期的长篇叙事诗
（2）雨果论
　　浅论《巴黎圣母院》中的滑稽艺术

关于中国现代长篇叙事诗研究，需要涉及从“五四”至中华人民共和国成立前的有代表性的诗作和诗人，涉及中国现代文学发展史、文学思潮、文学运动、地域文学、民间文学，还有中国现代史等，本科生来做恐怕难以驾驭。而研究冯至早期的长篇叙事诗，题目所涉范围就要小得多。冯至早期的长篇叙事诗数量不多，《吹箫人的故事》《帷幔》《蚕马》《寺门之前》四篇在百行以上，《河上》《鲛人》为诗剧（类归叙事诗）。六篇作品写于1923—1926年间，时间跨度也不大。相比而言，这个题目就比较小了，容易把握一些。

关于《红楼梦》研究，这个课题之大毋庸置疑，而“试探赵姨娘的妾妇人格”则小而具体，相对容易操作。

论文题目的大小并不决定其价值的大小，不一定大题目就价值高，小题目就一定价值小。王力先生在《怎样写论文》中强调选题要小，认为“就是要选小的问题，专谈一个问题，谈透了就是好”①。

二、伸缩“大”“小”，确定角度

本科生喜欢做大一些的课题，前面引用的网上帖子描述的就是这一现象。作为本科生，选题太大，往往不知道要研究什么，结果必定只能蜻蜓点水，浮光掠影，流于空泛。如有篇毕业论文的题目就是《〈哈姆雷特〉研究》。可以说这不是一个选题，而是一个选题范围，或者说是一个大题目。何况有关哈姆雷特的研究成果已经很多了，要浏览查阅的资料多得没法一一细看，而这也不应是一篇本科毕业论文可以承载的课题。但这个学生就是以这个题目完成了毕业论文写作。从这个论文的题目看不出作者要研究什么，其实作者也不清楚要研究什么，只是介绍了一下故事梗概，再从手头方便看到的文献中引用几句评论，毫无疑问，这篇论文只是对作品泛泛而谈，没能深入下去，得分自然不高。

关于《哈姆雷特》，不是说本科生不能做，而是要选择一个具体的小题目来做。可以把大题目看作一个范围，从中选择一个角度，如评论一部像《哈姆雷特》那样的作品的特色，或只论其中一个主要的人物，或只分析一两个重要细节，便是大题小做。一般来说，我们在了解已有研究历史、现状的过程中，会将原来的范围缩小，因为会感到题目太大，无法把握，也会在

---

① 王力，朱光潜，等．怎样写学术论文．北京：北京大学出版社，1981：2.

此间获得一些触动而选择了角度，自然就会缩小范围。比如这样一组题目：

古典诗词中的意象研究
古典诗词中的雨意象研究
浅析古典诗词中雨意象的生命哲学内涵

可以看出，论题的范围在一步步缩小，最后的题目的角度对于本科生就比较合适了。

大题可小做，小题也可大做，如：评一首四句的小诗，是小题，但如果和作者同类、不同类的其他诗文联系起来评论，和其他人的同类不同类的诗文联系起来评论，和一种文艺思潮联系起来评论，就可转化成较大的难题，也可能写出有分量的重要论文。

小题大做，可以是由点及面，由一个或几个点（个案）进而研究一个类别的问题。在这种意义上说，“小题大做”，既是研究的深入，又是研究的拓展。

关于选题的去“大”取“小”，我们已经很明确了。选题大，不容易写得深入透彻，难免失之肤浅。选题小可以做得具体而扎实。但是，选题取“小”并不意味着取太小而没有发掘余地的选题，太小的选题没有足够的扩展空间，难以展现自身的实力与水平，也是不可取的。如何缩小选题角度，拟定适当的小题而大做呢？台湾学者莫建清给我们支着儿，他建议从四个方面着手：第一，先拟定一个自己有浓厚兴趣的题目。第二，尽量缩小题目研究范围，至于缩小到什么程度，全靠收集的资料与个人处理这些资料的能力来决定。题目小，较易于收集资料并可整理详尽的书目及资料卡片。再者，观念较易集中，精华较易摘取，往往可以深入问题中心，而不流于肤浅，作者才有可能有个人的创见或新发现。第三，对前人的类似研究做一次彻底的文献探讨。第四，多问问题。“在探讨以往的相关文献时，不妨多问问题，如言心哲所问的：‘这个问题有无再研究的必要？有无重新研究的可能？这个问题的知识，是否仍有缺陷，尚待补充？我们若拿来再作的时候，又有多大的益处？’当然，我们可以再问前人所研究的理论、方法、过程是否能加以修正、充实、扩充、甚至取代。在探讨的过程中，我们的概念与所思考的问题都会随时修正，所拟定的一般性的题目也随之缩小成特殊性的题目，一直到找到合适的研究题目为止。”①

这四个步骤我们在前面和这一节中也有涉及，它肯定能帮助同学们避免选题大而空的毛病，过好选题这一关。

其实，对任何一个课题的研究，都需要确定一个角度，即使是较小的课题，也还要确定一个角度。如评一篇作品，就有不同的角度。可评它的主题的意义，可论主要人物的典型性、可分析作品的叙述语言等。

三、伸缩“大”“小”，确定重点

伸缩选题范围的大小也能帮我们确定研究的重点，改变面面俱到的毛病。有的同学接触的

① 如何旁征博引、小题大作，从事研究论文之写作//华中师范大学文学院．学术规范讨论资料选编（研究生学习参考资料）．2001：55.

理论主要是教科书和理论著作，单篇文章接触较少。可以说这不仅缺乏科研意识，没能进入研究状态，也缺乏对科研论文的文体意识。写起毕业论文，也模仿教科书的写法，动不动就拉出一个体系来，甲乙丙丁，开中药铺，方方面面都写到，涉及过多又不够深入，结果是没有问题的浮皮表面的学科基本理论的复述。论文不同于教科书或专著，论文只能关注一个对象的一个侧面，解决一个具体问题。因此，在大致确定的选题范围内确定研究的重点，可以帮助我们把注意力集中或侧重在某一方面。看这样的论文题目：《对〈呼啸山庄〉的伦理解读》《从〈儒林外史〉看科举制度对人性的腐蚀》。前者的重点在对作品进行“伦理解读”，后者的重点在以作品为例，论述科举制度对人性的腐蚀。

又如，上面提到的华中师范大学程青的《试探赵姨娘的妾妇人格》一文，作者查阅了已有研究成果，注意到在《红楼梦》这个“千红一窟，万艳同杯”的女儿国里，最受人们关注的，莫过于才情无限的闺阁小姐、势力显赫的弄权少妇，甚至是各有特色的诸多丫鬟，而最不受重视，也几乎无人多费唇舌谈起的，莫过于赵姨娘之流的妾妇了。作者发现，在以往的《红楼梦》研究中，对赵姨娘这个人物形象探讨得比较少，而且在较少的研究中，研究者对这个人物的评价存在争议：或认为赵姨娘是一个好探是非，专生嫌隙的坏女人；或一味从阶级的层面解析她受压迫、被损害的原因，简单地抒发阶级同情的观点，要为其“半个主子”的身份翻案。作者研读有关资料，认为有关赵姨娘形象的研究局限在评判她是怎样一个人，以及对这样一个人应该持怎样的态度。而作者要研究的重点则可确定在对赵姨娘特殊人格的剖析上。赵姨娘是一个不讨好，甚至让人厌恶的人，她在人格层次上是低级的，在智慧和德行方面是下作的。作者要探讨的是：作为一个妾妇，赵姨娘的行为受到怎样的社会约束，这种约束下会产生怎样的人格，她的特殊的人格的形成将会怎样影响她的行为，从而找出妾妇人格在赵姨娘身上的特殊性。[①] 由此，我们可以看出，确定重点即确定角度，重点确定了角度也就出来了。

四、选小而具体的选题

如前所说，本科生写论文主要是一种学术训练，所以，还是选一些具体问题做比较合适。

如《〈红楼梦〉人物形象分析》《赵姨娘论》就不够具体，《试探赵姨娘的妾妇人格》就具体了。《论〈西游记〉艺术之不足》不够具体，《小议〈西游记〉叙事上的瑕疵》就具体了。《意象批评论》不具体，《意象批评论——从钟嵘的〈诗品〉谈起》就具体了。

在前面有关“大”“小”的释义中，强调小题是指具体单一的课题，所涉范围小，问题小，很具体、很单一。具体的小题目是一般做学术论文的共同取向。对于进行学术训练的本科生来说，更应是必选。选题具体可以扎扎实实研究一个问题，解决一个问题。

对于文学学科来说，选择小而具体的选题还有着某种必然性。文学研究不同于其他学科，要体现文学研究的具体性，这个具体性就是指从具体的作品出发。日常生活场景、人物心理世界、形象比较、对话分析等，莫不是以具体形象为观照物的。至于通过最细小的意象、细节、语言、修辞等进行微观研究，也是文学研究的特色。如这样的毕业论文题目——《试论郭沫若〈女神〉中“火”的意象》《秋瑾诗词作品中常见的几个典型意象》《陈染小说中的黑色意象群

① 华中师范大学教务处．华中师范大学优秀毕业论文选．华中师范大学学报（人文社会科学版），2005.

分析》等，这些从小处着手，由浅入深的研究，都需要建立在具体感性的、对文学意象的领悟感受的基础之上。

最后，还必须强调对选题的内涵外延要有清楚的意识与界定。对选题的内涵外延有了清楚的意识与界定，也可以帮助我们伸缩选题范围的大小。

总之，题目的开口大小要适中，内容要具体单一。伸缩范围大小确立选题角度、确定选题重点，我们就可以寻找到合适的选题了。

第四节 题目的推敲与选题的论证

在选题之初我们曾粗拟了一个论文题目，在确立选题角度之后，我们可能对其进行过修改。现在，我们需要考虑拟定论文的题目了。那么，选题和论文题目不是一回事吗？这里首先需弄清楚题目和选题的关系。

一般来说，论文题目表现论文主题，反映论文内容，使读者从题目便可了解内容主题，也便于读者通过题目查找、检索论文。

一、推敲论文题目

（一）题目和选题的关系

题目就是标题，是论文的名字。它与选题关系密切，但又不能完全等同。不少学生把二者混为一谈，以为选题即标题。

前面已经讲述过了，选题指的是论文的范围、对象和要讨论的问题。论文题目则是经过作者对自己收集来的大量材料进行分析研究，经过对论文框架的系统思考，经过对主题的反复提炼，最终确定的。但在选题阶段，选题与题目的关系表现为这样两种类型：一种是选题与论文题目相同，选题即题目；另一种是题目与选题不同。

选题与题目相同，论文论述的范围就是论文的题目，往往是作者在一开始就划定了论文的具体范围，写作目的也很明确。当然，这个选题与题目的重合也是在这一阶段，在后来的收集材料、写作及修改的过程中，题目也许还会有更改。

由此可以见出，题目与选题的程序是不同的。选题是论文准备阶段的第一道工序，选题不确定，无法收集资料，进行研究。而题目的确定，可以是在选题确定之后，在拟写提纲前后，动笔写作之前，甚至是在论文写好之后。

还有不同的是，题目可以更改，选题不好变动。作为论文的题目，在这里可以是暂拟的，可以在具体的写作阶段再进行更改；选题一旦选定就不好变动了，特别是经开题报告后确定了的选题，是不能变换的，若要更换选题，必须再次开题。

要提醒的是，不少学生不清楚选题与题目的区别，把选题当题目，特别是以为学校提供的参考选题即题目，直接拿过来用做自己的论文题目。拟定题目是选题的具体化，直接用选题作题目，有时不能充分反映论文的特征，更谈不上对论文起画龙点睛的作用了。

（二）确定论文题目

一般来说，从选题中能反映出论文所论述的内容是属于哪个方面的，但这个范围既不暗示文章的具体内容，也不表明文章的主题或作者的思想倾向。如：

儿歌研究
唐诗研究
韩剧研究
网络文学研究
魏晋南北朝文学中的生死主题
小说叙事理论研究

以上选题只是反映了研究范围，在这个范围内要讨论的具体问题则需要进一步明确。如"儿歌研究"，必须要缩小范围，具体到对哪一个时期的儿歌研究、哪一个作家的儿歌研究，或儿歌的声韵节奏和审美功能等方面的研究。这就是逐层缩小法。这是一个比较实用的确定题目的方法，即根据需要向着一定的方向层层缩小选题的范围，注意中途不可改变方向，就可以找出论文的题目了。

再如"唐诗研究"。这个范围中要讨论的问题太多了，涉及的诗人诗作也多。挑选具体诗人诗作，或进行对比研究，或进行典型研究，可以缩小为"白居易诗歌研究"等。但这个题目的范围还是大了点，不够具体，再缩小为"白居易的讽喻诗研究"，再缩小为"白居易讽喻诗的语言分析"。至此，这个题目就比较适合本科生做毕业论文了。

论文的题目应是一篇论文的文眼。它或者是论文的主题（中心论点），或者是论文主要内容的概括，或者表现了作者的思想倾向，如：

"梁祝"传说的传统文化意蕴和现代价值
《西游记》中女妖形象的塑造
著书不为稻粱谋——"十七年"稿酬制度的流变与作家的生存方式
浮世的悲哀——张爱玲的日常生活哲学
从《儒林外史》看科举制度对人性的腐蚀

《“梁祝”传说的传统文化意蕴和现代价值》《〈西游记〉中女妖形象的塑造》，两题明确地反映出选题的具体范围；《著书不为稻粱谋——“十七年”稿酬制度的流变与作家的生存方式》《浮世的悲哀——张爱玲的日常生活哲学》，两题既反映了论述的具体范围，又提示了论文的中心论点，而且观点鲜明，具体醒目，是为“题中见意”；《从〈儒林外史〉看科举制度对人性的腐蚀》一题则表现了作者的思想倾向。

论文题目有单标题和双标题，单标题即主标题，一般用来点明论文主要的内容或观点，要求简明、准确、新颖、醒目。如：

《卧虎藏龙》的现代阐释
当代“中国风歌曲”与宋词关系研究
从《儒林外史》看科举制度对人性的腐蚀

双标题有主标题和副标题，副标题是对主标题的补充，或指出文章内容范围，或补充交代事实，或点明主题来源、依据。

“丑到极处，便是美到极处”——浅谈“丑”在文学艺术中的审美作用
一个洋溢着声音的文本——试述莫言小说“故事化”的文体特征
“多少楼台烟雨中”——现代江南散文中的烟雨意象浅析

好的题目如一篇文章的旗帜和眼睛，可以引导读者理解文章内容、探索文章主题，可以画龙点睛，先给读者以鲜明深刻的印象。文学学科论文的研究对象是文学，描述性的、形象性的标题居多，用双标题的居多。当然，制作双标题要注意有虚有实，虚实结合，简练生动。

二、准备开题报告，全面论证选题

对于本科生的毕业论文来说，需要在选题之后进行开题，以论证选题的可行性。学生需准备和填写开题报告，论文指导小组的导师们通过论证，同意开题，方能进入下一步的研究和写作阶段。

开题报告的内容包括以下几个方面：拟选题目，选题依据及研究意义，选题的研究现状，拟研究的主要内容和思路，研究的创新点及重点、难点，研究进程安排，主要参考文献等。论文写作者从以上几个方面进行一番深入的思考并写出开题报告，就是在对选题作全面的论证。

（一）拟选题目

论文题目可以在写作前后推敲决定。这里虽是拟选题目，但也需要用心思考，力图能概括论文的观点，表达作者的思想倾向，反映论文的主要内容、具体角度等。论文的题目不同于文学作品的题目，拟定的题目应能反映文中主要的内容或观点，从题目可以判断其选题是否有意

义，是否可操作。拟定题目也就是在对选题的主题作思考，即你选这个选题要表达一个什么观点，说明一个什么问题。

（二）选题依据及研究意义

我们通过查阅相关资料，已经了解了已有成果，掌握了学术“行情”和相关课题的研究进展。在了解了学科发展的历史与现状后，我们的选题才有了依据。这个依据是什么？充分不充分？在这个基础上的选题有什么研究意义？这些问题，需要再次思考和表述出来。

本书前面提到，20 世纪 80 年代那场朦胧诗论争中，徐敬亚以一篇《崛起的诗群——评我国诗歌的现代倾向》的毕业论文参与了论争。当年，徐敬亚对诗坛上朦胧诗的激烈论争密切关注，又全面考察了新诗的背景、兴起，新诗的艺术主张和内容特征，新诗全新的表现手法等。新老诗人的倾向、主张，新老诗歌作品的内容、形式，传统的诗歌观点，外域的诗歌理论，新生代的诗歌潮流等等，都是他选题的依据。至于选题的研究意义则是相当大的，不仅仅是在为朦胧诗进行诗辩，更是系统全面地研究中国新诗的现代性问题。事实上，徐敬亚的毕业论文积极参与并有力地推动了这场影响甚广的诗歌论争，使之朝着更全面、更深入、更具学术性的方向发展。

（三）选题的研究现状

选题的研究现状是怎样的，即要求论文作者作文献综述，对已有相关代表性研究成果进行综合介绍与评价。做研究综述需要陈述已有的研究成果和信息，这是我们在阅读了解研究的历史和现状的过程中已经胸中有数了的。但做研究综述不仅仅是为了把这些罗列出来，或者进一步梳理一个线索，概括几个观点，这些都还不够。“综述里思考的框架是你陈述的材料，但是焦点要落实到研究进展和进展中的问题上。思路要进入到这些进展背后的动力上：是什么支配研究者关注到那些问题？又是什么使他们放过了另一些问题？最后你的结论要归结到研究中的盲点上，这样，综述就达到目的了。那些盲点和空白，那些被错过的缺失和疏忽，就正是你要大展身手的地方……是需要你小心辨析和求证的地方。在小心翼翼的工作里你或许就能发现别人未曾涉及的地方。”①

华中师范大学文学院戏剧影视文学专业的欧阳秀英在开题报告中，对选题的研究现状是这样表述的：

> 在国内，无论在文化领域还是在经济领域，动画业至今还没有得到足够的关注，仍处于有点“边缘”的位置。对于美国动画片，尤其是当代好莱坞动画片的研究一直显得稀稀落落，没有形成理论体系。关于动画片的文章多散见于一些综合性的期刊，其中有价值的专业性研究更是少之又少。
>
> 直至近两年，东方出版社和海洋出版社才陆续推出了几本关于动画方面的书——东方出版社出版的《非常电影：动漫时代》，海洋出版社出版的《影视动画经典作品剖析》、

---

① 艾晓明．关于开题报告的几点建议//华中师范大学文学院．学术规范讨论资料选编．2001：24.

《影视动画影片分析》（美国卷）、《影视动画剧本创作》。这几本书都以具体的动画作品为主要研究分析对象，介绍了世界不同地区或美国不同时期的动画作品的内容和创作状况，填补了我国关于动画文化研究的一些空白，但在动画文化的理论方面仍然相当匮乏。

另外，在中南大学文学院蓝爱国副教授的论著《好莱坞主义：影像民间及其工业化》中，也以数千字的篇幅对当代好莱坞动画作品进行了简单的描述。蓝教授注意从社会学的角度出发，把动画片作为文化消费品，通过对动画片的生成机制和对美国人的精神特质的论述，阐明了当代好莱坞动画片的特点。由于这篇名为《孩子气：童趣化的好莱坞》的文章的写作是在研究好莱坞电影文化的计划内的一个小分支，因此涵盖的内容并不广泛，许多论述也是点到即止。

文献综述回答了“是什么支配研究者关注到那些问题”，那些问题即“那些盲点和空白，那些被错过的缺失和疏忽”。这些正是别人未曾涉及的地方，是作者可以大展身手的地方，是可以小心辨析和求证的地方，只是作者对资料的开掘不够，没有深入思考“又是什么使他们放过了另一些问题”，作者对资料的开掘还有待进一步加强。

（四）拟研究的主要内容和思路

研究内容和思路包括基本思路、框架、主要研究方法等。基本思路和框架往往以论文大纲的形式表现，可以采用下面两种形式：

1. 单句式提纲

单句式提纲，即用单句将提纲内容概括出来，一行一行排列显示全文骨架。如欧阳秀英的论文提纲：

一、综述：动画片——一种孩子气的文化体制

1. 记述动画片的生成机制。

2. 从社会学的角度记述：作为一种对抗工业文明秩序的成人梦想而存在的动画片。

二、美国动画片的三个发展阶段（以作品的题材和主题为划分依据）

1. 以道德训诫为主的阶段。

2. 以表现儿童天性为主的阶段。

3. 强调个体价值为主的阶段。

三、记述当代好莱坞动画片的形态

1. 经典叙事模式。

2. 主题及相关表现手法。

（强调个体的自我认知和自我价值。本部分主要通过对具体影片的分析来阐述上述的观点。重点分析片目：《狮子王》《埃及王子》《小鸡快跑》《花木兰》《怪物史莱克》《怪物公司》等）

这种提纲的优点是一目了然，易拟易记。缺点是概括过于扼要，只是自己了解，别人不一定明白。时间长了，自己的记忆也有可能模糊不清。

2. 摘要式提纲

摘要式提纲，即用简约的语言将每层每段大意概括出来。这种提纲比单句式提纲费时费力，对全文布局不如单句式提纲清晰。由于这种类型的提纲篇幅过大，此处不作举例。

开题报告拟定的表现论文主要内容和思路的大纲，只是一个初步的思考，以后在收集材料的基础上，对材料进行分析整理，得出中心论点，再具体拟定论文提纲，着手写作。此纲和彼纲可能差异很大，也可能大致一样。

大纲反映的是拟研究的主要内容和思路，写得详细一些便于指导小组的老师们了解你将在论文中讨论的问题，运用的方法，对问题的认识，对理论的把握，提出问题、分析问题和解决问题的基本思路和构架安排，对此提出针对性强的意见和建议。

（五）研究的创新点及重点、难点

在了解了已有研究状况，确定了自己的研究方位后，我们已经清楚在哪一点上可以有所作为，即可以创新的地方。这里是进一步明确并预设论文研究的创新点。创新点是论文的价值所在，也是提供给论文指导小组，让老师们帮助论证的地方。

做开题报告还必须思考明确研究这一课题的重点、难点在哪里。明确了选题的方位不一定就明确了研究的重点，研究重点的确定建立在对研究问题的深入思考上，通过思考，弄清楚论文主要解决的是什么问题，要提出的主要观点是什么。难点是你在初步的研究中遇到或意识到的，又是自己解决不了，希望论文指导小组的老师们帮助的问题。难点可能是理论上的，自己在理解上有困难；可能是自身知识结构方面的，会影响课题的研究；可能是方法上的，自己还没有掌握；可能是资料方面的，客观条件受限制等。对于研究的创新点及重点、难点，分别写出即可，不必展开论述或说明。如上例改为：

创新点和重点：

1. 对美国动画作品作系统全面的梳理。

2. 立足于作品本身，通过对各个时期的动画作品的梳理和分析，概括出美国动画片的发展脉络和当代好莱坞动画的特点。同时以社会学和心理学等理论作为研究手段，分析好莱坞动画片这一文化形态的本质。

难点：

1. 文字资料短缺和影像资料不全。

2. 自20世纪90年代以来，由于梦工厂、华纳、福克斯等电影公司也纷纷推出风格不一的动画电影，美国动画电影呈现出多元化的发展倾向。

（六）研究进程的安排

论文写作是有时间要求的，自己在总的时间内作出具体安排：什么时间与指导老师见面，提出选题；什么时间查阅资料写出初稿，给老师审阅；什么时间修改，与老师讨论；什么时间再改，完善定稿。应一一安排好。有了一个时间表，可以自己管理自己的研究进程；老师也心中有数，在时间上帮助学生把握好，以保证论文写作的顺利完成，同时也便于自己安排时间。

（七）主要参考文献等

主要参考文献列举对选题进行的研究之中主要查阅的一些参考资料，也会有相当部分是在后面的论文写作中的参考书目。通过所列的参考文献，指导老师可以知道你阅读的范围，对已有研究成果的了解和把握的程度。还有哪些是研究这个课题必须参阅的文章著作，而你恰恰忽略了，老师就可以提供给你。

参考文献指提供参考、查阅而被作者引述的记录有知识或情报的一切载体。参考文献的列举作用有二：一方面表示对他人的尊重；另一方面表明作者本人科学而严谨的治学态度。参考文献的著录格式按照国家标准和学者们的写作实践，一般包括作者（或编、著者）姓名、标题（或书名）、出版事项（或网址）等内容。

开题报告草成后，交指导老师提修改意见。全面论证选题还需开题报告会，由指导教师小组的老师们集体“把脉会诊”。

思考与练习

一、写一则 300～500 字的本章内容提要。

二、运用本章所学的知识，根据钱锺书先生的短文《窗》确定选题，在查阅文献、作了全面选题论证之后，写一份开题报告。要求：论题明确、逻辑清晰、有理有据。

扫码阅读

《窗》

第七章
文学学科论文的研究

胡适 1952 年在台湾大学关于治学的演讲之一“方法与材料”，首先提到英国的培根重视方法与材料的关系：

> 他有一个很有趣的譬喻：他将做学问的人运用材料比做三种动物。第一种人好比蜘蛛。他的材料不是从外面找来，而是从肚子里面吐出来的。他用他自己无穷无尽的丝做成很多很好看的蜘蛛网。这种人叫做蜘蛛式的做学问的人。第二种人好比蚂蚁。他也找材料，但是找得了材料不会用，而堆积起来。好比蚂蚁遇到什么东西就背回洞里藏起来过冬，但是，他不能够自己用这些材料做一番制造的工夫。这种做学问的人叫做蚂蚁式的学问家。第三种人可宝贵了，他们好比蜜蜂。蜜蜂飞出去到有花的地方，采取百花的精华。采了回来，自己又加上一番制造的工夫，成了蜜糖。培根说，这是做学问人的最好的模范——蜜蜂式的学问家。①

毫无疑问，蜜蜂飞出去采取百花精华加工制造的过程，正是我们应该遵循的收集材料、分析材料、提炼观点的过程，是我们写作科研论文要过的第二关。

第一节
资料信息的收集与占有

论题确定之后，就要围绕论题收集资料了。学术前辈提倡“上穷碧落下黄泉，动手动脚找东西”（傅斯年语）。这里的“找东西”就是指查阅文献收集资料。广泛收集、充分占有论题所

① 胡适．治学方法（三则）//邓九平．中国文化名人书系：谈治学．北京：大众文艺出版社，2000：98.

需的资料信息，是我们做学问的金科玉律。

学术研究是为了探求事物的内在规律，而规律总是隐藏在大量的现象和纷繁的材料之中的，充分地占有资料，是写好学术论文的一个不可或缺的环节。在前面我们已经围绕着一个大的选题范围，大致了解了有关问题研究的历史和现状，而当我们占有了相当数量的材料后，才可能真正发现在我们的研究题目范围内有哪些问题前人没有解决，或前人不曾提出过。继而，我们必须围绕这些问题去收集和占有更大数量的材料，对材料进行研究分析，然后才可能看清问题的关键，找到问题的正确答案。

一、收集资料信息的要求

（一）需要收集几个方面的资料信息

1. 有关论题已有的研究成果

包括已出版的著作、已发表的论文。以梁茜的《追求自由的心灵之旅——徐小斌小说〈太阳氏族〉解读》① 为例。这篇论文需收集有关对徐小斌《太阳氏族》（原名《羽蛇》）这一部写女性家族史的小说的研究文章，有关从女性批评角度评论徐小斌的文章。作者收集的资料有季红真的《女性神话的重构与拆解——读徐小斌的长篇近作〈羽蛇〉》、陈晓明的《绝对的女性历史——评徐小斌的〈羽蛇〉》、戴锦华的《自我缠绕的〈迷幻花园〉——阅读徐小斌》、孟繁华的《逃离意识与女性宿命——徐小斌九十年代的小说创作》、黎慧的《徐小斌：遇难航程中的自我救赎》、陈晓明的《穿越不可知的语言极地——关于徐小斌小说叙事的断想》等。除此之外，对有关著作中的相关评论也应收集掌握。

2. 有关论题研究的学科基本理论知识

具备扎实的基础理论知识是学术研究的最起码前提。随着时代的发展，各学科中的新理论、新知识不断涌现，必须随时加以储备和吸取。具体研究某一个问题也往往需要找有关的著作来研读。研究作品艺术特征要具备文艺学的基本理论知识、文体学的相关理论知识，研究作家创作道路要熟悉文学史的发展轨迹。试图从女性主义的角度来研究女性作家，就有必要查阅重要的、有代表性的女性主义的著作；试图从传播学的角度来研究大众文学，就有必要查阅大众传播方面的重要著作。如上例，论文收集了张岩冰的《女权主义文论》；荣格著，冯川、苏克译的《心理学与文学》；尼古拉·别尔加耶夫著，张源等译的《精神与实在》等著作。研究个体研究对象离不开对基础理论知识的熟悉和掌握。

3. 与论题有关的相关学科的研究成果

包括横向比较的资料和相关的背景资料。横向比较的资料指那些虽不属同一课题，但有助于深化对该课题研究的资料。唯物辩证法告诉我们，一切事物都处于本质的、必然的联系之中，孤立和静止地看问题不可能获得对研究对象深刻的认识，因此，收集的学术资料还包括一

---

① 中山大学中文系．中山大学中文系本科二零零一级优秀毕业论文集．2005.

些能够影响研究对象生成、发展、变化的各种因素的相关背景材料。还是如上例，作者收集的这类资料有刘慧英的《走出男权统治的樊篱——文学中男权意识的批判》、黄发有的《准个体时代的写作——20 世纪 90 年代中国小说研究》、韩国卢升淑的《中国当代女性文学与母性（序言）》、林丹娅的《当代中国女性文学史论》、戴锦华的《奇遇与突围——九十年代女性写作》、徐坤的《双调夜行船——九十年代的女性写作》、陈晓明的《女权主义：我们的神话》、杨绍军和郭建斌的《论 90 年代的女性主义文学》、王菲的《画在沙滩上的面孔——九十年代一世纪末文学的报告》、李洁非的《城市像框》、英国迈克·费社斯通的《消费主义与后现代主义》、任一鸣的《20 世纪中国女性文学批评反思》等。研究个体研究对象必须将其放在一定的背景下，结合相关资料进行考察和分析。

4. 研究论题所需要的原始材料，即研究对象的有关材料

比如，我们研究莫言的小说，不能只研读已有的关于莫言小说的评论，更要研读他本人的小说，他的日记、书信等，与他有交往的人的记述等。研读这些原始材料，所做的研究才可能是自己的。如果能够发现新的有关莫言的研究资料，是已有研究成果中没有发现的某一相关史料，所做的研究就更有价值了。梁茜研究徐小斌的作品，长篇小说《太阳氏族》即是原始材料。此外她还收集了徐小斌的创作谈《逃离意识与我的创作》《个人化写作与外部世界》，贺桂梅的访谈录《伊甸之光——徐小斌访谈录》也是必须掌握的资料。

（二）强调占有几种类型的信息资料

1. 变化发展的材料

认识一个研究对象，需要用发展的眼光，掌握有关的变化发展的材料，把握人物或事物发展的全过程，为认识某种规律提供依据。如论舒婷诗歌的艺术风格，就得通读她的所有诗歌和散文作品，了解她的思想发展的脉络，了解她的人生经历和情感个性的变化，她同时代的联系等，如此才能了解她的艺术风格。如果只读了她的几首诗歌作品，那就看不清她的“全人”，也就不可能正确概括她的诗歌的艺术风格了。

2. 互相联系的材料

要花力气去了解与我们的研究对象有联系的材料。还是以舒婷为例，如果要研究她的诗歌，可以联系当时的诗坛诗潮以及当代文学思潮，收集影响了诗坛以至文坛的重要的理论文章；可以将她的诗歌与同时代的诗人们做比较，查阅如北岛、顾城、食指、王小妮等人的诗歌代表作，找出相同点和不同点，从而掌握舒婷诗歌的特点。

3. 不同看法的材料

对于我们的研究对象，观点不同的甚至是对立的材料也需要收集，作为我们比较、辨别的重要依据。如关于朦胧诗的论争，注意有代表性的报纸杂志上的有代表性的文章，特别是对于舒婷诗歌的评论，各种不同的观点都需要了解。

二、资料信息的检索

资料检索即文献检索。文献是人类用文字、图形、符号、声音、图像等手段记载下来的，有长远历史价值或有现实实用价值的资料。当今，文献资料库（纸质）和信息库（网络）的资料浩如烟海，纸质文献资料的检索较之网络信息资料的检索要复杂困难得多。据有关统计表明，在当今信息爆炸的时代，任何一位科学工作者即使夜以继日地阅读有关文献，也只能浏览到5%的与其科研问题有关的文献。因此，应熟悉文献资料检索的途径，掌握文献检索的工具和方法，按照文献资料检索的步骤，以快速、准确地收集到所需的资料信息。可以说，收集所需的资料，在很大程度上影响着科研效率。

(一) 熟悉检索途径

图书馆是收藏文献资料的场所，那里一般同时提供多种途径供读者查询检索。目前国内图书馆使用的检索途径有：

分类途径：按文献所属学科进行排列的检索途径。可按学科分类体系查找。

书名途径：按书名或文章篇名的字顺排列检索途径。可根据书名或篇名查找。

著者途径：按作者姓名的字顺排列的检索途径。可根据著者姓名查找。

主题途径：按文献的主题词（关键词）进行检索。

现在，图书馆一般已将文献目录录入电脑，读者只需在电脑上键入书名、著者名或主题词，就能查找到所要的文献书名信息，知道那本书在图书馆的什么地方。书名的条码信息可以引导你在按学科分类排放的书架上，找到你所需要的书籍。

上网检索文献资料十分便捷，具有检索速度快、效率高、内容新、范围广、数量大等优越性。目前较为流行的搜索引擎主要有国外的 Yahoo 和 Alta-vista，国内的百度搜索、搜狐搜索、中国期刊网等。

(二) 使用检索工具

检索工具种类繁多，有目录、索引、文摘、复印资料、辞书、类书等。

1. 目录——检索出版图书的工具

目录是有关图书的目录，记录文献的名称、作者、卷次、版本、学术源流、收藏情况等信息。查找与课题相关的图书可利用图书收藏单位的卡片式馆藏目录、附录式书目或参考文献目录以及检索工具书刊（如综合性书目、专题性书目、图书年鉴等）等途径。具体而言，查找中文图书可利用《四库全书总目》、《全国总书目》、《全国新书目》、《外文图书总目录》、《全国中文期刊联合目录》、《"五四"时期期刊介绍》、《中国现代文学期刊目录》（初稿）、《鲁迅研究资料目录》、《新华书目报——社科新书目》和《新华书目报——科技新书目》（新华书店北京发行所编辑出版）等。查找外文图书可利用 BBIP（British Books in Print）、IBIP（International Books in Print）及《西文图书联合目录》等。这些是检索图书的主要检索工具。

2. 索引——检索报刊论文的工具

和目录相比，索引能更细致地把文献的篇名或内容摘记排列出来，便于查找散见于书籍、报刊的各种资料。如《全国报刊索引》《中国现当代文学研究论文索引》《中国古典文学研究论文索引》《国外社会科学论文索引》等。

3. 文摘——检索文献主要内容的工具

文摘将大量分散的文献资料加以收集、筛选、整理、分类、摘录，以反映文献的主要内容或外表特征。如《新华文摘》《现代外国哲学社会科学文摘》《全国高等院校文科论文摘要》《学术文摘卡片》《大学文科毕业论文摘要》等。

4. 复印资料——综合性检索期刊论文的工具

复印资料将目录、索引、文摘合而为一，并选择全文复印刊登一些重要的论文，也报道一些重要的学术活动和研究动态。如中国人民大学书报资料中心编印的《复印报刊资料选汇》。他们根据全国 1 700 多种重要报刊、汇编、论文集，按照不同专题剪辑复印。与文学类论文写作相关的有多种，如美学、文艺理论、中国古代、近代文学研究、中国现代、当代文学研究、外国文学研究、电影电视研究、《红楼梦》研究、鲁迅研究、郭沫若研究、茅盾研究、戏剧研究、戏曲研究、文化研究等。《复印报刊资料选汇》分册编辑，每月出刊，及时反映学术界最新的、前沿性的动态和成果。

5. 辞书——检索知识资料目录的工具

如《辞海》《中国大百科全书》《简明社会科学词典》《中国历史大辞典》《新时期文学词典》《新中国文学词典》《中国当代文学手册》《历代名人生卒年表》等。

6. 类书——检索古代诗文、典故、事物等资料的工具

如《太平广记》《文苑英华》《佩文韵府》《太平御览》《艺文类聚》等。类书是中国特有的一种工具书，有百科全书式的巨大规模，是按类别或韵部汇集古书中的史实典故、名物制度、丽词骈句、诗赋文章的资料性工具书。

以上所列的是主要的检索工具，各类工具所涉书目都非常丰富，同学们到图书馆按类、按专题查询，即可检索得到所需要的资料的线索，获得有关资料的主要内容或全部内容。检索工具为你指示方向，选择篇目，提供主要信息，使你避免淹没在报刊图书的汪洋大海之中。

（三）掌握检索方法

人们在文献检索的长期实践中，摸索出许多行之有效的检索方法，这是我们查找资料必须熟练掌握的。检索方法主要有四种：

1. 顺查法

按文献发表的时间顺序，由远及近追根寻源的检索方法，用于检索理论性和学术性的文献资料。这种方法的优点是全面、系统、无遗漏，缺点是费时费力，效率不高。

2. 倒查法

利用检索工具，按文献发表的时间顺序由近及远地查找文献资料。先从当年入手，逐年往前查，直到自认为查到了所需资料为止。新近的课题、老课题的新发展等都可以用这种方法。而且一般来说，新近的成果即反映了最新的动态，而且也会引用、评述早期文献，这是一条学人食物链。这种方法的优点是省时高效，但也有可能遗漏重要的文献资料：假如那条食物链上遗落了一个金色的链环，却链上了一个一般的铁环呢？当然，要尽量以高质量的综论为依据。

3. 综合法

综合法是顺查法和倒查法的综合运用，即按选择的需要，划出一定的时间范围，将顺查法与倒查法综合运用。

4. 追溯法

追溯法是以文献后所附的参考资料及注释为线索，追溯查找原文的检索方法。治学严谨的学者，在他们的著作或论文中，都开列了“参考文献”和“注释”，提供了一个研究课题的基本书目。如果你的研究与这一课题相关，这个基本书目就是很好的导游图了，你可据此继续往前追溯，不断扩大检索范围，直至检索到必要的、足够的资料为止。

三、资料信息的采集

通过文献检索获得的，有一些只是有关资料的线索和信息，如书目、索引、摘要以及年鉴提供的信息，还需要按照线索查找到具体的文献资料；有一些虽然是具体的论文，也需要对文章进行有目的的阅读，然后采集论题所需要的实质性材料。

（一）采集的范围

采集资料信息不可以漫无边际，需要围绕研究对象进一步划定采集的范围。如写一篇研究莫言的小说的论文，该采集哪些资料呢？不妨拟一个基本思路：

作者的小说作品
作者的创作道路和生平
小说创作的背景材料
与同时代作家作品可作对照的资料
作品的影响、在文学史上的地位
人们对作品的评价和研究
研究过程中所需要涉及的理论材料和方法论材料

研究莫言的小说，首先需要熟读他的小说作品。但只读原著是很难完整而准确地理解其作品的思想和艺术价值的，也很难准确评价其在他的整个创作中的地位和意义。这就需要熟悉和了解他的其他作品，考察和分析他的创作道路和生平、创作背景和创作原型。另外，可将他的小说与同时代的作家或写同类题材的作家作品进行对比。这些横向比较虽不属同一课题，但是有助于深化对该课题的研究。至于莫言作品的获奖情况，在文学史上的地位，以及人们对作品的评价和研究，则需要研读已有的研究成果；研究过程中所需要涉及的理论材料和方法论材料，是论文展开论述和深化观点的材料，如基本的文艺理论知识、文体论、风格论等。只有这样，我们才能动态地、立体地把握研究对象。根据这样一个基本思路，在一定的范围内查找有关的资料，可以避免无边际地采集，或者是过于狭窄地采集。当然，在这样一个范围内也不是平均用力，要有采集的重点，有些对比对照材料的采集要依自己的写作时间和需要的程度来定。虽说资料收集越全越好，但因主客观条件的限制，还是应把主要的精力集中在与课题研究关系密切、价值较大的资料上，对各种资料切不可等量齐观。

如果是新的对象，别人没论述过的，我们怎么办呢？如果是新人新作，就要了解作者情况，了解作品反映的时代内容，把他与同时代的有相关联系的作家作品比较，可以由此把握作者的态度和倾向，注意作品中作者是如何反映和体现的，提供了哪些新经验，有什么价值。另外，评论的武器是已有的，如关于创作的基本原理，创作的一般技巧，当然，如果涉及新的创作方法，还需要了解新的理论和方法论，同时可以参考他人的新人新作研究。

在采集材料的范围上，有的同学容易犯贪多求全的毛病。要知道，一个问题的外围还有外围。如评作品的艺术技巧，需要懂形象思维理论，又要懂心理学、艺术史，要全面了解作家的所有作品、时代背景、生活中各方面的情况，还有文学史、思想史上的通盘情况。这些材料浩如烟海，而所有材料并不同样重要，我们的精力也有限，因此应始终以论题为中心划定范围，范围内也要有主次之分，最重要的、关系最密切的材料重点深入研读，次要材料可简略地浏览。

（二）采集的内容

采集材料即在研读的基础上摘抄记录一些对论文构思、写作有用的材料，是写作论文的必要工作。摘抄记录哪些材料呢？

（1）理论和方法论材料。研究过程中所需要涉及的理论和方法论材料，这是研究的理论依据和研究的工具。

（2）论据性材料。确凿、典型、新颖的论据性材料（事实论据）是论文必不可少的，研读过程中应多多采集这类材料。这类材料在论文写作时可以直接引用或备参考。

（3）观念性材料。它指有关论题的一些有代表性的观点，包括论点、见解、看法和意见，以及有争论的观点和意见等。这类材料可以启发我们的思维，帮助我们更加全面地分析问题，形成自己的观点，对这类材料更要注意摘录的准确性。

阅读过程中，我们自己也会被引发一些思考，获得一些体会，产生一些灵感，这些也应是我们记录的内容，也许它们有助于我们形成创造性见解。

有些可能与论题有关联的材料，我们也应该有记录，对这类信息材料用做索引的方式记录即可，如以后需要再查阅采集。

（三）采集的方式

1. 摘录

直接摘录文献资料的原文，如论点、论述、典型材料、具体数据等。摘录的内容一定要准确无误，包括标点符号。不能断章取义，不能随意增删。摘录后要及时校对一遍，以利需要时能原文引用。若有心得体会可记在一边，并注明。摘录可以用卡片或活页纸，其优点是方便实用。卡片或活页便于排列归类，也便于把不同观点的摘录卡片放在一起进行比较，从而发现问题。做卡片是许多学人治学的方法，他们在学术生涯中摘录的卡片以万计数，许多学术著作就是在这个基础上完成的。要注意的是，卡片上方要加分类标题，便于归类整理，每条资料要注明出处：作者、译者、书名、篇名、刊物名、版本、页码、出版社、出版年、期刊号等。现在有了复印设备，许多学生采集资料往往用复印的方式。复印当然比摘录快捷，但复印的内容多，不便分类整理和使用，自己对材料的印象也浅一些。当然，如果用复印的方式采集材料，也要注意及时记录出处，以方便引用。

2. 摘要

指阅读完文献资料后，在对文献整体把握的基础上，对文献的主要内容所做的摘录。摘要的内容应能概括文献的关键要点，不遗漏，不改变，不添加与文献无关的内容，比如自己的看法等。摘要也须注明出处，方便引用。

3. 索引

这是一种简单的记录方式。往往是先到图书馆查报刊目录索引，记下你所要查找的条目，做成自己的目录索引，备下一步逐一查阅。平时在查阅资料时发现有的文献可能会有用，也可以暂时作索引，以后需要时再查阅采集。作索引就是只记文献资料的名称、作者、出版者、出版日期、卷号、页码等。

除以上的采集方式外，还可采用作札记、作批注等方式积累研读心得体会，起到间接积累资料的效果。

四、实证性材料的采集

实证性材料又称第一手材料，是指通过亲自参加社会实践和科学实验获取的材料。以上采集的材料都属于间接材料，这里采集的则属于直接材料。有的课题需要做广泛的社会调查，或实地考察，获取能说明问题、证明观点的第一手材料。

常用的获取第一手材料的方法有开调查会、个别访问、实地观察、表格或问卷调查、抽样调查等。

（一）开调查会

调查会有同一类型和不同类型的人参加两种形式。人数三五人、七八人即可。会前发调查提纲，让人有所准备。开会时适当启发，不要生硬提问，关键问题和重要情况要谈深谈透，若有不同意见要展开讨论，让人把话说完，若出现冷场，要分析原因，想办法打开言路，把会开得自然放松，使大家畅所欲言。

（二）个别访问

个别访问也称个案调查，是指为了解决某一问题，对特定的个别人物或事件所进行的调查。如对某一人物的调查，对某一案例的调查。其方法为访问法、访谈法。这是以口头交谈等方式向个别被访问者了解社会实际情况的方法。访问调查的整个过程，是访问者与被访问者互相影响、互相作用的过程，由于它是访问者与被访问者的双向活动，故访问者要做好访谈前的各项准备工作，熟练地掌握和运用各种访问技巧，并有效地控制整个访谈过程。

访问前最好有一份详细的提纲，也可在访问前提交给对象，以保证访问取得预期的结果。

（三）实地观察

实地观察是调查者有目的、有计划地运用自己的感觉器官或借助科学的观察仪器，直接了解曾经发生或正在发生或处于自然状态下的社会现象的方法。实地观察是人们获得第一手感性材料的可靠来源，是科学认识的起点，具有直观性和可靠性的特点。实地观察有助于增加对典型调查对象的感性认识，以掌握第一手的材料和线索等。

（四）表格或问卷调查

为了掌握有关情况和数据，制订表格或设计调查问卷，发给有关人员填写，然后回收问卷，在这个基础上做分析统计，或将结果写成报告。

设计问卷：问卷调查是以书面的形式进行调查的方式。问卷一般以 20 题左右为宜，其问题应围绕中心来设计。问卷内容大多是单选或多选题，方便填写者选择，不致让其感到太花时间和精力。问题内容相对集中，有层次地展开和深入。开头的问题要简单些，不假思索就可选择，后面的问题可以难一点、烦琐一点。问卷调查前需拟写一封信，讲明意图和要求，以求得对方配合，并感谢对方的支持。发放问卷还要考虑到问卷的回收，若回收率不高很可能以失败告终。

制订表格：将设计的问题纳入多行单元格组成的表格中，使问题的表达更清晰和简明，也易于统计上机。在内容设计方面与设计问卷同。一般也需要一封信以取得答题者的合作。

（五）抽样调查

从调查总体中按随机抽样原则抽取部分单位作为样本进行调查，并根据所得调查数据，运用数理统计原理，计算综合指标，从数量特征上推算调查总体。这种调查收集到的资料可做比较准确的科学依据，可据此研究其一般状况和特点，从而得出比较接近客观实际的结论。

随机抽样原则又称同等可能性原则，是指在抽取样本时，总体中的每一个单位都有同等可能被抽中的机会。随机抽样的具体方法为：先按音序或笔画顺序编制一份可供调查的单位的名单，并依次为各单位加上序号，而后进行抽样——或取奇数单位为样本等，或取偶数单位为样本，或取某一数字的倍数单位为样本等。抽取的每一个单位应是随机的，要避免人为的因素；同时要合理地确定样本的总数，尽量减少偶然性和抽样误差。

以上是获取实证性材料可使用的一些方法。较之间接资料，直接资料的证据具有比较强的说服力。当今，写文学论文所做的社会调查也越来越多了，如有关文学作品阅读的调查，有关网络文学的调查，还有大众文化方面的调查、大众文学教育方面的调查等，都需要用各种方法采集第一手的、可做实证的材料，作为论文的可靠基础。

总之，资料信息的采集是论文写作的必备条件，离开了扎扎实实的资料准备，任何新颖的观点都只是空中楼阁，是站不住脚的。

孟子说："尽信书，则不如无书。"要尽可能占有材料，充分了解历史和现状，这是必要的；但收集和占有资料不是无思想的事务性工作，而是研究的过程，是形成自己观点的过程，决不能毫无主见，完全被人牵着鼻子走。研究工作不是在收集完材料后才开始的，应是边收集边思考；发现了新问题和线索，又可扩大或调整收集的范围。在收集中，时常要问“为什么”，用实践检验一下：是否符合实际，是否真有道理；哪些论点对，论据不对；哪些论点错，论据却对。这样做，收集的过程才会成为研究的过程，成为形成自己观点的过程。

第二节 资料的研读与整理

这一道工序是静下来，与收集的资料面对面。精细地、反复地研读，并梳理归类、检验整理。

一、资料的研读

（一）理论类资料的研读

1. 吃透

著名哲学家张世英谈到他的研究和论文写作时指出，对于基础性的理论，重在吃透，并以自己的经验为例：

> 如何达到熟透的目的？这也没有什么成规。我只觉得我从前的老师冯文潜先生教我的西方哲学史，使我很受教益。他要我熟读柏拉图的《理想国》和梯利的《哲学史》，办法是每读完一章或一节，都要合上书本，用自己的话把原作的大意写成读书报告，个人的评论则写在正文的一侧或下方。冯老师嘱咐我，写读书报告首先要注意自己的概括是否与原意相符，但又不许照抄，要合上书本再写。在做读书报告的过程中，有时自以为读懂了，临到执笔，却又概括不起来，表达不出来，这往往是因为懂得不透的缘故，于是打开原书再看，再合上，再写。这样写完一次读书报告之后，原著的那一部分就不仅懂得比较透彻了，而且也记得比较牢固了……冯老师评阅时，不太看重我个人的评论，主要是指出有失原意的地方。我当时暗想，老师有点“述而不作”，但是后来每一回想，越来越觉得从冯老师那里学来的知识最熟透最牢靠。[①]

① 张世英．谈谈哲学史的研究和论文写作//王力，朱光潜，等．怎样写学术论文．北京：北京大学出版社，1981：57.

初学论文写作者，往往忽略了对理论类材料的研读，采集得来粗粗看过后，就只考虑把理论类材料安放在何处了。也就是说，只是把理论类材料当标签，根据需要插在事实性材料当中，造成文章中的理论性材料和事实性材料只是类归一处而各不融和，成为人们常批评的“两张皮”现象。能用自己的语言概括理论材料而不失原意，需要理论思维的训练，需要对理论类材料进行目的在于真正理解的研读。真正吃透了，就是掌握了理论，掌握了理论才谈得上用理论阐述观点，分析事实。因此，吃透了理论类材料，做起文章来就不会直接把理论当成标签硬贴在事例上，成为“观点加材料”。而真正达到“熟透”的程度，就可以融会贯通，写出来的东西就会“有分量些”了。

2. 笔读

笔读就是精读，是做读书笔记式的研读，把自己阅读时的思考记在笔记本或卡片上。在对别人的理论作研读时，我们自己可能会被触发出闪光的思想和精彩的语言。记下这些的“积极意义”是“可以促使我们在整理自己原始想法的过程中把思想系统化和深刻化，促使我们摆脱那种‘学而不思’的状态”，不做思想懒汉。现代文学史家严家炎在《谈现代文学的学习和研究》中欣喜地说：“我自己有这样的体会：一些本来尚处于朦胧状态的思想，经过做笔记过程中的整理加工，不仅明确了，而且丰富了，升华了。于是变得一发而不可收，记下一大篇东西来，犹如在蚕茧上理出一个丝头，能得到一大堆蚕丝一般。”他认为应该养成做读书笔记的研读的习惯，不要把它看作可有可无的事。① 笔读是有效改变学而不思状态的方式，写论文需提出自己的见解，精审细读别人的理论，可以激发自己的灵性思考，记下自己的灵性思考，可以使自己对于问题的认识更明确些、更深刻些。笔读式的研读就是思想整理和思想加工。如果不重视这一点，就很难在论文里提出自己的见解。

此外，对资料的研读还有考证性研读、质疑与批判性的研读等。通过研读，前人已经发现的真理必须接受，前人曾犯过的错误必须注意避免。我们不必担心读了前人的著述，就提不出新的见解，关键在于能否通过刻苦钻研、独立思考，发现前人论述中存在的问题。譬如有的结论正确，引例不当；有的引例恰当，但结论错误；有的正确的体系中可能有错误论点，有的体系错误又有合理的因素。凡此种种，都需要我们认真加以研究识别。

（二）文学作品的研读

文学作品是文学研究的第一事实，我们理性的批评基于感性的阅读，基于灵魂在杰作中探险的艺术感受、体验、审美想象和再创造。

1. 文学鉴赏

研读文学作品首先是鉴赏。什么是鉴赏，夏丏尊和叶圣陶做了这样的解释：“鉴赏”二字就是一个“看”字。同是一个“看”，有“见”“视”“观”三个阶段。我们看到别人的一篇文章是“见”，知道其内容而已；“视”则进了一步，能辨别它的结构和主旨等；“观”又进一步，身入其境地用了整个心去和它相对。因此，“见”只是感觉器官上的事，“视”是知识思辨上的事，“观”是整个的心理活动。② 可见，作为“看”的文学鉴赏是一种审美体验、一种艺术感

---

① 严家炎．谈现代文学的学习和研究//沈阳师范学院学报编辑部．在茫茫的学海中——谈科学的学习方法．沈阳：辽宁人民出版社，1984：188.

② 龙雪涛．鉴赏文存．北京：人民文学出版社，1984：20-21.

知，也是一种理性思维。

李广田在《谈文艺欣赏》一文中指出，文艺欣赏（鉴赏）的前提是读懂作品，受到作品思想的启示、情感的激发之后，才能运用掌握的艺术技巧，进行批评或创造性的批评。其中既要有感觉体验，又要把感觉思想化，回答出一个“为什么”；既要能同情共鸣，唤起回忆，启发想象，达到提升净化的境界，还要能超越作者，另有所见。[①] 我们在前面说过：论文的创造性在很大程度上取决于研究者是否对文学作品读出了新意，而对文学作品具有创新意义的解读、阐释，是对我们艺术感受性的检验，是我们立论的一个基础，也是我们论文可能获得创新价值的必要条件。

“我们应该成为有艺术素养的细心的鉴赏家，决不要做那种连作品都没有读懂就挥舞板斧乱砍乱杀的黑旋风。”（严家炎语）

2. 文体意识

研读文学作品，要有文体意识。各体文学有其独特的构成要素，表现出不同的审美功能。如小说的人物、情节、环境、叙事话语等，诗歌的情感、想象、意象、意境、象征、风格等，散文的立意、构思、语言、性情等，影视戏剧的悬念、矛盾、冲突、镜头、台词等。这些要素构成了各体文学相互区别的特征，是研读各体文学作品的主要关注点。研究不同的文体，应该注意不同的要素，从富有特征的要素入手。

同时我们还应该看到，各体文学又有着一些共同点，即主题、题材、结构、语言、创作方法、形象刻画、风格等。这些是小说、诗歌、散文、影视戏剧等各体文学共有的基本要素。我们无论研读哪一种作品，都会接触到这些基本要素。作品的主题是什么？是否提出了深刻的问题？表现了怎样的倾向性？题材是否新颖、独特？艺术形象是否生动、鲜明、具有典型性？运用了什么样的创作方法？作品有怎样的语言风格？艺术手法有无创新？等等。当然，不是所有的共同点都需要我们同等程度的关注，但共同点涉及我们对整部作品的理解以及理解的深度。

当然，文体不是一成不变的，文体随着文学发展的历史而发生流变。文体间的相互渗透丰富了文体的构成要素，新的表现手法的运用也是我们需要关注的。

在对具体文学作品进行研读时，我们要注意不同作家对文体的艺术掌握和运用。成熟的作家都有独到的生活经验和艺术匠心，他们笔下的人物类型、选材角度、截取断面、表现手法千差万别，构成了各自不同的风格和作品的独特个性。我们“应该注意每个作家觅取题材的独特‘眼睛’和描写时的独到‘手法’，从而揭示文学上各有成就的作家的不同艺术个性”[②]，而“作家对同类题材的不同着眼点，不同的观察和表现的角度，最能体现作家独到的生活经验和艺术匠心”[③]。

此外，研读文学作品还应具备当代意识和历史意识。文学批评是为当代服务的，要适应当代文学发展的需要，解决当代文学面临的问题，以代的观点去评判文学作品，也根据当代的文学理念和要求重新研读、重新评估过去的作品，研究它们对当代文学的启示和影响。同时，我们在研读作品时也应具备历史的、发展的眼光，将作家作品放到广阔的历史文化背景下，考察其与现当代的联系，评价文学经典的意义。

---

①② 龙雪涛．鉴赏文存．北京：人民文学出版社，1984：29－30.

③ 严家炎．谈现代文学的学习和研究//沈阳师范学院学报编辑部．在茫茫的学海中——谈科学的学习方法．沈阳：辽宁人民出版社，1984：184.

二、资料的整理

论文新手在着手收集材料之前，往往苦恼于手中空空，脑中空空，怕写不出多少字来。等到收集了材料后，又苦恼于材料太多了，很难取舍。这时，面对多而零散的材料，我们需要做下面的这些工作。

（一）梳理归类

梳理归类即对资料进行分门别类的处理，使纷纭的材料条理化。在对资料进行整理的过程中，人们总结出一些方法，常用的如按事物发展的阶段来整理资料的“阶段法”、按一个问题的几个方面来整理资料的“方面法”、按一定的观点划分资料的“观点法”、按材料本身的属性划分的“内质法”等。分类时一次只能采取一个标准（即一种属性），以避免造成分类体系和层次的混乱。

我们在研究某个事物时，常常把它划分为几个阶段，因为任何事物都有一个发生发展的过程；我们在研究某个作家时，也常用“阶段法”，把其创作划分为几个阶段，经“阶段法”的一番梳理，我们的材料就变得清晰有序了，作家作品变化发展的轨迹也清楚明了了。

我们对于某个问题的认识往往不会限于某一个方面，而是从几个方面去认识，把材料按“方面法”归类是另一种常用方法。如前面提到的盛中华的《孤寂灵魂的苦吟——论鲁迅的一种心态及创作》，材料归类为两类：其一是孤寂心态的成因，包括童年不幸、家庭隔膜、思想影响、社会实践四个方面；其二是孤寂对创作的影响，包括题材选择、意象塑造、氛围营建三个方面。作者可逐一按两方面进行考察，也可按理论类、事实类、随感类等将资料信息进行分类。如有人研究鲁迅乡居生活在杂文中的折射和升华，把资料信息进行了分类：乡亲谈话、乡俗传说、乡里人事、乡镇印象、乡社世相、乡贤言行。通过分类，六个方面，分门别类，清清楚楚，各不相混。①

按由材料综合而成的观点或自己拟定的观点，把材料分列编组起来的方法是“观点法”。例如：华中师范大学文学院肖一娇的《从迷失到回归——解读霍尔顿的长篇小说》②，作者通过对文本的细读，抓住小说中的四个重要意象，将霍尔顿的成长之路归纳为：“孤独的守望——怀念过去”“痛苦的反抗——拒绝现实”“房子里的梦——展望未来”“雨中的顿悟——回归现实”四个阶段。

按材料本身的属性来分类的“内质法”是另一种归类法，如研究诗歌的文体美，把诗歌划分为语言美、意象美、意境美、建筑美等，就是按属性来分类。

通过梳理分类，可使材料眉目清楚，又可形成基本的纲目。

（二）补充缺漏

通过一番梳理分类后，我们往往会整体审视一番，各类材料是否均衡，材料有无重复，有

① 华中师范大学教务处．华中师范大学优秀毕业论文选．华中师范大学学报（人文社会科学版），2003 专辑．
② 华中师范大学文学院 2012 年优秀学士论文。

没有薄弱之处，有没有重要的遗漏。整体审视还需注意，是否全面、充分占有了材料，是否占有了最重要的、关系最密切的材料，是否占有具有典型意义的、有代表性的材料，是否占有了变化发展、互相联系、不同看法的材料等。材料多而全，没有遗漏，是最理想的。但每个人的时间精力都有限，把所有的资料无遗漏地收集起来是不可能的，这就要围绕核心问题收集主要材料，如果材料不够，还需回头补充：不均衡的地方要增删，薄弱之处要补充，主要的材料要具备，重要的遗漏更是要及时重新收集材料，补充欠缺。

一般来说，经过梳理，我们会发现材料的不均衡。有些部分材料过多，有些部分材料偏少。特别是材料偏少者，若不加以补充，则结构全文时就会显出薄弱来。这种情况遇到的可能性最大。如论“丑”在文学艺术中的审美功能，收集的材料划分为三个部分：（1）对“丑”的理解和审丑思想的起源；（2）以丑为美和化丑为美的异同；（3）真正的艺术作品如何做到化丑为美。就拿第三部分来说。这部分要有充分的、典型的例证材料，能充分说明真正的艺术作品是如何做到化丑为美的。也就是说，这一部分至少应有涉及古今中外的若干个观念性材料和事实性材料，如若不足则需再收集补充。

（三）核对材料

凡是有可能写进论文里的材料，写作者都应对材料做进一步的核对，力求无误。常用的验证材料的方法有互证法、内证法、外证法。

互证法是通过不同来源的材料相互印证以辨别真伪。由不同渠道采集的材料有时候可能会大相径庭，将材料互相联系起来做比较，把它们放到一起互证，就有可能发现问题。如中国现代许多作家的作品是在报纸杂志发表后，再出单行本的。那么，以哪一种版本为准呢？鲁迅的作品在《申报·自由谈》发表时常有删削，收入文集时，就恢复了原文。我们在收集材料时当然应该以文集为准了，而且在核对中对照起来看，很耐人寻味。对于出单行本后又经多次增删修改结集出版的作品，我们该选择哪一个版本？我们最好能将几种版本放在一起核对比较，这样还可有所发现，并能在相当程度上接近真实。

内证法是通过对材料本身的逻辑关系进行验证，以鉴别材料的真伪。任何事物都有其自身的逻辑性，材料应符合事物的逻辑性。

外证法是作者依赖自己的经验对材料进行验证，看是否合逻辑，是否合情理，也可用其他的类似的材料来检验。如研究丁玲的编辑思想，就可取她的传记材料、她主编的报纸杂志、同时代人对她的回忆以及研究丁玲的专著论文，这些材料都可以用来进行验证。

总之，不管用哪一种方法，都是为了保证材料的真实性、准确性和说服力。我们经过一番认真审读和仔细鉴别，材料才能成为自己的财富，使用起来方可得心应手。

（四）取舍优选

分类不难，取舍不易。一般人都舍不得割爱，因为材料是自己花了心血，很不容易收集来的。但就像一块漂亮的布料，若要缝制成衣服，就得剪裁去不需要的部分一样，材料必然有取舍，我们不可能留用论文中不需要的材料。

材料有无用，看它与论文有没有关系，有关系又有意义的自然有用。事物的属性和意义都是在和其他事物的联系、对比中体现出来、被人认识到的。因此，识别材料的基本方法之一，是将材料互相联系起来做比较，鉴别资料和数据的新颖性和适用性，选取新颖的、适用性强的材料。

要有针对性地选材。如选择其精华之处，增补自己的感受；选择其有争议之处，阐明自己的理由；选择其欠缺、不足之处，开拓自己的思路；选择其独到之处，强化自己的创见。

有时候，材料经过检验，选取的都是有用的了。但此时还需汰粗留精，删繁就简，要优选代表性强、可信度高的材料。

根据所收集的文献信息，我们可以再次考虑最初确定的选题和写作计划及论文提纲，从参考文献中得到启发和依据，以此订正选题，补充写作计划，细化论文提纲。而随着材料的收集整理，确立选题时形成的论点会进一步明晰、细化甚至有可能最终被全盘推翻。

第三节
材料的分析与论点的形成

在收集整理材料的过程中，材料的分析工作也同时展开，掌握材料的过程就是分析研究的过程，问题的发现和解决的线索也总是存在于材料之中。

一、概括材料，归纳总结

概括即归纳是我们做研究的重要科学方法。王力先生曾经强调指出："我们搞科研，要先用归纳，再用演绎，不能反过来，一反过来就坏了……怎么研究呢？就要从大量具体的材料中去归纳，从个别到一般，结论是在归纳的末尾，而不是在它的开头。所谓分析，是要以归纳为基础的，如果没有归纳就做分析，那么结论往往是错误的。凡是先立结论，然后去找例证，往往都靠不住。因为你往往是主观的，找一些为你所得的例证，不为你用就不要，那自然就错误了。"① 如何概括，程世英先生在《谈谈哲学史的研究和论文写作》一文中谈得更为具体形象，他说："概括，就要把杂乱无章的史料连贯起来，穿在一根线上"，或"达到用史料说明一个中心论点的目的"。或以事实为依据，"提供一点发人深思的看法"，"概括就是对一部分史实作点总结或小结，或者说，给一堆史实画出个鼻子眼睛来"②。

---

① 王力，朱光潜，等. 怎样写学术论文. 北京：北京大学出版社，1981：5.

② 王力，朱光潜，等. 怎样写学术论文. 北京：北京大学出版社，1981：60.

华中师范大学文学院段三园毕业论文，题目是《当代“中国风歌曲”与宋词关系研究》。作者对近年来层出不穷的“中国风歌曲”进行了考察，认为“中国风歌曲”的歌词与中国古典文学，特别是宋词有着千丝万缕的联系，并将这种联系归纳为三个方面：“中国风歌曲”中所使用的大多是宋词中经常出现的柔媚意象；“中国风歌曲”擅长引用宋词佳句；“中国风”歌词继承了宋词长于抒情特别是长于歌吟爱情的本质。继而，作者对“中国风歌曲”与宋词关系的形成进行了分析，认为这与“中国风歌曲”自身的艺术特质、文化怀旧心理和中国当代社会文化环境有关。①

由上可以看到，没有归纳就没有分析，我们要尽可能地先运用归纳的方法做科研工作。此外，在对一部分史实（材料）做总结或小结的概括中，往往需要从纷繁错杂甚至完全不相干的事物中找出它们的内在联系，从事物的个性之中找出它们的共性，在对材料的概括中寻找它们的规律性。

二、分析材料，探究原因

概括不能停留在抓取材料现象中共同的东西，而要同时进行分析，探究其原因。这就是不但要明其然，而且要明其所以然，这样分析问题才可能有深度。

如南京大学中文系张伯伟的论文《意象批评论——从钟嵘〈诗品〉谈起》，重点在于探索意象批评法产生的时代因素。作者考察意象批评产生的时代，从历史史料中发现，齐梁时期意象批评法被广泛地运用在品评诗文、书法以及绘画上。而这种现象是前无古人的。那么，为什么在齐梁时，意象批评法会蔚然成风呢？它与当时的社会状况、思想状况以及文坛状况有什么样的关系呢？作者由此从三个方面进行分析，探究其原因。首先，品评人物是怎样转到意象批评的？作者追溯历史，了解到品评人物在东汉末年流行，从范晔《后汉书·许劭传》、刘义庆《世说新语》中的记载究其原因，识鉴品藻滥觞于魏晋间，是因为识鉴品藻与仕途的关系极其密切。再从《世说新语》的大量记载中分析，发现品评人物往往是用一种具体意象来表达的。作者进一步将《洛神赋》与魏晋人物品藻以及钟嵘的意象批评做对比，惊奇地看到从品评人物到意象批评的历史脉络和演变痕迹。再考察有关理论文献，不难看出，中国古代的文艺批评中，几乎总是把文品与人品紧紧地结合在一起的。经由这样的分析，作者归结出一点：意象批评法的产生受到品评人物的影响。② 分析材料，探究原因，可以从主要矛盾处入手来分析。我国文坛在20世纪50年代出现了一批“写真实”“干预生活”的作品，王蒙的小说《组织部新来的青年人》是其中影响最大的一篇。作品发表后很快在全国范围内引起强烈的反响和争论，继而在第二年“反右”斗争中遭到批判。海南师范大学毕光明教授重新检视这部作品及相关评论，对当时围绕作品展开争论的焦点问题进行了梳理，概括为三个方面：（1）这样的组织部真实、典型吗？（2）怎样看待林震和刘世吾？（3）作品的社会效果是积极的，还是消极的？针对这个焦点问题，即从主要矛盾处入手来分析，用今天的眼光来审视，毕光明认为，一方面，处在50年代中期意识形态语境中的评论者，无论持肯定态度的还是持否定意见的，大多不能摆

① 段三园．当代“中国风歌曲”与宋词关系研究．湖北省2013年优秀学士论文．

② 论文入选温儒敏主编的《中文学科论文写作训练》一书。

脱政治功利的实用主义文艺观，对作品错读和误读；另一方面，当他们以“真实”作为评价文学创作的标准时，实际上较少顾及作品本身、作品的实际，因为一种先验的社会历史观或人文信念造成了他们对文学创作审美机能的盲视。如此，就有必要回到文本以发现意义，对《组织部新来的青年人》作出新解。毕光明以当代文学批评的新观念，以对王蒙创作史的整体把握，获得返视作品的新视角，通过作品重读，提炼出自己的新解：《组织部新来的青年人》是一部心态小说，表现的是一个年轻人的人生愿望，同以政治形式反映出来的传统文化规范的冲突和摩擦，而且见出这种似乎是个人理想与外部现实的冲突，贯穿了王蒙后来的很多小说，是王蒙小说为当代文学提供的一个解读中国社会冲突的重要的主题线索。[①]

文学史上，由于意识形态的影响，常常有对一部作品、一个作家的全部作品的错读和误读。对于现代诗人邵洵美的诗，学术界过去多持否定态度，武汉大学教授陆耀东探究学术界持否定态度的原因，认为，对邵洵美的诗，不能仅仅站在单一的立场作简单的否定。陆教授提出，如果我们将邵洵美的诗置于世界诗歌格局中加以评论，就可以发现他主要是吸收了法国诗的营养，贯穿了“颓加荡”的特色，从而使自己的诗另成一格。他的诗应该视为一家之诗，他对新诗的形式和技巧的看法不失为一家之言。[②]

在具体分析优选出来的材料时，要学会运用科学的思维方法，把获得的零散的、表面的、片面的感性材料联系起来进行分析，从中发现未被人认识的新事物、新问题，或从已知的事物或问题中探寻出新的性质、答案与意义。

三、运用多种科学方法提炼观点

在对材料的分析与归纳中，可以运用多种科学方法提炼观点。可以采取比较法，将两种事物放在一起，通过寻求它们的异同来提炼观点；可以采用表里法，由表及里，透过现象探求材料中的思想本质，从不同角度提炼出与课题相关且有新意的观点等。

比较法是比较好掌握，也是本科生做论文运用得较多的一种方法。中山大学中文系 1997 级的黄海涛从叙事技巧层面探讨白先勇小说“将传统融入现代”的特色，把研究的样本《游园惊梦》放在与《红楼梦》等传统作品的比较之中来分析。通过对作品的研读，黄海涛发现，“插叙”恰是《游园惊梦》小说叙事的一个值得关注的手法，而中外评论家认为，“插叙”是中国古典小说叙事修辞形态的重要特征之一，《红楼梦》是集大成者。由是将《红楼梦》第二十三回《西厢记妙词通戏语　牡丹亭艳曲警芳心》，写黛玉葬花后听到《牡丹亭》第十出《惊梦》的戏文，来对比《游园惊梦》里引入的《牡丹亭》戏文。一经比较，发现《红楼梦》与《游园惊梦》插叙的内容有巧合之处。接着又与不同的看法及其依据做比较，认为《游园惊梦》中，叙述者与作者本人对人物的同情大于嘲弄，哀婉大于反讽。继而又将《游园惊梦》与《金瓶梅》做比较，展示了事物的属性和意义。黄海涛的比较建立在对不同作品的细致的技巧评析上，同中见异，异中见同。然后指出，白先勇的《游园惊梦》呼应着中国文学自古以来的文学、历史与空间想象，他的小说建立起一个与古典文学的对话结构，从而赋予古典文学中的情

---

① 毕光明．《组织部新来的青年人》新解．中国现代、当代文学研究，2006（2）．

② 陆耀东．邵洵美诗的再评价．中国现代、当代文学研究，2006（5）．

欲想象和“缘情”主题新的生命力。同时，他认为白先勇文学创作的肌体里流淌着中国文学传统的血脉。[①] 比较可分为纵向比较与横向比较，运用比较法时应注意所比较事物之间的可比性。此外，逆向思维法也是常用的方法，即以原来顺向思维所获得的结论为起点，反向进行思考，辩证地分析材料，提炼出与众不同的相反的观点，使用这种方法分析材料，往往能够实现突破，有所创新。

四、切入点和创见的形成

我们在讨论选题时涉及选题的角度，角度的确定这时还是一个“预设”，当然，围绕这个角度我们可以有目的地采集材料，甚至通过这一角度把相关材料串联起来。当材料采集完成，材料的梳理分类就绪，这个“预设”可能就变成了清楚而具体的切入点。还是以黄海涛的论文为例。黄海涛的选题是评论白先勇的小说，着重讨论的是白先勇如何将心灵的痛楚“转变”为文字的问题。通过有关的文献探讨，作者对问题展开的背景了然于胸：白先勇受过正规的西学教育，是我国台湾 20 世纪 60 年代现代派文学的领军人物，但他的创作却继承了古典文学传统“感时伤国”的文学母题。在创作方法上他一方面对西方现代派小说理论有比较精深的研究，另一方面又受以《红楼梦》为代表的古典小说的深厚滋养。而对于白先勇小说“将传统融入现代”的特色，黄海涛了解到国内的研究多集中在作品的主题及现代因素等方面。于是，他选择运用叙事学的研究方法，由形式方面——白先勇小说叙事——进入问题，以着重讨论白先勇是如何将心灵的痛楚“转变”为文字的。继而，论文作者进一步检视了选题、材料、研究角度、研究方法，认定在这些方面确有新意，又在对材料的研读和提炼中进一步形成论点，具体以《游园惊梦》为例，对白先勇小说叙事中的传统因素进行研究，从技巧层面探讨白先勇小说“将传统融入现代”的特色，以说明这一特色对于重新认识中国文学传统的重要意义。最后，论文从选题、材料、研究角度、研究方法、论点都获得了新意。

学科论文是需要有创见的，初学者常苦恼提炼不出新见解，常会发现自己原有的一点感受和想法，早已被人谈过，如果要谈，自己还达不到别人谈的境界。其实，初学者没有创见的情况也属正常。四川大学教授王世德指出：如果是写学年论文，能尝试着“把别人著述中所有最能解决自己这篇论文主题的精彩意见，经过自己思考消化，挑选抉择出来，经过自己的构思，组织成一篇短小精悍的文章，也是有价值的，也达到了学习和锻炼的目的。因为原来那些精华，散见在很多文章中，你能把它们挑出来，就要有眼光；把它们组织在一起，也表明了自己的观点、方法和能力”[②]。这一阶段可以当作论文写作的“描红”，而作为毕业论文就不能再是描摹，而要求有创见了。王世德教授还认为：“只要真正刻苦钻研，在整理集中前人正确意见中，也不会毫无不同的想法。通常有三种情况：（一）同意别人的论点，但自己有独特的感受，可从新的角度补充新的理由，丰富别人的论点；（二）有不同意处，可以展开争论，说明自己的理由（批评别人论点，必须注意忠实地引用原文，展开科学论证，而不应仅仅宣判别人不

---

① 黄海涛．试论白先勇小说叙事——以《游园惊梦》为例//温儒敏．中文学科论文写作训练．北京：北京大学出版社，2003.

② 王世德．怎样写毕业论文和学年论文//王力，朱光潜．等．怎样写学术论文．北京：北京大学出版社，1981：29－30.

对，扣个帽子，或者随便说点感想，不予科学论证）；（三）别人没有讲到的新领域和新看法，即使是受了别人的启发，承接了别人某一论点而取得的发展，也是自己的创见，只要言之有理，就可提出商榷。”① 我们只要三者居其一，就能改变论文缺乏主体性，“照着讲”“别人说”的局面。

当然，创见的形成涉及许多主观方面的因素，如个人智慧、知识基础、研究方法、治学态度等，论文作者应注意培养好奇心与探索兴趣，具备丰富的知识储备和开阔的学术视野，从不同视角去思考问题，树立推进性研究态度，坚持发展性研究，参与争鸣性研究，就一定会有自己的学术创见。

第四节 研究方法的运用和提示

我们在第五章第一节中介绍了文学学科的有关研究方法，研究方法是我们进行科学研究可凭借的工具和手段，选择和运用哪一种方法，应当根据我们研究的目的、研究对象的特点以及研究者自身的知识结构来通盘考虑。此外，我们还应关注学科发展和专业研究的趋势，注意学科前沿提出的新的研究领域、研究内涵的延展以及跨学科研究方法的运用。

一、社会历史批评等方法的运用

社会历史批评方法在文学专业本科毕业论文写作中运用得较为广泛，这是文学学科的本质决定了的，社会历史批评强调从文学与社会历史的关系中评价文学的社会性、历史性，从而揭示文学的本质和社会作用。

山东大学文学与新闻传播学院2000级邓玉玫以“试论陶渊明的田园农耕诗”为题，运用社会历史批评方法，对其在文学史上的地位进行了考察和研究。作者由陶渊明田园诗中最有特点的、描写自己参加田间劳作的农耕诗入手，揭示了诗人与生活的特殊关系。陶渊明的田园农耕诗用最朴素自然的语言描绘最平常普通的事物，诗中极力赞扬躬耕田园的劳动美，劳动是陶渊明安身立命的根本，是他保持心灵纯洁美好，不为世俗社会所污染的现实生活途径。论文继而考察了陶渊明生活的时代，分析了促成陶渊明开创田园诗这一崭新题材的种种因素：其一，从客观的历史和社会条件方面来看，陶渊明创作农耕诗受我国发达的农耕业的影响，以及长期

① 王世德．怎样写毕业论文和学年论文//王力，朱光潜．等．怎样写学术论文．北京：北京大学出版社，1981：30.

以来诗歌发展所带来的艺术经验的影响。其二，陶渊明田园农耕诗的创作与他的家世有极大的关系。其三，崇尚自然的思想性格影响了他对田园农耕生活的积极选择。他抛弃了污浊的官场，抛弃了人世间的压榨、强横、欺诳，选择了阳光的乡村文明，选择了原始牧歌式的田园风光，把个体的得失感悟寄寓于农耕生活，演绎一种超脱而旷达的情怀，由此创作出来的作品必然是真实新鲜的。杜玉玫又从历史和美学的角度评价陶渊明田园农耕诗的价值和影响，认为在中国文学史上，陶渊明开创了田园诗这一崭新题材，并把农耕劳动作为审美对象纳入诗中，在当时至后世都具有积极的进步意义。在东晋诗坛被玄言之风笼罩的情况下，陶渊明的田园诗以清新的生活气息，在诗坛上独树一帜，开辟了新的诗派。陶渊明躬耕田园的实践也给人留下启示：在人类本真的所在，我们可以寻求到一种精神的力量——亲近自然，超越自我。至此，论文作者通过批评陶渊明，发掘出其作品的道德情感力量，引导读者认识生活，提高审美感受，塑造人格灵魂。①

在具体的论文写作中，社会历史批评常常不可避免地与审美批评、传记批评相结合，只是侧重点不同。当批评者从社会因素和历史发展的角度评论作家表现的倾向性和作品包含的社会价值和意义时，往往会涉及对其美学价值的评论。而要揭示作家对社会历史的深刻的洞察和领悟，又不免追踪作家的生活道路、心灵轨迹。但应注意的是，采用研究方法的多少，要根据学科论文写作的需要，不要在一篇论文中夹杂运用数种研究方法，以致论文成了方法的中药铺，内容成了方法的证明书，好像研究者不是在用方法阐释内容，而是在用内容阐释方法了。

二、精神分析等方法的运用

在本科毕业论文选题中，对作家作品的研究一直是备受关注的，因为同学们大都有自己喜爱的作家和作品。运用精神分析、心理批评以及传记批评等方法解析作家作品，有一些好的范例可供借鉴。

再以华中师范大学盛中华的《孤寂灵魂的苦吟——论鲁迅的一种心态及创作》一文为例。论文从鲁迅的童年不幸、家庭隔膜、思想影响、生活实践等方面探讨鲁迅孤寂的成因，并从作品题材选择、意象塑造、氛围营建等方面追溯孤寂对其创作的影响。论文对传记材料的精神分析批评成为解析作品、研究作家创作奥秘的重要途径。我们从文后的 79 个注释中不难看出，论文作者侧重于从作家的传记材料入手，通过对作家的日记、私人信件、文稿、社会经历、家庭关系、性格特点，特别是童少年生活经历等材料的分析，理解一个孤寂灵魂的苦吟，追溯孤寂对其创作的影响，并评价其文化精神的价值。论文作者广泛深入研读了鲁迅的传记材料，特别注意鲁迅童年的不幸这一孤寂的最初积淀，这种积淀正如弗洛伊德提出的“风筝说”所论述的，童年经历和体验将对人的一生起重要作用，就像风筝的线引导和制约着人一生的思维情感和言行的发展。加上成年后家庭关系的隔膜，疾病缠身的苦痛，思想上接受尼采、施蒂纳、安特莱夫等哲学思想和观念的影响等，“孤寂”这一种生活体验、情绪心态成为鲁迅的一种生存状态。孤寂不仅是鲁迅对生活、社会、生命作独特细致感受和深刻哲理思考的条件，也是他找

① 《试论陶渊明的田园农耕诗》一文收入山东大学教务处编印的《山东大学 2004 届优秀毕业论文（设计）选集》。

到解答后更浓重的状态体认。他被孤寂缠绕又试图反抗，孤寂被他体味且不断抒写。这就是鲁迅的一种心态及创作。论文作者运用了传记批评、精神分析的方法解析鲁迅的创作心理，揭示了作家深层的心理结构和心理动力。

再如武汉大学陈会娟的论文《百年多病独登台——疾病与作家创作心理》、北京师范大学翁先海《菡萏香消翠叶残——论“疾病”“遭逢”对孙犁后期散文创作风格的影响》，论文作者也是运用了类似的批评方法。前者从作家创作心理的形成过程入手，探究疾病是怎样影响作家的创作心理的，解析疾病与作家之间存在的复杂而深刻的关系。后者检索孙犁创作道路上“十年荒于疾病”，“十年废于遭逢”的特殊经历，揭示“疾病”“遭逢”对孙犁后期散文创作风格的深刻影响。

三、形式主义批评方法的运用

形式主义批评方法是指向文学作品内部的客观分析批评。相比较而言，在形式主义的众多批评方法中，结构主义批评被中文学科的同学们“拿来”运用得较多，其中又以结构主义叙事学运用得比较娴熟。

20 世纪 80 年代，北京大学的吴晓东在人们热衷于对鲁迅思想的再发现时，就关注到承载那些思想的形式，运用叙事学的批评方法，研究鲁迅小说中的第一人称叙事视角，以揭示视角本身的认识论价值，在鲁迅观照生活和反映生活的认识层面上把握鲁迅小说的基本特质。论文从反讽的第一人称叙述者、“归乡”叙事模式中的叙事者系列、第一人称叙事的美学特质——“距离控制”三个方面进行分析论述，探讨叙事者与他所叙述的故事之间的位置关系，探讨反讽叙述作为一种叙事技巧作用于叙述者、作者以及读者，特别是对于读者接受的作用等等，深透地解析作品的视角带给作品的复杂性、丰富性、超越性。他指出鲁迅小说第一人称叙述者的复杂化，是现代小说复杂化的一个标志，在形式层面标志着文学范式的创造性转化。论文作者运用叙事学的批评方法破解“形式的秘密”，丰富了鲁迅文学批评的研究模式。[①] 在《中山大学中文系本科二零零二级优秀毕业论文集》中，就有沈思的《论白先勇〈台北人〉与〈纽约客〉的叙述结构》、陈琳婉的《从“注释”看卢梭的叙事策略和语言风格》、孙玉霞的《从〈金瓶梅词话〉曲艺、戏曲演出情境看小说叙事空间的拓展》等三篇关注作品的叙事艺术，其中沈思的论文运用结构主义叙事学的批评方法和模式，着力揭示白先勇叙事作品的深层结构，从中找出作品的二元对立模式。论文从叙事模式的角度分析白先勇《台北人》与《纽约客》这两部小说集，发现 23 篇作品中大都含有四种叙事功能，即“陷入悲剧的主角”“在他乡转化之人”“他乡”“家”。在总结出这四个叙事功能的基础上，将两部小说集进行对比，揭示“人与人”“物与物”四个叙事功能两两对比的叙事模式的意义。通过“陷入悲剧的主角”和“在他乡转化之人”的对比，映衬出主角的悲剧感；通过“他乡”与“家”的对比，反衬出“他乡”的陌生。他还从中挖掘故事结构的二元对立模式：台北人是“不能回去”，而纽约客是“不愿回去”。而对“过去”不同的态度的深层原因在于，在台北丧失的是一种生活，在纽约丧失的是一种文化。双重对比的重叠效果，令悲剧感更为强烈，集中地表现了台湾文学的一种悲情，一种基调。

---

① 吴晓东的《鲁迅小说的第一人称叙事视角》入选温儒敏主编的《中文学科论文写作训练》。

在中文本科论文中，也有一些论文侧重对作品的语言及其结构关系进行客观分析批评，但并不求在此基础上寻找其规律。有一些论文不单单指向文学作品内部的客观批评，而多与外部研究、主观批评相联系和相观照。

四、女性主义批评方法的运用

女性主义批评作为一种开放型的、颠覆性的文学批评，多为中文学科的女性学生所运用，她们似乎比较热衷于这种批判性的批评理论，专注于女性作者特别是以书写女性意识、女性体验为主的文本，或者是男性作家笔下的女性形象，在女权批评和女性批评中展示另一种女性张扬的姿态。

中山大学的梁茜作了两篇毕业论文，一篇是《跳不出菲勒斯中心主义囚笼的身体写作——解读陈染身体小说中的女性体验》，一篇是《追求自由的心灵之旅——徐小斌小说〈太阳氏族〉解读》。两篇论文均是用女性主义批评方法解读作家作品。20 世纪 90 年代的女性文学已体现出了鲜明的女性意识，作者解构了男性的性别霸权，超越了性别压迫的怨恨，甚至脱离一切历史文化语境大胆书写女性的隐秘体验，坚持绝对的女性立场。前一篇论文以私化小说的先驱人物陈染及其作品为研究对象，分析她在作品中如何运用她的“女人腔”，通过展现女性意识、成长历程与体验，对菲勒斯男权中心主义下的二元对立进行颠覆，并探讨这一瓦解策略的价值取向和此类作品的社会意义。论文带着质疑和批判色彩，可以看作是对私化小说之“身体写作”的武器的批判。90 年代的女性文学在张扬主体意识的同时开始了反思，女性不仅要回归身体，还要实现精神的还乡。后一篇论文关注徐小斌精神还乡的心灵之旅，论文在对徐小斌作品的解读中，抽象出徐小斌对女性精神困境的探索：作品通过表现女性被男性和外部世界对象化到拒绝被对象化，到寻求心灵的神秘花园的几种生存状态，揭示了人的精神世界与外部世界的根本性对峙关系，反映了人（女性）在生存中的永恒困境，指出作品从关注女性生存，转向关注人的生存，其精神内涵超越了性别，指向更为博大的人类生存和人生意义。论文注意到把研究对象放在中国女性文学发展的历史中考察，揭示徐小斌的女性书写在女性文学史上的意义和价值。论文还运用荣格的集体无意识理论深入分析女性文学与欲望文化的关系，从叙事学的角度破译徐小斌作品中的第三人称叙述视角蕴藏的哲学思考。论文作者运用的批评方法对于论文意图的揭示是较有力的，方法带给论文的还有较强的思辨色彩。[①] 女性文学批评的选题也关注男性作家文本中的女性形象，如广州大学张昕莹的《试论司马迁的女性观》、中山大学黄艺韵的《边缘的尘埃——论〈尘埃落定〉中的女性形象》等，这些研究对于建构女性文学是一个必不可少的对照。

五、比较文学批评方法的运用

在文化全球化的今天，在世界文学交流日益频繁的当今社会，比较文学的影响研究、平行

---

① 两篇论文均收入《中山大学中文系本科二零零一级优秀毕业论文集》中。

研究和阐发研究受到学界的特别关注，也引起青年学子的极大兴趣。在他们看来，比较文学间的对话、交流、传播和接受，是一个富有挑战性也是富有诱惑性的研究领域，他们有兴趣尝试用一种以世界文学的宽阔视野、跨文化思维，运用比较的方法，进行文学的"双边的""跨文化（跨文学）"研究，旨在把握"双边"文学的内在关系，寻求文学的共通规律。华中师范大学苏晖的《超越者的悲剧——〈哈姆雷特〉与〈狂人日记〉》[①] 就试图通过比较这两部作品，探讨有关超越者的悲剧精神的表现艺术和中西悲剧美学特征等问题。《哈姆雷特》和《狂人日记》的创作都有对蓝本的改造。首先，两位作家都使个人悲剧更鲜明地具有社会悲剧的色彩；其次，都加强了作品的悲剧性，大大减弱了旧有题材中的喜剧成分。那么，两位作家为什么能在这两点上不谋而合呢？论文作者认为，这与他们所处社会历史状况的相似及他们共同遵奉现实主义创作原则有关。两部作品都用了许多丑恶的、带有病态或兽性特征的、令人恶心甚至使人恐惧的意象。而这些意象正可以给我们提供一条线索，使我们能通过它们了解主人公甚至两位作家对社会、人生的看法，进而寻找他们成为悲剧性超越者的主客观原因。鲁迅和莎士比亚都给自己的作品注入了极为丰富的社会内容，使它们获得了深刻的真实性和哲理性，具有了重大的典型意义，成为时代的一面镜子。论文论述了作品的类同之处，进而进行文学间的影响研究，探讨由《狂人日记》开创的"五四"悲剧对中国传统悲剧的革新及其对以《哈姆雷特》为代表的西方悲剧美学的借鉴。

比较文学研究除了"跨越国界和语言界限的文学比较"（钱锺书语）之外，还有其他多种途径和形式的比较研究。在国内的文学比较研究中，有的探讨不同时代文学间、作家间的影响，如古代文学、近代文学对现当代文学的影响；有进行不同民族、不同地域文学之间的对比研究，如台湾文学与祖国大陆文学的比较研究；也有的进行同一时代或同一性别作家间的对比研究，如女性作家比较研究等。或追根寻源，通过具体文本印证研究各民族作家与作品之间的直接影响，揭示其精神联系，阐述作家接受外来影响与个性创造的辩证关系；或是将那些没有事实联系和影响的文学文本放在跨越时代、地域的特定的文化语境中进行研究，分析它们的异同及原因。

对于方法的运用，我们要意识到，研究方法受制于我们的研究对象，对象的特点和规律要求与之相对应的研究方法。另外，研究方法又受制于主体，与研究者的目的、文学观和认识能力等主观因素相适应。因此，方法的选择运用不是孤立的。还需要指出的是，不论运用什么样的方法，在文学研究中，大可以仁者见仁，智者见智。只要持之有故，言之有理，能够自圆其说，也就有其存在的价值。

思考与练习

一、写一则 300～500 字的本章内容提要。

二、《将进酒》是唐代诗人李白的名诗，古今研究者甚多。请查阅相关文献，收集《将进酒》的研究资料，并对资料分门别类，熟悉资料收集的技能，就现有资料说明李白《将进酒》的研究现状和走向，并对这首诗作出新的解读。要求：资料完备，分类井然，解读出新。

---

① 此文当年被评为优秀毕业论文，作者后稍加修改发表于《外国文学研究》1992 年第 1 期，并被中国人民大学复印报刊资料《鲁迅研究》1992 年第 2 期全文转载。

将进酒

李白

君不见，黄河之水天上来，奔流到海不复回。
君不见，高堂明镜悲白发，朝如青丝暮成雪。
人生得意须尽欢，莫使金樽空对月。
天生我材必有用，千金散尽还复来。
烹羊宰牛且为乐，会须一饮三百杯。
岑夫子，丹丘生，将进酒，杯莫停。
与君歌一曲，请君为我倾耳听。
钟鼓馔玉不足贵，但愿长醉不复醒。
古来圣贤皆寂寞，惟有饮者留其名。
陈王昔时宴平乐，斗酒十千恣欢谑。
主人何为言少钱，径须沽取对君酌。
五花马，千金裘，呼儿将出换美酒，与尔同销万古愁。

（选自《李太白全集》）

第八章

文学学科论文的表达

过了选题关、研究关，接下来要过的是表达关了。在一些谈毕业论文写作的教材中，我们看到专家教授指出本科生毕业论文写作中普遍存在的问题是：题目太大无法深入、论题空泛面面俱到、不会选择切入角度、观点方法陈旧、理论思考不深、逻辑推理不严密、佐证材料不实、文字表述不准、文章结构不规范、模糊空疏等。论文写作存在这些通病，说明许多同学还未能通过“表达”这一关。

为了给同学们更多的感性认识，本章主要以华东师范大学中文系陈洁的《女神—女人—女奴——从希腊神话传说中的妇女形象看上古社会妇女地位之变化》[①] 为例，通过解剖一个“麻雀”，引导大家过“表达关”。

第一节 总体结构框架敲定需注意的问题

一般来说，开题报告后，就可以进入毕业论文初稿的写作了。但在提笔之前，还有一个细心推敲论文总体结构框架的工序。应该说，在经过开题报告之后，毕业论文撰写者会吸收老师们的批评意见和合理建议，对原来拟定的论文提纲进行不同程度的修改。比如，是否需要重新审视材料，重新选择视角，重新做局部甚至是全局的构思，修正、更改原先的提纲等。这就更有必要对总体结构框架进行认真推敲琢磨了。

推敲总体结构框架这道工序，是为了总揽全局，提纲挈领，从总体上作周密的布局谋篇。论文是科学研究工作，说理性强，需要建立全局观念，对总体布局、角度选取、间架结构、材

① 此篇论文曾作为优秀论文在上海高校 1977 级文科学生毕业论文报告会上宣读，后入选张舜徽主编《1981—1982 大学生毕业论文选评·语言文学专辑》。

料分配等，无一不要精心设计安排。特别要考虑整体的逻辑性，注意以论据支撑论点在不同层次上的展开。

有些同学不愿写提纲，提笔就写初稿，结果常常需要做大的修改，或推倒重来。老一辈学人告诫我们：没有好的提纲，写不出好论文。提纲对于论文非常必要，而且需要反复推敲而成为“好的提纲”才行。

写提纲的好处很多。第一，检验你是否对论文有清晰的整体概念，在这一点上不能模糊不清。提纲能让你看清楚你的构架，帮助你从整体出发，去检验每部分所占地位、所起的作用，相互间是否有逻辑联系，论证步骤是否合理，每部分所占的篇幅是否相称，各部分论述是否和谐，首尾是否照应等等，在琢磨推敲中，使框架结构更加完善。

第二，论文的框架结构概括性强，重点突出，条理清楚，有利于作者理清思路，突出重点。作者易于把握中心论点与分论点之间、论点与论据之间、上下文和上下条目之间的逻辑关系，探求最佳论证角度和严密的论证步骤，逐一逐层地展开讨论。

第三，有利于指导教师提修改意见。框架比较容易见出问题，特别是逻辑关系问题。对于框架做出修改、调整也相对方便一些，如果写出初稿后，再在构架上做改动，困难就大多了。

此外还有利于作者根据纲目结构，科学安排时间，分段写作。

前面我们举了华中师范大学文学院戏剧影视文学专业欧阳秀英的论文提纲为例，为了比较的方便，我们复制在此：

一、综述：动画片——一种孩子气的文化体制

1. 记述动画片的生成机制

2. 从社会学的角度记述：作为一种对抗工业文明秩序的成人梦想而存在的动画片

二、美国动画片的三个发展阶段（以作品的题材和主题为划分依据）

1. 以道德训诫为主的阶段

2. 以表现儿童天性为主的阶段

3. 强调个体价值为主的阶段

三、记述当代好莱坞动画片的形态

1. 经典叙事模式

2. 主题及相关表现手法

对比一下作者成文后的论文目录：

引言

一、美国动画电影的源起与发展

二、新时期美国动画电影的风格特征

1. 影像风格

2. 人物设置

3. 叙事方式

4. 精神内核

三、当代美国动画电影的文化价值

不难看出，在大的构架上，作者作了很大的修改变动。据导师的“毕业论文指导记录表”记载，欧阳秀英同学“初稿整体构架还可以”。由此我们看到作者受开题报告会的启发，对原来的构架作了重新思考和设计。当然也不排除最后的总体结构框架是几经修改后（包括在写作中）完成的。

一般来说，开题报告拟定的论文大纲与最后定稿的论文目录有较大的差异，有的完全是另一种面貌。这说明作者在导师的指导下对研究对象的认识在不断深化，对问题的研究在表达中不断完善。

我们再来看看陈洁同学的毕业论文《女神—女人—女奴——从希腊神话传说中的妇女形象看上古社会妇女地位之变化》(以下简称《女》)，体会作者在构架谋篇上的用心。

陈洁同学的毕业论文研究希腊神话，旁及古代史。作者阅读了大量的材料，并通过分析研究，从大量的史实中辨析梳理了一条脉络：神话中的妇女形象，由早期受崇拜的女神，到与父权相抗衡的女人，再到处于被奴役地位的女奴，即由女神到女人再到女奴的历史变化过程。作者发现，希腊神话传说中的妇女形象变化的过程，正是上古社会妇女地位变化的深刻反映，而妇女的社会地位是随着她们在生产中所起作用的减弱而降低的。于是从希腊神话传说中的妇女形象变化看上古社会妇女地位之变化这个角度设计论文，努力揭示这一变化的根本原因：人类生产发展以及妇女在生产劳动中所起作用的变化。

论文有引论和结论，本论划分为三个部分。引论直接提出中心论点。结论概括全文，深化中心论点。本论以自己的认识为核心，按女神—女人—女奴的形象变化过程选择、组织、统领材料，按时间逻辑线索精细构架谋篇，把那些繁杂的材料组织成一个系统，设计为历史发展纵深式的构架，从而形成一定的论证逻辑和系统。由于论文被收入论文集出版，没有呈现一个便于审视的目录，但经过抽绎，我们基本上可以得出以下纲目：

一、受崇拜的女神

（一）妇女之所以以“女神”的面貌出现在最初的口头文学和艺术雕刻中而受到广泛的尊敬，因为她们是人类得以繁衍的新生命的产生者、哺育者、保护者。

推原神话、再生神话、感生神话。

（二）生儿育女、繁衍生命被当时的人们提到异乎寻常的高度来认识，妇女也因此而身价百倍的原因。

人口的生产、后代的繁衍是民族生存和兴旺的首要前提。

妇女在劳动中所起的重要作用和地位。

妇女在生存斗争即与命运的斗争中掌握了主动权。

二、与父权相抗衡的女人

从母权到父权的演变是一个漫长而复杂的特定历史阶段，其中充满了母权对父权时而居于优势，时而处于劣势的曲折不断的矛盾冲突。

（一）父权制击败母权制。

母权与父权势均力敌。

女子投票权被取消。

雅典娜关键时刻代表父权利益击败母权。

（二）妇女为争取真正的一夫一妻制而作的斗争。

楞诺斯岛妇人为了维护婚姻的纯洁而宁愿扼杀和毁灭爱。

美狄亚杀子复仇。

三、处于被奴役地位的女奴

在原始社会向奴隶社会的过渡时期，妇女们处于被奴役、被鄙视的低下地位。男子已因其在劳动中的统治地位壮大了父权制。

（一）被送上祭坛的妇女。

（二）没有地位的贵妇人。

（三）女俘虏、女奴隶的悲惨命运。

对于总体框架结构的推敲，首先看其是否突出了主干。《女》文在引论中就提出了中心论点：神话中的妇女形象，由早期受崇拜的女神，到与父权相抗衡的女人，再到处于被奴役地位的女奴，这一过程正是上古社会妇女地位变化的深刻反映。在本论的三个部分中，作者充分描述了女神、女人、女奴的不同形象，努力揭示其变化的根本原因：与人类生产发展以及妇女在生产劳动中所起作用的变化相关联。结论中对基本论点作了深化和强调，突出经济地位决定社会地位这个真理，强调了在一切领域中实现男女真正平等的关键。可以说，《女》文的主干是突出的，各部分的分论点都是根据中心论点来组织的，各部分又都围绕着从中心论点区分出来的分论点展开。大的框架结构显得主次分明，序列从容。

其次是要推敲框架结构的逻辑性。论文框架即论文粗线条的逻辑呈现，是论文中论证、论述过程逻辑性要求的基础。框架结构的逻辑性，既表现在横向的纲目之间，也表现在不同级次的纲目之间，以及它们和它们所包含的内容之间。《女》文框架结构的逻辑性很强，整体观呈历史纵深走向，在不同级次的纲目之间又是或纵或横，纵横交织，以揭示和反映研究对象的发展规律及多个对象之间的联系。什么是第一个层次的问题，在它的下面应该是哪些内容，这些内容是否能为中心论点服务等，作者都考虑得比较周全，其步骤依照逻辑关系层层展开，一环套一环，层次分明，条理清晰，材料与观点统一，没有层次上的错位。

对于框架结构的推敲还要注意到要完整齐备，从总体上周密地布局谋篇。论文内容反映的是一个完整的研究过程，需要完整的结构表达这个完整的过程。其合理的谋篇布局，是将文章各个部分和谐有机地组织在一起，避免杂乱、重复、严重缺损以及不匀称。《女》文作者从文章的整体出发，反复检查了每一部分在论文中所占的地位和作用，推算各部分的比例分配是否恰当，篇幅的长短是否合适，并从中心论点出发，决定细部材料的取舍，选择真实、典型、充分的论据，确定论证角度，安排论证步骤。作者合理组织分配材料，对佐证材料做适当剪裁，使之适得其所，使整篇文章层次清楚，脉络分明，材料充实，前后呼应，框架结构相当匀称。

第二节
论文写作的结构形式与文本规范

论文有小论文、学年论文、毕业论文之分。小论文的写作比较灵活，形式多样，不拘一格；学年论文可以是小论文的扩大，也可以是毕业论文的缩小；毕业论文在学术规范化的要求下，形式上有一定之规，写作表达自己的研究成果（工作），须遵循一定的形式规范。

毕业论文在形式上分两个部分，即前置部分和主体部分。前置部分有目录、摘要、关键词三项，摘要和关键词还必须有中英文两种表达。主体部分包括引论、本论、结论、注释、参考文献等五项。

一、前置部分

前置部分形式上置于论文之前，其实形成于论文之后。就是目录也是在写作之后在论文框架结构的基础上有所修改而最后完成的。

（一）目录

目录可使读者或指导教师小组（论文答辩委员会的成员们）从中了解论文的主要内容和结构安排，从而对论文的价值作出初步估价。小论文和学年论文可以不设目录，但毕业论文即学位论文必须设目录。有些学校还提出明确要求，要求目录有三级标题。

（二）摘要

摘要即内容摘要、提要。国际标准化组织（ISO）在 ISO214—1976（E）中把“摘要”一词定义为：对文献内容的准确扼要而不加注释或评论的简略陈述。毕业论文对摘要的设置基于现代资讯时代的要求，摘要的三个作用为：为情报人员提供准确无误的文摘；供计算机检索使用，缩短读者的检索时间；为读者选择文章提供捷径，读者可知基本内容而决定是否阅读。

摘要用简要概括的语言表述论文研究的目的、意义、内容、方法、结论等信息。《女》文的内容提要如下：

> 希腊神话和传说，是历史现实特殊的想象的反映。早期的原始氏族社会中，妇女在族内经济生活和家庭生活中确立了统治地位，因此对女性的崇拜盛行。妇女以“女神”的面貌出现。到了原始社会晚期，主要是由于男女在社会生产中的地位起了变化，随着一夫一

妻制的产生，男子的统治地位逐渐开始确立。经过多次的斗争，母权制被推翻，丈夫掌握了权柄，妇女成了奴隶。希腊神话和传说中妇女形象的塑造，反映出妇女地位演变的根本原因是妇女在劳动中作用的相对降低。

这篇提要以简洁的文字陈述了论文的内容和结论，使读者了解到全文的概貌和作者的观点，是一篇对文献内容的准确扼要而不加注释或评论的简略陈述。作为简略概述的摘要，篇幅上亦有具体要求：一般不超过300字。

前面提示过，前置部分形式上置于论文之前，其实形成于论文之后，摘要的写作是在论文正文完成之后。因此，有一种实用而简易的写法可供参考：以论文中的一级标题为中心，加上二级以及三级标题，用一些组织性语言以及能反映出标题之下重点内容的关键词，就可组织成一篇不错的论文摘要了。

（三）关键词

关键词是为文献检索服务的，表示论文的主要内容（主题）。作者需将论文中能表达论文内容特征和属性类别的关键性词语或术语选列出来，每篇论文约选3～6个关键词。关键词的标引应根据其含义由大到小、由内容到形式的次序，中间用空格隔开，位于摘要的下方。应尽可能利用《汉语主题词表》等词表提供的规范词。

《女》文可选列如下关键词：

上古社会　妇女地位演变　希腊神话　女神　女人　女奴

二、主体部分

按引论、本论、结论的顺序，主体部分大都呈现为提出问题、分析问题、解决问题的思维过程，也是使读者便于读懂的行文方式。

（一）引论

引论又称前言、导言、引言、序言，或称引论、导论、绪论、序论，或并不冠以什么，只是本论（正文）之前写一段起到引论作用的文字，与后文间隔一行即可。它通常是学术论文的开场白，即言简意赅地提出问题。这一部分可以谈论文的背景和意义，也可以说明自己研究课题的方法或涉及的范围；可以介绍前人在这一课题上已经取得的成就，也可以概括自己论文的要点。如果是参加争鸣的，还可以先摆出几种不同的意见，然后简要表明自己的看法。

如《女》文的引论：

在世界文学宝库中，有一颗璀璨夺目的民间口头文学的珍珠——希腊的神话传说。它是希腊人民在人类的童年时代与自然斗争时创作并流传下来的“通过人民的幻想用一种不自觉的艺术方式加工过的自然和社会形式本身”。作为希腊上古社会的百科全书，它是希腊人最古的思想形式和文学样式，也是历史现实的特殊的想象的反映，而在这透过三棱镜所折射出的现实中，最耀眼的是众多的女神、半神半人的女英雄和现实中的妇女组成的庞大的女性世界。原始社会早期的广大妇女，由于在征服自然、改造自然的过程中所立下的不朽功勋，赢得了社会的广泛尊敬。但随着原始社会进入末期并向奴隶社会逐渐过渡，妇女的社会地位也随着其在生产中所起的作用的减弱而降低，社会历史的进程正顺着它的发展规律一个台阶一个台阶地向上推进，而妇女地位则由于父权制、奴隶制的产生而一个台阶一个台阶地向下推移。作为间接或直接反映了当时现实的神话和传说，尽管已在千百年来的口耳相传中，被后代人混合了不同的时代性，重新进行了加工、修改和复制，但我们还是可以通过分析、整理，从中窥见这一变化的大致脉络。神话传说中的妇女形象，由早期居于受崇拜地位的女神，到与父权制相抗衡的女人，再到完全处于奴役状况的女奴，即女神—女人—女奴的过程，正是上古社会妇女地位变化的深刻反映。

引论指出了论题研究的范围，提出了论文的主要论点，起到了概述这篇论文的作用，且脉络清晰、言简意赅。这是引言写法的一种。

（二）本论

本论是论文的主体部分，论文的重心所在，占主要篇幅。这部分围绕中心论点展开论述，必须理论和实际相结合，有虚有实，有论点有例证，论证过程有严密的逻辑性。以透彻的讨论，充分的说服力，使读者能领会本论部分阐述的基本意图。

作为文学论文，本论部分通常有并列式、纵深式（又叫推进式、层递式）、综合式三种结构形式。并列式是对几个横向性分题逐一加以论述，结构上是一种并列关系。纵深式的各部分内容有逐层深入的关系。纵深式可以是历史发展的纵深式，或问题性质上的纵深式。综合式交错运用前两种方式，或者大层次是并列式的，某些小层次是纵深式的；或大层次是纵深式的，小层次是并列式的。

《女》文本论部分是典型的纵深式结构。大层次（三个部分）是历史发展的纵深式：（1）受崇拜地位的女神；（2）与父权相抗衡的女人；（3）处于被奴役地位的女奴。亦即女神—女人—女奴的历史发展过程。各部分中的小层次又是问题性质上的纵深式。第一部分先描述了在推原神话、再生神话和感生神话中，原始社会群婚时期的妇女作为受崇拜的女神形象出现，继而分析妇女受到社会广泛崇拜的原因。第二部分论述在原始社会晚期，男女在社会生产中的地位起了变化，从母权到父权的变革并非一次简单的革命，而是经历了曲折不断的矛盾冲突，揭示了母权制在与父权制相抗衡中而表现出的悲壮性。第三部分描述了荷马史诗《伊利亚特》以争夺女奴开始，《奥德修纪》以屠杀女奴结束，描写了妇女社会地位低下的悲惨状况，指出她们的遭遇“是由她们在劳动中所起的作用进一步减弱和父权制的巩固、强盛所决定的”。而“导致这一后果的原因是社会生产力的前进，原始社会的消亡和奴隶社会的产生”。论文着力描述了上古社会妇女地位变化的演进轨迹：社会历史的进程正顺着它的发展规律一个台阶一个台阶地向上推进，而妇女地位则由于父权制、奴隶制的产生而一个台阶一个台阶地向下推移，揭示出导致这种演变的深刻原因。

(三) 结论

结论，又称结语、结束语，是研究问题的归属。结论部分标题单列，紧接正文之后。也有的只是与上文间空一行，单独以一段结语总结全文。结语是以总结式的文字，概括评述研究成果：或概括全文，深化基本论点；或提出解决问题的某些设想；或是对事物发展前景进行预测；或对所论事物的意义或作用进行评价等等。这一部分语言力求高度凝练，不能视作对上文的简单的重复，而要有所拓展和掘进。

如《女》文的结语：

> 综观希腊神话传说中的妇女形象塑造，鲜明地反映出妇女地位演变的根本原因是妇女在生产劳动中作用的相对降低。由母权制下光华夺目的“女神”过渡到与父权制相抗衡的“女人”直至处于奴役压迫下的“女奴”的过程，是经济地位决定社会地位的生动体现。随着农奴制的巩固和壮大，妇女地位还进一步下降。甚至经过几千年的历史发展，直到妇女生产力大大解放的高度文明的现代社会，男女不平等的现象依然存在。革命导师所描绘的在一切领域中男女真正平等的美妙图景的实现，有待于全世界妇女和全世界人民的共同努力。

这个结语服从正文研究的逻辑关系，措辞严谨、准确、精练，不仅给了读者重温论文要点的机会，而且对要点作了进一步强调，并由过去连接到现在和未来，引导人们深思。

日本学者伊丹敬之在谈到学术论文理想的结尾时，指出有两种恰到好处的感觉，一个是与正文之间的“分寸感”，一个是结尾的“前瞻性”。前者强调承上，与正文之间不能有脱节，而常见的脱节是结论的扩大化，出现了人为的、与正文严重脱节或以偏概全的所谓“升华”。后者强调启下，结论不限于单纯的归纳，而是应有“由论文正文进一步延伸下去的连带感”，引导人们深思。① 这里有一个小小的提示：主体部分的执笔顺序可以不按提出问题、分析问题、解决问题的思维过程来操作，而是先写本论、结论，再写引论，即先从分析研究问题入手，这样更加直接、便当，也容易进入写作状态，回头写引论，也会觉得容易些。

(四) 注释

注释也称注解，用于对文中的一些词语信息进行简短的说明，注明来源和依据。对于别人来说，注释不仅使人们对于文章能作出正确评价，而且帮助人们进一步进行研究，推陈出新，促进研究发展。对于作者自己来说，注释是遵循学术规范、尊重他人成果、不掠人之美的学术操守的体现，也是严谨的学习态度的体现。

《女》文写于 1980 年，那时学术论文的表达形式没有特别的规定，学校也没有对毕业论文的文本规范作出强调，提出具体要求，因此文中的有关注释在现在看来就显得不够规范

---

① 伊丹敬之．创造性论文的写法．吕莉，张舒英，译．北京：社会科学文献出版社，2004：201.

了。如：

①《马恩选集》卷二，第 113 页。
②高尔基《文学论文选》，《苏联的文学》，第 322 页。
③转引自吕振羽《史前期中国社会研究》，第 70 页。
…………

毕业论文一般应该有注释。注释应为当页的页下注，通常称为“脚注”。也有把注释集中放到文尾的，通常称为“尾注”。注释内容包括引文的作者，引文的篇名或书名，发表报刊、出版社的名称，具体年、月、日或总第几期等，具体页码。

规范的表述如：

③ 吕振羽．史前期中国社会研究．北京：北京人文书店，1934：70.

（五）参考文献

参考文献是指给作者提供参考、查阅，被作者引述的记录有知识或情报的一切载体。如：

3. 吕振羽．史前期中国社会研究．北京：北京人文书店，1934.

综上，有关论文写作的结构形式和文本规范是我们必须遵守的，每一个大学四年级的本科生都必须具备毕业论文规范写作的文体意识。

第三节
分析论证的方法和要求

前面我们指出，论文的结构形式有并列、纵深、综合三种。在具体的表达即分析论证中，我们应努力做到层次清晰、分项得当，逻辑严密、结构严谨，论证深刻、有理论色彩，概念有确定的内涵，语言精确、严谨、庄重。总之，通过严密、充分、有机、系统的分析论证，引导读者到你的结论上来。

一、周密而严整

首先是关于概念的严密的界定。这一点很重要。从读者角度看，定义准确清楚才能便于理解，避免误解。但概念界定的最大价值不在此，而是使自己大脑中的思考变得清晰起来，以及让它成为我们发现以往从未被人注意到的某些新问题的机缘。

《女》文关于“女神”“女人”“女奴”，都有严密的定义。“女神”是原始社会母权制下升华了的征服自然的妇女群像。“女人”是在父权压迫下，却很少有屈从的奴性，敢于起来与之抗衡的女性。“女奴”则是在重重枷锁的压迫之下，丧失了作为一个“人”所具有的一切权利，沦落到社会的最底层的奴隶形象。

有些概念需要严密区分。伊丹敬之告诉我们这里面的细致工作：

> 特别是遇到一些意思有些相似的词的时候，比如说，有这么两个概念，我们不知道应该是区别地使用好呢还是同样地使用好，而自己又好像双方都需要。遇到这种情况，其实是一件非常好的事。这时，首先要考虑的是，对这两个概念给予什么样的定义，结果会最符合自己的想法。其次，再来思考：既然有两个概念就说明两者之间肯定有区别，那么是什么地方不一样呢？接着，既然明白了两者之间的不同，那就再想一想这种不同的意义何在。在很多时候，这往往成为自己能够指出以往不曾被人注意到的有趣的差异的准备工作。①

《女》文对于“母权制”和“女权制”有严密区分。文中指出群婚制下“人口的生产、后代的繁衍对氏族的兴旺显得尤其重要”，而“生产力越低下，生活资料生产对人口的依赖性也就越大，而人口生产的主要方面——新生命的产生者、哺育者和保护者的母亲的地位也就越高，母系社会中氏族首领多为女性，世系由母方传递，其原因之一便是子女属于母亲。叫‘母权制’而不叫‘女权制’，叫‘母系社会’而不叫‘女系社会’很能说明问题”。这两个概念的细微差异中蕴含着事物深刻的本质，不是可以随便对待的。这也是伊丹敬之强调的为什么要把概念弄清楚的最重要的理由。

其次是论证严密，富有逻辑性。逻辑体现在整体结构的逻辑性、说理论证的逻辑性、遣词造句的逻辑性。《女》文的逻辑性在这些方面都有出色的表现，如各环节的相呼应，同一论点中论据之间的相衔接，全文可说是相当周密严整。

论文脉络清楚，前后贯通，引论提出主要论点，接下来按时间顺序分层论述不同时期妇女形象的不同表现，合起来就是完整的历史的变化过程，结论略作深化和拓展。引论、本论、结论三部分相呼应，逻辑严密，结构谨严，论文严格遵循的是析事达理的逻辑顺序。文章各部分之间有严密的逻辑性，没有出现互相矛盾或互不相干的现象，三个部分首尾呼应、事实材料与观念材料相呼应、问题与分析相呼应等等，各层次之间条理清晰，段落之间关系紧密，大的层次之间在呼应中得到了深化。

---

① 伊丹敬之．创造性论文的写法．吕莉，张舒英，译．北京：社会科学文献出版社，2004：78－79.

论文驾驭逻辑的能力还表现在分析论证中论据之间的衔接方面。在论证过程中，我们往往会运用性质相同的论据论证同一个论点。《女》文在运用生动的事例论证妇女在父权制的重重枷锁压迫之下，丧失了作为一个“人”所具有的一切权利，沦落到社会的最底层的悲惨境况时，作者分析了妇女的献祭风气，挑落了披在一系列血淋淋的传说上的美丽外衣，让我们听到了伊菲革涅亚们在血淋淋的屠刀下发出的最后呻吟。

被送上祭坛的妇女固然可悲，活着的妇女也未必幸运，这只要看看俄底修斯的妻子珀涅罗珀的生活便可了然……

珀涅罗珀在家庭中没有地位，不被信任。

珀涅罗珀这样的贵妇人尚且处于如此可怜的地步，女俘虏、女奴隶的遭遇便可想而知了……

连无敌英雄赫克托耳临阵前想到妻子即将遭到成为俘虏的厄运也感到不寒而栗。

或许赫克托耳之妻可以凭她的美貌、教养和身份而得到主人的宠幸，但大多数女奴的命运却是悲惨的……

作者在衔接处对上下关系作了简短的说明，以此过渡而形成严密的、层层深入的论证。对于分析论证中这种同质论据之间的衔接，不可吝惜笔墨，但以简短为好。

二、充分而深入

许多指导老师都诊治过初学者毕业论文写作常犯的毛病：“观点加例子”论证模式。特别是文艺学方面的论文，常常是提出一个理论观点，然后罗列几个文学创作的事例加以印证。“观点加例子”是两张皮，即使再多的例证，也会由于缺少充分深入的分析论证，而不能在论点和论据之间形成有机的逻辑关系，更无法表现全文结构中有机贯穿的发展关系。

不错，例子在论文中具有重要的论据意义，好的论文必定“论据充分”。论据充分一方面指有丰富的例证，另一方面指充分的论证过程。还是看一看《女》文在这一点上是怎么处理的吧。

论文在第二部分开始指出原始社会晚期，由于男女在社会生产中的地位起了变化，母系社会被父系社会代替。从母权到父权的变革无疑为生产力的提高、财富的积累和交换的扩大创造了广阔的前景，但这个变革并非一次简单的革命。作者针对许多历史书籍将这个演变一笔带过的处置，提出了一个论点：“这个演变的过程是一个漫长而复杂的特定历史阶段，其中充满了母权对父权时而居于优势，时而处于劣势的曲折不断的矛盾冲突。”这一部分就主要围绕着这个论点分两层展开。

第一层列举了两个事例论证母权制与父权制的力量交锋。一个是雅典人的投票选举，一个是雅典娜主持的投票宣判：

有这样一则传说：雅典人在选择保护神时进行了投票表决，全体男市民投波塞冬的票，全体女市民投雅典娜的票，女市民比男市民多了一个，于是胜利属于女神，为了平息波塞冬的愤怒，此次取消了女子的投票权，也不许孩子们姓母亲的姓氏，一场重大的改革被一个朴实的故事生动地显示出来。雅典娜作为女性得到全体妇女的支持从而获得了保护神的光荣称号，这一票之差表明了母权与父权势均力敌的情形，母权虽以一票的微弱优势得胜，但女子投票权的取消，无疑夺去了妇女参与族内外事务的权利，使女子处于父权的绝对权威之下，子女不再随母亲的姓，意味着打破了世系由女方确定、子女属于母亲的习惯，也就是说，开始确立了世系由男方确定、子女属于父亲的男系本位的氏族社会了。

如果说在选举保护神中母权制以多得一票暂时得胜，那么在审判俄瑞斯忒斯时却因少得一票而彻底失败。由雅典娜主持的法庭审理了这样一个案件：阿伽门农以女儿作祭品，他的妻子克吕泰涅斯特拉为女儿复仇杀死了阿伽门农，他们的儿子俄瑞斯忒斯为父报仇又杀死母亲。围绕判俄瑞斯忒斯有罪还是无罪的问题，展开了父权与母权的斗争。

在人与人、人与神、神与神的新旧力量交锋中，代表着母权制的伦理道德的复仇女神们认为，克吕泰涅斯特拉杀死并不是本氏族的且无任何血亲关系的丈夫算不上有罪，而俄瑞斯忒斯杀死母亲却是有罪的。由此，复仇女神们站在母权的立场告俄瑞斯忒斯有罪，但阿波罗和雅典娜却从新的伦理道德的角度，代表着父权的利益来考虑问题：一个外族女人胆敢杀死丈夫，那么，继承父系的儿子理当挺身而出为父报仇。因而雅典娜在两边票数相等的情况下投了父子一边的票，宣布俄瑞斯忒斯无罪，同时也宣布了父权的胜利。

论文边举例，边分析，不仅举出事例，对事例进行逻辑分析，而且还进一步揭示问题的性质，挖掘其原因：

值得一提的是，选保护神与审判都是一票之差，二者的比较是交替时期形象化的描写。审判中雅典娜的一票表明，父权与母权的力量对比已发生了质的变化，这是由量的变化造成质的变化的关节点。尤其引人注目的是，此时的神话传说已赋予雅典娜以新的面貌，着重强调她从父亲头颅里跳出来的一面，并让她在关键时刻代表父权利益击败母权，雅典娜的转向打上了深刻的历史烙印，反映了一个新时代的到来……古老的、陈旧的制度已被宣判了死刑，新生的、充满力量的制度已经诞生，这就是——父权制。

充分深入的分析论证要一层层多问几个为什么，把材料安放在对这些“为什么”的回答中，并把这些问题的答案融化在材料中。这样才使论点明确，步步深入，理论性强，耐人寻味。

分析问题，提出自己的看法，应该有较充分的证据，这样的分析论证才会有较强的说服力。《女》文在第二层又列举了楞诺斯岛妇人、美狄亚和准德拉等妇女的悲壮故事，论证妇女们为争取真正的一夫一妻制而作的斗争，持之有故，能充分印证观点。

此外还要处理好点与面的关系，把研究对象放在一定的历史时期、一定的群体中进行考察，不孤立地看问题。对于杀子的美狄亚，历史上有不少非议，作者认为：“对美狄亚的褒贬直接关系到对反抗父权压迫的妇女的褒贬，因而有必要把美狄亚此举放到一定社会历史环境中去分析，从历史根源的探讨中给以恰当的评价。”论文指出，以杀子的方式报复并非美狄亚的独创，奥维德《变形记》、斯威布《希腊的神话和传说》都记载了这类故事。

从历史上看，杀子复仇来源于血族复仇，一夫一妻制下，妇女出嫁后虽然加入了丈夫的氏族，但当原氏族的亲人被外族人所伤害时，血族复仇的意识便占了上风，为了给被抛弃了的自己和被害的兄弟复仇，美狄亚杀死了属于伊阿宋的三个孩子，这是符合当时习俗的。同时作为孩子的母亲和凶手的美狄亚在杀子的过程中充满着母爱的情感与报仇的信念的激烈冲突，冲突的不可调和性导致了悲惨的结局。美狄亚的传说在一定程度上反映了社会的真实，其内容冲出了个人复仇的狭隘范围，成为妇女不幸命运的社会悲剧的生动写照。

我们在前面的分析中已经看到，《女》文中论据切实有力，分析论证充分深入，论点和论据之间有必然联系，各部分之间形成了有机的逻辑关系，在充分的分析论证中获得了较强的理论性，也获得了较强的说服力。

《女》文中的这些论证方法都是医治“观点加例子”论证模式的良方。

在学生论文中，常见证据薄弱甚至是孤证的现象，这就是证据不充分的表现，而在此基础之上又缺乏论证的话，就更是不足取了。记住，在证据不充分的情况下，不要轻下论断，要采取存疑的态度和假设的语气。

以论述为主的论文，应在有所发现的地方，在如何得出结论的地方，详细深入地讲透。否则就没有大的价值，也难以自圆其说，更不能服人。当然，不能只局限于谈自己的观点而不结合实际事例，缺少论据的说理会显得空洞而枯燥乏味。

第四节
语言的表述和材料的引用

一、语言的表述

一般来说，学科论文的语言表述主要是论述性的，不是描述性的，更不是抒情性的，不宜追求华丽，也不能主观感情太浓，一般以庄重、准确、朴实、严谨为佳。如果说文学学科论文的语言表述与其他学科论文有什么不同的话，那就是还需鲜明生动，语言应有感情色彩和形象性。因为平铺直叙、文字枯燥的表述必然令人兴味索然。因此，在论文的语言表述方面，朱光潜不赞成“零度风格”，提倡走“有立场有对象有情感有形象既准确而又鲜明生动”[①] 的路。而要达到这一点，首先必须是头脑中“有立场有对象有情感有形象”，而且力求清晰，笔下才

① 朱光潜．漫谈说理文//王力，朱光潜，等．怎样写学术论文．北京：北京大学出版社，1981：41.

可能表述得“既准确而又鲜明生动”。

现在，许多文学学科毕业论文存在语言过于文学化而缺乏思辨性的现象。不少同学用近似文学创作的语言写论文，通篇用叙述性、描述性的语言代替对论题的论述、论证。造成这种现象有两个因素：一是研究对象是文学作品或作家，引述例证为大量的作品，而一旦缺乏充分的论证，就会只有文学色彩的例证而缺乏理论思辨和论证过程了。另一个是学文学的同学受文学的浸染，重主观印象，唯美抒情，语言表述便不免喜好清丽或华美，议论也连带抒情。

此外，“翻译体”和“仿古文体”的语言表述也是一病。所谓“翻译体”，就是指硬翻过来的外国的文艺理论等的运用；“仿古文体”则指文白夹杂，文气不畅的半文半白的语言表述。“翻译体”常常堆砌时髦名词术语，搞名词轰炸，而且句子老长老长，看起来比较费劲；而“仿古文体”往往生涩怪异，阅读吃力。

语言表述是论文写作的关键环节，表述不好我们的研究成果就会被大打折扣。因此应该注意两个方面，既“注意语言的准确性、生动性和形象性”，还应该保持理论的刚性和硬度，如北京大学的董学文教授描述的，体现出一种“坚硬的美丽”。

文学学科论文语言表述的方式大致分陈述、说明和论述。我们还是以《女》文为例。

（一）陈述

陈述为论文语言的一种表达形式。论文中的一种现象、一个观点、一种理论、一种方法、一件史实、一个案例、一个例证、一个具体事物的发生和发展变化的过程等，都是陈述的对象。陈述分概述和具体陈述。

概述即概括的描述。这里的概括，不是抽象化，而是概括事实，即对大量的具体事实加以提炼和集中。《女》文第三部分论述妇女沦为女奴的历史，首先对妇女献祭的风气作了概述：

> 为了打退围攻雅典城的敌人，马卡里亚听从神谕做了祭品；为了顺利向特洛亚进发，阿伽门农的女儿献出了生命。妇女不仅做神的牺牲，还要做死人的祭物，被俘的特洛亚公主波吕克塞娜便在阿喀琉斯的墓前倒下了……

“女人，这类从性别上划分出来的人的生命，竟被与牛、羊、猪等生物等而视之，被送往祭坛任人随意宰割杀戮。”但，这真是她们自愿的吗？“然而，当我们掀开那赚人眼泪的漂亮外衣观察一下，就不得不为妇女悲惨的命运而感慨万端了。”作者又运用了具体陈述，让我们听到那一声声充满对生活、对生命的留恋之情的呼唤：

> 阿伽门农之女伊菲革涅亚的凄惨恳求，反映了多少无辜做了牺牲的妇女的心声：“不要让我这么年轻轻地就死去，大地的光辉是可爱的，不要逼我走进黑暗的地府里去……将你的心肠放软些，怜惜我吧！对于人，再没有比生命更可爱的……”

论文中的具体陈述，使我们隔着厚重的历史，听到不幸妇女在血淋淋的屠刀下发出的最后呻吟，使我们与作者一同为她们的命运而感慨万端。

作为文学学科的论文，会比较多地用到概述和具体陈述，造成生动性和形象性的效果。

《女》文作者在叙述时笔下常带着感情，而感情来自对研究对象的深刻认识和对问题的清晰思考。她说到妇女献祭成为风气，用一系列的概述来表现，用语不多但信息不少，呈现的历史给人强烈的冲击。而这还不够，作者以对其中一个具体对象——伊菲革涅亚的临终呼告的具体引述，将妇女献祭的惨状裸露出来，以揭示妇女命运的变化。

（二）说明

说明即对论文内容的解说和诠释。有定义说明、例证说明、引文说明、注释说明以及数据和图表的说明。定义说明是从性质、内容、范围、意义等方面界定事物和概念，多用于解释现象、概念和名词术语。例证说明是对举例和引例的说明。引文说明是对文内所引述其他文章片段的说明。注释说明是对文内疑点和难点的解释，由于置于文内会影响表述的连贯性和完整性，一般在页下作脚注或文后加尾注。

说明要求观点明确、文字准确、知识正确、诠释清楚具体，使人一目了然。《女》文中，作者为了说明原始社会早期的妇女与劳动生活的关系及其所处的地位，对女神所管辖的职责范围作了这样的解说：

> 在希腊神话中，女神的比例要大于男神。仅就斯威布选编的《希腊的神话和传说》一书中所出现的神的总数而言，女神约占百分之六十四。她们掌管着与人们的生活和劳动息息相关的事务，如农业女神、命运女神、智慧女神、狩猎女神（即月神）、山林女神、爱情女神、美惠女神、时序女神、青春女神、文艺女神、正义女神、复仇女神……

（三）论述

论述是撰写论文的一种主要表达方式。论述的展开过程包括四个因素：论题、论点、论据和论证。运用论述的表达方式，要求论题有学术价值和创新价值，论点鲜明、正确，论据充分、翔实，论证有逻辑性，由浅入深、由表及里深刻地剖析事理，以无可辩驳的事实和逻辑力量证明立论的正确和科研成果的成立。

论述的展开过程我们在上面已经多有分析，这里具体看看《女》文中的论述，以第一部分为例。论文首先引高尔基对原始人的观念中神的认识，界定“女神”的概念。接着论述原始社会妇女在族内的统治地位，神话传说中女性崇拜的盛行，并以推原神话、再生神话和感生神话论述文学作品与实际生活的联系。再进一步分析神话传说中女性崇拜的几个原因，引述有关文艺学和社会学方面的论述，深入论述希腊神话传说对早期妇女在劳动中的作用的充分展示，说明妇女对于历史的重大贡献。最后一段如此作结：

> 综合以上两个方面我们可以看出，原始社会母权制下的妇女是征服自然的主力军，她们直接生产的人口使人类与大自然搏斗的力量不断得到延续和壮大，她们亲自参加的生产劳动推动了社会历史的前进，她们在本民族中被看作是真正的女神，而就其地位的性质来说也确是如此。在神话传说中那一大批光辉夺目的女神身上，集中概括了原始社会母权制

下劳动妇女勤劳、勇敢、机智、聪明的特点和坚忍不拔、不屈不挠的斗争精神。透过那一层“神”的光圈，我们可以看到一幅上古社会早期妇女劳动生活的动人画面。

至此，可见文中的论述达到了相当高的水平。

另外，对于语言的表述的确马虎不得，必须要过这一关。让我们再温习一下过关的要求和规则，多下点功夫吧。

准确：定性准确，论证准确。修辞用语力求贴切，字斟句酌，一丝不苟。不能用大概、大约等词汇，杜绝使用夸张的修辞手法。

简练：多用短句，简明扼要，不说废话，突出重点。防止语言晦涩，故作高深。防止过于修饰文辞，华而不实。

二、材料的引用

对于初步尝试学术研究的学子来说，材料的引用应该注意规范。学术论文写作中应有引文或引证，因为没有学术性的引文或引证，就表明没有借鉴和学术积累。引文首先是一个选择研究方向和选题的问题。如果不注意他人已研究了什么、取得了什么成果，那么我们所做的大量研究就可能只是在重复他人已经做过的工作，没有大的学术价值。而引证他人的成果也是理解他人、与他人对话的过程，是形成学术共同体、建立和保持学术对话的可能性和能力的过程。因为“我们每个人不可能对所有的知识都有比较透彻的了解，甚至不可能对一门知识有完全的了解，我们必须借助他人的研究成果。事实上，我们对一个学科的大部分知识和判断、每一个新观点的提出或发现，都是建立在前人或他人的基础上的，其中包括其他学科的最新研究成果”。引文还可以使对文章所涉及的某个结论或论点，或者作为理论前提的某个结论和论点感兴趣的他人能发现原始材料，便于查阅原著，了解有关的新知识、新学科、新领域。引文“又是一种发现和接触新知识的渠道，一条信息公路”①。

20世纪90年代中国学术“失范”现象普遍而又严重，断章取义、乱摘乱引、歪曲、阉割、不正确引用比比皆是，因此才有了上述有关学术规范的讨论。怎样才是合乎学术规范的材料引用，材料引用又有哪几种方式，我们举例说明。

为了增强论证力量，常要引用一些典型的、精练的、有价值的文献资料。常用方式有完整引用、概括引用、分析引用等。

（一）完整引用

完整引用即照录原文，不能任意删削或增添内容，前后要加引号，也可单独成段，缩进两格书写、排版。如我们在这一章中为了举例说明所引用的《女》文内容。这些引用为完整引用。为了突出这些引用材料的引证作用，我们使用的字体也与正文其他内容不同，一看便知。

---

① 杨玉圣．九十年代中国的一大学案——学术规范讨论备忘录．河北经贸大学学报，1998（5）．

(二) 概括引用

概括引用就是用自己的语言将原文主要意思概括地转述出来（其中也可夹一些原文）。如前面杨玉圣文中有关学术“失范”的引文例证，特别是对朱苏力的观点的概括引用。文学论文常有对作品的概括引用。

(三) 分析引用

这种运用最多，根据作者论述需要，将原文内容拆散、打碎或重新组织，和论文作者的简述分析文字糅合在一块，边引用边作分析。

北京师范大学 2000 级孙莹洁的毕业论文《色色空空看“还泪”——试探林黛玉的悲剧情由》，在“褒钗抑黛岂足信”一节中，例举了贾府上下“褒钗抑黛”的倾向。接着作者从另一角度发出追问：上述理由，粗看倒也合情合理，然而，细想之下，却又并非无懈可击——宝钗固是大得人心，黛玉莫非就遭人厌弃吗？非也。且看：

> 林黛玉初进贾府，还是个孩子，就“步步留心，时时在意，不肯轻易多说一句话，多行一步路”。你看她在王夫人面前，对答何等乖觉；而在贾母面前，又应变何其神速。（第三回）何况她天资聪颖，才情超凡，有知书识礼的一面，有词锋犀利的一面，更有娇俏可爱的一面，亦庄亦谐，亦喜亦嗔，也就难怪薛姨妈说她是“为人做人配人疼”了。（第五十七回）就连宝钗也说：“怪不得老太太疼你，众人爱你；今儿我也怪疼你的了。”（第四十二回）
>
> 而论起才干，凤姐遍数宝玉辈中的管家人才，就只一个探春，“再者林丫头和宝姑娘他两个倒好，偏又都是亲戚，又不好管咱家务事”（第五十五回）。言下之意是，薛林二人缺的是理家的身份，而不是理家的才干。而把黛钗并提，不正好说明了黛玉的才干，决不下于宝钗？王熙凤是什么眼力，况且这是和平儿私下计议，不比奉承场合，难道还会有错？黛玉也曾私下跟宝玉说过：“我虽不管事，心里每常闲了，替你们一算计，出的多进的少，如今若不省俭，必致后手不接。”（第六十二回）又哪里是只识诗书、不通世事的样子？

作者发现：我们能找到多少“褒钗抑黛”的理由，也就同样能找到多少“褒黛抑钗”的理由。这两种理由，究竟孰是孰非，这就是作者在这篇毕业论文中要回答的问题，要论证的地方。

作者的论证紧紧联系着作品，从材料（作品）中得出论点，以论点吸引材料。边引用边分析，边分析边引用。

对于材料的引用，应来自原始材料并注明出处，小心引文背景，忠实地引用。为了保证引文的准确无误，我们还必须对其进行认真的核对。

思考与练习

一、写一则 300～500 字的本章内容提要。

二、阅读沈从文先生的短篇小说《萧萧》，选择你认为合适的角度确定论题，拟出详细的写作提纲，并对自己的主要观点进行阐述。要求：论题明确，提纲精练，阐述周密。

扫码阅读

《萧萧》

文学学科论文示例与点评

文选 1

浅谈刘勰鉴赏论的"知音难"问题*

邓　倩（武汉大学文学院2000级人文科学试验班）

摘　要：《文心雕龙·知音》是刘勰鉴赏论的专篇。文中发出的"知音难"的喟叹，在我国文学史和文学批评史上是十分常见也是十分重要的问题。本文从这一问题出发，剖析刘勰的鉴赏理论，系统地指出在鉴赏中难寻知音的原因在于"音实难知"和"知实难逢"，并进一步地阐明"音本可知，知实可逢"的道理。刘勰鉴赏思想及方法，对我们今天文学鉴赏有重要的借鉴意义。

关键词： 刘勰　鉴赏论　知音

一、知音其难哉

王元化的《刘勰身世与士庶区别问题》一文指出："刘勰的一生经历正表明了一个贫寒庶族的坎坷命运，他怀着纬军国、任栋梁的入世思想，却不得不以出家作为结局。"① 这是对刘勰一生极为精辟的概括。尽管刘勰在三十多岁时已写出《文心雕龙》这样"体大而虑周"② 的杰作，却依然"未为时流所称"③，无怪乎他在鉴赏专论《知音》篇中开首便呼"知音

* 本文选自武汉大学教务处提供的优秀论文电子文本。

① 王元化．文心雕龙创作论．上海：上海古籍出版社，1984：21.

② 章学诚．文史通义：诗话．刘公纯，标点．北京：中华书局，1956：157.

③ 周振甫．文心雕龙注释．北京：人民文学出版社，1981：1.

其难哉”[①]！这既是对自己郁郁不得志心情的宣泄，更是对齐梁颓风的反拨。魏晋时期门阀制度、玄学之风使得“膏腴子弟”“独观谓为警策”，“轻薄之徒”“笑曹、刘为古拙”[②]。刘勰反对这种主观片面的文艺鉴赏方式，有意识地要为文学批评、文学鉴赏立一客观标准。“知音难”实际上是一种呼吁，显现出批评家的自我意识正初步形成。

刘勰之前，对“知音”的描述在《礼记·乐记》中已能见到：“惟君子为能知乐，是故审声以知音，审音以知乐，审乐以知政，而治道备矣。”[③] 这是从社会文化角度来解释，认为以声音的噍杀啴缓来辨别社会治乱者即为知音。而历史上最著名的关于“知音”的描述便是在《吕氏春秋·本味》和《列子·汤问》中都有记载的“高山流水”的故事，俞伯牙失去了钟子期这位唯一的知音之后，“破琴绝弦，终身不复鼓琴”[④]。刘勰“知音难”的命题便是由此而发。事实上，“知音难”的喟叹也并非刘勰一人所发，这在中国文学史以及文学批评史上都是十分常见的：《诗经》中的“知我者谓我心忧，不知我者谓我何求”，曹丕《与吴质书》中的“痛知音之难遇”；白居易《与元九书》中的“微之微之，知我心哉!”；直至曹雪芹于《红楼梦》第一回便表“满纸荒唐言，一把辛酸泪！都云作者痴，谁解其中味?”凡此种种，无不说明“知音难”确实存在而且长期存在。

对文学鉴赏和文学批评的文字记载，在我国始于春秋时期的季札观乐、孔子论《诗》；而直到刘勰才对文学鉴赏和文学批评从理论上进行了系统的总结，他的理论在我国文学批评史上有着举足轻重的地位。在我们现今大量引入国外鉴赏理论的同时，充分研究刘勰的鉴赏理论也是十分必要的，这对发展本土文化、建立中国的文艺学有着极为重要的意义。从《知音》篇中的“知音难”问题入手来研究刘勰的鉴赏论，为的就是更加直接、鲜明地阐明刘勰对于文学鉴赏的主张，使后人在创作、鉴赏时避免走入误区，刘勰“知音难”的呼声留给我们的将是一份警醒。

言及如此，我们不得不剖析一下当今文学鉴赏中出现的主要误区。一种属于“不求甚解”型。社会物质生活和精神生活的丰富多样，带给人们的是全方位的生活享受，却也会使人产生浮躁、懈怠的精神状态。浮躁、懈怠的心理则会使鉴赏活动变得浅层化，此时鉴赏者往往只停留在作品的文字表达和外在形式上，偶有所得，便自认为已掌握作品全部的精髓，也就懒得深入、细致地探究作品的内在情感和作者的内心世界，就此停滞不前，不思进取。另外，“快餐式”的阅读也会导致鉴赏时的“不求甚解”。现在市场上流行着许多诸如《×××导读》《×××快读》的书，一部有着几十万字的名著可以被精简为千余字的故事梗概，经典的细节描写没有了，独具匠心的情节安排没有了，剩下的不过是些人名和事件的简单叙述。这样的快餐式作品，如果仅仅是闲暇时用来增长点知识的普及读本倒也尚可，但如果把它作为鉴赏的对象，那岂不是枉费了原作者们苦心写作的一番心血？另一种属于“牵强附会”型。我个人认为，导致这种误区的原因主要有三个：其一，名人效应。“名人”“大家”当然有一些经典之作，却也并非句句珠玑，在他们大量的文学创作中，难免会有些不尽如人意的地方。可有些鉴赏者却会良莠不分，一味吹捧，字字都说经典，甚至连作者没想要表达的意思也给生挖出来，非把高帽子往人家头上戴。其二，炒作效应。市场经济使得文学创作、文学鉴赏更为丰富，但

① 周振甫．文心雕龙注释．北京：人民文学出版社，1981：517.

② 陈延杰．诗品注．北京：人民文学出版社，1961：3.

③ 礼记．陈皓，注．上海：上海古籍出版社，1987：205.

④ 吕氏春秋：本味．黄碧燕，注．广州：广州出版社，2001：142.

同时所引起的商业化炒作也会误导创作和鉴赏的方向。鉴赏者此时只会毫无立场、人云亦云，鉴赏的内容和标准只会投合众人的口味，大家爱看什么，就去鉴赏什么，再去生拉硬扯地分析出大家感兴趣的东西来。更有甚者，硬是站在作者的对立面，贬低创作者以炒作自己，从而误导了读者。其三，政治效应。鉴赏者将文学牵涉到政治之中，为了政治的目的，而非要将许多单纯的文学作品掺入政治因素，使文学为政治服务，与作者之意相去甚远。

恐怕刘勰在看到以上状况时，仍然不免发出一声“知音难”的怨叹。“知音难”的现象在刘勰所在的齐梁之际有，在现今依然存在。研究刘勰针对“知音难”所分析出的原因，就像给自己安置一面镜子，自然更容易看到自己的错误，所谓“前车之鉴”，也能避免大家多走弯路。研究刘勰解决“知音难”问题的原则、方法，更是能为自己的鉴赏实践提供帮助。批判地吸收前人的经验之谈，将会使自己的行动更容易达到新的高峰。由此看来，刘勰的“知音难”问题有着其巨大的现实意义。

对《文心雕龙》的研究，在我国已成为一门“显学”，目前在理论范畴的研究上已取得了不少成绩。但由于许多人研究中忽视理论联系实际的方法，缺乏严格的科学论证，没有实证研究的前提，使得一些理论“流于空泛”[①]。所以我也希望在本文中能以实例论证刘勰的“知音难”。

二、音实难知：从作品本身看待“知音难”问题

其一，“文情难鉴，谁曰易分”。

> 夫麟凤与麏雉悬绝，珠玉与砾石超殊，白日垂其照，青眸写其形。然鲁臣以麟为麏，楚人以雉为凤，魏氏以夜光为怪石，宋客以燕砾为宝珠。形器易徵，谬乃若是；文情难鉴，谁曰易分。[②]

麒麟、凤凰与獐麏、山鸡，珍珠、美玉与沙砾、怪石，这本是特征明显、相互迥异的事物。特征如此显著不同的东西还难免弄错，隐于文字深处的文情就更难鉴识了。

作者创作的用心往往不是直接呈现在读者眼前的，而是通过形象化的描写，借助比兴、寄托等手段含蓄地显现出来。这种隐晦的创作手法自然增加了文学作品的复杂性，也更增加了理解、鉴赏的难度。文学作品是作家心灵创造、情感积淀的结晶，其内在含蕴之丰富、审美构成之复杂本就不易领悟，再加上其中或许会有一些“剪不断，理还乱”的情结，对其鉴别之难也就可想而知了，难怪葛洪曾说：“文章微妙，其体难识。”[③]

在我看来，诗中的文情又是最难鉴的。明代谢榛在《四溟诗话》中说：“诗有可解，不可解，不必解，若水月镜花，勿泥其迹可也。”[④] 这就是因为诗往往由那些抽象的、模糊的文字

① 张少康，汪春泓，等．文心雕龙研究史．北京：北京大学出版社，2001：593.

② 刘勰．文心雕龙：知音．周振甫，注．北京：人民文学出版社，1981：517－518.

③ 葛洪．抱朴子·尚博//诸子集成：卷八．北京：中华书局，1954：157.

④ 谢榛．四溟诗话．宛平，校点．北京：人民文学出版社，1961：3.

组合而成，语言精练，意境深远，其包含的思想观念及深层的蕴含必须靠读者用心去体验、去“填空”、去“对话”[①]。比如李商隐的《无题》诗，前人对它的写作动机、题材范围、情感内容始终无定论，即使到了近二十多年，对义山诗的内容仍有爱情说与寄托说之争。此外还有一种“泛论”说，主张从“泛论”的角度去理解，既可视为爱情诗，又不仅仅是爱情诗，它是爱情与精神寄托，“在同一诗歌中得到了完美和谐的统一”[②]。这种争论还将继续下去，足见“文情”之难鉴。

其二，“篇章杂沓，质文交加”。

> 夫篇章杂沓，质文交加，知多偏好，人莫圆该。慷慨者逆声而击节，酝藉者见密而高蹈，浮慧者观绮而跃心，爱奇者闻诡而惊听。会己则嗟讽，异我则沮弃，各执一隅之解，欲拟万端之变。所谓“东向而望，不见西墙”也。[③]

文学作品数量浩繁，质量参差不齐，体裁丰富多彩，艺术风格也千姿百态。而且，不同的体裁有不同的要求，不同的风格有不同的特点，所谓“笔区云谲，文苑波诡”[④]，这自然给人们的鉴赏、鉴别造成了一定的困难。在刘勰看来，“这些因文体的不同以及因作者的创作才情不同所形成的作品的各自特点和风格韵致”[⑤]，也是在鉴赏客体方面形成“知音难”的重要原因。

每个作家在创作时，都力求博大精深且能融会贯通地表现出自己的风格特色于具体作品之中，读者面对的不止一个，而是具体不同特色的作家和形形色色的具体作品，具有个性特征的文学作品是极难鉴赏和批评的。更令人头疼的是，由于作家自身的艺术水平，有的作品有“隐秀”以及“始正而末奇，内明而外润”的美感，有的作品则“晦塞为深，虽奥非隐，雕削取巧，虽美非秀”[⑥]。鱼目混珠，使人难辨。我们知道，屈原一生时常悲叹知音难逢，牢骚之中，既有政治性的，也有文学性的，后者如《怀沙》的无奈感叹“文质疏内兮，众不知余之异采”[⑦]。

刘勰大呼“音实难知”，却并非说“音不可知”，其鉴赏论的可贵之处就在于他在指出众多挡在鉴赏途中的绊脚石时，又手把手地教我们如何搬开。针对“音实难知”所导致的“知音难”，刘勰提出的解决方法就是“披文以入情”和“六观”[⑧]。

“披文以入情”也就是“要通过文辞进而深入了解作者的思想感情”[⑨]，这实际是对孟子“以意逆志”[⑩] 说的发展。文学创作是作家思想感情萌动生发的产物，由情到文，由内到外；而文学鉴赏则是对文学创作的一种逆向活动，由文到情，由外到内。因此，如果鉴赏者能“文”“情”结合，透过作品形式的美，深入领会作者在作品中表达的情志，自然也就“文情可

---

① 童庆炳．文学理论教程．北京：高等教育出版社，1998：426.

② 张思纲，吴怀东，等．中国新时期唐诗研究述评．合肥：安徽大学出版社，2000：260.

③ 刘勰．文心雕龙：知音．周振甫，注．北京：人民文学出版社，1981：517－518.

④ 刘勰．文心雕龙：知音．周振甫，注．北京：人民文学出版社，1981：308.

⑤ 墨白．《文心雕龙·知音》篇“音实难知”解．甘肃教育学院学报（社会科学版），2004（1）.

⑥ 刘勰．文心雕龙：隐秀．周振甫，注．北京：人民文学出版社，1981：431.

⑦ 屈原．楚辞：九章：怀沙．陈书彬，注．太原：山西古籍出版社，2003：103.

⑧ 刘勰．文心雕龙：知音．周振甫，注．北京：人民文学出版社，1981：518.

⑨ 牟世金．雕龙集．北京：中国社会科学出版社，1983：292.

⑩ 孟子．刘丰，注．合肥：安徽人民出版社，2002：145.

鉴”了。

“六观”，刘勰具体解释为“一观位体，二观置辞，三观通变，四观奇正，五观事义，六观宫商”①，也就是要考察作品情理的安排、语言的运用、对传统的继承和创新、风格的奇而不失真、典故的运用、声律的处理。对这六方面的考察与分析，能够帮助鉴赏者在“质文交加”中分辨出“珠玉”与“砾石”，文章优劣自然可见。另外，“六观”中的每一项又都散见于《定势》《章句》《通变》等创作论的篇章中，且都有详细论述，这也正好印证了“缀文者情动而辞发，观文者披文以入情”② 的观点，文学鉴赏就是对文学创作的一种逆向思考。因此，如果在“六观”的具体操作中始终能“入情”，那又何愁“音难知”呢？

三、知实难逢：从接受者看“知音难”问题

其一，“贵古贱今”。

> 夫古来知音，多贱同而思古，所谓“日进前而不御，遥闻声而相思”也。昔《储说》始出，《子虚》初成，秦皇汉武，恨不同时；既同时矣，则韩囚而马轻，岂不明鉴同时之贱哉！③

此种造成“知音难”的状况，就是源于鉴赏者的主观偏见和保守思想，作品的高低优劣，鉴赏者本来心知肚明，却出于社会的阶级的需要而厚古薄今。

“贵古贱今”往往是由一种“崇经”“尊圣”的心理在作祟，审美的视野也随之变得狭隘。汉代经学的烦琐考据，曾造成了当时复古主义的兴盛，儒者经生大都有一种尊古贱今的倾向。扬雄就明确主张一切言论著作，都要以经书为准，以圣人为范，说“圣人之辞，浑浑若川”④，结果导致他的文风艰深奥涩，十分难读。王充对这种复古主义的风气作了有力的批驳，他认为：“夫俗好珍古不贵今，谓今之文不如古书。夫古今一也，才有高下，言有是非，不论善恶而徒贵古，是谓古人贤今人也……盖才有浅深，无有古今；文有伪真，无有故新。”⑤ 所以衡量作品美丑善恶的标准，不应该是时间的差距。刘勰继承了王充的思想，客观地分析“古”与“今”，认为不论“古”与“今”，其中都有好的和坏的东西，文学批评应破除盲目迷信古人的不良倾向。“如果一个文学批评家满脑袋形而上学，‘贵古贱今’，或者一味‘兢今疏古’，那是绝不可能给文学作品以正确评价的。”⑥

其二，“崇己抑人”。

> 至于班固傅毅，文在伯仲，而固嗤毅云：“下笔不能自休”。及陈思论才，亦深排孔璋，敬礼请润色，叹以为美谈，季绪好诋诃，方之于田巴，意亦见矣。故魏文称“文人相

①② 刘勰．文心雕龙：知音．周振甫，注．北京：人民文学出版社，1981：518.

③ 刘勰．文心雕龙：知音．周振甫，注．北京：人民文学出版社，1981：517.

④ 扬雄．法言：问神．韩敬，注．北京：中华书局，1992：112.

⑤ 王充．论衡：案书．上海：上海人民出版社，1974：440.

⑥ 张文勋，杜东枝．文心雕龙简论．北京：人民文学出版社，1980：99.

轻”，非虚谈也。[①]

“崇己抑人”“文人相轻”的背后，实际上是对作家和作品本身的“自贱”和作为纯粹“一己私我”的欣赏。因为它们评价文学的尺度只是“我”而不是“文”[②]，这种以自我为中心的态度只会使他们“一叶障目”，品评不出别人作品的价值。文学批评变成私己批评，也就失去了批评的功用和意义。

刘勰的此种看法实质上是对曹丕“文人相轻”观点的总结和扩充。曹丕在《典论·论文》的开头就说：“文人相轻，自古而然。”而后进一步指出“暗于自见，谓己为贤”“各以所长，相轻所短”[③] 的具体表现。《文史通义·知难》中更直指崇己抑人的动因：“凡受成形者，不能无殊致也；凡禀血气者，不能无争心也。有殊致，则入主出奴、党同伐异之弊出矣；有争心，则挟恐见破、嫉忌诋毁之端开矣。”[④]

“崇己抑人”的心理在鉴赏领域就会表现为鉴赏者对作家贤能的嫉妒。我国古代许多鉴赏家本身就是作家，这使得他们与作家站在同一起点，也使得潜意识里的嫉妒心理极易滋生。例如班固曾依经托义地批评屈原：“今若屈原，扬才露己，竞乎危国群小之间，以离谗贼。然责数怀王，怨恶椒兰，愁神苦思，强非其人，忿怼不容，沉江而死，亦贬絜狂狷景行之士。多称昆仑冥婚，宓妃虚无之语，皆非法度之政，经义所载。谓之兼诗风雅而与日月争光，过矣。”[⑤] 班固针对刘安、司马迁对屈原的高度赞扬发表不同意见当然是可以的，但是回头想想他与傅毅文在伯仲之间，却因嫉妒心作祟而“嗤毅云：‘下笔不能自休’”，那么此时把班固对屈原的贬抑也看作“文人相轻”的表现，恐怕也是不无道理的，在其深层心理中仍是难以排斥对屈原的嫉妒心理。

其三，“信伪迷真”。

> 至如君卿唇舌，而谬欲论文，乃称“史迁著书，谘东方朔”，于是桓谭之徒，相顾嗤笑。彼实博徒，轻言负诮，况乎文士，可妄谈哉！[⑥]

刘勰指出，由于鉴赏者的孤陋寡闻、学识有限，导致了“知音难”。许多人就是因为“学不逮文”[⑦]，缺乏真才实学，而没有识别能力，再加上思想僵化，对事情不做基本的调查研究，却好道听途说、人云亦云，因此他们在鉴赏中自然就会不辨真伪，不分好坏，以讹传讹，以假乱真。这些人不仅不能正确评价作品，而且会贻笑众人。

曹植在刘勰之前就曾提到文学鉴赏的资格问题：“盖有南威之容，乃可以论于淑媛；有龙泉之利，乃可以议于断割。”[⑧] 的确，“如果你想得到艺术的享受，那你就必须是一个有艺术修养的人”[⑨]，要做一个好的鉴赏者，必须具备一定的学识修养，最起码要能分辨出作品的真伪，这也是鉴赏的最基本环节。古往今来，许多批评者和学者在研究前人作品时，都十分注重版本

---

① 刘勰．文心雕龙：知音．周振甫，注．北京：人民文学出版社，1981：517.

② 蒲友俊．中国文学批评史论．成都：巴蜀书社，2001：217.

③ 曹丕．典论．孙冯翼，辑．上海：商务印书馆，1936.

④ 章学诚．文史通义．刘公纯，标点．北京：中华书局，1956：127.

⑤ 班固．离骚序//北京大学哲学系美学教研室．中国美学史资料选编：上．北京：中华书局，1980：126－127.

⑥⑦ 刘勰．文心雕龙：知音．周振甫，注．北京：人民文学出版社，1981：517.

⑧ 曹植．与杨德祖书//曹集铨评：卷八．北京：文学古籍刊行社，1957：146.

⑨ 马克思恩格斯全集：第42卷．北京：人民出版社，1979：155.

和校勘的问题，从而形成了考据式的批评方法。这是因为中国古代文论所关注的文学文本，“具有史学与文章学的双重特性……带有明显的史学精神和语言学方法。史学精神的最终指向是历史的原生状态，欲达此目的，必须先将文本还原”，也就是“需要校勘训诂，需要析辞辨体，需要内在的细读”①。这种文本的还原就是考据，如果忽视了文本的真实性，那么对它的鉴赏又有什么意义？

面对“知实难逢”的问题，刘勰提出的解决方法就是“平理若衡，照辞如镜”和“博观”②。

“平衡若理，照辞如镜”，强调的是鉴赏者应以客观、科学、公正的态度来鉴赏文本。保守、自私的心态只会遮蔽鉴赏的目光，让他们难以发现美、挖掘美、品评美。所以，要做一个合格的鉴赏者，做作家的知音，必须有实事求是的精神，不因社会、阶级以及个人好恶而曲意评定作品。要做到客观、公正，就一定要培养德性，培养对作家、作品负责的品质，这样才不会为了抬高自己而肆意贬低、打击别人。

“博观”，就是鉴赏者需要广泛观察，拥有广博的阅历和学识。所谓“凡操千曲而后晓声，观千剑而后识器”③，鉴赏者通过大量的阅读和实践来拓宽自己的视野，从而跳出狭隘的欣赏圈子，避免个人偏好，同时也可积累丰富的经验，提高艺术修养和鉴赏能力，这样才不会指鹿为马、信口雌黄，所做出来的鉴赏也才会可信。

四、结　语

刘勰“知音难”的呼吁不是文人一时的牢骚。他对先秦两汉以来鉴赏家们的理论和实践活动加以总结和借鉴，最终形成了自己系统化的鉴赏理论，为中国文学批评的形成和发展奠定了基础。

刘勰“知音难”的呼吁也不是文人的夸夸其谈。他在为世人列出种种“知音难”的困境时，并未陷入不可知论，而是积极面对，努力寻求解决的方法，变“难知音”为“可知音”。

刘勰“知音难”的呼吁更不是文人的危言耸听。他通过充分的举证，其言凿凿，令人信服。他所列举的各种现象，确实在历史上出现过，今天也还大量存在着。因而刘勰的《文心雕龙·知音》篇对于我们今天的文学批评仍然具有借鉴及警醒作用。

参考文献

胡红梅．论知音——从《文心雕龙·知音》看刘勰文学鉴赏理论．湘潭师范学院学报（社会科学版），2004（1）．

刘明今．方法论．上海：复旦大学出版社，2000.

周振甫．文心雕龙注释．北京：人民文学出版社，1981.

墨白．《文心雕龙·知音》篇“音实难知”解．甘肃教育学院学报（社会科学版），2004（1）．

牟世金．雕龙集．北京：中国社会科学出版社，1983.

牟世金．文心雕龙研究．北京：人民文学出版社，1995.

① 李建中自选集．武汉：华中理工大学出版社，1999：359.

②③ 刘勰．文心雕龙：知音．周振甫，注．北京：人民文学出版社，1981：518.

张少康，汪春泓，等．文心雕龙研究史．北京：北京大学出版社，2001.
张文勋，杜东枝．文心雕龙简论．北京：人民文学出版社，1980.

【点评】

刘勰及其《文心雕龙》一直是古代文学批评中的研究热点。《文心雕龙》素来被人们誉为“体大精深”，涉及的问题甚多。本文的作者只就其鉴赏论中的“知音难”进行论述，视点虽小，但论述容易集中且有挖掘的价值。

全文主要分三个部分，第一部分以《文心雕龙·知音》开篇的“知音其难哉”为题，提出问题，并交代“知音难”是古代文学作家常常感叹而又无力解决的。对此，作者以今观古，从当前的文学鉴赏的两个误区——不求甚解和牵强附会，审视古代文学鉴赏中的“知音难”。这与纯粹的论古有点距离，但在文学鉴赏的共性上观之，也有一些道理。

作者在本文的写作中，对论述角度的选择是有深入考虑的。相对来说，全文的第二和第三部分最为重要。第二部分“音实难知”，从作品本身审视“知音难”；第三部分“知实难逢”，从接受者看“知音难”。这可以说是把握了论述的两个根本点，文学的鉴赏始终都离不开作品和接受者。而在论述的方法上，作者重的是“实例论证”。在第二部分，扣作品本身的“文情难鉴”和“篇章杂沓，质文交加”，以李商隐的诗和屈原的辞赋进行说明。在第三部分则以“崇古贱今”“崇己抑人”和“信伪迷真”为关注点，论述接受者的思想、心态和学养对“知音难”的影响，有较强的说服力。

尤其应该注意的是，鉴赏的客观困难固然存在，但“知音难”关系到读者的主观自我，就有些复杂。作者所论的接受难的三个方面，尽管是常见的，然而容易为人忽略，在论述中的重新张扬，也是很有意义的。

同时，本文的作者在论述中很明智，她在实际上把每一部分又分解成了几个相关的小问题，逐一展开，论述既有条理，又都时刻与主题保持着联系，起到不断深化主题的作用。

需指出的是，文中所用引文应在发表前与原文仔细核对。本文这方面做得较好，但也有个别疏漏。

文选 2

论装置艺术的空间“叙事”特征*

黄栩诗（中山大学中文系 2001 级）

摘　要：装置艺术在西方出现不过 100 来年的时间，在国内仅有 20 来年的历史，但

* 本文入选中山大学中文系编：《中山大学中文系本科二零零一级优秀毕业论文集》，2005。

却以星火燎原之势火速蹿红，成为国内外各大艺术展的座上客。装置艺术诞生于打破艺术与生活隔膜的尝试，同时也注定了它的潜在危机。现成品艺术以占有空间为基础，在空间里实现“叙事”，它的“叙事”具有超文本、隐喻和需阐释的特征。

关键词：装置艺术　空间叙事　超文本　杜尚　表现

亚里士多德在其《诗学》中一开始便谈道：“史诗和悲剧、喜剧和酒神颂以及大部分双管箫乐和竖琴乐——这一切实际上是模仿，只是有三点差别，即模拟所用的媒介不同，模拟的对象不同，模拟的方式不同。”两千多年前，亚氏已认识到媒介、表现对象、叙述方式在艺术分类中的重要性。黑格尔也说：“各门艺术之间的本质上的分别也和我们前已见到的一般艺术类型之间的分别是一样的。这些类型通过感性的材料，也就是特殊的材料，所得到的外在客观存在，使得这些类型分化为一些独立的特殊的表现方式，即各门艺术，因为每种类型之所以有它的确定的性格，是由于它所用的是某一种确定的外在的材料，以及这种特殊材料所决定的使它得到充分实现的表现方式。”① 媒介与其表现方式决定了艺术的类别。当今的艺术可笼统地分为两大类：架上艺术和非架上艺术。架上艺术包括绘画、雕饰、书法、工艺等等，选用的仍是传统艺术手法一贯使用的媒介，如笔、墨、水彩、石膏、铜、水粉等等；非架上艺术则是指现代艺术以来出现的装置方式、行为方式、视像艺术等等，使用的媒介则各式各样，现成品、影像装置、人体自身甚至整个自然界都成了艺术家随手拈来的素材。装置艺术自 1910 年马赛尔·杜尚的现成品艺术以来不断演进，如今已经成为当代主流性的艺术样式之一。关于装置艺术的研究远不及绘画、雕塑等传统样式，缺乏丰富的理论基础，过去的研究主要集中在几方面：装置艺术的后现代意义、在国内外的发展历程、它的观念性、它的现状与前景以及对具体作品和个别艺术家的研究。装置艺术既然可以独立存在，就必定有其表达的语言特性也就是之前说到的表现方式。装置艺术包含了作者的观念和向观者传播信息的要求，也就是说，它本身必然包括了“叙事”，和一般用来讨论小说、诗歌、散文的“叙事”不一样，装置艺术所选用的传播媒介是三维的实物，是在空间里而非平面上实现“叙事”。本文拟从装置艺术所负载的空间意义入手，大致按时间的脉络，先探讨三维的现成品艺术产生的背景，再分三部分讨论它的空间“叙事”特征，最后照应开头的部分指出装置艺术的空间危机。

一、从架内到架外：空间的形成

讨论 20 世纪产生的艺术，谁也不能回避立体主义的影响。回顾立体主义的产生，19 世纪末一种僵硬破碎的几何形式为它奠定了基础。这种形式一方面表现为凡·高朴拙的乡间气息、高更大胆的大块轮廓和塞尚僵硬有力的形体，另一方面则表现为查尔斯·雷尼·马辛托希、奥托·瓦格纳、约瑟夫·霍夫曼、弗兰克·劳埃德·赖特以及阿道夫·洛斯等用来抵制曲线的矩形。前者对形式的处理变得粗糙和扭曲，后者则获取对现实的一种几何抽象，这两种潮流后来彼此分离并分别构成了表现主义和立体主义，表现主义继续在平面上努力，立体主义则在空间上寻求突破。

① 黑格尔．美学：第一卷．北京：商务印书馆，1979：103－104.

直线和弧线组成的立方体、球体、椭球体、圆锥体、角锥体得到了立体主义者的青睐，因为它们比任何自然形状都要规则和简单，表现出艺术家简化物理世界的多元状态以及对绘画表现加以严格规范的野心。立体主义的另一特色是对“共时形原则”——它允许对同一物体的若干种观照并存一处，以体现物体的空间特点——的运用，毕加索的《亚威农少女》中，画中人似乎是由女性身体上的许多小平面组成，实际上，它们是从不同方向被观察出来的“孤立面”，再被重新并置在一起。

在刚才说的分析立体主义阶段，纯艺术的形式语言足够突出，密不透风的画面成了谜一般的杂合体。大约从1913年开始，胡安·格里斯、布拉克、毕加索试图摆脱那种含糊的、非决定性的状况，找到一条从几何构图通向日常经验的桥梁：综合立体主体。字母、字句、数字和真的实物被加入绘画中，具体实在的东西重又变成可以阐明的了。这些字母和实物从语词联想的实际意义中解脱出来，参与到抽象的结构中去，“一方面它指示着一样东西，意味着一系列的字母，其排列次序使人的脑子里出现了一个语词概念，附带着某种说法语的人所熟悉的经验内容；另一方面，它又是与绘画中的抽象元素并驾齐驱的一种构图元素。换言之，一旦这些字母L、E、I、O、U和R的惯常的意义被忘却的话，它们便会起到一种抽象的，或者更恰当地说，一种自由的绘画代码的作用”①。可见，综合立体主义在“纯艺术的”因素和“客观的”因素之间形成了诗意的共栖关系。这种组合绘画样式实际上为装置形态开辟了一个方向，但早期拼贴还是二维平面化的，实物往往作为艺术表现理想的辅料纳入艺术品和艺术构思中，构成一个新的意义单元。

将艺术和生活的空间真正融为一体，实现艺术对生活的全面渗透，导致第一件装置艺术品的出现还应归功于法国画家马塞尔·杜尚。当多数同时代人回归到传统的架上绘画时，杜尚却在“着手摧毁理性虚伪的外表以及它所灌输的把世界分成各种类别的安排，并将事实的世界彻底颠倒过来”②。他剥夺了物体的理性基础，将它从职能中解放出来，强调物体的形式上非功能性的一面。1917年，在美国举办的军械库展上，杜尚在买来的小便池边写上“R. MUTT 1917”的字样后，将它搬上了展台，并命名为《泉》，它成了第一件由艺术家选取现成品并对其进行挪用与装配以呈现或暗示观念因素的装置艺术品。杜尚强调自己“选择现成品总是以视觉的冷漠为基础，完全不带有好或坏的品位”③。其目的是要取消伴随着传统美学的舒适性，提倡作品的观念性，激发欣赏者的思考，“他所要做的是建立一个存在于艺术品与真实物品之间的暧昧空间”④，“暧昧”表明装置艺术品的双重性，它是现实事物的真实再现但又由于艺术家的操作而具有通常现成品所没有的价值。装置艺术一开始还只是架上艺术的附属物，然其在以后的发展中却逐渐走向了三维实体化，将环境空间和多件物品构成关系所创设的空间纳入艺术体系中，空间由画框内溢出到画框外，继而成为艺术欣赏的主角。

二、装置艺术的超文本叙事特征

“超文本”（hypertext）的概念在1965年由美国电脑专家尼尔森（T. Nelson）首创，他在

① 霍夫曼．现代艺术的激变．薛华，译．南宁：广西师范大学出版社，2003：128.
② 霍夫曼．现代艺术的激变．薛华，译．南宁：广西师范大学出版社，2003：135.
③ Pierre Cabanne. 杜尚访谈录．张心龙，译．台北：雄师图书股份有限公司出版社，1986：41.
④ 顾丞峰，贺万里．装置艺术．长沙：湖南美术出版社，2003：24.

讨论电脑超文本的名著《文学机器》里给超文本下了这样的定义："非线性的书写……由一连串文本段落构成，以连接点串起来，提供读者不同阅读路径。"[①] 如果结合互联网的特点，"超文本"就非常好理解了，它指一种信息记录方式，网页制作人将信息存储于节点（在 www 浏览中即网页），用户点击某个热短语或热图形，浏览器就会跳到当前超文本的另一地址或另一超文本，上下文关系经由这种链接（空间路径）来实现，整个互联网可以视为一个巨型的超文本。台湾艺术家姚大钧指出，超文本并非全新的概念，在日常生活中便充斥了超文本阅读："相对于超文本的跳接断裂，传统的书写，尤其是书的形式本身，则是线性发展、起承转合、层次秩序分明。然而读者是活的，他们耐不住故事的铺陈而直翻到后面先看结局，他们没有定力从头到尾看完一本书，而是同时阅读好几本著作。有批注的书不正是要求必须进行超文本阅读，不断地在和注释之间来回跳跃？"[②] 事实上，超文本的结构方式顺应了人思维的无序性和跳跃性，因而具有更大的开放性和互动性。

尼尔森强调超文本就是"非线性的书写"，传统书写则是超文本的一个独特案例。传统写作（叙事）有固定的流程，有头有尾，每个环节都按现实生活中的逻辑排列，前因后果，环环相扣，艺术家引导观众走进自己预设的道路，最后得出必然的结论。它被视为一条因果相连的绳子，有开头、中部和结尾，绳子的中部有大大小小的弯曲代表高潮情节（如下图）：

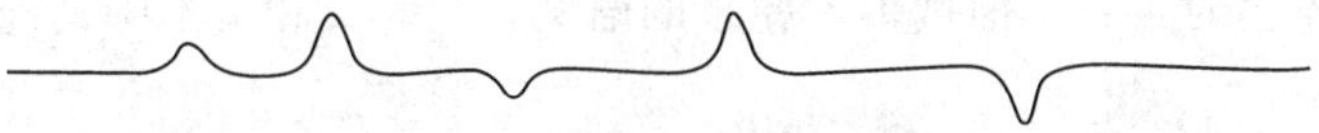

超文本既有横向联想的结构，又有纵向推理的结构，构成了复杂交错的文本空间。它在叙事结构上有四个鲜明的特征：非线性、互文性、多义性和去中心性，与装置艺术的四个特征一一对应：自主阅读、拼贴、多重解释和观念艺术。

非线性（nonlinearity）：研究超文本的台湾学者李顺兴区分出平面文本含有的两层空间：一是文字叙事本身透过阅读所投射出来的"想象空间"，一是依据文字排版进行阅读所形成的"移动空间"（navigable space）[③]，鉴于平面书籍阅读通常是由第一页依序排列下去，这样的阅读路径可称为"线性空间"。超文本固然保留了传统文字的"想象空间"，但它的"移动空间"形式却是"非线性"的，信息区块之间的联系既无固定方向也无既定路线，含多向选择，读者依兴趣采取多路径阅读。

对于读者来说，装置艺术的"叙事"空间比同在 20 世纪 80 年代出现的先锋小说和实验诗歌都要大，因为艺术家并没有预设一条阅读的线路给读者，读者可以随意选择切入点，阅读可以从任何一点开始，向任何一个方向延伸，视觉触及之处，时间和空间便在心理时空中徐徐展开。原本固定在一处的素材被彻底激活了，情节可以被任意解散、重组，时间轴仅仅成为一个内在的坐标，它可以在任何基点被打断，于是，"叙事"本身成为复调的、重叠的、跳跃的和杂糅的。

但"非线性"并非意味着完全排除"线性"，尼尔森指出："超文本能含纳线性书写，因此是最通用的书写形式"，超文本可以同时兼容线性读写与非线性读写。线性读写通常体现在内容上，如网页上的文本内容，而非线性则表现在结构上，如网站架构。装置艺术中就有不少结合时间性因素的作品，它们叙述了事物的发展变化，从形变到质变。尹秀珍参加成都"水的保卫者"展的作品《洗河》，是让来往群众用刷子和清水洗掉她用污染过的府南河河水淘起来冻

① 欧阳友权，等．网络文学论纲．北京：人民文学出版社，2003：301.

②③ 李顺兴．非线性叙述议题．Intergrams：Studies in Languages and Literatures，2001（3.1）.

成的巨大冰块，但无论怎样刷洗，两天后，白花花的冰块融化了，地面留下的仍是斑斑污渍。冰的融化是线性的时间过程，观众的刷洗行为则是非线性的，他们任意选取一个侧面刷洗数分钟后便自动离开，新加入的群众随便站在哪一侧又继续刷洗下去。参与活动的群众首先具有选择的自由，从某一方面、某一时刻开始进入体验，其次他们可以控制参与的时间与离开或返回的时间、地点，大部分群众刷洗数分钟后便自动离去，他们只能看见其中的某一过程或最终的结果，部分群众离开后可能会重新加入，就像阅读时随意翻开一页，看几眼后又跳过一部分往后读。因此，参与这一刷洗过程的群众的体验兼具线性与非线性的特征。

互文性（intertextuality）：1966 年，朱丽娅·克里斯特娃（Julia Kristeva）首先引入“互文性”这个术语，它表现为“一篇文本中交叉出现的其他文本的表述”[①]。其后，克里斯特娃在巴赫金对话和双关性理论的基础上重新推出互文性的概念和意义：“横向轴（作者—读者）和纵向轴（文本—背景）重合后揭示这样一个事实：一个词（或一篇文本）是另一些词（或文本）的再现，我们至少可以读到另一个词（或一篇文本）。在巴赫金看来，这两支轴代表对话和语义双关，它们之间并无明显分别。是巴赫金发现了两者间的区分并不严格，他第一个在文学理论中提出：任何一篇文本的写成都如同一幅语录彩图的拼成，任何一篇文本都吸收和转换了别的文本。”[②] 这个定义使得互文性暗含了引申的概念，一个词拥有自己本来的词义，但当它被置于另一篇文本里时，它不但携带了原来的语义，同时又和文本中其他成分相互关联，从而产生新的语义。

宽泛地说，互文性在任何文本都普遍存在；但装置艺术的互文性与传统文本相比有一个显著的差异，即空间形式上的具体化，读者首先是看见实实在在的现成品或部件，再联想起它的含义。物品被置于一个崭新的环境中意味着一个能指体系转向另一个能指体系的过渡，现成品的含义也会随着这一易位而具有隐喻的特征。正如杜尚将人们所熟悉的事物带到独特、陌生的关系中，构成谜一般的寓言。

既然凡是文本都有互文性，问题的关键就不在于识别哪类文本的互文性而在于被引入的文本的相互关系。克里斯特娃的理论参考了巴赫金的对话主义与复调小说，“复调”简单来说就是文本中显现的“众声喧哗”——“众多独立而互不融合的声音和意识纷呈……不是众多的性格和命运同属于一个统一的世界，按照作者的统一意识一一展开，而恰恰是众多地位平等的意识及其各自的世界结合为某种事件的统一体，但又互不融合。”[③] 由此可见，互文性一方面可以作为对话性的广义的外延。装置艺术在中国发展初期，不少艺术家选取了具有传统象征意义的符号来建构一个狂欢化的话语空间，吕胜中的“小红人”剪纸，谷文达的“X”与“O”符号，吴山专的大字报与徐冰的伪汉字等，他们对符号的借用是在“85’新潮”对传统进行大规模的批判时开始的，也是在对“文化大革命”的种种淹没人性的文字大潮进行更为深刻的人性层面的反省与批判之际，开始拆解一元性话语权力，企图建立各种多样的个体性艺术话语。

多义性（polysemy）：线性叙事结构的文本往往在结构背后潜藏着某种中心概念，引导读者的思维逻辑和对文本的解读。换句话说，传统文本透过线性结构逻辑，意图控制读者对文本的解读。但是晚近批判论者如霍尔认为，由于读者采取主宰、协商或对抗等不同的阅读位置，

---

① 萨莫瓦约．互文性研究．邵炜，译．天津：天津人民出版社，2003：3.

② 萨莫瓦约．互文性研究．邵炜，译．天津：天津人民出版社，2003：4.

③ 巴赫金．巴赫金文论选．佟景韩，译．北京：中国社会科学出版社，1996：3.

对同一文本就会产生各种不同的译码，即便具有某种中心概念的传统线性文本都难免有不同的解读方式，更何况非线性结构的超文本。

装置艺术在初期也被称作装配艺术（Assembly Art），因为“1. 它们主要是装配起来的，而不是画、描或者雕出的。2. 它们的全部或部分组成要素，是预先形成的天然或人造材料、物体或碎片，而并不打算用艺术材料”①。作为艺术手法，Assembling 指一种把分割的片段装配成大件雕塑作品的加工制作法，现代艺术家扩展这一定义，不仅在把分割的部件组合焊接成一个整体的意义上，而且在把许多相似或不相似的物体或散件组合放置在一起以构成一件艺术品的意义上使用它。装配的形式使得装置艺术比其他纯材质的艺术形式（如雕塑、绘画）更复杂，意义的组合更多。因为互文性特征，文本被逼向外敞开，并与一个打乱其整体性的“他性”进行比照，令文本处于多元和分散的境地。为此，遵循传统线性的思维方法来考察对象已经不可行，跳跃式、联想式的思维方法更有利于对装置艺术的理解，思维的跨度越大，关于意义的诠释也就更加多样。

去中心性（decentered）：去中心性与多义性是因果关系。线性文本的叙事一般蕴含着一个中心的概念，整个故事情节的发展，表面上都是依循着线性叙事结构发展，实质上是循着这个中心逐步铺陈，所以传统线性文本所隐含的中心概念是决定传统文本如何理解和诠释的关键。超文本则处处体现着对中心的解构，对比由因果顺序产生的线性叙述，超文本呈现出树状的组合状态，树干—树杈—树枝—树杈—树枝……无数的枝蔓（文本）被纳入体系中，树干只能起到支撑架构的作用，却无法驾驭庞杂的内容，或者说，树干只代表一个观念，一个大致方向，读者从“树干”进入后，完全由自己实现文本的延续与结尾。

装置艺术被认为是“观念艺术”，不仅因为它们超越形式上的感官愉悦，以获取理性深层的思考为目的，还因为艺术家在创作时并无完整确定的作品意义要传达。一些从事装置的艺术家被问及何以考虑用某种实物符号时，他们说没有考虑，或者说，创作的动机是无法交代清楚的，如果能用语言讲清楚，那作品就是多余的了。徐冰在“89’大展”后接受采访时这样说过：“1985 和 1986 年时我比较安静，现在好像一下子摔进漩涡。我很难适应，我现在都无法回答：我为什么要刻字？刻这个字有什么意思？”② 邱志杰与其他五名艺术家甚至用轮流创作的方法来瓦解作品的中心意义。

以上是对装置艺术的超文本叙事特征的概括，为了突出超文本叙事的空间特征，我用了传统的平面叙事与之对比，需要指出的是，平面叙事的范围并不局限于纸上媒体，确切地说，它代表一种方式，正如“书面语”并不是指写在书面的语言，而是专指一种文雅规范的风格。这种方式同样可以用在三维的艺术创作上，比如运用古典“叙事”创作出来的雕塑仍以时间流程为其命脉，通过情节的串联而成，雕塑家往往选取情节中最富张力的瞬间进行创作，读者在观赏的时候也必定会联想起雕塑背后的情节、因果逻辑，依着雕塑家预设的思路得出相似的感受。

三、空间设计及其隐喻

根据索绪尔的语言学观点，符号的能指链有两个维度：时间性的句段组合关系（syntag-

---

① 阿纳森．西方现代艺术史．天津：天津人民美术出版社，1994.

② 杭间，曹小鸥．中国现代艺术展侧记．美术，1989（4）.

matic combination）和空间性的语群联想关系（associative substitution）。如果说传统文本通过线性叙事更充分地体现了时间性的组合关系（大致对应于因果逻辑的结构），那么超文本则通过非线性叙事更充分体现了空间性的联想关系（大致对应于诗歌隐喻的结构）。①

台湾的张心龙曾指出："装置艺术只是一种表现方式而已，与媒体或观念无关，它以占有的空间来表达艺术家的思想。假如它所占的是空间，那么便暗示着'水平'的延伸，与西方延伸一贯的'垂直'观念正好相反。在'垂直'观念中，艺术家在一种题材中作深度的探讨，而'水平'观念则把艺术活动视为一个场域，把不同区域的对话结合起来。"② 仅将一些现成品并置还只是初具装置的条件，装置应有更为本质的要求，那就是现成品之间包括与场景所构成的对话关系，这一对话关系呈现出违背日常生活逻辑、插入异在力量的间离效果。

徐冰的《析世鉴》就作品的材料来说并不是现成品（木版画），装置方式只是体现在它的展示方式上。"天书"几乎充斥了整个展览室，卷帖像波浪一样悬飘在头顶上方，地面整整齐齐铺满了一本本摊开的"天书"，四周的墙上同样张挂了"字"幅。我们知道，空间的填充总是由那一空间所找到的物体所决定，物体以其形状、大小、颜色确定这房间的"空间效果"。往房间里摆放相同数量的家具，将家具并排密密麻麻堆在一起总会令房间看起来小一些，而稀稀疏疏地摆放则会使房间显得比实际面积要大。运用相同的原理，徐冰利用铺天盖地的语言重复方式造成了巨大的压迫感，观者感到敬畏与肃然起敬的同时，却发现这些类似于中国汉字的符号竟是无法辨识的，仿佛被"摆了一道"。运用这种布置方式展示的作品还有徐冰自己的《鬼打墙》、吴山专的"红色幽默"系列、吕胜中的《彳亍》等，这些作品的共同特征是将具有文化意义的符号堆砌在一起，再通过反复呈现营造出视觉的冲击力，空间结构体现出克服时间线性发展规律的强大意志力，迫使远去的历史重复翻转、交替、闪回，在许多分散而又互相关联的象征、意象和参照等单位所构成的意义镜像中，实现对历史的个人化修辞，因此，它们在很大程度上具有隐喻的特征。

另外一些中小型的装置作品则大多采用一种整齐有序的展示方式。张培力的作品《（卫）字3号》是在30厘米左右高的木台上错开放置四台电视，木台前整整齐齐地安放了九排十一列叠成凳样的小砖，电视里头播放着一只小鸡被双手搓洗的过程，鸡被按在洗脸盆中梳洗，然后又被耐心地涂抹肥皂，之后再被清洗，画面中的手不断重复这几个动作，直到最后受虐的鸡无力地蜷缩在墙角。这是一个结合了影像的装置艺术，装置的摆放方式无不体现均衡与对称的古典美学原则，这种貌似"有序"的空间安排在"无序"的、荒谬的影像空间外围，两者融为一体，仿佛互相对照但又相互嘲讽。徐坦的《无题——做梦的猪》中有序摆放的饭盒，宋冬《锦囊妙计》中一字排开的包裹着电视的布袋，王川的《墨·点》中对称的背景图案，戴光郁、朱罡的《宣传栏》中如方阵般放在桌子上的医用消毒盘等等，都与张培力的摆设有异曲同工之妙。

还有不少反传统的组合方式。艺术家用零散的装置来反对"整一"，破坏原本明朗的、肯定的、理性的空间，要求使空间关系更复杂、更暧昧、更晦暗、更多义。比如姜杰1994年的作品《临界点》中，蜡制的婴儿总是处于不安稳的状态中，或独自悬挂，或集体无助，处处体

① 雅各布逊（A. Jacobsen）将索绪尔的"组合"和"联想"概念引入到文学的形式分析中，转换为纵向的换喻（metonymy）和横向的隐喻（metaphor），同样是基于时间和空间两个维度上的关联性。

② 张心龙．后现代无头列车的艺术状态．典藏，2002（5）.

现了女性对幼小生命的关注。徐冰2001年的作品《鸟飞了》“类似于形象化的‘说文解字’”[①]，展厅地面铺着巨型纸张，上书大号“鸟”字及字典里对“鸟”字的解释。在纸张的左上角，“鸟”字像获得生命似的，逐渐脱离纸张“飞起来了”，当然作者并不是变魔术，而是用丝线从低至高悬吊起430个不同的楷书、隶书、篆书、象形文字、简化字及英文“鸟”字，越往上字形就越像真正的鸟。整个构图以自左上方向右下方的斜线为主，对平行线、垂直线、中轴线等经典进行拆解、破坏，用一种旋转、移位、重叠的手法进行空间创造。

四、扩散的意义空间与阐释

装置艺术强调观念的思想性与批判性，其中包括了对社会生活和道德的批判，也包括了对传统思想方式与思维方式的批判。与传统艺术不同的是，装置艺术只把设置和描绘的对象当作批判的媒介而非直接的对象。

美国艺术批评家安东尼·强森（Anthony Janson）是这样解释装置艺术的观念性的：“世界就是‘文本’（text），装置艺术可以被看做是这种观念的完美宣示，但装置的意象，就连创作它的艺术家也无法完全把握，因此，‘读者’能自由地根据自己的理解，进行解读。装置艺术家创造一个另外的世界，它是一个自我的宇宙，既陌生，又似曾相识。观众不得不自己寻找走出这微缩的宇宙的途径。装置所创造的新奇的环境，引发观众的记忆，产生以记忆形式出现的经验，观众借助于自己的理解，又进一步强化这种经验。其结果是，‘文本’的写作，得到了观众的帮助。就装置本身而言，它们仅仅是容器而已，它们能容纳任何‘作者’和‘读者’希望放入的内容。因此，装置艺术可以作为最顺手的媒介，用来表达社会的、政治的或者个人的内容。”[②]

将一个寻常的符号从它惯常的背景中移开，这样就剥去了它的功能性意义，康定斯基通过一个插句破折号来说明这一点。他将破折号置于错误的，也就是说，不合习惯的，没有正当理由的地方，观察者面对着这一个蹊跷只会将它假设为排字工人的疏忽。只要破折号保持在印刷字体的背景中并被人们以这种标准加以衡量，它的错位看起来就有双重意义，因为“它的实用的、功能性的效果尚未完全消失”[③]。破折号产生了形式上的功能性的效果，其自身就作为一样东西起作用而不需依附其他的背景。相应地，实用物品都拥有两个层面的现实：功能性的现实与非功能性的现实。当物品从功能性的层面转移到非功能性的层面会引发两种后果：一是形式化，二是陌生化，伴随陌生化而产生的则是反思的空间。

徐冰选择中国汉字作为切入口，对汉字的表意功能进行一场具有“符号学”意义的质疑。在《析世鉴》的意义空间中，“汉字”成了没有所指空具形象的能指，一个纯粹的符号。它代表一种权力、一种“话语权力”书写的“文化”，一种貌似“文化正史”，“写作特权”或“文化代言人”的空间。[④] 能指的意义被抽空，剩下的仅仅是外壳，是姿态。徐冰有一段自述：

---

① 冯博一．徐冰文字的延续与延伸．美术观察，2002（1）．
② 徐淦．什么是装置艺术．美术观察，2000（11）．
③ 霍夫曼．现代艺术的激变．薛华，译．南宁：广西师范大学出版社，2003：137．
④ 尹国均．先锋试验．北京：东方出版社，1998：270．

“通常的文字是通过借意、表达及沟通来起作用。而我的‘文字’却是通过误导、混淆和阻碍来起着影响人们思维的作用。这些文字戴着面具，表里不一，行文间藏着埋伏，像经过了伪装。有时它们给你一个熟悉的脸，但又叫不出它们是谁。我总说，我的‘文字’不是一个好用的字库，而更像电脑中的病毒，却在人脑中起着作用。在可读又不可读的转换中，在概念的倒错中，固有思维习惯的思维模式被打乱，制造着连接与表达的障碍。在寻找新的依据与读解方式的过程中，思维的惰性受到挑战，从而打开思维中更多的从未触碰过的空间，找回那些已被淡漠了的思维及认知的原点。”①

莱恩（Marl-Laure Ryan）的“三层论”将超文本的文本层次归纳为三类：(1) 作者所书写或“设计”（“engineered”）的文本；(2) 向读者呈现、展示的文本；(3) 读者心理上建构出来的文本。其实，不单在超文本，即使在传统文本里头都可以有这样的划分，关键是超文本的层次呈现出更复杂的发散状态。如前所说，第一层次的文本实际上是以观念形态呈现的，而第二层次的文本即装置的意象又经过艺术家有意的扭曲来增加阅读障碍（吴亮：“我个人确实有一种试图用语言把作品讲清楚的用意。不过，了不起的视觉艺术都在给玩语言的人制造麻烦，和你那个自以为是的理论过不去”②），因此，传递下来的作品信息实际上非常有限，读者建构第三层次文本时的自由度也相应增加。

但在实际操作上，艺术家却不得不面对受众因为无法阅读而对自己的“责难”。评论家吴亮曾谈到此困境：“意识到大众社会的存在，这是一部分艺术家的事情。他们愿意这么干，或者迫于时代环境的压力，或者不能抵抗来自世界的影响和诱惑，或者在许多类似的孤独中另辟蹊径。……人不能不谈论，有力的谈论会形成一种语言的入侵，像暴力一样让人觉得不安全。……有的艺术家是追随时代的，有的艺术家则是先知，这一切都由理论家和历史学家说了算。但是，作为一个艺术家，他对这种来自理论家或历史学家的评价是既紧张又抵触的，他怎么都是种矛盾心理。”③ 当艺术家所力图发出的那种符号，提示足够清楚而产生足够清楚的回答时，并不能与信息接受者对其所作的解释相匹配，这种情况可能会使对话变得毫无用处。先锋诗人得意于此，装置艺术家却从未放弃过意义的追寻、对当下性的关注，为了使作品更具有阅读性，艺术家跻身阐释的空间，充当艺术品与受众的“翻译”。“翻译”可以有两条途径：一条是艺术家通过媒体、集会讨论亲自解释作品用意，在中国，初期的艺术展因为经费不够而没有出版纪念册，多家美术杂志如《艺术广角》《美术》等通过采访艺术家和组织评论家与艺术家共同对话为阐释开辟了一个窗口，当时艺术家徐冰、张培力、吴山专，批评家贾方舟、范迪安等等经常出现在杂志上。后来的展览附带出版纪念册，里面有参展艺术家及作品的详细介绍，包括艺术家自己的阐释。另一条是利用题目来点明作品的意义指向。黄永砯于1993年的法国展上展出了这样一件作品：偌大的房间内，半空悬挂了渔网、晾晒的衣物，地上堆积了几十只轮胎，乍一看这幅画面，我们大概会想到渔民、海上生活之类，或许还有更多个人化的体验，但作者的题目向大家揭示了一个更深刻的主题：《人蛇计划》，艺术家以敏锐的目光发现了劳工偷渡的问题，并用抽象的组合方式提醒大家注意，即使在今天，中国人偷渡到法国的事件还时有所闻。

---

① 冯博一．徐冰文字的延续与延伸．美术观察，2002 (1).

②③ 吴亮．前卫艺术：规范与冲突．艺术广角，1989 (4).

五、吊诡的内外空间

马塞尔·杜尚打破了日常生活与艺术之间的界限，拒绝认可任何预先形成的价值等级、任何种类的划分，拆解业已存在的事物之间的联系，允许艺术品与其他的每样东西达成谅解，借此揭露现实世界的荒谬性。杜尚对专门从事艺术品划分的博物馆显然毫无好感："我已经有20年不去卢浮宫了，它不能吸引我。因为我压根儿怀疑评价的标准，而这标准却决定了卢浮宫现有的藏品才是值得展览的，其他不被考虑的作品是不值得展出的，它们或者倒是好的呢。因此从根本上来说，我们让自已赞同这样的观点：迷恋是一时的，风格是建立在一个阶段的趣味上的，这阶段的趣味消失了，什么都跟着消失了，却有某些东西还应该留下来。"① 杜尚拒绝艺术品，因为他拒绝任何明确的东西，他的现成品艺术是对秩序世界的回应。既然事物之间不可能有毫不含糊的、明确的联系，它们之间的共同点就是永不间断的可变性。

门最常用来分割空间，一旦合上，就能把空间分成里与外。但在特定的环境与特定的角度去看一扇虚掩的门时，人的视觉思维就会无法确认里与外的区别，空间仿佛可以流动，忽里忽外。例如下面这幅叫《莫测的状态》的拼贴画，当你盯着那扇黑门看的时候竟会越来越迷惑，门像是向白色那边打开，又像是向黑暗一方敞开，图与底没有严格的区分。现成品的艺术空间与日常生活空间的关系正呈现出此种吊诡的状态。

1986年12月，黄永砯等艺术家参加了在福建省美术馆举行的艺术展，他们把展览馆周围的建筑材料和废弃品搬进了展室，现场遍布瓦砾泥沙断砖，还有"我用五年时间学会从事艺术，我要用十年才能学会放弃艺术"的口号。我们完全可以将此理解为杜尚式的嘲讽，企图打破内外空间的努力，但谁又能肯定地说这堆东西能提供多少思考的空间呢？杜尚的趣味正面临

① Cabanne. 杜尚访谈录. 王瑞云，译. 北京：文化艺术出版社，1997：76.

另一种挑战：现成品之所以能随意进出艺术的殿堂，完全依赖于艺术家授予它“艺术品”的资格，当这种权力被过度滥用的时候，艺术就有沦为废品的危险。

装置艺术以社会化的现成物品作为基本的艺术语言，通过对现成品的挪用、组合、悬置、搭配、错置，以暗示、联想的手法对现成物品所蕴含的社会普遍意象和观念加以错位和反诘，引起读者的思考。装置艺术的创作以占有空间为基本特征，本文所探讨的就是关于装置艺术的空间“叙事”特征。装置的三维形态诞生于杜尚企图打破实物类别划分的努力，它激化了那种开始于立体主义的现实的简单展示和非艺术化的呈现，将现成品按其原貌显现在展览台上，拒绝进行任何审美整合的努力。在这种情况下，任何结构都消失了，也碰不到什么秩序，只能触摸到从现实中抽取出来的杂乱东西。装置艺术的“叙事”具有超文本的特征，包括非线性、互文性、多义性和去中心性，这些特征是相对于传统的线性叙事来说的，装置艺术还有属于自己的细部特征：一是装置艺术所体现的空间性的联想关系，艺术家通过空间摆放营造出不同的心理氛围，加强作品的表现力；二是超文本的文本层次关系呈发散状态，读者获得个性化的阅读自由度的同时，艺术家不得不进入阐释领域，向读者暗示作品意义；三是打破艺术品与日常现成品的隔膜后带来的空间危机容易造成装置艺术的泛化。

参考文献

霍夫曼．现代艺术的激变．薛华，译．南宁：广西师范大学出版社，2003.

Cabanne. 杜尚访谈录．张心龙，译．台北：雄师图书股份有限公司出版社，1986.

Cabanne. 杜尚访谈录．王瑞云，译．北京：文化艺术出版社，1997.

萨莫瓦约．互文性研究．邵炜，译．天津：天津人民出版社，2003.

巴赫金．巴赫金文论选．佟景韩，译．北京：中国社会科学出版社，1996.

冯博一．徐冰文字的延续与延伸．美术观察，2002（1）．

顾丞峰，贺万里．装置艺术．长沙：湖南美术出版社，2003.

李顺兴．非线性叙述议题．Intergrams：Studies in Languages and Literatures，2001（3.1）.

欧阳友权，等．网络文学论纲．北京：人民文学出版社，2003.

徐淦．什么是装置艺术．美术观察，2000（11）.

尹国均．先锋试验．北京：东方出版社，1998.

【点评】

装置艺术在国内流行的时间不长，作者以此为论题本身就有很强的求新意味。而他又从装置艺术的空间“叙事”切入，更有点出人意表，因为一般说来，空间艺术是并不叙事的。

本文的重心是装置艺术的空间“叙事”，作者在全文的布局上保持着这个重心。第一部分“从架内到架外：空间的形成”交代三维的现成品艺术产生的背景。虽然作者的交代很简单，但也是很有必要的，使读者能够明白艺术和生活空间是一体的，从而为后面论述装置艺术的空间“叙事”特征奠定了基础。

作者在全文用了三个部分讨论装置艺术的空间“叙事”特征，它们是装置艺术的超文本叙事特征、空间设计及其隐喻和扩散的意义空间与阐释。

由于论题的新颖，作者在第二部分对装置艺术的超文本叙事特征作了很明确的表述，如什么是超文本，超文本的非线性是什么含义，超文本叙事的互文性、多义性和去中心性怎样界定。在这里，作者运用比较研究的方法，把传统的平面叙事和超文本的叙事放在一起加以说明，既是为了论述的明晰，也是方便读者的理解。

第三部分论及的空间设计无论采取怎样的展示方式，都隐含了创作者的联想和一定的美学原则，从而导致空间设计的隐喻特征。在这里作者注意实证，并用姜杰的《临界点》等作品为论证，增强本文不空泛而具有说服力的色彩。第四部分论述空间设计扩散的意义空间与阐释，强调装置艺术家注意意义的追寻和对当下性的关注，并在装置艺术上寄托思想性和批判性，这就把所论的“叙事”特征往前推进了一步，形成全文不断深化的结构体系。

作者最后用第五部分“吊诡的内外空间”作结束，却不是简单地回顾全文，而是强化装置艺术的表现特性和全文所说明的问题，照应全文，使全文在结构上更加和谐。

文选 3

试论家族传统对谢朓人生及诗歌创作之影响*

李鹏飞（北京大学中文系 1991 级）

摘　要： 本文试图从较为广阔的背景之中对谢朓的人生及其诗歌作一种新的审视，探讨谢朓诗歌题旨有雷同、出首王敬则的动机、对南朝民歌的态度等问题，认为谢朓从思想态度、政治行为到审美情趣都受家族传统制约，而作为一个政治、文化世家的后裔，作为一个文化素养深厚的诗人，谢朓可以在某一侧面被视作中国古代知识者的一个缩影。

关键词： 谢朓　诗歌创作　家族传统　影响

历年来的谢朓诗歌研究基本上是以山水诗为核心的。学者们多由比较研究的角度切入，从技巧与风格两个方面对谢朓诗歌在诗史上的重要意义进行了深入全面的阐述。本文则在继承前人研究成果的前提下，试图从较为广阔的背景之中对谢朓的人生及其诗歌作一种新的审视。文章将主要围绕以下三个方面的问题展开论述：（1）应如何理解谢朓诗歌中的题旨雷同现象？（2）谢朓出首王敬则动机何在？（3）谢朓怎样接受南朝民歌之影响？

---

* 本文入选温儒敏主编《中文学科论文写作训练》。

一

对于谢朓诗歌中之题旨雷同现象，前代论诗者颇多微词。比如陈祚明之《采菽堂古诗选》中即云："夫宦辙言情，旨投思遁，赋诗见志，固应归宿是怀。仰希逸流，贞观丘壑，以斯托兴，趣颇萧然，恒见其高，未见其踬。但嫌篇篇一旨，或病不鲜，幸造句各殊，岂相防误?"陈祚明从"造句各殊"之浅表层次出发为谢朓作了辩护，自然不无道理，然而对谢诗中如此显豁直露之题旨重复现象理应做出一种深层的新的理解。在谢朓短暂的一生当中，有相当长的时间处于痛苦的心灵煎熬之中，而并非像许多学者所说的"朝隐"于外郡宣城，逍遥于"山水奥区"。我们可以认为：在这一段时间里，谢朓的思想主要集中于出处行藏之重大人生抉择之上而无暇他顾，他将日夜萦绕心魂的矛盾诉诸诗歌而来不及把它融入复杂高超的技巧之中。他终其一生而未能归隐山林，却在诗歌中不厌其烦地吟咏这一未竟之心愿，一如屈子之《离骚》"一篇之中三致意焉"，显示出专注的情意与复杂激烈之矛盾心态。诗歌创作之强大驱动力必然由此而产生。

而现在我所要追问的是：谢朓人生矛盾的渊源何在？让我们试从诗人自身与家族传统两个方面去寻找原因。

首先，谢朓的悲哀来自儒者经世致用之心与黑暗政局之冲突。余英时曾在《士与中国文化》一书中作如下论述："南朝纯学术性的儒学未尝中断，而以经世致用为目的的儒学精神则确然中衰。士大夫以天下为己任的精神逐渐被家族与个人意识所淹没。"下面我们将会看到当这种铺天盖地的论断运用于某一个体之时所暴露出来的局限性。据《南齐书·谢朓传》所载，谢朓曾一度任王俭卫军东阁祭酒；而曾官至南齐宰相的王俭"弱年便留意'三礼'，尤善《春秋》，发言吐论，造次必于儒教"（《南齐书·王俭传》）。可见谢朓亦必通经学，否则王俭决不会让他做自己的"东阁祭酒"，此其一。第二，谢朓集中有《谢随王赐左传启》，其文曰："朓未睹山笥，早懵河籍；业谢专门，说非章句。庶得既困而学，括羽莹其蒙心；家藏赐书，赢金逊其贻诀厥。按览神胜，吟讽知厚。"由此可见谢朓一曾研读《左传》，并从中得到心智的启迪。此外齐代"《礼》学"十分发达，朝官无不精通"三礼"，官学如王俭，私学如刘瓛，均堪称大家。处身于此时代风潮之中，又身为士族子弟的谢朓对"三礼"自然也是相当熟悉的。谢朓集中的《雩祭歌》和大部分应用文如章、表、启、教、哀策文等都向我们展示了一个鲜明的礼学背景。以上各端只是对谢朓熟悉经学的一个佐证，至于他的人格是否受到儒学精神的熏染而具备经世致用之心，我们可以从他的诗文中寻找答案。先看《入朝曲》：

> 江南佳丽地，金陵帝王州。逶迤带绿水，迢递起朱楼。飞甍夹驰道，垂杨荫御沟。凝笳翼高盖，叠鼓送华辀。献纳云台表，功名良可收。

这是谢朓诗中意气最为昂扬豪迈的一首，热烈喧嚣的帝京气象烘托出诗人强烈的立功立业的雄心：全诗本乃颂扬藩德，但亦未尝不是诗人自况。而在《和伏武昌登孙权故城》这首诗中，谢朓先是以无限崇仰之情追怀了当年孙权的赫赫"霸功"及雄图远略，接着以"参差世祀忽，寂寞市朝变"两句倏忽转向对个体命运的悲悯与对无常世事之伤悼：

舞馆识余基，歌梁想遗啭。故林衰木平，荒池秋草遍。雄图怅若兹，茂宰深遐睠。幽客滞江皋，从赏乖缨弁。

想前贤之风流，更觉此身之末路，雄图难展之人生悲惋何其深矣！谢朓在诗的前半部曾有这样四句：

江海既无波，俯仰流英盼。

三光厌分景，书轨欲同荐。

诗中明写孙权之眼光流转，有意于中原，骨子里可能是讥刺齐王朝之懦弱无能、偏安江左的政局，但更为重要的是流露出谢朓欲在皇图一统之伟业中建树功名的书生意气，这一点我们从《和王著作融八公山》一诗中可以看得更加清楚：

戎州昔乱华，素景沦伊穀。阽危赖宗衮，微管寄明牧。长蛇固能翦，奔鲸自此曝。道峻芳尘流，业遥年运倏。平生仰令图，吁嗟命不淑。浩荡别亲知，连翩戒征轴。再远馆娃宫，两去河阳谷。风烟四时犯，霜露朝夜沐。春秀良已凋，秋场庶能筑。

谢安、谢玄在东晋朝所建树的丰功伟绩已然成为谢氏家族后裔平生崇仰并极力仿效之楷模。谢朓所生活的宋、齐两朝，北方边境并不安宁。宋武帝、宋文帝时代尚有多次北伐之举，而南齐王朝的统治者却汲汲于政权之争，置国运之安危存亡于不顾。谢朓对这种形势是深为忧虑的。然而身为一介书生，他没有能力和机会去创建如先辈一般的武功——这种巨大的遗憾化作了诗中无尽的悲吟。在武功的梦想无从实现的情况下，谢朓的心中还怀抱着另一个强烈的愿望：那就是在吏治方面创造一份无为而治的业绩。先看《始之宣城郡》一诗：

烹鲜止贪兢，共治属廉耻。伊余昧损益，何用祗千里。解剑北宫期，息驾南川涘。宁希广平讼，聊慕华阴市。

这是谢朓在深味宦海之浮沉险恶之后所发出的由衷之言，其内心矛盾已显露无余：既希望轻松洒脱地助君王“共治”宣城，又想如汉代张楷一般归隐山林。“宁希广平讼，聊慕华阴市。”这一句的真实含义也是颇费猜度的：他真的不希冀建树如晋代广平太守郑袤一般为民众所拥戴的德政吗？事实上谢朓反复在诗中提及前代有名的吏治，足见其心驰神往之意。

广平听方籍，茂陵将见求。（《新亭渚别范零陵云》）
既乏琅琊政，方憩洛阳社。（《落日怅望》）
既微三载道，庶藉两歧讼。（《赋贫民田》）

尤其是在《赋贫民田》一诗中，谢朓再一次表达了辅佐君王、体恤民生的心意：“曾是共治情，敢忘恤贫病。”全诗末尾两句又云：“俾尔仓廪实，余从谷口郑。”充分表现了一个儒者以民生为己任的良知，我不知道这可不可以算作一种儒学精神？《赋贫民田》这样的诗作在齐梁诗坛上可能是比较罕见的，谢朓甚至在诗中提出了他治郡的具体措施："敦本抑工商，均业省兼并。察壤见泉脉，觇星视农正。"接着又颇具兴致地描绘了一下清净而又暗含生机的田野风光："黍稷缘高殖，穲稌即卑盛。旧埒新塍分，青苗白水映。遥树匝清阴，连山周远净。"这首诗在多数宣城之作中还是志虑较为单纯的。但诗末仍然忘不了带上一句："余从谷口郑。"让我们再次想起诗人反复吟咏的去处行藏之人生抉择。而这一充满矛盾性的抉择又是与他所处家族的传统息息相关的。

以玄言清淡标榜家族的文化领域之优越性并以此抵御黑暗政治的残害，可视作谢氏家族中深具传统色彩的行为特征之一。我们至少可以将这一传统追溯到谢灵运的高祖谢鲲的时代。为了便于描述其发展演变的大致过程，这里先列出一个谢氏家族部分成员之关系图标：

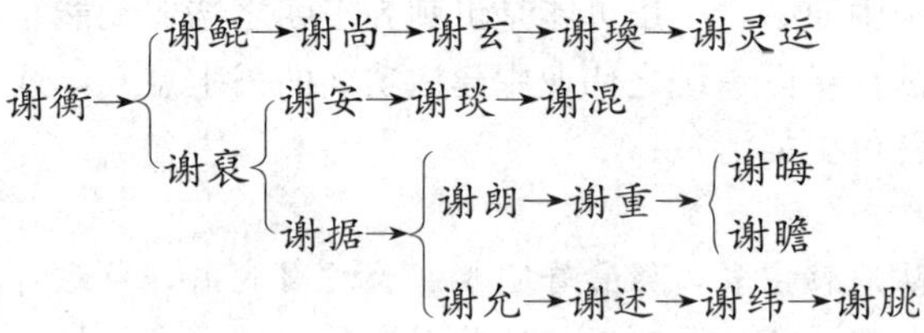

在这个族系表中。我们应该注意谢鲲这个人物。他死于刘裕与刘毅的政治争端之中，是谢氏家族里丧生于政权斗争的第一人。他的死亡给家族此后的命运罩上了一层挥之不去的阴影。谢鲲又是这个家族变迁中的一个分水岭：在他之前，谢家在政治上地位显赫，出过两位功勋卓著的风云人物；而在他之后，谢氏基本上丧失了政治上的实际权力而徒具虚名，谢晦被杀后这一趋势更加明朗化了。政治家和军人领导家族的时代从此一去不复返，却突然冒出来谢灵运与谢朓两位名垂青史的大诗人，用他们的诗歌追缅家族的辉煌，咏叹个体的命运。

据《晋书·谢鲲传》记载，这个庞大家族始祖谢衡"以儒素显，仕至国子祭酒"，这是谢氏一族有儒家传统的又一佐证。而到了谢鲲这一辈，优游遁世的苗头便开始暴露："鲲不徇功名，无砥砺行，居身于可否之间，虽自处若秽，而动不累高。敦（王敦）有不臣之迹，显于朝野。鲲知不可以道弼，乃优游寄遇，不屑政事，从容讽议，卒岁而已。"后来王敦将他排挤至外郡，鲲却"莅政清肃，百姓爱之"，可见其"优游寄遇，不屑政事"，乃是针对当时政局所采取的一种对抗姿态。谢安是谢鲲的子侄辈，他的言行与功业对后世子孙尤其是谢灵运与谢朓产生了巨大影响。《晋书·谢安传》云安四十岁之前寓居会稽，与王羲之、许询、支遁游处，"出则渔弋山水，入则言咏属文，无处世意"。四十余岁始出为桓温司马，后于淝水之战中与谢玄、谢石联手大败苻坚，建立殊勋。本传数称其临危不乱、处变不惊、雍容优雅，颇具名士风范。但本传亦明确指出谢安之名士风流中所蕴含的"矫情"成分："玄等既破坚，有驿书至，安方对客围棋，看书既竟，便摄放床上，了无喜色，棋如故。客问之，徐答云：'小儿辈遂已破贼。'既罢，还内，过户限，心喜甚，不觉屐齿之折，其矫情镇物如此。"谢安的这种矫情姿态告诉我们：他对于"治国平天下"的世俗功名并非等闲视之。关于玄言清谈，王羲之曾攻击谢安说："今四郊多垒，宜思自效，而虚谈废务，浮文妨要，恐非当今所宜。"谢安当即反驳道："秦任商鞅，二世而亡，岂清言致患邪?"这一反驳流露出谢安对朝政的强烈批判意绪，也暗示了"清言"与暴政之间的对抗关系。谢安在战争指挥当中的出色表现更加雄辩地告诉我们：他绝不是一个沉溺于清言的玄谈家。后来会稽王司马道子专权，"而奸谄颇相扇构，安出镇广陵之步丘，筑垒曰新城以避之……安虽受朝寄，然东山之志始末不渝，每形于言色”。这种“东山之志”我们不妨视作保持个体完整人格的一种合理心愿。谢安集名士风流与儒将风范于一身，其流风余韵必然在家族的口耳相传中深深熏染那些后生小辈们。谢晦手持兵权，周旋于乱世，终于未能保全性命，如果他们能从谢安的立身之道中获得一些启示，也许不至于落个如此下场。两位族亲的死于非命，家族政治影响力的急剧下降，深刻地震撼着谢灵运，他开始在追怀中思索谢安的处世之道，从其《述祖德诗二首》中可见他一时之心迹：

> 达人贵自我，高情属天云。兼抱济物性，而不缨垢氛。（其一）
>
> 万邦咸震慑，横流赖君子。拯溺由道情，龛暴资神理。……贤相谢世运，远图因事止。高揖七州外，拂衣五湖里。随山疏浚潭，傍岩艺枌梓。遗情舍尘物，贞观丘壑美。（其二）

但因谢灵运所处之时代已大不同于谢安，故而他在思过之中更多地关注谢安优游遁世的一面。他也在基本上将这一认识付诸人生实践之中，潜心于玄言佛理，肆意游山玩水。但祖先的功业时常萦绕心头，继承先辈之余烈的心如此强烈，使他对刘宋王朝产生了激烈的不满情绪。那种疯狂的、缺乏闲情逸致的肆意游衍便是他心中不满情绪的尽情发泄，不过发泄的结果是他仍然难逃厄运。

家族运动中的风险频仍必然使谢朓心中充满惧祸之情，但正如前所述：经世致用之志仍然盘桓在他心间，弃世与用世的矛盾在这个家庭的迁延中经久不衰。在南齐王朝的皇权之争中，谢朓基本上采取了一种顺应时势的姿态，史传不见有关他主动参与政争的记载。而他的朋友们如王融、萧子隆、萧子良则在内乱中相继丧生。在“零落悲友朋”之余，他更多的是震恐。出守宣城契合了他避祸的心理而给了他短暂的欢愉，然而恐惧则是持久的，正是这种恐惧与深植心中的儒学精神相争斗，才形成谢朓人生矛盾的根源。当这种矛盾斗争还没有决出一个结果之时，灾祸就两次降临头顶。真所谓树欲静而风不止，王敬则与萧遥光先后主动找上门来要拉谢朓加入反叛团伙。在这两种情况下，谢朓避祸全身最保险的途径只能是向皇权靠拢，但可惜的是他终未能逃脱杀身之祸。由此看来，即使当初谢朓一狠心归隐了田园，但作为齐代政坛与谢氏家族中一个非常引人注目的人物，他避世之后或许仍然无从避祸。

以上所述为我们提供了谢朓部分诗文创作的一个心灵背景，从这个背景之下来审视作为山水诗主体的宣城诗，我们可以获得一种新的认识：其一，宣城诗的主体是诗人心灵的矛盾斗争，也就是他在诗中所言：“既欢怀禄情，复协沧州趣”，“心迹苦未并，忧欢将十祀”。对于“既欢怀禄情”这一诗句，不应做过于庸俗化的理解。拥有庞大庄园作为经济依托的谢朓，决不至于如此赤裸裸地表白自己对朝廷俸禄的眷眷欢情。此诗表层之下的含义仍然应该是“会是共治情”，是对能够出守宣城助君王共治这一事件表示一份欣慰。其二，宣城诗的基调是清冷、萧散、迷茫，正与他这一时期的心境相契合。奔赴宣城之初，谢朓显然也怀抱着以外郡为沧州的心愿，他在诗中说：“江海虽未从，山林从此始。”然而“赏心于此遇”的境界并未真正进入他的生活。他在宣城期间作的山水诗大都是阴云冷雾、清寒逼人。凄伤忧郁之情多，欢快明朗之意少；冬景、秋景描写得多，春夏之景则明显地要少了许多。在对宣城诗作粗略统计之后可以发现：诗中“寒”字出现的频率是最高的。这是诗人心中恐惧的寒意向外投射的结果。纵使面对“余霞散成绮，澄江静如练。喧鸟覆春洲，杂英满芳甸”这般美丽温馨的春天，诗人也依然“泪下如流霰”。可以肯定，在这样的心理状态下，谢朓是不可能臻于“朝隐”之佳境的。

当山林和玄理都已无助于解救心灵之时，谢朓转而依靠佛道便是很自然的事情了。谢氏家族在文化上的领导意识使它的成员们很早就接触了佛教，至少在谢安之时就有了与僧人（如支遁）交往的记载。后来的谢灵运更是一位有名的佛学理论家，留下了不少阐扬佛理的著名诗文。谢朓的佛学修养也是非常之高的，虽未有明确的史传材料可以证明，但从他的经历与诗赋中完全可以找到这方面的证据。谢朓早岁游于西邸，与范云、沈约、王融等人结成了一个文学集团，而这个集团的领袖萧子良是一个狂热的佛教徒，多次在宅邸或京师寺院召集大规模的佛理研讨会。身处其间的谢朓自然会参与他们“讲论佛学，造经呗新声”的活动。此外谢朓曾在《思归赋》中云：“养以虚白之气，悟以无生之篇。”亦可见他对佛理自有钻研。《谢宣城集》中有一首《秋夜讲解》诗阐述了谢朓对佛理的深刻理解。此诗之系年已难确定，但作于宣城期间的可能性较大，主要是因为全诗流露出沉痛、落寞、悲凉的情绪，大概是经历了一番劫难之后有感而发，并且这首诗的基调也与其他宣城诗基本吻合。不过归根结底该诗的创作时间对我所要论述的问题并无决定性意义，故而不再深究。先看《秋夜讲解》诗：

> 四缘去谁肇，七识习未央。沉沉倒营魄，苦荫蹙愁肠。琴瑟徒烂熳，姱容空满堂。春颜遽几日，秋埜终茫茫。孰云济沉溺，但愿托津梁。惠唱摛泉涌，妙演发金相。空有定无执，宾实固相忘。自来乘首夏，及此申暮霜。云物清晨景，衣巾引夕凉。风振蕉茝裂，霜下梧楸伤。六龙且无借，三相宁久长。何时接灵应，及子同舟航。

这首诗中有所表现的空空思想，我们可以从当时流行的玄佛理论中找到源头，如支遁之重玄论、大乘学之空亦复空论、成实学之天空心论。据南齐僧佑所撰之《略成实论记》所载，萧子良曾召集名僧五百余人，以僧柔、慧次为上首，对《成实论》之要义进行讨论，并将论文二十卷删为九卷，其后此论文略本曾风行一时。谢朓完全可能受到此论之极大影响。《秋夜讲解》中“空有定无执，宾实固两忘”两句诗集中了佛玄两个方面的含义，即忘却世间万事万物之虚名与本体，既不执着于万有群相，也不执着于自性空无，永住一片唯心之净土。这一思想之要义在于离弃世间一切矛盾与痛苦，从而获得一种圆融清静的心灵境界。这与他后来所梦想的道教的飞升之途都是同一性质的事情，下如《酬德赋》之结尾部分所描述的：

> 闻夫君之东守，地隐蓄而怀仙，登金华以问道，得石室之名篇。悟寰中之迫胁，欲轻举而舍旃，离宠辱於毁誉，去夭伐於腥膻。忽携手以上征，跻中皇之修迴，巾帝车之广轼，棹河舟之轻艇，历星术之熠耀，浮天潢之瀴溟，机九转於玉浆，练七明於神鼎，吹万化而不喧，度千春之可并。齐天地於倏忽，安事人间之纡婞哉。

这一部分引文表达了与“空有定无执，宾实固两忘”两句诗相似的理念。人世间局促腥膻、毁誉无常，人生的价值与人格之独立完美都无从实现，诗人只好寄希望于一个别样的世间。屈原与陶渊明等许多古代知识分子都曾流露过同样的心愿。就某种意义而言，谢朓的人生境遇象征着他所从属的那一个华丽优美家族的日渐衰微。

二

出身于谢氏大家族的子弟，他们在社会、政治、文化、言谈举止、气质风度等各个方面都有良好的自我感觉，并且对别的家族跟本家族之间的差异是非常敏感的。谢瞻在《于安城答谢灵运》这首诗中不无自夸地说道："华宗诞吾秀，之子绍前胤。"而在《世说新语·贤媛》篇中则记载了谢家子女谢道韫的一件逸事：

王凝之谢夫人既往王氏，大薄凝之。既还谢家，意大不悦。太傅慰释之曰："王郎，逸少之子，人材亦不恶，汝何以恨乃尔？"答曰："一门叔父，则有阿大、中郎。群从兄弟，则有封、胡、遏、末。不意天壤之中，乃有王郎！"

王氏当时也是与谢氏齐名的世家大族，然而谢道韫竟然对王凝之如此鄙薄，足见谢氏子弟之优越感已达到何等强烈的程度，而在《晋书》《宋书》《南史》等诸家史传中，充斥着对谢氏子弟风神仪容的美誉，如谢混"风华为江左第一"，谢晦"美风姿，善言笑，眉目分明"，谢灵运"车服鲜丽"，谢庄"韶令美容仪"。[①] 对于谢朓没有外表的描述，然而提到他"少好学，有美名，文章清丽"，想必他同样禀有自己家族那种特有的风神。他们在文学的审美趣味上也具有某些传统的与众不同之处，这一点从《世说新语》中"文学""言语"两篇中众所周知的两个故事即可知其端倪，下面仅举其一：

谢公（谢安）因与子弟集聚，问《毛诗》何句为佳。遏（谢玄）称曰："昔我往矣，杨柳依依；今我来思，雨雪霏霏。"公曰："'讦谟定命，远猷辰告。'谓此句偏有雅人深致。"

这个故事可以说明许多问题，这里只举其一端，即谢安对子弟的引导是以被尊为儒家文学正统的《毛诗》为归依的，此外谢安有意向子弟灌输儒家的经世精神与雍容典雅之审美趣味。

只有联系上述诸多因素，我们才有可能对谢朓出首王敬则一事的动机以及他接受民歌影响的方式做出较为合理的解释。

我们知道，在南朝社会中世族与寒庶之间差别有如天壤。"服冕之家，流品之人，视寒素之子，轻若仆隶，易如草芥，曾不以之为伍。"（《寒素论》）寒人即使通过军功或别的途径致位清显，亦为世族之子所不屑。这样的例子在《南史》中可以找到许多。例如南齐时中书舍人纪僧真向齐武帝请求作士大夫，齐武帝让他去问江斅和谢瀹，结果遭到拒绝。世家为了保持自家的纯洁性，极力避免跟寒族通婚。南齐时东海王源（王朗后裔）嫁女富阳满氏（满氏是寒族），当时官居南齐御史中丞的沈约专为此事上表弹劾王源，认为"王、满联姻，实骇物听"，玷辱士族，莫此为甚，请求朝廷革去王源官职，禁锢终身（见《文选》沈约《奏弹王源》一文）。谢朓这个世家子弟就是在如此时代背景之下娶了王敬则之女，而王敬则是典型的寒人。据《南史》本传载，敬则"母为女巫"；敬则年长，腋下生乳，各长数寸，"性倜傥不羁，好刀剑"，

① 此处采用了萧华荣先生《论南朝陈郡谢氏之文学传统》一文的观点。

"屠狗商贩，遍于三吴"，曾使高丽，与其国女子私通，"被收然后反"。后因军功，南齐时已累迁至征东将军等职。"后与王俭俱即本号开府仪同三司，时徐孝嗣于崇礼门候俭，因嘲之曰：'今日可谓连璧。'俭曰：'不意老子遂与韩非同传。'"有人告诉敬则，敬则"了无恨色"，显然他对自己作为一个寒人爬到如此高位已深感满足，至于世族官员的鄙薄自是无可如何之事。此外王敬则不识书，基本上是个文盲。谢朓作为世家子弟而与敬则联姻，必然会遭到时俗耻笑。我们完全可以设想谢朓在其时是处于一种何等尴尬的境地，纵如他的朋友沈约，也是士、庶联姻的一个最坚决的反对者。在这桩婚姻中，谢朓既已降尊纡贵，后来敬则要拉他造反，更是欲置谢朓于泥潭之中了。何况自古忠孝不能两全，无论从封建道德的角度，还是从时俗价值观念的角度来看，谢朓的告密行为都不是什么不可原谅的罪恶。后来齐明帝欲升谢朓为尚书吏部郎，朓三让之，朝官多以为怪，而沈约则引经据典帮谢朓打圆场，可见当时人对告密之事并不是横加指责的，他们只是对谢朓在接受吏部郎之职时是否应该"三让之"发表了不同意见。许多人甚至认为按"礼"是连让也不必让的。谢朓告密事件似乎可以视为世族排挤寒族的一个特殊的个例，是特定历史条件下的产物，我们可以不必对之横加许多道德评判。

而在谢朓接受民歌影响之时，他的心态与上述事件颇有类似之处：对来自底层、来自民间的事物的一种本能排抑心理。不过在针对不同的事物之时，这种心理的表露方式还是有一些差别的。

南朝民歌多是俚俗直露的情歌。出身于士族家庭的谢朓，又负荷着那样一种儒玄、文学的家风，他对这种文学形式自然会采取一种与众不同的姿态。从对具体作品的分析之中我们可以获得更为直观的认识。

易阳春草出，踟蹰日已暮。莲叶尚田田，淇水不可渡。愿子淹桂舟，时同千里路。千里既相许，桂舟复容与。江上可采菱，清歌共南楚。

——《江上曲》

这是谢朓集中唯一一首稍具南朝民歌韵味的诗作，可能受到西曲歌的影响。谢朓一生行迹遍布荆襄吴楚，必然接触过各地民歌。从《江上曲》中我们首先获得的一个印象是：谢朓试图以《诗经》《楚辞》的语词与典故来改造南朝民歌，使我们觉得诗中的主人公是贵族的年轻人或《诗经》时代的情侣，而唯独不是南齐时代江南的多情男女。谢朓诗歌中的贵族气息是难以磨灭的。即使是创作艳情诗，他也决不会去写像下面这样的歌词：

郎作十里行，侬作九里送。拔侬头上钗，与郎资路用。
大艑珂峨头，何处发扬州？借问艑上郎，见侬所欢不？

——释宝月《估客乐》

谢朓笔下的艳情应该是这般模样：

琼闺钏响闻，瑶席芳尘满。要取洛阳人，共命江南管。情多舞态迟，意倾歌弄缓。知君密见亲，寸心传玉腕。

——《夜听妓二首·其一》

掖庭聘绝国，长门失欢宴。相逢咏蘼芜，辞宠悲班扇。花丛乱数蝶，风帘入双燕。徒使春带赊，坐惜红装变。平生一顾重，宿昔千金贱。故人心尚尔，故心人不见。

——《和王主簿怨情》

诗中的贵族与宫廷气息是显而易见的，徐陵把这两首诗收进了《玉台新咏》，后代亦有许多人视谢朓为宫体诗之始作俑者，都不是没有理由的。谢朓的世家子弟本色使他在接受民歌影响时不是像许多其他诗人一样从拟作入手，而是直接加以改造，这种改造行为显示了谢朓对民歌所取的含蓄矜持的姿态。

三

作为一个政治、文化世家的后裔，作为一个具备各方面文化素养的诗人，谢朓可以在某一侧面被视作中国古代知识者的一个缩影。他们的理想与现实的冲突，他们的软弱，他们在政治斗争与乱世之中的坎坷命运，都会引起我深深的同情。钻研他们的诗歌，设身处地地探索他们的心路历程与人生际遇，并在努力做出客观公正的结论之时获得对自我人生有益的启迪——这应该是我关注一个古代作家的原因之一。在以上对谢朓的长篇讨论之中，我充分体会到历史与人的复杂性。我力求从史实出发进行冷静合理的描述，而尽量避免简单平板的价值判断。因为在史的研究当中，复杂或许意味着更加趋近真实，而简单则往往等同于错误与草率。

【点评】

对谢朓的研究，诚如本文作者所说，历来是以谢朓的山水诗为核心。作者跳出这一园囿，审视“家族传统”是怎样影响着谢朓的人生及诗歌创作，别具新意。这需要作者具备较为宽广的学术视野，不单纯就文本论文本。

本文三个部分的论述，是以提问题并解答问题的形式展开的。作者提出的三个问题是：应如何理解谢朓诗歌中的题旨雷同现象？谢朓出首王敬则动机何在？谢朓怎样接受南朝民歌之影响？这样的设置，最大的好处是使所论的目的很明确，很容易扣题并层层深入地把自己想说的话说清楚。

作者很少罗列谢朓的诗，而是作一个简单的交代之后就直接切入到他要解答的问题之中。他说到谢朓诗题旨在欲仕而咏归隐上的矛盾现象，进而探讨谢朓人生矛盾的渊源何在。作者注意到两个方面：诗人自身和家族传统。前者论者甚众，后者少有人论及。作者梳理了谢氏家族的历史，家族运动中的风险使谢朓怀有忧惧之心，便投向山水和玄理以求心灵的救赎。当它们不足以救赎的时候，则皈依佛道。作者这样的论述十分独到和剔透，在不断的设问中，不断深入。因此，本文作者的设问其实是一个很好的写作技巧。

然后作者回答他自己提出的第二个问题：谢朓出首王敬则动机何在？他在这里简单地审视了王敬则家族的情况，指出谢朓出身世族，王敬则出身寒门，虽然谢朓是王敬则的女婿，终不能忍受娶了寒门之女的屈辱，他的出首是世族排斥寒族的个例。这一问题和谢朓的诗歌创作关系不大，但涉及谢朓的人生，仍然是有意义的。本文对南朝民歌对谢朓的影响也作了论述，认为民歌并没有消磨他的贵族气息。

在这里应该注意的是，全文用四分之三的篇幅回答第一个问题，用四分之一的篇幅回答第二个和第三个问题，在整体的布局上不太均衡。同时，所论的第二个、第三个问题和第一个问题不太协调，其实作者是可以专注于第一个问题的。

此外还要说明的是，论文作于20世纪90年代初，由于当时对学生论文的规范化要求不够严格，原文中前置部分没有摘要和关键词，主体部分缺少注释和参考文献，引文也有个别错误，选入本书时著者对前置部分作了补写，其他则保留了原来的样子。

文选 4

普通人的悲剧*

——也谈《雷雨》中周萍的人物心理

张海丽（南京大学中文系1999级文科强化班）

摘　要：本文避开以往研究中对周萍这个人物的形象定义，试图从周萍的内心矛盾处进行深层心理发掘分析，侧重探讨角色的性格发展及悲剧意义，揭示了周萍由质朴的乡下青年沦为文明社会的人质，成为自我命运的奴隶，丧失了“人之为人”的独立性，陷入深刻无奈的境地，而这种现代人的生存悖论又是具有普遍意义的，周萍的悲剧就是一个现实生活中普通人的悲剧。

关键词：《雷雨》　周萍　人物心理　普通人的悲剧

《雷雨》一剧早已成为中国现代戏剧文学史上的经典之作。剧作者曹禺曾经说自己写剧本“醉心于人物的塑造”，“写戏主要是写‘人’”①。本着对艺术的这一追求，他笔下诞生了无数个性鲜明的艺术形象，而成名作《雷雨》中的几个主要人物更是深入人心，成为广为人知的性格典型。其中周朴园的虚伪与冷酷、周冲的纯真与虚幻（因为他的存在与周围的环境那么的格格不入，就如腐败溃烂的伤口上赫然长出的一支乍开的玫瑰，新鲜纯净得使人不敢相信他存在于现实世界）、鲁大海的冲动和莽撞、四凤的单纯和善良，以至于鲁贵的贪婪与势利，都给人留下深刻的印象。

长期以来，人们关注最多的是蘩漪的性格。她的勇敢坚强，决不屈服，她在周朴园强压下的反抗，她对爱情的执着追求——她是《雷雨》中最有魅力的角色，吸引着众多的注意力。与此同时，另一个独特的形象——周萍，似乎被她的万丈光芒所掩盖，没有展现出原本的内涵。通常在人们的眼中，他只是一个懦弱的不负责任的肇事者形象。但事实上，他远不是这么简单。

---

* 本文入选温儒敏主编《中文学科论文写作训练》。

① 曹禺全集：第一卷．石家庄：花山文艺出版社，1997：序言，5.

历来的曹禺的研究者，对《雷雨》的各个方面作了详尽的论述，对其中的人物性格研究颇深，但是对周萍形象的分析总是寥寥几笔带过，很少出现专著。笔者现在能找到的有钱谷融的《〈雷雨〉人物谈》的“周萍篇”和陆葆泰的《析〈雷雨〉中的周萍形象——与钱谷融先生商榷》，基本上代表了两种典型观点。钱先生认为周萍是“完全继承其父亲衣钵的孝子”，“尽管今天的周萍还不像周朴园那样的卑鄙无耻，甚至还有一些足以迷惑人的地方，但归根到底，他和周朴园是同一流的人，假如不死，发展下去，是不见得比周朴园好到哪里去的”[①]。与之针锋相对的是陆先生的观点。他为周萍翻案，认为周萍具有“热烈追求自由，奋勇地追求个性解放”的精神，因而是值得完全肯定和赞扬的。[②]

我认为这两种观点有些地方过于简单化，非褒即贬，看法未免有偏颇之处，因而都值得商榷。同时，争议的存在，也说明了周萍这一人物本身的复杂性和多面性。曹禺在谈到周萍时说：“希望有个好演员，化开他性格上的一层云翳，起首便清清白白地给他几根简单的线条。先画出一个清楚的轮廓，再慢慢细地描去。”[③] 这是塑造周萍形象的关键，也是我们还原其本来面目的关键。本文就从此处出发，避开以前的认识误区，对周萍进行个案分析，重现角色的性格发展，并总结这一形象生存状态的典型意义。

一

长期以来，在人们的眼中，周萍是一个忧郁而颓废，空虚脆弱的“多余人”，是精神上的残废，思想上没有脊梁骨的人。很长时间内，周萍的形象被定义为生活在封建气氛浓厚的资产阶级大家庭中腐朽糜烂的纨绔子弟，他继承了父亲周朴园自私虚伪的恶德，对后母蘩漪始乱终弃，又勾引家中婢女四凤，犯下乱伦的恶行。他的灭亡，象征着资产阶级道德观的破产和淫乱者自食其果的必然法则。这是一个“从生命的根部就腐烂了的人物”[④]。但是，作者曹禺在谈《雷雨》人物的复杂性时，特别提到：“有人说周萍这个人物坏。演这个人物，对他的‘坏’要让观众想一想。……他内心却有许多矛盾。”[⑤] 只有解开这些矛盾，才能真正了解周萍的性格。

千方百计地想逃出一个罗网，事与愿违，偏偏陷入了更大的困境。双重的乱伦，宿命的罪孽，无劳的挣扎！这就是周萍。这是一个无奈的角色。如果说蘩漪是扑向焰心的飞蛾，为求渴望已久的光明和一刻的温暖，不顾一切地去追，粉身碎骨也罢，化为飞烟也罢，只为那从未体验过的瞬间的永恒；那么周萍就是一头困兽，在黑暗的谷底，盼望有一束阳光，于是拼命地向上爬，结果却是落入更暗的深渊。他才是整个《雷雨》的灵魂，矛盾的交织体，所有的悲欢离合都围绕着他，背负着两身的情。他是四个人眼中的希望：周朴园眼中，他是长子，是顺从的继承者；蘩漪眼中，他是唯一的寄托，是活着的意义；四凤眼中，他是托付终身的对象，是未来人生的希望；侍萍的眼中，他是久违的亲生骨肉，是牵挂心头的儿子。他对每个人都很重要，但是却辜负了几乎所有人。他是戏剧冲突的直接制造者，处在错综复杂的两性关系和亲缘

---

① 钱谷融．《雷雨》人物谈．上海：上海文艺出版社，1980.

② 陆葆泰．析《雷雨》中周萍形象——与钱谷融先生商榷．上海教育学院学报（社会科学版），1986 (1).

③ 曹禺谈《雷雨》//曹禺全集：第一卷．石家庄：花山文艺出版社，1997：333.

④ 田本相，黄爱华．简明曹禺词典．兰州：甘肃教育出版社，2000：193.

⑤ 曹禺全集：第一卷．石家庄：花山文艺出版社，1997：11.

关系中，背后交织着社会与自身的双重因素。

然而，他不过是个极普通的年轻人而已。曹禺在揭示他的内心世界——思想和感情，即人物动作、发展和结局的根源时，就是把他作为普遍意义上的人来考虑的，想从他身上寻求人类意识中的一些共性和生存状态。美国剧作家阿瑟·密勒有一段著名论述："现代精神病学分析是以古典格局为基础的，譬如，奥列斯特情结和俄狄浦斯情结虽然讲的都是皇家显贵的事，却适用于任何处于激情之中的人。"[①] 曹禺笔下的周萍就是一个有着充盈情感的普通人，他也并不是原本就忧郁怯懦的，曹禺在《雷雨·序》中明确地指出："周萍的性格是与蘩漪、鲁大海相近"，"一切都走向极端，归回原始的野蛮的路"，"与之相反的性格，妥协、缓冲、敷衍，便是周朴园"。他无论是对蘩漪还是对四凤的爱都是强烈乃至疯狂的，连周冲也说周萍是一个"很有感情"的人，可见，真实的周萍是一个在看似阴郁的外表下满怀着激情的人物。因而我们在分析他的心理时，可以从人物更深的潜意识层面来发掘。

蘩漪和四凤，是周萍生命中最有关联的人物。这两个女性原本不应该而事实却与他发生纠葛，其实是偶然中蕴含的必然。这首先要追述一下他的身世。周萍是周朴园和婢女侍萍的私生子，侍萍后来被赶出了周家，他自幼便没有亲生母亲的关爱。这段经历在他的心灵深处留下了阴影，并且影响到以后的感情取向。冥冥之中，埋下了一辈子也解不开的情结。在这一点上，郭沫若评价《雷雨》时说："作者于精神病理学、精神分析术等，似乎也有相当的造诣。"[②] 很是精辟。本文在后面分析他与蘩漪、四凤的关系时，还会作具体论述。

二

周萍刚从乡下出来，"带着乡间朴野的气息"，在天津硕大阴冷的周公馆里，他深深地感到孤独寂寞。在乡下缺乏亲情的关爱，来到父亲身边，父亲的威严冷酷却使他满身心地受到压抑，这时候，蘩漪——比他大不了几岁的后母，出现在他相对封闭的世界里。她的"明慧""哀静"固然能打动他，在周萍苦闷寂寞的时候，她能"给以精神的安慰"，"表现出深沉的理解"，而她"更原始的一点野性"，"她的胆量，她的狂热的思想，在她莫名其妙的决断时忽然来的力量"，与他心底里的"极冲动和敏锐"暗合。他当时才是个二十出头血气方刚的年轻人，头脑单纯，或者说还没有"经过教育的提炼"，带着"一种可以炼钢熔铁，火炽的，不成形的原始人生活中所有的那种'蛮'力"。蘩漪追述的"你说你恨你的父亲，你说过，你愿他死，就是犯了灭伦的罪也干"，正是他激情汹涌时的宣言。

周萍当时对蘩漪的爱的确是真挚的，他后来也向周冲坦白"从前爱过一个决不该爱的女人"。他认为在当时的周家，真正了解他的，能给他温情关怀的，只有蘩漪一人。她也不满周朴园的专制，也是孤独寂寞的，也渴望真情。两个寂寞的人之间自然而然地萌发了一段"同是天涯沦落人"的感情。而对于年轻时的周萍而言，蘩漪很大程度上是一个母性角色，成熟温柔，关爱体贴，对他甚至有淡淡的母子怜爱之情。这正是周萍所缺少的并且渴望的，所以他内

① 悲剧与普通人．外国文艺，1986（5）．

② 沫若文集：第11卷．北京：人民文学出版社，1959：113．

心尽管认识到这是不对的，不合适的，是在背叛父亲，还是不愿轻易结束与后母之间暧昧的关系。

然而这种关系毕竟是极危险的。父亲的儿子和父亲的妻子相爱，本身就是荒谬的事，是文明社会所鄙弃的丑恶，必然为世俗所不容。弗洛伊德在 1897 年 5 月 31 日致弗利斯的信中说："乱伦是反社会的，文明的责任就在于逐步抛弃它。"所以当周萍踏入社会，逐渐为文明社会所同化后，他意识到了自己犯下的错误的严重性。这决不再是内心偶尔的自责所能掩盖的了，以前他认为这只是对父亲的背叛，现在则认为是对整个文明世界的背叛。在内心的谴责和道德的重压下，他对蘩漪说他们的关系是"可憎"的，再也不能继续下去了。他不顾蘩漪的苦苦哀求、软缠硬磨，要结束这段"子不子，母不母"的不正常关系。怀着赎罪的心理，他在外胡闹，沉迷酒色，借此躲避蘩漪的纠缠，以求内心的安宁。

周萍抛弃蘩漪的深层原因，简单地讲就是在内心的激情欲望和理智道德的交锋中，后者逐步并最终彻底地战胜了前者。黑格尔说过："最好的悲剧是两种合理力量的搏斗。"激情和理智这一对矛盾，从一开始就存在于他心里，两股力量相互消长，他在其中挣扎着。"在他感情涌动的时候"，"一星星的理智只是一段枯枝卷在漩涡里"，他会不顾一切地"做出自己终身诅咒的事"，当他清醒的时候，又"在悔恨自己过去由直觉造成的错误"。他是"渴望生活的，有情爱，有肉体的人"，但同时他又是"有道德观念的人"。这就是他自身"野蛮"和"文明"两种人性的尖锐冲突，或者说，是他作为一个现代人所必然带有的自然性和社会性的矛盾。

这种进退维谷的心理，蘩漪是没有的，所以她也无法理解周萍的苦恼。对蘩漪来说，周萍就是她唯一的挽救者。在这之前，蘩漪就像一颗彗星，默默无闻地在既定的轨道上走向湮灭。只是当她接近了生命中的太阳，所有潜在的能量被唤醒，才焕发出从未体验过的光亮，才认识到生命之中还可以有这些快乐。所以一旦生命中的太阳要永远地离开，她会千方百计地阻拦，因为她不愿再回到从前那心如死水的冰冷黑暗的地带，何况她也是"回不去了"，周萍就是她活着的全部。

对周萍而言则不然，他还年轻，有自己的理想，也会有出人头地的抱负，蘩漪并不是他唯一和最理想的选择，他不可能一辈子就被困在道德伦理悖论的阴影中。我们不能怪他太过自私，他不是伟人，不是英雄，他只是一个普通人。同样是阿瑟·密勒说过："人物身上的瑕疵或缺点，只不过是在自己想象的合法地位面临挑战的时候，所产生的不愿束手就擒的反应而已。"周萍接近而立之年，随着年龄渐长，年轻时的冲动已被理智慢慢冷却。更重要的是，这时的他已不是原来那个不解世事的刚从乡下出来的周萍了。曹禺在剧中多次提及"教育"一词，通过诸如此类的各种途径，周萍受到文明世界的"感化"，他逐渐不能忍受这种尴尬的局面。而父亲周朴园的回家，又增加了关系被揭穿的危险性，如果事情公开，自己在世人眼中"健全的子弟形象"必定破灭，他何以在社会和这个家中立足？既然决裂终归是不可避免的，周萍终于下了决心，他对蘩漪说："你是我认为最聪明，最能了解的女子，所以我想，你最后会原谅我。"他还认为这样做，对蘩漪也是有好处的，至少从名誉上讲。在他心底里，对蘩漪还保有感情，但是此时的他更明白，要生存在世俗文明社会里，道德行为上的体面更重要。曹禺所刻画的周萍的这段心路历程，大体上合乎普通人的逻辑思维方式和道德取向。也就是说，在这种环境中，换了一般人，大多数选择也是会和周萍一样的。

由此可见，周萍离开蘩漪的原因，并不是钱先生所说的"惧怕他的父亲的缘故"那样简单，周朴园的回家只是催化剂。同样，陆先生将“周萍与四凤的接近和接触”列为主要因素，而将他内心的痛苦挣扎，情感与理智的交锋一笔带过，如果照这种观点，周萍的形象岂不是被简化为喜新厌旧的负心汉，那么这个角色的性格未免太过单薄，而且从剧情发展可以判断，周萍是在决心离开蘩漪，“将自己由冲突的苦海中救出来”以后，才与四凤接近的，因而这种观点也存在很大的漏洞。

晏学文在她的论著《蘩漪与周萍》中指出：“周萍之背叛蘩漪，是封建礼教的叛逆者与一个归顺者之间的不可避免的破裂。”这个观点有一定的道理，《雷雨》的确以它深刻的反封建主题震撼人心。但是曹禺自己也承认，在创作时“并没有明确要通过这个戏去反封建，只是一种情感的流来推动”[①]，而且从文化背景角度出发，仅仅将两人的分歧归结于“封建礼教”的作用，似乎不足以反映作者的真正意图。前妻之子与后母乱伦的故事，从古希腊开始，为西方文学一再袭用，从中可以发现，在人类社会各个时期和不同的文化传统中，这种关系在家庭中的存在和结局往往具有共通性。而这类涉及乱伦现象的戏剧及故事的一再出现和流传，固然有各自具体的原因，但归根结底，在于它满足了作为普通人的读者心底里某些原始需求。而其共同的悲剧结局，恰恰也是因为这种行为在现实中，不能够为不断追求文明进步的人类的那部分高尚的情操所接受。曹禺就抓住了这些人类心理中共性的东西，加以诠释和再创造，这也是《雷雨》一剧至今仍能引起广泛共鸣的艺术魅力之一。

田本相在其研究专著《曹禺剧作论》一书中指出：“不可否认，《雷雨》中有着古希腊命运悲剧的影响。”[②] 从周萍的身上，我们的确可以看出曹禺对诸如《俄狄浦斯王》等古希腊悲剧主旨的继承。但是，他并没有照搬式地在剧中宣扬命运主宰一切的力量，而是将其放入伦理道德体系和社会冲突中来表现，通过凡人的悲剧，而不是那些古代的英雄，最终使观者也意识到这种宿命力量的存在，从而产生悲怆的效果。在《雷雨》中，这种力量很大程度上是透过人物潜在欲望的变相满足来呈现的。可以说，曹禺是以周萍为叙述中心，在 20 世纪 20 年代天津周公馆这个典型的“中国场景”下演绎了西方文学中的“原型”。并且，他将这一题材进一步嫁接，移植到更为复杂的人际关系土壤中。同是一种情意综合的作用，周萍要相续犯下伦理乱伦和血缘乱伦的双重罪孽。与此同时，恋母情结的另一面也有复杂的反映：如果说鲁大海对周朴园的斗争反抗是阶级意义上的“弑父”，那么周萍更多的就是情感意义上的“弑父”。细究一下，曹禺对西方戏剧这一经典题材的阐释，的确达到了前人未曾探寻过的深度和广度。

三

周萍竭力摆脱蘩漪，却摆脱不了内心与后母乱伦的阴影，他体内那种叛逆的原始能量并没有消失，于是他“刻毒地恨自己，更深地觉得这是在反人性”，他要自赎，“要把自己拯救起来”，因而必须尽快把感情转移开，他需要有另一个女子来占据心中的空白，将关于蘩漪的记忆一点点挤出，即完成“情感的移置”。事实上，他抓住了四凤不放手，想用这个干净新鲜的

---

① 曹禺全集：第一卷．石家庄：花山文艺出版社，1997：333.

② 田本相．曹禺剧作论．北京：中国戏剧出版社，1981：146.

灵魂来洗涤自己，却不自知地犯下了更可怕的罪恶。

当然，周萍自己明白“他这次的爱不只是为求自己心灵的药，他还有一个地方是渴”。相对于蘩漪，四凤与他没有多少感情共鸣，她不了解他的过去，也不可能理解和安慰他的内心。然而，这时的周萍就是需要这样一个心地单纯的未经过教育陶冶的女子，蘩漪给他的是压力，而在没什么思想的四凤面前，他才能松一口气，找回做男人的尊严。他在文明世界中闷得太久了，心中燃烧的激情郁积得太久，那股原始的力量迫切需要寻找宣泄的途径。于是他疯狂地追求四凤，在大雨的深夜还像个初恋的少年在她的窗下诉衷肠，做出与平常行为迥然相异的举动。他渴望从四凤那里获得青春和活力。这样的分析，大家都能理解，但是对他的探讨不能就停留在这里。事实上，周萍当时可以有很多选择。社会上的交际花，门当户对的千金小姐……他能遇到的女子实在不少。为什么他偏偏选择了四凤，一个佣人的女儿，一个身份低下的婢女？如果我们深入开掘他内心深处的世界，便能发现他潜意识中隐藏的奥秘。其中的原因，恐怕不仅仅是因为四凤的青春活力，四凤身上肯定有某种特殊的东西吸引着他，使他觉得和她在一起没有压力，有一种久违的亲近和隐约的安全感。所以他对四凤说：“凤，我离不开你。”所以他宁愿带着四凤离开周家，而抛开蘩漪。

也许这也是受潜在欲望支配的。血缘的至亲之间有着微妙的心灵感应，婴儿闭着眼睛也能感受到母亲的位置。侍萍被迫离开周家的时候，周萍已经三岁，三岁大的孩子应该有对于母亲的模模糊糊的印象。而四凤长得酷似母亲当年，连周朴园也对侍萍说“怪不得四凤那样像你”，四凤的模样很可能勾起了周萍记忆深处关于母亲的碎片。说不定，他初见四凤的时候，也有“一定在哪里见过”的似曾相识的感觉，也许隐约地觉得眼前女子是可以信任依赖的。于是他将四凤当作“心中的太阳”，展开了一次其实是自赎的爱情追求。

但是时间久了，周萍察觉出四凤的活力并没能感染他，拯救他，“昔日的记忆如巨大的铁掌抓住了他的心”。事实上，他的自赎以更可怕的罪恶——血亲乱伦注定了失败。不自知的他又想走最后一步棋来拯救自己——离家出走，企图与从前的生活圈决裂。而他的出走，最终引起了蘩漪的疯狂报复，地火终于爆发，掩藏的各种冲突全部暴露出来，悲剧气氛达到了顶峰。

周萍以放弃社会地位和原有的一切为代价，去换取一点点生活下去的自由，最后他已经不再争取什么，不再留恋什么，但是命运并没有因此而放过他。周萍到底未能走出家门，未能从这个“文明世界”突围出去，而结局是他被逼得只能放弃生命，丧失了“人之为人”的最后一点自由。

四

古希腊人知道“神”在安排着一切，而现代人却往往忽视“宇宙之中的这种残酷的力量”，曹禺先生也不知道这种力量究竟是什么，但是他清醒地意识到它的存在和巨大威力。在解释创作意图时，他说：“在《雷雨》里，宇宙正像一口残酷的井，落在里面，怎样呼号也难逃脱这黑暗的坑。”[①] 周萍是无辜者，茫茫然被命运编织进一连串错误中。我们要把他还原成一个普

① 曹禺全集：第一卷．石家庄：花山文艺出版社，1997：9.

通人，有过激情，也有过退缩，品格上没什么过人之处，性格也没有太大的缺陷。他悲剧结局的最可怜之处，就在于他的不自知。他和一般人一样，一直认为可以左右自己的行为，到最后才知道，原来自己一而再受到命运的捉弄。俄狄浦斯是“知其不可而为之”，他的失败是可敬可叹的，而周萍“不知而为”，却是可悲可怜。当他想要自赎时，命运给他安排的是更大的陷阱，其结果是他落入了更大的罪恶，以至于深陷于泥沼中而无法自拔。整个过程中，周萍决不是一味逃避和沉沦，相反，他努力想控制住事情的发展，只是最后证明一切都是徒劳的。这真是宿命的悲剧！

曹禺笔下有不少与周萍的性格表面相似的人物，像《家》中的觉新、《北京人》中的曾文清、《原野》中的焦大星等，当然都多少值得人怜悯。相较之下，周萍的性格不同于他们的懦弱，我们能“哀其不幸”，却不能“恨其不争”。从这个意义上说，周萍的悲剧其实是最能启发人思考的。朱光潜先生在《悲剧心理学》中分析道：“导致悲剧结局的决定性力量往往不是人物性格本身，而是原始形式或变化了的形式的命运。”命运，曹禺或者称之为“宇宙间一种不可知的力量”，表面上好像是难以捉摸的，但是它并非虚无缥缈的东西。它巧妙地隐身于世间，通过你周围的社会和群体，变形为文化、教育、伦理、道德、理性，社会规范等力量，对你施加无形却无与伦比的巨大外界压力，甚至通过人类长期心理积淀遗传下来的集体无意识，对你的内心世界进行控制，迫使你在它面前乖乖就范。

人类随着历史文明的进步，理性的高扬，以为可以不再受任何限制地自己主宰自己，实现自我生命价值。周萍一开始也是这样认为的，他曾经没有顾忌地去追求自己想要的，但是在外界社会严峻的现实面前，他不得不一次次地退让，生命的本能受到社会规范的压制而日益式微，最后走向衰亡。尼采说过，“理性的最大原罪”就在于压制生命本能，生命本能的衰竭导致社会的颓废和人类的退化。看看《雷雨》中作为社会最小组成单元的家庭，看看周萍，我们不得不相信人不知不觉中已经沦为文明社会的人质，成为自我命运的奴隶，人早已丧失了“人之为人”的独立性。文明的悖论就是，理性和文明越发达，人的原始感情和活力越退化。人为使自己生存得更合理所建立起的文明理性，反而成为生命意志自由发展的最大障碍。而这种文明一旦被创造出来，就成为人类难以逾越的规范。从周萍和蘩漪的纠葛中，我们看到的是蓬勃鲜活的感性生命和古板严酷的理性文明的尖锐冲突，理性以胜利者的姿态扼杀了生命的原始本能。在与四凤的关系中，我们看到的是人的主观能力的无助，个人意志在与命运冲突中的无力。曹禺这部悲剧最深刻之处，就在于他揭示出现代人的这种生存悖论。他在周萍这个角色身上寄寓了“人之为人”的深刻无奈，而这种非正常的生活状态又是具有普遍意义的。周萍的悲剧就是一个现实社会中普通人的悲剧。

人类究竟怎样才能摆脱这种生存悖论，找回鲜活自由的自我？曹禺也没有答案，他只能将希望寄托在周冲那段表白上：

在无边的海上，
有一条轻得像海燕似的小帆船……
白色的帆涨得满满的……
像一只鹰的翅膀斜贴在海面上飞，
飞，向着天边飞……
飞到一个真真干净、快乐的地方！

参考文献

尼采．悲剧的诞生．周国平，译．北京：华龄出版社，1996.

陈书正．《雷雨》与希腊悲剧的关系．戏剧研究，1986（5）.

钱谷融．《雷雨》人物谈．上海：上海文艺出版社，1980.

钱理群，温儒敏，吴福辉．中国现代文学三十年．北京：北京大学出版社，1999.

田本相，黄爱华．简明曹禺词典．兰州：甘肃教育出版社，2000.

曹禺全集．石家庄：花山文艺出版社，1997.

向宝云．论曹禺悲剧艺术的文化意蕴．学术月刊，1995（11）.

晏学文．蘩漪与周萍．戏剧论丛，1981（3）.

朱光潜．悲剧心理学．合肥：安徽教育出版社，1997.

【点评】

本文的选点很具体，本来“论《雷雨》中的周萍形象”这样的题目就不大，但作者在这个框架中还只取了其中之一的“心理”，这一选择避免了题目太平实，也使所探讨的问题更加具体。同时，这也有助于在一个很传统很一般的论题中出一点新意，作者的用心大概也在这里。要指出的是，这篇论文的副标题“人物”两个字有点累赘，“周萍”不就是人物吗?

本文首先对当前学界对《雷雨》研究的情况作了一个简单的梳理，这是值得称道的做法，便于读者了解本文研究的前提及不同于前人研究的地方。

全文共四个部分，第一部分讲周萍的故事，不是关于《雷雨》中周萍故事的复述，而是深入周萍的内心以及他在剧中和不同人物的关系，认为他是《雷雨》的灵魂，是全剧悲欢离合的交织点。这样明确地提出问题，有利于论述的展开和深入。不过，作者不泛泛而论，随即回到周萍的性格和情感上来，使所论集中地突出周萍的心理。

本文的第二部分剖析了周萍作为儿子和后母的乱伦之爱造成的内心痛苦。在这里，作者注重《雷雨》中周萍所处社会与伦理道德中的心理矛盾，理智与情感、理想与现实的激烈冲突，对学界诸如周萍离开蘩漪是“惧怕他的父亲的缘故”等提出自己不同的看法，把《雷雨》和西方悲剧相比较，认为周萍是在情感上“弑父”。作者在这里采取的批判角度和比较方法是很适中的。

本文的第三部分继续探讨周萍的心理，他想摆脱蘩漪，想抓住四凤完成自己情感的转移，于是又陷于爱与不爱之中，不能解脱。作者在这一点上的论述显然是对第二部分的深入，在本文的安排上，构成一个新的心理层次，审视了周萍在不能舍弃昔日的记忆中走向悲剧的顶峰。

本文的第四部分把周萍的悲剧和曹禺所写的其他悲剧人物如觉新、曾文清进行比较，同时也把周萍的悲剧放在广阔的社会背景之下，揭示出这一悲剧的社会意义。这是全文最后的一个亮点，使作者对周萍心理的研究有了更深远的意义。

全文的理论性、逻辑性都很强，是可嘉的。

另外要提一笔的是，原文没有摘要和关键词，选入本书时著者作了补写，对有些注释作了调整，但个别注释未能注出页码。

文选 5

文学伦理学视域下的《了不起的盖茨比》*

张 琦（华中师范大学 2009 级）

摘 要：弗·斯科特·菲茨杰拉德是美国历史上享有“桂冠诗人”美誉的小说家，代表作《了不起的盖茨比》一经问世，文学评论家艾略特（T. S. Eliot）即称赞它是“亨利·詹姆斯以来美国小说迈出的第一步”。本文在文学伦理学的视阈下探讨其独特的文学价值，通过分析伦理失序的社会局面和伦理冲突下的困境与选择，全方位解读隐藏在作品背后的深层伦理意蕴；同时，在解读男女主人公弃善从恶与放弃伦理道德的过程中，逐步体现文本中积蓄在“爵士乐时代”下厚重的道德力量。最终，通过诠释作家内心对伦理回归的渴望，还原了文学体现伦理和道德的本质。

关键词：菲茨杰拉德 《了不起的盖茨比》 文学伦理学批评 伦理选择 伦理困境

引 言

弗·斯科特·菲茨杰拉德是美国 20 世纪 20 年代至 30 年代红极一时的小说家，被推崇为“爵士乐时代”的编年史家和桂冠诗人。他的代表作《了不起的盖茨比》刚一问世，著名诗人兼文学评论家艾略特（T. S. Eliot）即称誉它是“亨利·詹姆斯以来美国小说迈出的第一步”①。菲茨杰拉德在《了不起的盖茨比》中通过错落有致的结构和富有象征意味的语言，表现了第一次世界大战后年轻一代美国理想的幻灭，写下了一出感人的美国悲剧。

多年来，大多数中国学者普遍集中于通过《了不起的盖茨比》研究其背后的“美国梦”专题，如《美国梦的演变与破灭——〈了不起的盖茨比〉评析》《理想之梦的破灭——〈了不起的盖茨比〉与“美国梦”》《盖茨比的悲剧与菲茨杰拉德的证明——〈了不起的盖茨比〉主体论》《变质的“美国梦”——谈〈了不起的盖茨比〉中盖茨比的“美国梦”本质》等，与此同时，还有许多学者针对文本内容进行研究。据不完全统计，在 1996—2013 年间，刊登在中国知网上研究《了不起的盖茨比》的论文有 728 篇，研究的焦点除却“美国梦”专题外还主要集中在如下几点：

（1）分析《了不起的盖茨比》中的人物形象，透过详细的分析探究文本的意义。如《论〈了不起的盖茨比〉中的女性形象及意义》《〈了不起的盖茨比〉中的“二元主角”剖析》《美丽的幻想与无情的冷漠——浅析〈了不起的盖茨比〉中的女性形象》等。

---

* 此篇被评为湖北省 2013 年优秀学士论文。收入时略有删减。

① 常耀信．漫话英美文学．天津：南开大学出版社，1986：242.

(2) 探讨《了不起的盖茨比》中的艺术形式与叙事技巧。例如《一部精心雕琢的书中瑰宝——论〈了不起的盖茨比〉的艺术形式和技巧》《论〈了不起的盖茨比〉的空间叙事》《〈了不起的盖茨比〉的叙事策略探析》《论〈了不起的盖茨比〉的色彩象征》《〈了不起的盖茨比〉中天气的象征意义解析》等。

(3) 通过不同的批评方法重新解读《了不起的盖茨比》，赋予文本新的意义。如《菲茨杰拉德〈了不起的盖茨比〉中狂欢化精神的解读》《〈了不起的盖茨比〉新历史主义分析》《〈了不起的盖茨比〉的结构主义解读》等。

很显然，前人对于《了不起的盖茨比》这部小说给予了热切的关注和深入的研究，但依旧有空白点等待来者逐一展开研究。文学伦理学批评是近年来华中师范大学文学院教授聂珍钊老师新提出的批评方法，文学伦理学批评中的“伦理”主要是指社会体系中人与人之间以及人与社会之间所形成的客观伦理关系和秩序。在具体的文学文本中，伦理主要指人与人、人与社会、人与自然相互作用中所形成的被社会普遍认可、接受的伦理规范和伦理秩序。文学伦理学批评认为，文学的任务就是描写这种伦理秩序的变化及变化所引起的道德问题和导致的结果，为人类的文明进步提供经验和教诲。[①] 对于《了不起的盖茨比》中错综交织的情感和善恶混淆的价值观念，运用文学伦理学批评进行分析能够从独特的视角切入文本，体现其文学为伦理道德服务的目的。然而，目前还尚未有人通过文学伦理学批评这一重要理论对《了不起的盖茨比》这一文本进行分析。

从文学伦理学批评的视角分析文本，首先就是要还原文学体现伦理和道德的本质。《了不起的盖茨比》取材于美国历史上享乐主义盛行的“爵士乐时代”，在伦理失序的混乱场面下，人们不再固守自己的伦理身份，而是一味沉溺于寻欢作乐中，为了追寻财富和名利，不再遵循伦理道德中的善恶观念。本文从社会大环境的伦理失序以及伦理冲突下的困境与选择两个方面入手，力图展示文学伦理学视野下的《了不起的盖茨比》。

一、《了不起的盖茨比》中的伦理失序

在文学伦理学视阈下，伦理秩序是人们必须遵守的秩序。社会背景和文化传统影响着伦理秩序的形成，同时，伦理秩序也通过不同时期的社会现象予以表现。在《了不起的盖茨比》中，菲茨杰拉德以20世纪20年代物欲横流的美国社会为背景，描绘了“金钱至上”的物质法则和人们沉溺于纵情享乐所最终呈现的精神迷茫。基于以钱权为基础的社会大背景，伦理秩序不断遭受挑战，主人公的情感与精神出轨也无不反映出时代的混乱无序。

(一) 伦理秩序的颠覆

《了不起的盖茨比》中所反映的伦理秩序，是一个受多种因素影响的过程。在菲氏所处的“爵士乐时代”大背景下，浮华的社会背景和变质的价值观念都影响着当时的伦理秩序。

---

① 聂珍钊．文学伦理学批评及其他．武汉：华中师范大学出版社，2012：8.

1. 浮华的社会背景

菲茨杰拉德创作力最旺盛的时期是20世纪20年代，此时，第一次世界大战刚刚结束，经济大萧条（1929）还没有到来，传统的清教伦理已经瓦解，享乐主义开始大行其道。菲氏以“这是一个奇迹的时代，一个艺术的时代，一个挥金如土的时代，也是一个充满嘲讽的时代”①来形容此时的社会样貌，并将之命名为“爵士乐时代”。一战结束后许多人由于饱受苦难的折磨，完全接受享乐主义的哲学。正如菲氏所言，这是“历史上最昂贵的饮酒作乐的时期”②，“整个民族纵情享乐，追求幸福”③。

与此同时，菲氏也并不是一个旁观的历史学家，他纵情参与了“爵士时代”的酒食征逐，深刻地感受了美国梦幻灭时的社会失序。难能可贵的是，他用严峻的道德标准衡量一切，将“爵士乐时代”的浮华在《了不起的盖茨比》中呈现为多种情感的混乱、善恶的交易、道德的失衡，以“美国梦”从鼓乐喧天到梦碎人亡的悲哀展现其失衡的伦理秩序。

2. 变质的价值观念

在早期的美国文化中，拓荒者是在遵循人类道德准则的基础上而自强不息的，他们对梦的追求过程都蕴含着足够的道德成分，都是在不泯灭良心的前提下进行的。早期的寻梦者多以清教徒为主，他们以节俭自律的生活态度和吃苦耐劳的毅力很快获得了大量的物质财富。同时，他们信仰基督教，过着虔诚、简朴、自律的生活。尽管当时人们的目标仍旧是获得物质方面的成功，但这物质方面的成功有其稳定的道德基础。

然而，20世纪的美国进入了文化发展的转型期。一方面，这是一个人类创造力空前高涨的时代，经济繁荣、科学文化事业突飞猛进，美国的综合国力大大增强，同时带来了人们的各种观念乃至行为方式、思维方式的剧烈而深刻的变革；另一方面，这又是一个相对主义的时代、理性主义衰落的时代，历史与伦理的冲突以前所未有的尖锐形式展现出来，诸如科学技术的进步无情地肢解和扼制人的全面发展，造成了人的隔膜、人的心理负担和人的异化。理性万能、理性至善的思想普遍受到质疑，人们开始了对理性自身的反思，没有一个绝对的普遍适用的价值标准，伦理秩序呈现混乱局面。

美国战后是各种社会问题频发的时期，一个人靠品性、勤劳和节俭出人头地、发财致富显然只是妄想。实际上，往往是狡猾、贪婪、无情、不择手段的人攫取了财富，年轻一代发现这个时代里“一切神祇统统死光，一切仗都已打完，对人的一切信念完全动摇”④。物质上的丰富和精神上的空虚使得年轻一代反对一切传统观念，纵酒饮乐，挥金如土。至此，“金钱”成为人们生活中的价值取向，人们不再凭借诚实勤奋力争成为“上帝的选民”，而是只专注于对财富的狂热追求和不择手段的攫取。美国逐渐变为一个唯利是图、道德沦丧的社会，这也致使整个社会的伦理秩序走向无序与变形。

（二）伦理失序的表现

菲茨杰拉德以20世纪20年代美国的伦理失序社会为大背景，逐一表现了美国社会伦理失

---

① 吴建国．菲茨杰拉德研究．上海：上海译文出版社，2002：44.

②③ 朱虹．美国文学简册．北京：人民文学出版社，1986：212.

④ 朱虹．美国文学简册．北京：人民文学出版社，1986：213.

衡的各个方面。人们之间尔虞我诈的社会关系、欲盖弥彰模糊不明的社会身份、杂乱无序公然出轨的情感意识等诸多方面均可作为小说中伦理失序的印证。

1. 社会身份的模糊

作为《了不起的盖茨比》的核心角色，盖茨比的身份和情感问题从他一出场便引起关注和猜疑。作为“爵士乐时代”的宠儿，盖茨比的金钱令人们充满了好奇与渴求。而盖茨比本人出于发家史的不光彩并没有将其身份完全呈现给好奇的观众，于是，文本中对于其社会身份的猜测和讨论多达九种①。在金钱主导社会话语权的大背景下，人们对他的丰厚财产首先发出的是“恶”的猜测。

盖茨比的身份一开始就被人们怀疑是杀人犯、间谍，但当人们想到他的财富时并不对其不光彩的身份引以为耻，反而深以能参加盖茨比的酒会为傲。金钱在人们分辨“善”与“恶”时发挥了主导作用，对于可能是通过罪恶获得的财产，人们丝毫不介意，反而愿意将其美化为获得他人的认同。

然而，盖茨比一直致力于对自我身份进行“善”的掩饰，当他向尼克介绍自己时，声称自己“曾就读于牛津大学”，是“财产继承者”，做过“石油生意和药材生意”②。其实，他是靠倒卖军火和贩卖私酒发家，是个地道的军火商和私酒贩子。当人们从金钱角度看待盖茨比时，他们更愿意用财产的丰厚替代对于他一切不光彩的猜测，让应有的道德操守置于利益之下，反映出伦理秩序中善恶的错乱倒置。与此同时，盖茨比的金钱掩盖了人们的是非观念，他的多重身份模糊不仅是一个又一个自我辩驳的借口，更是伦理秩序混乱的体现。而他能在罪恶身份的掩藏下发家致富，继而获得社会认同，可见伦理秩序的失衡已成为美国社会面临的共同问题。

2. 情感意识的错乱

在具体的文本中，人物情感的出轨往往会破坏已存在的伦理道德关系，这既是对传统伦理关系的破坏，也是当下伦理无序的一种表象。菲茨杰拉德在塑造盖茨比付出一切痴心追寻爱情梦的同时，也以汤姆·布坎农的婚后乱情反映那个时代人性的放纵、情欲的泛滥，从而有力论证了盖茨比的爱情悲剧，反映出时代伦理秩序的失衡。

汤姆·布坎农在小说中是主人公盖茨比的对立面，两人在性格特征、思想观念和成长经历等诸多方面都形成了鲜明的对比。诚如菲氏所言，汤姆·布坎农“这种人 21 岁就在有限的范围内取得了登峰造极的成就，但从此以后，一切都不免有走下坡路的味道了”③。作为巨额财富的继承者，汤姆·布坎农更加习惯于躺在前人留下的财富上肆意挥霍。婚后的汤姆·布坎农更加显现出淫荡好色、粗蛮无礼的本质，毫不隐藏自己对待婚姻的不忠，不仅可以宣之于口，更是大胆地公之于众。

尼克本是黛西的表哥，而作为黛西丈夫的汤姆·布坎农丝毫不顾及自身已为人夫的伦理身份，居然急切地将自己的情妇介绍给尼克认识，随后三人一同去纽约。由此可见，汤姆·布坎农的情感选择既不符合伦理道德，也没有遵从其伦理身份的要求。同时，他在火车上第一次遇

---

① 九种身份分别是：杀人犯、间谍、士兵、牛津学生、私酒贩子、军火贩子、药材生意者、石油生意者、财产继承者。

② 菲茨杰拉德．了不起的盖茨比．巫宁坤，译．上海：上海译文出版社，2006：73.

③ 菲茨杰拉德．了不起的盖茨比．巫宁坤，译．上海：上海译文出版社，2006：46.

见威尔逊夫人，便大胆地对其进行骚扰和挑逗，二人很快上了同一辆出租车一同离去。威尔逊太太心中翻来覆去想的还有一句话："你又不能永远活着。你又不能永远活着。"① 在战后享乐主义盛行的时期，纵情享乐成了人们生活中的第一要义，对于享乐的追求与沉醉取代了人们先前奉行的伦理观念。夫妻之间既没有爱情也没有责任，也不用再维护大家公认的伦理秩序，而是以偷情或出轨满足生理或心理的需求。可见，菲茨杰拉德也巧妙地借助人物情感意识的错乱反映了伦理秩序的混乱与失衡。

二、伦理困境下的冲突与选择

社会特定的伦理规则是伦理秩序的保证，只要生活在这个社会中，就必然要受到伦理规则的约束，如果破坏了伦理规则就要受到惩罚。同时，人们往往不知如何确定自己的伦理身份，这也使得自身陷入困境与两难之中。面对道德的约束和情感的追求，一变再变的伦理身份迫使人们必须做出相应的伦理选择。在主人公身份诉求的过程中，将面对许多伦理两难的问题，而能否解决好这些问题则关乎主人公命运的走向。

（一）黛西面临的伦理两难

对于黛西的研究，评论家从传统角度认为她是一个表面美丽纯洁、内心冷漠拜金的女人。从女性视角解读黛西，则认为她既是盖茨比"美国梦"的加害者，也是受害者，她的薄情寡义是父权制意识形态压抑下女性的一种生存手段。从文学伦理学的视角来看，随着黛西伦理身份的变化，她深深陷入伦理情感与道德意识的矛盾中，这种矛盾往往将主人公置于伦理困境中。而随着她改变伦理身份、放弃伦理责任和义务，她的行为构成对社会伦理秩序的破坏，因此她最终受到了情感的惩罚。

1. 伦理身份与自我情感的冲突

菲茨杰拉德力图通过多种艺术手法生动地展现人物形象，深化小说主题。小说中的女主人公黛西是一个复杂的女性形象，她出生在一个富有的美国家庭，良好的家庭条件使她从小就养尊处优，爱出风头。她外表热情而内心冷酷，外形淑女而内心恶毒，貌若天仙而内心放荡。评论家理查德·列亨就认为，黛西是一个美丽而浅薄的、只顾自己的、道德空虚的女人②；而里兰·玻森则认为黛西是汤姆所控制的物质世界的牺牲品③。然而，从文学伦理学的角度来看，随着黛西伦理身份的变化，她愈来愈具有双重性格，一面是对年轻时真挚恋情的怀念，一面是对固有的社会地位和财富的迷恋，这让主人公常常陷于情感、道德等多个方面的两难。

黛西的青春开始于一战时期。战争摧毁了人们的理想，所有的信仰也都崩塌，成长于这一时期的青年一代，面临着传统价值体系破灭而新的价值体系尚未建立的问题，因而他们被称为"迷惘的一代"。

在这一时期，黛西作为盖茨比的女朋友对生活观念的混乱感到苦闷，并不是十分喜欢纸

---

① 菲茨杰拉德．了不起的盖茨比．巫宁坤，译．上海：上海译文出版社，2006：31.

②③ 吴建国．菲茨杰拉德研究．上海：上海译文出版社，2002：60.

醉金迷的生活，也曾期望新奇而陌生的精神园地，有过纯洁的梦想和纯真的爱情。例如，一个冬天，她母亲发现她收拾行装，准备到纽约和一个海军军官告别，但家人阻止了她；为了盖茨比她曾和家人闹翻。[①] 在婚礼上，黛西依旧在两种伦理身份中徘徊，"…Take'em downstairs and give'em back to whoever they belong to. Tell'em all Daisy's change…Daisy's change her mind"[②]。此时此刻，她内心充满了对盖茨比的眷恋之情，但黛西还不具备走出情感困惑的勇气。最终她抛弃内心真实情感，违背了对盖茨比的爱情誓言，走进了自己精心设计的虚幻生活，将虚荣心最终投向了物质世界。

与盖茨比的分手宣告黛西梦幻时代的结束，她由一个纯真少女转变为一个冷漠自私而无情无义的人，其伦理身份也变成了汤姆·布坎农的妻子。在这一新的伦理身份中，作为妻子，她应该忠于丈夫，回归自己的婚姻；作为母亲，她应该用炽热的母爱哺育唯一的女儿。然而，婚后的黛西内心是空虚的，物质的富裕并不能填补她的内心空白，寂寞的她选择整天和一些放荡不羁的人混在一起，过着花天酒地的生活。在和尼克一起去参加宴会时，她就激动地对尼克说道："如果你想吻我，可以随时来找我，我乐意为你效劳，只要你给我一个信号就行。"当盖茨比带着巨大的财富出现在黛西面前时，她再次被他的财富打动，但此时的盖茨比只不过是黛西冷漠生活的一种"慰藉"，是弥补丈夫背叛的一种方式。作为"妻子"这一伦理身份的黛西，既没有忠于婚后和丈夫的爱情，也没有洁身自好的道德品质，所以作者在黛西的精神上施加了严厉的惩罚：满足她对于物质生活的一切渴求，却使她依旧孤苦伶仃享受不到真实的快乐。

同时，身为人母的黛西并没有珍视这一重要的伦理身份。当孩子出生时，她给予小生命的并不是真挚的母爱，而是宁愿她是一个小傻瓜。"I'am glad it's a girl. And I hope she'll be a fool-that's the best thing a girl can be in this world, a beautiful little fool."[③] 当和尼克谈起孩子时，她表现出的是漠然，就好像她的女儿不是个真实的生命。透过她无言的失落和轻浮的外表，也可窥见她满是伤痕的内心世界。

由此可见，黛西在背离"妻子"和"母亲"这两种伦理身份时，也在接受精神和道德的惩罚。人类社会从最初之时就有着各式各样的身份关系，其中象征道德和种族差异的身份角色对人类活动来说尤为重要。人的身份一旦与伦理环境结合起来就成了我们所说的伦理身份，它不仅仅是一个象征或者一个标志，它还承载着当时所规定的责任、义务和束缚。黛西在违背内心情感后成为汤姆·布坎农的妻子，但同时又不忠于自己的婚姻，言语轻佻，情感放荡，违背了当时本来就松散的伦理道德秩序，于是逐渐在金钱物欲中迷失了自己；而作为母亲，她的失职失责和漠不关心也让她在生活中愈加苦闷，没有第二种开解的途径。巧遇盖茨比之后，作为"妻子"的黛西如何面对昔日"情人"，如何在情感和道德中抉择，这使黛西陷入两难之中。

2. 伦理选择与道德意识的犯罪

黛西在以"妻子"这一身份与盖茨比相遇后，已然不是留恋纯真爱情的姑娘。此时，作为丈夫汤姆的附庸与翻版，她已成了一个自私自利、冷酷无情、虚伪浮华的女人。黛西再次考虑重回盖茨比的怀抱，并不是伦理情感上还对他有所依恋，而是被盖茨比手中的巨额财富吸引。

---

① 菲茨杰拉德．了不起的盖茨比．巫宁坤，译．上海：上海译文出版社，2002：89.

② David. The Great Gatsby-The Review Of Studies. England：Oxford University，1996：99.

③ David. The Great Gatsby-The Review Of Studies. England：Oxford University，1996：102.

尤其是当她在盖茨比的豪宅参观时，“突然间，黛西迸发出一阵啜泣，她把头埋进衬衫堆里，嚎啕大哭起来……”①

这一举动显而易见地表明了她金钱至上的价值观，黛西对于情感的抉择已经完全物质化。因此，她的所作所为都是从她自己的利益和感受出发，爱情在她眼里也只不过是实现她自身利益的工具而已。

但当黛西了解到盖茨比的财富来源时，她毫不犹豫地选择了汤姆，因为汤姆有着更加牢固的社会地位和更加合法化的财富来源。这时，她意外开车撞死了汤姆的情人，而且连车子都没停。盖茨比担心她受到汤姆的伤害，一直藏在灌木丛中希望保护她，替她承担所有责任。可是屋里的黛西却和汤姆一边吃着凉炸鸡一边策划着一场阴谋，最后黛西接受了丈夫汤姆的劝告，听任其将车祸的责任转嫁栽赃到盖茨比的头上。

此时的黛西陷入了伦理道德的困境中：作为一个独立的女人，她本应该遵从自己的情感，但是却陷进了金钱的漩涡；作为一个合格的妻子，她本该忠于婚姻、呵护幼子，但她却自私冷漠、轻佻放荡；作为一个社会的公民，她应该遵守道德的秩序，在善与恶之间做出正确的抉择，但她却害怕背负责任选择逃避。黛西由于价值观取向的错误常常于伦理困境中徘徊，而最终弃善从恶违背伦理的选择也让她虽然逃过了社会的审判却未曾躲开自我心灵的道德的审判。在小说的结尾处，她继续陷入永无休止的迷茫中，带着对丈夫一刻不离的痴缠空洞地活在虚无的躯壳里。

（二）盖茨比的伦理选择

从对盖茨比的研究中可以发现，他早期追寻发家致富的道路与本杰明·富兰克林、托马斯·爱迪生等为美国梦奋斗的先辈们十分相似，也遵守着清教对人们美德的要求。在基督教伦理中，人具有双重属性：一方面，上帝承认人的自然欲求，容忍罪的存在；另一方面，上帝的救赎观又让人放弃尘世，追求高一层的世界。于是，人在现实中的追求往往苦难重重又自相矛盾，迫使人们在伦理困境中做出选择。

1. 金钱与道德的交易

在盖茨比早年追求成功的道路上，他一直坚信能够通过节俭自律的生活态度和吃苦耐劳的毅力获得大量的物质财富。他曾在《牛仔卡西迪》的空白处写下“不再吸烟或嚼烟”“学习有用的新发明”等个人决心，然而，盖茨比对梦的追寻过程则不同，他选择通过犯罪活动而迅速积累大量财富。准确地说，他追求财富的过程也伴随着良心的泯灭和道德的缺失。在盖茨比的奋斗过程中，有两个人对他的成功起到关键作用。其一是丹·科迪，他是“一个头发花白、服饰花哨的老头子，一张冷酷无情、内心空虚的脸，典型的沉湎酒色的拓荒者——这些人在美国生活的某一阶段，把边疆妓院、酒馆的粗野带回了东部滨海地区”②；而另一位则是沃尔夫山姆，“他（盖茨比）和这位沃尔夫山姆在本地和芝加哥买下了许多沿街的药房，在那里卖私酒”③。可见，盖茨比看似一帆风顺的成功之路暗藏了黑社会的许多凶险，他的奋斗环境也使

① 菲茨杰拉德．了不起的盖茨比．巫宁坤，译．上海：上海译文出版社，2002：89.

② 菲茨杰拉德．了不起的盖茨比．巫宁坤，译．上海：上海译文出版社，2002：57.

③ 菲茨杰拉德．了不起的盖茨比．巫宁坤，译．上海：上海译文出版社，2002：61.

得他丢失了原有的道德原则。“在通向财富的路上，他把自己出卖给了勒索敲诈的大头目沃尔夫山姆，成了黑道上的人。”①

虽然菲茨杰拉德在小说中没有正面描写他的犯罪发家史，但从他富可敌国的财富可以想象资本的积累必然带有无辜鲜血和深重罪孽。同时，为了遮掩自己的罪恶，伪装成少年时意气风发的盖茨比，他向尼克多次撒谎，毫无诚信可言，力图掩饰自己的身份，害怕罪恶遭到曝光。这也说明，在他放弃道德、违背善恶追逐财富的过程中，他也在金钱的毒害下道德空白化。

盖茨比的一系列选择违背了伦理道德，在善与恶的选择中，他竭尽全力地往上层社会攀缘。这虽然是为了完成自己纯洁的“爱情梦”，但是却在过程中一次次违背了伦理中的善恶，用带血的罪恶完成了金钱的积累，用虚无的浮华遮盖了潜藏的黑暗。在一次又一次错误的伦理选择之后，他也没有逃脱社会和命运的惩罚——爱情梦碎、罪恶公布、死于误杀。违背伦理道德终将逃不过惩罚，双重打击也让盖茨比在“爵士乐时代”充当了一个虚无的过客，快速地消散了生命的意义。

2. 物质与爱情的错位

盖茨比选择罪恶致富的主要原因，是倍感自己的身份低下、贫穷生活无法与心目中高贵的姑娘黛西匹配，他也一直认为只要拥有财富和地位就能重新赢回黛西的芳心。在他的伦理观念里，爱情和物质是对等的，并且可以相互置换，所以当他见到已为人妻的黛西时，他极为激动热切，当尼克提醒他也许一切都不能回到过去时，他激动地表示为什么不可以，认为他现在的财富地位完全可以换来与黛西重新来过的机会。将情感与物质等同的盖茨比并没有意识到，随着他们伦理身份的改变，他们并不能放弃自己的伦理责任而贪图情感上的愉悦。

因此，一味想用金钱买回旧爱的盖茨比并不以当下的伦理现实为依据，他的伦理选择自始至终就因为本身的主观性而十分不可靠，因而他一次又一次陷入迷惘，进入更深的伦理困境。

同样，在亲情的伦理选择中，盖茨比基本上丧失了做人的基本道德准则。由于他的父母是出身低微的农民，“他心里从来没有承认过他们是自己的父母”。为了挤进上流社会，他看不起父母给他起的名字，将它改为富有上层阶级意味的名字——杰伊·盖茨比，认为自己是上帝的儿子。这一系列行为充分表明了在名利的驱使下，他任由虚荣心作祟，企图摆脱自己卑微的出身而戴上上流社会的面具。“我出身于中西部一个有钱人家庭，家里人都去世了。我在美国长大，却在牛津受的教育，这是家族传统。”② 为了顾及他的面子，也为了保护自己作为上流社会一分子的尊严，他抛弃了自己的伦理身份，选择了隐藏和父母这一重伦理关系，也没有尽到儿子对于父母赡养孝顺的伦理责任，最终在清风苦雨中带着迷惑和虚妄接受了命运最后的惩罚。

金钱与道德，物质与情感，盖茨比以旧梦代替现实，用恶的积累为善的梦想铺路，通过放弃伦理身份选择功名利禄完成贵族身份的转化，却最终因为自己错误的伦理选择走上了不归路，用爱情的梦碎和人生的凄凉承受命运公允的判决。

结　语

在《了不起的盖茨比中》，菲茨杰拉德并不是仅仅通过纸醉金迷的社会浮华呈现“爵士乐

① 张礼龙．美国梦的演变与破灭——《了不起的盖茨比》译析．外国文学研究，1998（2）.

② 菲茨杰拉德．了不起的盖茨比．巫宁坤，译．上海：上海译文出版社，2006：66.

时代”的鼓乐喧天，也不在于解决具体的道德问题。菲氏的重点在于探讨触犯伦理时所面临的伦理问题以及道德考验，进一步展示“爵士乐时代”伦理失序的混乱局面，从伦理道德的角度揭示了“美国梦”终将破碎的深层原因。

菲茨杰拉德着力描写黛西和盖茨比面临的伦理两难，二人相继在金钱至上的社会观念下弃善从恶，为了财富和地位放弃伦理道德观念，最终以悲剧收尾。这也进一步突出社会的伦理规则是伦理秩序的保障，一个人只要生活在这个社会里，就必然要受到伦理规则的制约，任何破坏伦理规则的行为都会受到惩罚。黛西和盖茨比对于欲望的追求违背了善恶观念，脱离了理性的控制，严重违背了固有的伦理秩序，因此不得不忍受严厉的惩罚。

难能可贵的是，生活在“爵士乐时代”的菲茨杰拉德在《了不起的盖茨比》中流露出他对伦理秩序以及人的伦理两难与选择的关注，让我们看到菲氏在伦理失序中的痛苦与挣扎，理解作家内心对伦理回归的渴望，也让这部作品获得了一种厚重的道德力量。因此，我们只有从伦理层面全方位地解读《了不起的盖茨比》，才能发觉隐藏在它背后的深层伦理意蕴，也才能进一步理解作为“爵士乐时代”乐手的菲茨杰拉德，不是仅以记录美国上流社会奢靡享乐的生活为写作意图，而是在作品中真切还原了文学为伦理道德服务的目的。

参考文献

菲茨杰拉德．了不起的盖茨比．巫宁坤，译．上海：上海译文出版社，2006.

聂珍钊．文学伦理学批评及其他．武汉：华中师范大学出版社，2012.

吴建国．菲茨杰拉德研究．上海：上海译文出版社，2002.

布鲁克利．《了不起的盖茨比》新论．北京：北京大学出版社，2007.

常耀信．漫话英美文学．天津：南开大学出版社，1986.

史志康．美国文学背景概论．上海：上海外语教育出版社，1998.

Fitzgerald. The Great Gatsby. 青岛：青岛出版社，2003.

张礼龙．美国梦的演变与破灭——《了不起的盖茨比》译析．外国文学研究，1998（2）.

王慧丽．对《了不起的盖茨比》之悲剧性的思考．中北大学学报（人文社会科学版），2008（2）.

范登伟．美国梦的破灭——论《了不起的盖茨比》中的物质主义和理想主义．成都教育学院学报，2006（2）.

张勤．从《了不起的盖茨比》中的女性形象透视“爵士乐时代”女性价值观．浙江师范大学学报（社会科学版），2003（2）.

【点评】

多年来，大多数中国学者对《了不起的盖茨比》有热切的关注和深入的研究，本文作者在此基础上发现了研究的空白点，遂运用文学伦理学批评理论，对这一文本进行分析解读，使论文具有了独特的视点和理论支撑。

本文首先对当前学界对《了不起的盖茨比》研究的情况作了一个简单的梳理，这除了反映作者的学术视野，以及对研究对象之研究现状的了解之外，也便于读者了解本文研究的前提和作者不同于前人研究的地方，是值得称道的做法。

全文分两个部分，分别从社会大环境的伦理失序、伦理冲突下的困境与选择两个方面入手，通过对文本的细致分析，力图展示文学伦理学视野下的《了不起的盖茨比》。

第一部分剖析作品中的伦理失序，展示“爵士乐时代”伦理失序的混乱局面，指出浮华的社会背景和变质的价值观念影响甚至颠覆了以往的伦理秩序。作者对文本的分析紧扣20世纪的美国社会大背景，在比较之中凸显美国社会伦理的失序和崩塌。如人们之间尔虞我诈的社会关系、金钱掩盖了人们的是非观念，人性的放纵，情欲的泛滥等，均作为小说中伦理失序的印证，表现了伦理失衡的各个方面。剖析较为透彻。

第二部分论述伦理困境下的冲突与选择。对黛西面临的伦理两难和盖茨比的伦理选择作了细读和挖掘，尤其对黛西伦理身份与自我情感的冲突，伦理选择与道德意识的犯罪，作出了细致而独到的解读，从伦理道德的角度揭示了“美国梦”终将破碎的深层原因。

基于文学伦理学批评的视角，论文品读出生活在“爵士乐时代”的作者对伦理秩序以及人的伦理两难与选择的关注，进而体会到作者在伦理失序中的痛苦与挣扎，以及对伦理回归的渴望。论文认为菲茨杰拉德描写美国社会伦理秩序的变化及其变化所引起的道德问题和导致的结果，让作品获得了一种厚重的道德力量，实现了文学为伦理道德服务的目的。当然，这也说明了该论文对作品挖掘的价值。

亲情作为伦理的重要元素，本文也有涉及，但可惜未能对其错位作深入的论述分析。

外　编

论文的指导

第九章

论文的指导、评阅与答辩

第一节 论文的指导

学科论文写作不比一般的文学写作或应用写作，论文写作需要在专门的学科内，运用科学的方法进行创造性的劳动。不论是小论文的写作、学年论文的写作，还是毕业论文的写作，都需要教师的指导，只不过毕业论文的指导在组织程序上有更明确的要求。

中文学科的学生在四年级上学期结束了专业实习后，就进入了毕业论文写作阶段。院系公开选题指南供学生参考，学生根据自己学习的实际情况确定毕业论文的研究方向和范围，由班级收集汇总上报院系，院系将学生上报的结果按专业归并，将指导论文的任务分派到各教研室，再由教研室将指导任务具体分解到各位老师，每位指导教师指导的学生人数不能超过8人。毕业论文的指导教师必须由讲师或相当于讲师以上职称的、有教学和科研经验的老师担任，教研室在分配任务时尽可能使学生的选题方向与老师的业务专长相一致。指导教师确定后，不得随意更换，在随后的几个月的时间里，指导教师要指导学生直至论文答辩。

一、论文指导的职责和任务

（一）指导学生选题并进行科学研究方法的指导

一般来说，学生会根据院系提供的选题指南初选一个选题。院系提供的毕业论文（设计）

参考选题，是由各教研室（学科）编选的，有较强的学术性和社会应用价值，因此要确定选题，需要各学科指导教师悉心指导。有些学生面对选题指南会感到选择的困难，因为没有哪一个选题是自己感兴趣的或者说是有积累的，只能随便选一个。另外，参考选题大多是一个范围，学生不能直接拿来作为研究课题，而需要自己寻找具体角度。通常会遇到这种情况：学生的选题还是过大，往往只有一个笼统的范围，或有一个具体的对象，但却没有一个研究的角度。如有学生对辛弃疾的词感兴趣，并注意到辛弃疾词的两面，即爱国词表现出来的豪迈奔放、悲壮激昂和乡村田园及爱情词表现出来的婉约。学生对这二者的认识虽不是新见，但论文仍可做。指导教师建议学生把握好辛词的基本精神，以辛词"亦刚亦柔，刚柔并济"的艺术风格为角度，研究其风格的二重性。

其实，毕业论文（设计）的选题完全可以结合学生自己的课程论文、学年论文、大学生科研立项进行，指导老师应鼓励学生积极钻研，独立思考，在以前的基础上确定毕业论文的选题。如在大三上过"新时期女作家研究专题"的选修课，做过有关课程论文，那么，在此基础上深入或扩展，是完全可以的。如课程论文是分析陈染的小说《无处告别》，对这个有着自觉的女性意识的作家感兴趣，那么毕业论文完全可以在原来的基础上深入和扩展。指导教师启发学生跳出一部作品，把握整个人，把握作家的一系列作品，并深入追寻陈染女性意识的影响由来，将她放在与传统文学和主流文学的对比之中，从而认识陈染的独特之处。结果毕业论文的选题就拟定为《无处告别的悲凉——评陈染小说女性的悲剧性》。这就是在以前的基础上确定的毕业论文选题。我们看到，指导教师在指导学生选题的同时还作了科学研究方法的指导。除此之外，学生也可以自拟课题，指导老师要提醒学生根据自己的实际选择适合自己的选题。

另外，选题本身的难度和分量要适当，是学生在规定的期限内并经努力能实现的研究目标。难度太大的选题学生在半年内无法完成。如工程大时间不够，材料缺乏条件不够，问题多功力不够等。指导教师应帮助学生分析这些情况，避免因难度太大而中途改换选题，造成更加困难的局面。

学生撰写学年论文或毕业论文的主要目的，是运用已有知识，独立进行科学研究活动，用科学研究的方法独立解决一个专门的问题。因此，老师指导任务的重点之一是对学生进行科学研究方法、论文写作方法的指导，而不是把有关某个问题的全部材料、知识和论点全盘交给学生，更不是像有人说的"老师装药，学生放炮"。老师要给学生锻炼的机会，培养他们自己进行科学研究的能力。

（二）介绍主要参考资料和文献，指导学生收集与课题有关的资料

前面提到，院系提供的毕业论文（设计）参考选题，是由各教研室（学科）编选的。这些参考选题与各学科老师的学术研究紧密相连，是老师们学术视野中关注的，有关学科的基本的、前沿的、历史的、现实的研究课题。指导教师可向学生介绍本学科的主要参考资料和文献，并告诉他们利用文献资料的具体途径和方法。

学生已学过一些基础课，对某一学科的某一研究领域有一定的了解，有一定的知识储备。教师应指导学生在原有的基础上，针对选题特定的范围的需要，再加宽加深，再读一点有关的书和论文。至于某一选题可以从哪些方面去找材料，哪些材料是重要的、必读的，该如何发现问题，该从哪些线索入手找到突破口，该针对哪些焦点去深入钻研思考等等，王世德先生建

议："不必一开始就和盘托出，最好的做法就是先让学生自己试着找材料，区分重要和不重要的材料，寻找突破口，进行分析与研究，要求学生经常向老师汇报自己的每一步做法，存在的困难和疑问，然后教师针对学生存在的问题给予具体指导，特别是在治学作风和研究方法上给予指导，及时指出学生没有发现的不正确之处，不周到不细密之处，工作中存在的薄弱环节，以及如何克服缺点的正确途径。"王世德先生认为："不经过学生自己的反复实践，轻易地告诉，给他的印象往往是肤浅的，他不一定有切实的领会，有牢固的掌握。"而不和盘托出的做法对学生会有切实的功效。不仅能帮助学生认识到不足之处，帮助他们掌握克服和改正的方法，更重要的是能使学生牢固地深刻地体会和掌握。①

尽量收集与课题有关的资料，在这一点上提倡贪多求全精神，尽量多收集材料，以便写作论文时有挑选的余地。在收集材料的基础上，要求学生提出和解决一个本专业中的问题。

（三）审核学生的论文开题报告

对于开题报告的准备，学生往往做得过于简略，或过于杂乱，指导教师应严格要求，指导学生按开题报告表上的栏目要求准备，明确选题依据及研究意义，掌握选题的研究现状，理清研究的主要内容和思路，交代研究的创新点及重、难点，做好研究进程安排，列出主要参考文献。特别是研究的主要内容和思路，要尽量做得详细些、完整些。这是一个需要指导教师予以重视的环节，开题的工作做得好，后面的论文写作就可能顺利。指导教师应对学生的开题报告仔细审阅，提出具体指导意见和修改意见，经学生反复修改直至满意方可。

毕业论文指导教师小组是由教研室指定安排的，这个指导教师小组通常就是后来的答辩小组。一个教研室可能分几个指导教师小组，每个小组由 3～5 人组成。原则上，指导教师小组在第七学期末召集开题报告会，听取学生的开题报告，对学生的选题和思路进行全面论证，对资料的收集提供新的文献和信息等。开题报告会要特别重视学生开题报告中整体构架的确定，以免论文撰写中对整体构架推倒重来。开题报告会也可能因选题依据不足或研究意义不大而推翻学生的选题，只得令其参考指导老师们的建议重新选题。重新选题后须再经开题报告会论证通过。

开题报告表由学生在指导教师小组集中开题指导并修改后填写。然后指导教师和指导教师小组应在开题报告表相应栏目里填写确认性意见。开题报告表最后由院（系）盖章备案保存。需要强调的是，学生一般应按照开题报告撰写毕业论文，不得作实质性改变。

（四）定期检查学生的论文进度，指导答疑并提出修改意见

在学生作毕业论文期间，教师与学生要保持一定的联系。要求指导教师对论文开题报告、提纲、初稿、定稿的指导要到位，指导教师应定期与学生见面答疑，审阅学生论文初稿、修改稿，提出修改意见，指导要富有启发性，注重学术规范的要求。教务部门将对这些进行评估考核。

---

① 王世德．怎样写毕业论文和学年论文//王力，朱光潜，等．怎样写学术论文．北京：北京大学出版社，1982：15-16.

开题报告后，学生进一步收集资料撰写初稿，指导教师需定期与学生联系，检查学生的论文进度，指导答疑。或面谈，或打电话，或用E-mail等，利用多种途径对学生进行富有启发性的有效指导。学生写出初稿后交指导教师，指导教师应作出及时反馈。学生论文初稿的质量如何关系重大，底子较差的论文往往靠修改来提高其质量，这给教师提出了更艰巨的任务，教师得仔细阅读初稿，提出针对性强、可操作的修改意见。

学生在老师的指导下对初稿进行认真修改后，写出第二稿。指导教师进一步提出修改意见。一般来说，一篇毕业论文至少要经过老师的两次审阅并提出修改意见，学生一改再改并经导师三阅认可后方能定稿。

除以上四个方面外，指导教师还应对学生的毕业论文提出恰当的评审意见，并指导学生参加论文答辩。

二、在论文指导的环节中对学生的要求

学生应重视毕业论文（设计）环节，明确其目的、意义和要求，严格按照学校毕业论文（设计）的有关规定执行，虚心接受指导教师的指导，独立按时、保质保量地完成毕业论文（设计）。

在谈具体要求之前，需要特别提出的是学风问题。本科生写论文，搞研究，首先要树立良好的学风。每个学子要自律，自觉遵守学术道德和学术规范，努力做到：治学的态度要认真，对资料的占有要充分，论证要实事求是，行文要扎实、严谨，尊重他人的研究成果。

具体要求如下：

（一）认真选题，拟定研究计划

选题是论文写作的第一步，不可以随便选一个了事，需要认真对待。学生的选题应有利于自己综合运用所学知识，有利于培养自己的创新能力，并使自己受到必需的专业技能的训练。学生的选题应尽可能与学科发展的前沿和社会实际相结合。

按照学校规定的时间，学生在第七学期进入毕业论文（设计）环节，开始选题，第八学期专门安排毕业论文的撰写，时间不少于六周。整个工作要求在第八学期的5月底完成。这个环节包括选题、开题报告、资料准备、调查研究、论文撰写、答辩等六个程序。学生应根据这个程序，严格按院系的具体时间要求拟定研究计划。

（二）准备开题报告并填写开题报告表

学生必须在开题报告会上通过开题才能进行论文写作。在开题报告会之前，学生应进行选题论证，写出开题报告，认真准备书面的报告材料，即开题报告。这一步非常重要，不可马虎敷衍。因为这是考察自己对选题的认识是否清楚，对材料的准备是否充分，对问题的思考是否透彻，对方法的掌握是否到位，是一个涉及方方面面的自我检测。而且准备得越充分，就可能得到指导教师及指导教师小组老师们更具有针对性的指导。开题报告会后，学生应充分吸收指

导教师小组老师们的意见，修改开题报告并填写开题报告表。

开题报告必须得到指导老师同意并在教研室开题通过后才能开始做论文或设计工作。而开题报告一经审定便不得作实质性的改变了。

（三）按计划开展资料收集、调查采集等工作，在实践中努力提高解决实际问题的能力

为毕业论文而收集资料，是一项烦琐而辛苦的工作，如果学生在此之前没有一点点积累的话，这个工作就更为繁重。但不管怎样，尽可能地收集资料是写论文的必经之途。注意边收集，边思考。注意对资料的来源、出处做好记录。不可完全依赖互联网，只在网上找材料。网上的资料如出自纸质文献，引用最好以原始的纸质文献为本。

如果选题需要论文作者搞社会调查，其工作量是比较大的。但得到的锻炼也就更大。学生应充分利用实践的机会，提高自己解决实际问题的能力。论文作者也可考虑与人合作搞调查，因为这些调查采集需要在计划的时间内完成。

（四）论文（设计）要有一定的创新性，论文的撰写要符合学术规范

论文（设计）要有一定的创新性，这是毕业论文写作的基本要求，学生应努力达到。不要认为年轻没有经验就不敢创新、不能创新，历史上年轻人出成果，出重大成果的事例有很多。年轻人思想敏锐活跃，只要自己勤思考，去发现问题，并以正确的研究方法深入地钻研一个问题，哪怕书读得不是很多，也完全可能写出好论文。由此，学生要有勇气对前人的观点以“问题意识”研读，以发现补充之处、发挥之处、纠正之处、批驳之处。找到了可以着手之处，自然就会形成自己的观点。

论文的内容应是言之有理，持之有据，内容充实，材料可靠。论文撰写应符合本专业的学术规范，严格按毕业论文（设计）的规范要求来做。

（五）锻炼独立工作能力，不得弄虚作假，不得抄袭他人的论著或剽窃他人成果

大学本科生写作毕业论文，是毕业前的综合考察，也是锻炼自己独立工作的能力，千万不能弄虚作假，不能抄袭他人的论著或剽窃他人成果。

独立完成一篇毕业论文的写作，对于大学本科生是一次全面的锻炼，绝大多数学生在经历了这一次学术锻炼之后，感到收获很大，甚至觉得大大超过了自己四年学习的总和。仅就论文写作而言，在反复修改之后，最后的定稿让自己都觉得惊讶，原来自己可以写出像样的论文！而在经历了开题报告会和论文答辩会后，学生更是如经历了一次学术洗礼。总之，真正独立完成毕业论文写作的学生，在方方面面都有所提高。

也有少数学生视毕业论文写作为畏途，或本身学风不良，在毕业论文写作的过程中，抄袭他人的论著或剽窃他人成果。这样的学生就算在开题报告会上侥幸蒙混过关，在论文答辩会上也难免尴尬难看。而抄袭一旦查实，其后果是相当严重的。

因此，我们要注意培养严谨的科学态度、追求真理的执着精神和高尚的学术道德。在对待

他人成果上要特别认真，不要含糊处之，不要随便"挪用"甚至是"侵吞"，应遵守学术道德。

（六）严格遵守学习纪律和院系的规章制度

许多学校明确要求，学生要严格遵守学习纪律和院系的规章制度。如有的学校规定：毕业论文（设计）期间，学生未按时间进度要求完成各项任务，并无故缺席指导教师答疑者，按旷课处理；缺席时间累计达四分之一以上者，不得参加答辩，其成绩按不及格处理。这意味着毕业论文最后未能完成。

第二节 论文的评阅

毕业论文（设计）完成后，首先由指导老师结合开题报告进行详细审阅，填写《毕业论文（设计）成绩评定表》中的"指导教师评审意见"，写出书面评审意见（评语）并给出论文建议成绩。

一、论文评阅的要素及指导性评分标准

一些学校的教务部门为了统一标准，加强管理，在本科生毕业论文（设计）工作条例中，特制作论文评阅的要素及指导性评分标准，使论文的学术评价有一定的标准可循。评分标准有的分为优秀、中等、不及格三个等级，有的分为优秀、良好、中等、及格、不及格五个等级。下面介绍"华中师范大学本科生毕业论文（设计）指导性评分标准（文科）"（见表 9－1），供学生和老师们参考。

表 9－1　华中师范大学本科生毕业论文（设计）指导性评分标准（文科）*

等级 要素	优秀	中等	不及格	评定等次[①]
选题与开题设计	选题思想明确，选题新颖，具有理论意义或现实意义或实用价值；开题设计思路清晰	选题尚可，有基本的开题设计思路	选题不当，不适合作毕业论文（设计）	

续前表

等级 要素	优秀	中等	不及格	评定 等次①
文献查阅	熟悉文献查阅方法，了解所做题目的国内外研究动态，全部阅读完教师指定的核心文献	基本熟悉文献查阅方法，对所作题目的国内外研究动态了解不够，阅读完大部分教师指定的核心文献	基本不熟悉文献查阅方法，对所作题目的国内外研究动态基本缺乏了解，教师指定的核心文献大部分未阅读	
实际调查	调查目的明确，方案切实可行，对象选择合理，方法科学，过程记录完整，结果清楚	调查目的基本明确，有初步实施方案，对象选择基本合理，方法可行，有过程记录，结果较清楚	调查目的不明确，选样及实施过程简单，方法不当，基本上无过程记录，结果不能说明问题	
论证能力	能综合运用所学专业知识和相关学科知识分析问题，主题突出，概念准确，论证严密。有一定的理论深度。相关文献资料引用准确、恰当	基本上能综合运用所学专业知识及相关学科知识分析问题，主题较突出，概念较准确，论证较严密。相关文献资料引用基本适当	偏离主题，概念模糊，论述紊乱，文献资料引用不当或基本上没有引用文献资料	
创新能力	理论上有独特见解或有一定的学术创新	有一定的新意	没有新意	
综合质量	论文研究方法科学，整体思路清晰，结构完整，层次分明，语言表达流畅，结论明确	论文研究方法可行，整体思路较清晰，结构、层次基本合理，语言表达通顺，结论基本明	整体思路不清，结构不完整，语言表达不清；没有中英文摘要和关键词，参考文献引用、标	
综合质量	中英文摘要、关键词准确，参考文献引用、标注正确；定稿按统一规范打印和装订	确；中英文摘要、关键词较符合正文内容，参考文献引用、标注基本合乎要求；定稿基本上按统一规范打印和装订	注完全不合规范；定稿未按统一规范打印和装订	
答辩情况	按时参加答辩，在规定的时间内简明扼要地阐明论文的主要内容，回答问题准确，口头表达清楚	基本上能按时参加答辩，在规定的时间内基本能简要地说明论文的主要内容，回答问题较准确，口头表达基本清楚	没有按时参加答辩，在规定的时间内未能说明论文的主要内容，回答问题不准确，口头表达不清	
学习态度	态度认真，作风严谨，按时完成任务	态度较认真，能按时完成任务	态度不认真，不能按时完成任务	
总评				

* 华中师范大学教务处．华中师范大学教学管理规章制度汇编．2005-10．

①毕业论文（设计）成绩实行优秀、良好、中等、及格、不及格五级评定制，此表中只列出优秀、中等、不及格三个等级标准，介于优秀与中等、中等与不及格之间的为良好、及格。

二、对毕业论文（设计）的评定

毕业论文（设计）成绩评定，应以学生的学风、开题报告、论文质量和答辩水平为依据，既看学生基本理论、基本技能掌握情况，又要看学生的创造能力、分析和解决实际问题的能力，并重视学生答辩时的表达能力和其他相关情况。

（一）对毕业论文（设计）的学术评语

指导教师可以参考论文的评分标准，侧重就四个方面即选题的意义、写作难度及其创新点、内容的质量评价、形式的规范性评价作出学术评价，并指出论文存在的问题等。

如王洪涌老师对魏君丽同学的论文《〈说文解字〉“米”部字的文化剖析》的学术评语：

从汉字文化学的角度对汉字进行分析，挖掘其中的文化意义，是文化语言学研究的重要内容。论文通过对《说文解字》中“米”部字的全面分析，探讨了上古先民们关于谷物种植、加工、分类、食用等情况。由于文章涉及古文字知识、上古的生产生活等历史文化知识，因而资料的查找和文献的理解有一定困难。不过作者在认真理解和分析的基础上，将《说文》中“米”部字所记载的有关粮食生产、加工、食用等情况，分别进行归类整理，分析了当时的生产和农业饮食文化。论文层次清楚，结构完整，分析全面、细致，基本合乎规范。不足之处是文章还可结合古文字形体、结合同词源、结合相关部首（如“禾”部），论述得更全面更透彻一些。总的说来，论文达到了本科毕业论文水平。

指导教师首先对论文的选题作了肯定，指出了论文写作的难度及意义，对论文内容的综合质量作出了学术评价，并指出论文存在的一些不足。

（二）对毕业论文（设计）的评分

指导教师对论文的评分是有参照标准的，即应根据本科生毕业论文（设计）指导性评分标准（见表 9-2）给出评分。

表 9-2　　评分表

评分项目（分值）	开题报告（15 分）	学习态度与规范要求（15 分）	文字表达（20 分）	学术水平（50 分）	合 计（100 分）

指导教师对毕业论文（设计）的评分结合前面的评语，从四个方面进行细化。需特别指出的是，开题报告既指学生填写的开题报告表的质量，也包括学生在开题报告会上的陈述。学习

态度与规范化要求涉及学生的学风和治学态度以及科学精神，是不容忽视的重要方面。

第三节 论文的答辩

论文答辩是取得学位的重要程序。本科毕业生完成了学业和毕业论文，要获取学士学位必须通过论文答辩。

论文答辩是一种规范性很强的科研制度。中华人民共和国授予的学位分成学士、硕士和博士三个层次，国务院专门设立了学位委员会，负责领导学位授予工作。《中华人民共和国学位条例》和《中华人民共和国学位条例暂行实施办法》两个法律性文件，对学士、硕士和博士学位申请者应具有的知识和能力做出了明确规定。对硕、博士学位论文答辩的组织和程序也制定了具体详细的规定。虽然这两个法律性文件没有对学士学位论文的答辩作出具体规定，但各地高等学校大都参照硕、博士学位论文答辩的有关办法，对学士学位论文答辩作出了相应的要求。学生毕业论文（设计）总成绩不合格者不准毕业，不授予学位。

一、答辩的意义和作用

学生在完成教学计划规定的全部课程，各项实践环节经考核合格，完成了毕业论文后，即获得答辩资格，可以参加答辩，申请学位。答辩的成功与否，直接关系到论文的价值和成绩的最后评定，是决定学生是否能够顺利毕业的重要环节。论文答辩的意义和作用表现为：

（一）检验学生综合水平，锻炼学生综合能力

论文答辩是在学生完成了论文写作，经过指导教师初评和答辩小组教师联合评审的基础上进行的。学生的基础知识和综合能力通过答辩可以得到展示，也受到检验。每个毕业生都可以在认真听取老师的提问和同学的答辩发言中获取教益，得到许多宝贵的启发和借鉴、经验和教训。

答辩是审查论文的一种辅助形式。老师可以通过学生的自我陈述，检查了解学生的整体水平，通过学生的答问和争辩，检阅学生掌握知识的程度、创造性思维的能力和科学研究的水平，考察写作者的理论基础，对论述的问题有无一定的知识基础，是否有创造性的见解和充分扎实的理论修养。

答辩可以锻炼学生的能力。所谓答辩，即有问，有答，还可以辩论。师生对讲，双向交流，学生可以充分阐述、申说、争鸣。一次答辩，对学生的口头表达能力、演讲能力、思维能力、应变能力都是一个锻炼。

（二）引导学生遵循学术规范性，倡导良好学风

学术论文写作的过程，是学生接受学术规范性训练的过程。论文答辩会上，答辩者通过与专家教授的对话与交流，更会加深对学术规范的理解，从而真正认识到学术训练要接受学术传统的规定，概念和范畴的使用必须依赖于学科体系，不能随意捏造，引文不能超过一定篇幅，必须注明出处等。有关学风和治学态度的问题在答辩中将受到考察。答辩还可检验论文的真实性，考察论文是否为学生独立完成。答辩这一环节，师生面对面就论文的一些问题进行提问和答辩，真伪往往能即刻判定，因此答辩有利于遏止抄袭剽窃、弄虚作假的不良行为，是倡导良好学风的保证。

（三）保证评估、鉴定的客观性、公正性

学生在指导老师指导下独立完成毕业论文，对毕业论文的学术评价既不取决于写作者个人，也不仅取决于指导老师，要客观、公正地评估和鉴定，必须依赖学术评估机制。论文答辩就是一种学术评估机制的体现。答辩小组在审阅论文的基础上，听取答辩者的自述和答辩，从其书面表达和口头表达两方面对论文质量进行全面考核，又经集体讨论给出成绩和评价，如此，可以防止在论文评审过程中的个人化、主观化和随意化，保证评估、鉴定的客观性、公正性。

（四）在学术交流中引发思考，促进论文的修改完善

学位论文答辩有利于启发学生进行理论思考。论文答辩中，答辩者通过和老师的学术交流，不断受到启发，从而对论文中阐述的问题有更明确深刻的理解，对论题的价值有更全面透彻的认识。论文答辩可以起到启迪思路，拓宽思维空间，开阔学术视野的重要作用。

一篇论文，难免有阐述不够、分析不透、不详细、不完备、不确切的地方，论文答辩时，通过老师的各种提问，答辩者可以发现论文写作中存在的疏漏和问题，从而促使他们对此进行修正和完善。一些偏颇、不当和明显的硬伤，也可以通过答辩会得到清除。

二、答辩的组织和程序

（一）答辩的组织

论文答辩是毕业论文考核和评定的一项重要的工作。各院系的论文答辩工作由院系论文答

辩委员会负责组织，以教研室为单位设立若干个答辩小组。答辩组成员应包括参加答辩人的论文指导教师和评阅教师，每个答辩小组教师不少于 3 人。答辩小组设一名组长、一名答辩秘书。组长主持，由论文评阅教师主问。

（二）答辩的程序

答辩小组长主持答辩会，向学生介绍教师，宣布答辩纪律和要求，安排答辩顺序和时间。

指导老师简单介绍学位申请人的情况，如政治表现、学习态度、科研能力、论文写作的基本情况等。

学位申请人自述论文的有关情况。

答辩组教师就论文进行提问。

答辩组长对问题稍做梳理，或合并问题或指出须重点回答的问题。

学位申请人退席做答辩准备。

学位申请人做好准备后回到答辩会场作答。

答辩组长小结。

学位申请人全部退席。答辩小组对学位申请人的论文和答辩进行综合评议，教师（除论文指导教师外）以无记名投票的方式，就是否授予学位、评定优秀或合格进行表决，对学生的答辩提出具体意见和成绩。

学位申请人再次回到会场，答辩组长宣布论文和答辩通过与否的表决结果。

学位申请人为答辩秘书提供相关表格资料和定稿论文一份，答辩秘书收集、填写、整理学位论文答辩会的各项档案资料，并请答辩组长审阅，在学位申请书决议栏中签名盖章后交院系论文答辩委员会。

论文答辩委员会审阅后，由主管领导签署意见，教学秘书将全部档案资料存档。

三、答辩的准备及方法

学位申请人在论文定稿后，按要求在学校指定的地方打印装订论文，在答辩前一至二周提交给答辩小组的每一位老师，以便老师有审读论文的时间。提交论文后开始准备答辩。论文答辩是否成功，与答辩前的准备是分不开的。“凡事预则立，不预则废”，学生应以认真积极的态度进行充分的准备，不必紧张畏惧，也不能轻视马虎。

（一）心理准备

答辩对于绝大多数学生来说是平生第一次。想想将要面对严肃的答辩会场，学有专长的老师，以及熟悉和不熟悉的同学，难免紧张怯场，担心自己记忆中空，导致思维混乱、表达失准，担心老师提古怪刁钻的问题，自己不能接招而当场出丑。因此，许多学生在答辩前患上了答辩恐惧症。

这种心理障碍完全可以自我解除。其一，论文是自己经几个月的准备、构思、写作完成的，是自己很熟悉的了，陈述汇报应该不成问题。其二，老师们学养丰厚，学有专长，但不见得对所有的领域都有透彻的了解，对你研究的问题的专深程度可能不及你。其三，答辩主要是一次学习检验，不是要难倒谁。答辩小组的老师会主要针对论文提问，也会把握难易程度，即使有问题回答不了也不要紧，总有可以圆满回答的问题。

因此，首先要战胜怯懦的心理，增强自信，从容面对。相信只要准备充分了，就可以做到临场不乱，沉着应对。

（二）准备自述报告

自述报告是答辩者向答辩小组报告毕业论文主要内容的书面报告，是答辩的一部分。自述报告答辩前就应该准备好，切不可毫无准备或准备不足就仓促上场。自述报告的主要内容有：

选题的动机、目的、价值和意义；
该课题的研究现状、本文主要参考了哪些材料；
该课题的研究方法；
论文的基本内容：思路、结构框架、各部分的要点；
论文的创新点；
论文的不足之处。

学位申请人在熟悉论文和相关资料的基础上准备自述报告。自述报告准备不足，常常会出现以下问题：（1）自述报告缺少组织，不得要领，使本来还不错的论文打了折扣，影响了答辩成绩。（2）自述报告照着论文复述，拖泥带水，啰唆重复。（3）自述报告重点不突出，本来论文质量很高，却产生不了好的效果。

（三）分析预测答辩论题

答辩小组的老师们一般会就哪些方面提问？虽说没有一定之规，但也有一定的范围。如对论文的选题、论文的重点难点、论文的基本理论和基本观点、论文的文献资料运用、论文的学术意义和价值等问题提出质疑，就论点和论据之间的联系、论文的真实性、论文的薄弱环节提问，也可能涉及与论文有联系的文外的问题。总之，答辩老师主要是围绕论文提问。

以上范围中有关于基础知识、基本概念、基本理论的问答题、基础题，也有理论联系实际、考察分析问题解决问题能力的论述题和应用题。对于论文中的基本概念，答辩者应有足够的理解，不能满足于对概念含义的掌握，答辩老师可能就概念提相关的问题。如：这个概念是否是一个发展的概念？与相关的概念有什么样的区别？在不同的历史阶段对这个概念的理解有什么变化？对于应用题，也须延伸思维的触角，联系实际（现实）进行分析。如：有些分析是就特定历史条件的分析，但如果联系现实进行分析，会发生抵牾吗？这个问题留给现代人的启示是什么？应该如何评价？等等。后者往往检验答辩者的思维水平、知识的深广程度和实际能力。

对于同一个答辩者，老师们的问题可能涉及多个方面，问题的形式多样，大小配合，点面结合，深广度兼有。

由于论文质量高低不同，答辩者水平高低不同，老师们的提问一般会因人而异，深浅适中，旨在使学生均有提高。他们所提的问题可能涉及论文的方方面面，我们对此的分析预测是为了了解一般的题型和问题的路径，便于带着问题熟悉论文，自我问难，并做好预案。

（四）物质方面的准备

参加论文答辩，还得做些物质方面的准备。如一份定稿的论文、笔和笔记本、自述报告和写作论文用过的参考材料等，把这些清理好了带在身边。

四、答辩的过程

根据《中华人民共和国学位条例》和《中华人民共和国学位条例暂行实施办法》的规定，依据学位论文答辩的程序规则，学士学位论文答辩的过程可以分成以下几个阶段：

（一）答辩者做自述报告

在指导老师对答辩者做了简要的介绍后，紧接着就是答辩者的自述报告。答辩者向答辩小组作简要报告，内容有以下几个方面：

第一，论文选题的背景和意义。首先要讲明自己为什么选择了这个论题，这个论题在这个学科的研究领域中处于怎样的位置，要论证的是什么问题，研究这个问题有什么理论价值和现实意义。可以阐述本论题与前人的关系，如对这个课题，有谁做过什么样的研究，他们的主要研究成果和主要观点是什么，其代表性的著作和文章有哪些。对研究现状和资料来源，答辩者应该比较熟悉，论文写作中对材料的收集、整理、鉴别、处理和运用，这之中收集资料范围的大小，所利用的资料的可信程度，重要的引文、版本和出处等，往往决定了研究者的学术视野和理论修养，因此，答辩时需要做明确的说明。如果本论题填补了学术的空白，那么是什么原因导致本论题长期以来在学术界被忽略，又是什么新的理论和方法使得你有所发现，使得本论题获得新的理论价值和现实意义等。答辩者对这个问题应该有清晰的认识，透彻的思考，因为这涉及对整个论文的评价。

第二，论文探讨的主要问题及逻辑结构。简要介绍论文的主要论点，有哪些要点，这些在论文中是如何得到论述的，是怎样围绕中心论题逐步展开的，是否有逻辑性，文中每一个层次讨论的是什么问题，它们与中心论题的关系是怎样的，层与层之间的联系是怎样的。

第三，论文运用的什么研究方法。答辩者应该介绍自己在写作中所运用的研究方法，交代这种方法对于研究对象的适用性，这种方法对于解读对象的独特性。

第四，论文得出的结论和创新所在。用一句话概括自己经研究得出的结论。结论是否有新发现，在理论上有什么突破，提出和解决了什么问题，在实践中有什么作用。

第五，对论文作简单的自我评价。论文有什么特色，写作中有什么心得体会，有哪些提高，还有哪些不足和遗憾，以及将来准备怎样继续本课题的研究。

自述报告的时间一般是 10～15 分钟，答辩者须有一个时间分配，把以上内容有主次、有重点、有条理地表述清楚。自述报告虽是答辩者的第一轮答辩，但主动权在自己的手里，应有定力，相信自己可以落落大方、侃侃而谈、简明扼要、表达得体。

（二）答辩小组教师向答辩者提问

答辩者自述完毕后，答辩小组的老师们就论文中的学术问题进行提问。每位教师在肯定论文的特色和优点的前提下，可能会提一两个问题，一般会针对论文的薄弱环节提问。

答辩人应当集中注意力把问题听清弄懂，迅速记下来。当未听清老师所提出的问题时，可以请老师再重复一遍。答辩小组的老师们提问完后，答辩组长可能提示答辩人选择其中的几个问题回答，或在老师们提到的问题中指定几个问题让其回答。这时答辩者如未听清楚，也须请答辩组长再重复一遍，记录下来。一定要明确问题的准确含义，不要慌忙中造成歧义的理解，结果答非所问。

（三）回答问题前的准备

一般来说，答辩人在接受提问后，即可以离席准备，准备的时间在 20 分钟左右。这是一个紧张的时间段。答辩人首先需要冷静地作审题思考：老师的提问是针对什么而发的？问题的关键点在哪里？是什么类型的题目？基本按照答辩小组老师提问的先后次序，一个一个思考、准备。

对于每一个需要阐述的大题目，先是抓住问题的核心（用一句话概括），围绕着核心展开思路，确定自己回答什么，从几方面回答（每一个方面都要概括一个主题句），分几层回答（层次之间要条理清晰，逐层深入），如要辩论，可以从哪些方面据理力争。总之考虑问题尽可能全面一些，有层次感，有逻辑性。对于小的知识题、概念题，可翻阅资料查找科学依据，以确保准确无误。对于论文中的薄弱环节和不足之处，要勇敢承认，有些需要解释的地方也可考虑做些适当的辩解。

此外，还必须拟写答辩提纲，把每个答题的要点按先后次序安排好，若需列举参考资料以做说明，则应快速找好，做上记号，以便答辩时引用。总之，要认真审题，理清思路，翻阅随身带来的参考资料，寻找支持的观点和材料，需要联系实际的，要快速调动平常的积累，寻找连接之点。

（四）回答问题

答辩人回到答辩现场，作正式的口头答辩。这是反映答辩人的学识、才干与气质的关键环节，是取得优良成绩的关键一环。仍要求简明扼要，重点突出。

答辩人回答问题要沉着从容，有理有节。对老师提出的问题，主要是回答，个别问题有不同见解的可以辩，但即使是辩，也具有答的性质。答辩人尽可以根据已做的准备从容陈述，认真、明确回答答辩小组老师提出的全部问题。回答时针对问题，条理清晰，观点明确，语言简明流畅。答辩过程中老师们可能会就某一点临时插问，或提出疑义，答辩人就新问题进行答辩，直到老师满意，再接着回到原来的问题上继续回答。要尊重答辩小组老师提出的问题，不要强词夺理地反驳。答辩中与老师有不同意见，完全可以大胆陈述，只要是持之有故，言之有理，都是可以的，不必拘谨谦卑，但也不要偏激，态度要诚恳，阐释要简明。

另外，当就不同观点提出自己的见解时，可以采取商榷的态度。有问题超出论文答辩范围，可看作进一步探索和研究的方向。答辩结束后，有些问题还可以与老师切磋。万一老师的问题超出了自己的准备，也不要慌张，不知为不知，实事求是说出来，求教于老师。如果能快速应变，巧妙应答，当然最好。但要防止明明不知，却要东扯西拉，滔滔不绝，不知所云地应付。

对论文遗漏之处和薄弱环节，经老师指出后，如已知其原理，可当场口头补充，并表明下一步修改论文时，有关薄弱环节也一并补充完善。

答辩中老师可能就答辩者的回答进一步质询，要求解释和说明，这时答辩者必须当即回答，以表现自己的应变能力和综合素质。答辩老师也可能对有些回答得不够的问题进行分析阐述，表明自己的意见和看法，答辩者应认真听讲，并做好笔记。

答辩者在答辩中也许会遭遇尴尬。如顾此失彼，漏洞百出，不能全面地、辩证地说明自己的观点。究其原因，一是知识积累不够，只知其一，不知其二；二是思考不透，只知其然，不知其所以然。因此经不起老师的追问。尴尬之二是知识之间的衔接和转换能力差，不能做比较分析，延展分析。对于许多学过的知识，答辩者不能融会贯通，为我所用，不能把它们联系起来加以运用。因此，一涉及延展主要观点，或联系同类作家作品进行分析就不知如何着手了。此外，生拉硬扯、牵强附会在答辩中也比较多见。由于对问题没有吃透，或者是认识肤浅，理解不深，便会想当然地牵强附会了。

一次答辩会，答辩者都会收获经验和教训。不管怎样，答辩会都会给答辩者留下难忘的印象和回忆。

（五）答辩小组组长小结

答辩结束之后，答辩小组组长通常会对论文和论文答辩情况做一个小结，对论文及答辩给予肯定、补充、纠谬。

五、答辩的成绩评定

答辩结束后，答辩者全部退席，答辩小组对每一个答辩者的论文质量和答辩情况进行评议，做出评语并给出成绩，对是否建议授予学位进行表决。

答辩小组评定意见分评语和答辩成绩两项。

（一）评语

评语根据学生的开题报告、答辩情况和论文质量综合写出。如对魏君丽同学论文《〈说文解字〉“米”部字的文化剖析》的答辩，答辩小组的评语如下：

该生的论文从汉字文化学的角度对《说文解字》中“米”部36个字进行了逐个分析，探讨了其中的文化内涵。该研究思路较清晰，开题报告中可看出作者已经做了充分准备。论文结合“米”部字所反映的上古先民粮食生产、加工、食用情况，分四个方面进行了深入细致的分析，显示了作者严谨扎实的学风和治学态度。论文答辩中较好地回答了问题，比如对汉字特点的把握，对《说文》段注的理解等等。经答辩小组讨论，认为该论文达到了本科毕业论文水平。

（二）答辩成绩

答辩评分以学生的学风、论文质量和答辩水平为依据，既看学生的基本理论、基本技能掌握的程度，又要看学生的创造力，分析和解决实际问题的能力，并重视学生答辩时的表达能力和其他有关情况。综合以上评定成绩。答辩成绩的评定，一般采用结构评分方法，即由答辩小组根据论文质量和答辩情况评出答辩成绩，记入评分表（见表9-3）。

表9-3　　评分表

评分项目（分值）	开题报告（10分）	答辩情况		论文质量		合计（100分）
		表达情况（15分）	回答问题（15分）	规范要求 文字表达（20分）	学术水平（40分）	

在论文答辩时，被指导教师小组确定为抄袭、剽窃者，毕业论文（设计）成绩评定一律以零分计算，情节严重者，学校将给予行政处分。

最后需要说明的是，毕业论文（设计）成绩评定，是在论文评阅环节指导教师对毕业论文（设计）的评分、答辩小组对答辩成绩的评定的基础上，结合指导教师评定的成绩（占40%）和答辩小组评出的答辩成绩（占60%），记入“综合成绩评定”栏。综合成绩同时记百分制成绩和等级成绩。毕业论文成绩评定，采用结构评分方法，由指导教师按优秀（90～100分）、良好（80～89分）、中等（70～79分）、及格（60～69分）和不及格（60分以下）评定成绩。指导教师根据《指导教师评审意见》表中所列项目和分值评出毕业论文（设计）的成绩（以百分计），记入“对毕业论文（设计）的评分”栏。

思考与练习

一、写一则300～500字的本章内容提要。

二、在本书“文学学科论文示例与点评”的5篇例文中任选一篇，从论文选题、论文构架、论题节题、文献查阅、论证能力、创新能力、语言表达、摘要与关键词等方面进行评阅，写出500字左右的评阅意见。要求：提纲挈领，要言不烦。

参考文献

一、参考书目

1. 陈果安．中文专业论文写作导论．长沙：中南大学出版社，2002.

2. 陈仕持，等．文史哲类学生专业论文导写．长沙：中南大学出版社，2000.

3. 董华，任毅沁，季森林，等．大学毕业论文写作指导．北京：中国社会科学出版社，2000.

4. 邓九平．中国文化名人书系：谈治学．北京：大众文艺出版社，2000.

5. 教育部社会科学委员会秘书处．中国高校哲学社会科学发展报告2005. 北京：高等教育出版社，2005.

6. 邝邦洪．中文专业论文写作教程．广州：广东人民出版社，2004.

7. 李福林，朱若茜．论文写作导论．北京：海洋出版社，1993.

8. 李宇明．语法研究录．北京：商务印书馆，2002.

9. 刘锡庆．毕业论文指南．北京：中国广播电视出版社，1987.

10. 龙雪涛．鉴赏文存．北京：人民文学出版社，1984.

11. 卢卓群．汉语小论文写作初步．武汉：华中师范大学出版社，2007.

12. 陆俭明．现代汉语语法研究教程：第三版．北京：北京大学出版社，2005.

13. 陆俭明，沈阳．汉语和汉语研究十五种．北京：北京大学出版社，2003.

14. 吕叔湘．吕叔湘语文论集．北京：商务印书馆，1983.

15. 马庆株．语法研究入门．北京：商务印书馆，1999.

16. 聂捷天．青少年科技论文写作与答辩技巧．贵阳：贵州科技出版社，2003.

17. 普丽华，江少川．现代写作概论．武汉：华中师范大学出版社，2009.

18. 沈阳师范学院学报编辑部．在茫茫的学海中——谈科学的学习方法．沈阳：辽宁人民出版社，1984.

19. 汪国胜．语言教育论．武汉：华中师范大学出版社，2006.

20. 王嘉陵．毕业论文写作与答辩．成都：四川大学出版社，2004.

21. 王力，朱光潜．怎样写学术论文．北京：北京大学出版社，1982.

22. 王玉德．大学文科论文写作．武汉：华中师范大学出版社，2006.

23. 温儒敏．中文学科论文写作训练．北京：北京大学出版社，2003.

24. 武春德．毕业论文写作教程．北京：人民交通出版社，2001.

25. 邢福义．邢福义学术论著选．武汉：华中师范大学出版社，2003.

26. 邢福义．邢福义选集．长春：东北师范大学出版社，2001.

27. 伊丹敬之．创造性论文的写法．吕莉，张舒英，译．北京：社会科学文献出版社，2004.

28. 张利群．汉语言文学论文写作．南宁：广西人民出版社，2000.

29. 张声怡，刘九洲．中国古代写作理论．武汉：华中工学院出版社，1985.

30. 张舜徽．1981—1982 大学生毕业论文选评：语言文学专辑．长沙：湖南教育出版社，1985.

31. 浙江日报编辑部．学人谈治学．杭州：浙江人民出版社，1982.

二、参考资料

1. 华中师范大学文学院．学术规范讨论资料选编（研究生学习参考资料）．2001－04.

2. 华中师范大学教务处．华中师范大学教学管理规章制度．2005－10.

3. 湖北大学教务处．湖北大学本科毕业论文（设计）手册．2006－11.

三、为本书推荐本科生优秀论文的学校和专辑

1. 中山大学中文系．中山大学中文系本科二零零一级优秀毕业论文集；中山大学中文系本科二零零二级优秀毕业论文集．

2. 北京师范大学教务处．北京师范大学优秀毕业论文选集 2002 届文科卷；北京师范大学优秀毕业论文选集 2003 届文科卷．

3. 山东大学教务处．山东大学 2004 届优秀毕业论文（设计）选集．

4. 华中师范大学文学院语言学系，华中师范大学语言和语言教育研究中心．华中师范大学文学院语言学系 1999 级、2000 级、2001 级、2002 级本科生汉语小论文辑录 2000 年 6 月—2004 年 7 月（报刊复印本）．

5. 华中师范大学教务处．华中师范大学优秀毕业论文选；华中师范大学学报（人文社会科学版）．2003、2004、2005、2006 专辑．

6. 陕西师范大学教务处．陕西师范大学 2005 届本科生优秀毕业论文（设计）选编．

7. 湖北大学人文学院．湖北省语言学会第十届年会（1998 年 11 月・黄石）湖北大学代表获奖年会论文集・湖北大学人文学院中文系本科班专辑．

8. 湖北大学人文学院．湖北大学人文学院国家文科基地中文学科点本科生现代汉语论文札记汇编 1996 年 10 月—2000 年 9 月（报刊复印本）．

9. 湖北大学人文学院．湖北大学人文学院中文系本科生 1997 年现代汉语获奖论文集．

10. 华中师范大学语言学系．华中师范大学语言学系 1999 级汉语小论文选四集合订本（2000 年 12 月—2001 年 5 月）．

11. 禹奇才．广州大学 2005 届优秀毕业论文（设计）选集．

此外，北京师范大学、武汉大学教务处推荐提供了该校中文专业优秀毕业论文的电子文稿。

后 记

本教材原为华中师范大学语言与语言教育研究中心汪国胜教授等组织的“高校《大学语文》教材语言教育问题之研究”课题的研究成果之一。

本教材为卢卓群、普丽华共同撰写。由卢卓群拟定全书写作构架，再行讨论，征求意见，确定写作提纲。卢卓群撰写了本书的“绪论”和“语言学科论文写作”两部分，普丽华撰写了“文学学科论文写作”和“论文的指导”两部分。书稿经两人互相审稿与商讨，最后共同定稿。本书的写作，得到邢福义先生的亲切关怀与指导，邢先生还应作者之求，在百忙之中为本书写序。邢先生对汉语言教育与教学研究成果的重视和肯定，是对我们的鼓励和鞭策，我们表示由衷的感谢！

在本书写作期间，我们访问了北京大学中文系温儒敏教授，听取了他的意见；得到北京师范大学、中山大学、广州大学、武汉大学、山东大学、陕西师范大学等全国多所院校的大力支持，他们为本书提供了优秀的本科生毕业论文；华中师范大学教务处也十分重视此项工作，处长王昆庆热情支持，办公室陈劲松老师做了大量的联系工作；湖北大学教务处提供了相关资料，给予了关切和支持。在此，我们对全国兄弟院校及相关部门表示诚挚的感谢！没有全国众多院校的大力支持，我们的这本书是难以完成的。还要感谢的是中国人民大学出版社的领导和李颜编辑，由于他们的辛勤劳动和积极支持，这本书得以顺利出版；感谢编辑黄海飞对本教材市场使用情况的持续关注和提出的修订意见。本教材的修订在体例上做了相应的调整，在内容上做了适当的增删，增加了一些新的研究成果，在整体篇幅上压缩精减，以期更适合读者的需求。

作者

后记

图书在版编目（CIP）数据

中文学科论文写作/卢卓群，普丽华著．-- 3 版
．-- 北京：中国人民大学出版社，2021.8
新编 21 世纪中国语言文学系列教材
ISBN 978-7-300-29638-8

Ⅰ.①中… Ⅱ.①卢… ②普… Ⅲ.①汉语-论文-写作-高等学校-教材 Ⅳ.①H152.2

中国版本图书馆 CIP 数据核字（2021）第 137543 号

新编 21 世纪中国语言文学系列教材
华中师范大学语言与语言教育研究中心项目成果
中文学科论文写作（第三版）
卢卓群　普丽华　著
Zhongwen Xueke Lunwen Xiezuo

出版发行	中国人民大学出版社		
社　　址	北京中关村大街 31 号	**邮政编码**	100080
电　　话	010－62511242（总编室）		010－62511770（质管部）
	010－82501766（邮购部）		010－62514148（门市部）
	010－62515195（发行公司）		010－62515275（盗版举报）
网　　址	http://www.crup.com.cn		
经　　销	新华书店		
印　　刷	北京市鑫霸印务有限公司	**版　　次**	2008 年 9 月第 1 版
开　　本	787 mm×1092 mm　1/16		2021 年 8 月第 3 版
印　　张	19 插页 1	**印　　次**	2024 年 2 月第 3 次印刷
字　　数	459 000	**定　　价**	49.00 元

关联课程教材推荐

ISBN	书名	作者	单价（元）
978-7-300-27217-7	马克思主义文艺论著选讲（第六版）	陆贵山	59.80
978-7-300-14072-8	新编马克思主义文论	冯宪光	38.00
978-7-300-24495-2	新编文学理论（第二版）	童庆炳	45.00
978-7-300-24346-7	文学理论实用教程（第二版）	杨守森 周波	34.00
978-7-300-27216-0	新编西方文论教程（第二版）	杨守森 孙书文	48.00
978-7-300-16758-9	西方文论概览	杨慧林 耿幼壮	39.80
978-7-300-22528-9	美学概论（第四版）	牛宏宝	32.00
978-7-300-28927-4	美学原理（第二版）	王一川	45.00
978-7-300-21232-6	中国现当代文学（第三版）（数字教材版）	刘勇	69.80
978-7-300-22348-3	中国现当代文学史（1898-2015）（第三版）	曹万生	89.00
978-7-300-27600-7	中国文学史（第三版）（上下）	袁世硕 张可礼	99.00
978-7-300-20316-4	外国文学简编（欧美部分）（第七版）	朱维之 赵澧 黄晋凯	45.00
978-7-300-15854-9	中外现代诗歌导读	王家新	28.00
978-7-300-19270-3	中国当代文艺思潮（第三版）	陆贵山	55.00
978-7-300-17231-6	中国民间文学教程（第三版）	黄涛	49.00
978-7-300-19996-2	比较文学概论（第二版）	曹顺庆	35.00
978-7-300-22350-6	儿童文学概论	谭旭东	28.00
978-7-300-16168-6	影视文学教程	陈阳	35.00
978-7-300-24379-5	电影导论	陈涛	65.00

配套教学资源支持

尊敬的老师：

衷心感谢您选择人大版教材！相关的配套教学资源，请到中国人民大学出版社官网（www.crup.com.cn）下载。部分教学资源需要验证您的教师身份后，才可以下载。请您登录出版社官网后，点右上角“注册”，填写“会员中心”的“我的教师认证”项目，等待后台审核。我们将尽快为您开通下载权限。

如您急需教学资源或教材样书，也可以直接与我们的编辑联系。

联系人：龚洪训　电话：010－62515637　电子邮箱：6130616@qq.com

欢迎加入全国汉语言文学教师群（QQ 群号：1062057602），交流教学心得，分享教学资源。

全国汉语言文学教师群

扫一扫二维码，加入群聊。

俯仰天地　心系人文

www.crup.com.cn

中国人民大学出版社

欢迎登录浏览，了解图书信息，下载教学资源